中华现代学术名著丛书

比较宪法

王世杰 钱端升 著

商务印书馆
创于1897 The Commercial Press

2019年·北京

图书在版编目(CIP)数据

比较宪法/王世杰,钱端升著.—北京:商务印书馆,2010
(2019.6 重印)
(中华现代学术名著丛书)
ISBN 978-7-100-07468-1

Ⅰ.①比… Ⅱ.①王… ②钱… Ⅲ.①宪法—比较法学
Ⅳ.①D911.01

中国版本图书馆 CIP 数据核字(2010)第 202421 号

本书据商务印书馆 1948 年版排印

中华现代学术名著丛书
比 较 宪 法
王世杰　钱端升　著

商 务 印 书 馆 出 版
(北京王府井大街 36 号　邮政编码 100710)
商 务 印 书 馆 发 行
北 京 冠 中 印 刷 厂 印 刷
ISBN 978-7-100-07468-1

2010 年 12 月第 1 版　　开本 880×1240　1/32
2019 年 6 月北京第 3 次印刷　　印张 21⅜　插页 2
定价:59.00 元

王世杰

(1891—1981)

钱端升

(1900—1990)

出版说明

百年前，张之洞尝劝学曰："世运之明晦，人才之盛衰，其表在政，其里在学。"是时，国势颓危，列强环伺，传统频遭质疑，西学新知亟亟而入。一时间，中西学并立，文史哲分家，经济、政治、社会等新学科勃兴，令国人乱花迷眼。然而，淆乱之中，自有元气淋漓之象。中华现代学术之转型正是完成于这一混沌时期，于切磋琢磨、交锋碰撞中不断前行，涌现了一大批学术名家与经典之作。而学术与思想之新变，亦带动了社会各领域的全面转型，为中华复兴奠定了坚实基础。

时至今日，中华现代学术已走过百余年，其间百家林立、论辩蜂起，沉浮消长瞬息万变，情势之复杂自不待言。温故而知新，述往事而思来者。"中华现代学术名著丛书"之编纂，其意正在于此，冀辨章学术，考镜源流，收纳各学科学派名家名作，以展现中华传统文化之新变，探求中华现代学术之根基。

"中华现代学术名著丛书"收录上自晚清下至20世纪80年代末中国大陆及港澳台地区、海外华人学者的原创学术名著（包括外文著作），以人文社会科学为主体兼及其他，涵盖文学、历史、哲学、政治、经济、法律和社会学等众多学科。

出版"中华现代学术名著丛书",为本馆一大夙愿。自1897年始创起,本馆以"昌明教育,开启民智"为己任,有幸首刊了中华现代学术史上诸多开山之著、扛鼎之作;于中华现代学术之建立与变迁而言,既为参与者,也是见证者。作为对前人出版成绩与文化理念的承续,本馆倾力谋划,经学界通人擘画,并得国家出版基金支持,终以此丛书呈现于读者面前。唯望无论多少年,皆能傲立于书架,并希冀其能与"汉译世界学术名著丛书"共相辉映。如此宏愿,难免汲深绠短之忧,诚盼专家学者和广大读者共襄助之。

商务印书馆编辑部

2010年12月

凡　　例

一、“中华现代学术名著丛书”收录晚清以迄20世纪80年代末，为中华学人所著，成就斐然、泽被学林之学术著作。入选著作以名著为主，酌量选录名篇合集。

二、入选著作内容、编次一仍其旧，唯各书卷首冠以作者照片、手迹等。卷末附作者学术年表和题解文章，诚邀专家学者撰写而成，意在介绍作者学术成就，著作成书背景、学术价值及版本流变等情况。

三、入选著作率以原刊或作者修订、校阅本为底本，参校他本，正其讹误。前人引书，时有省略更改，倘不失原意，则不以原书文字改动引文；如确需校改，则出脚注说明版本依据，以“编者注”或“校者注”形式说明。

四、作者自有其文字风格，各时代均有其语言习惯，故不按现行用法、写法及表现手法改动原文；原书专名（人名、地名、术语）及译名与今不统一者，亦不作改动。如确系作者笔误、排印舛误、数据计算与外文拼写错误等，则予径改。

五、原书为直（横）排繁体者，除个别特殊情况，均改作横排简体。其中原书无标点或仅有简单断句者，一律改为新式标点，专名号从略。

六、除特殊情况外，原书篇后注移作脚注，双行夹注改为单行夹注。文献著录则从其原貌，稍加统一。

七、原书因年代久远而字迹模糊或纸页残缺者，据所缺字数用"□"表示；字数难以确定者，则用"（下缺）"表示。

目　　录

第二编 个人的基本权利及义务

第三编　公民团体

第四编　国家机关及其职权

第五编　宪法的修改

增订四版序

本书距前次增订已经五年。在平常状态之下，此次改版，必不限于局部的增订。但举世各国近来已全部入于战争状态，其政治制度，变动甚速，大都不易论其利弊得失。而因参考书籍及其他资料，搜集维艰，即叙述亦难正确。本书卷帙颇巨，在此印刷极端困难之际，能获续印，已属幸事；全部改排，殆不可能。因之，此次改版，仅就原书第六编第三节以下，予以增修；俾读者对于五年以来，我国战时政制的变迁及其现状获一明白的概念。增订范围，虽然有限，凡所增益，或为一般治宪法学的人所需求的资料。其他各编及附录，均暂仍前版之旧，未予更易。

王世杰　钱端升

民国三十一年七月，重庆。

增订三版序

本书自初次刊行以来,业经十年。这十年是各国宪法变动比较剧烈的一个期间:或则修改旧宪;或则另制新宪;或则宪法条文虽未修改,而政制的实际已经大变。此种变动的内容如何,其对于立宪主义的影响又如何,固为本书读者所急应了解者;本书的订正及补充,乃亦刻不容缓。

此次增订,在将十年来各国宪法上的变动,以及新近的政治理论,择要论列。增删之处殊不为少;但本书原有的体裁,除末编外,大体上并未改易。原书本将中国制宪问题的经过,附于第五编中叙述;今因制宪问题在中国又多十年的历史,且国民政府的存在已历十有二年,其现行政治机构,亦有阐明的必要,故特新增一编,名为"中国制宪史略及现行政制"。

本书初版序中,曾谓:"十数年来,国人对于宪法问题及宪法学的兴趣,总算比较浓厚;然因坊间缺乏参考书籍,普通学子以及一般留心宪法问题的人,虽具研究宪法之愿,却无从得到有系统的宪法知识。本书倘能多少补此缺憾,著者将引为大幸。"近年来国人对于宪法学兴趣的浓厚,证以本书重印次数的频繁,亦可概见。经此次增订后,著者深望本书,除供学校教科之用而外,益能有裨于欲明晓国内外宪政情形的一般读者。惟本书篇幅颇长,范围又广,讹误之处自所不免,仍祈读者不吝指示为幸。

谢义伟、龚祥瑞、林良桐、周书楷、郭登皞、杨鸿年、吕恩莱、萨师炯、冯震、林琼光诸先生均曾分任本版校阅之责;倘无他们几位的协助,不但本版的刊行将延缓多时,书中讹误尤难减少。著者因略表其谢意于此。

王世杰　钱端升

民国二十五年十二月,南京。

再　版　序

本书初版讹字颇多;且初版印行距今虽仅一年,书中所举事实亦不无需要补充的地方。因于这次付印的时候,将初版讹字订正,并对初版所举事实及参考书籍,略事补充。

本书出版以后,友人及读者给了我不少的评论。这回印行,在大体上虽然只是重印,不能说是改版,但于可能范围以内,著者亦已容纳了那些评论。

王世杰

民国十七年十二月,南京。

初　版　序

这部书是著者于过去五六年间，在北京大学讲授比较宪法时编纂的。在这篇序言中，著者并无多话要说；所要说的只有几句关于本书的态度和方法的话。

本书的态度，是陈述的，不是批评的。本书之所陈述，诚然不以列国宪文的意义或列国政制的内容为限，而往往涉及诸种政制的理论。然本书标举理论之时，大率兼举赞成和反对两方的见解。而且往往仅于陈述两方见解而止；陈述而外，极少附以评断或己见。盖政治制度大都含有时间性与地域性，抽象的评断，不流于褊狭，即不免失之肤浅；非但无益，且有朦蔽他人思想之虞。

就方法说，西籍中关于比较宪法之著作，通常俱系择取若干国家，分别说明各该国宪法的内容。这自然也是一种比较方法。这种方法并且可使我们对于几个特定国家的宪政组织，得到整个的观念。但是我们如果采用这种方法，所需的篇幅必然甚巨；否则我们所选择的国家只能限于极少数的国家；我们对于任何国家的宪法，亦俱难给以完满的说明；其结果，仍不过给予读者一些浮泛的与破碎不全的知识而已。以故本书内容的分类，不以国别为标准，而以现代一般宪法上所规定之问题为标准：在各个问题之下，本书将摭述列国宪法上或法律上诸种不同的规定，以及学者间诸种不同的意见；即十数年来吾国中央及各省所曾颁布的宪法或法律，凡足为讨论之资者,亦当述及。这种方法,虽不能使读者对于任何国家的宪政组织,得到整个的观念,也许可使读者对于各种宪法问题,知道列国间已经采取了一些怎样不同的解决;并且知道学者间对于那些解决,有些怎样不同的见解。

十数年来,国人对于宪法问题及宪法学的兴趣,总算比较浓厚;然因坊间缺乏参考书籍,普通学子以及一般留心宪法问题的人,虽具研究宪法之愿,却无从得到有系统的宪法知识。本书倘能多少补此缺憾,著者将引为大幸。惟本书陈述,既然涉及多方面的事实和意见,讹误势所难免;尚冀省览是书者不吝指示,俾于再版时得以改正。

北京大学助教向景君襄助著者整理本书文稿,费时甚多;著者谨对向君致其谢意。

王世杰

民国十六年七月

第一编　绪论

一切治宪法学的人,自应首先对于宪法与国家这两个名词,有相当的了解。本书第一编的目的,即在分别说明我们对于这两个名词必须具备的几种概念。

第一章　宪法的概念

第一节　宪法的特性

“宪”及“宪法”，为吾国旧有名词。如《尚书》所谓“监于先王成宪”，《国语》所谓“赏善罚奸，国之宪法”，皆是。这些旧名词的意义，系指“典章”、“法度”而言，系指一般的法规而言，与今人所谓“法”者尚约略相当，与今人所谓“宪法”则有分别。国人今日称用宪法这个名词，系借旧词以表新义，系西文 constitution 及 Verfassung 等字的转译；不复含有一般法的意味。但是今人虽不复以宪法泛指一般法律，而宪法这个名词，在今人用语中，却是一个含有歧义的名词。这是因为宪法本身的特性含有形式的与实质的两面。今人称用宪法这个名词，有时系指其形式的特性而言，有时系指其实质的特性而言，所以彼此尽管同用一个名词，而其意义往往并不一致。然则从宪法的形式上及实质上分别观察，所谓宪法的特性者究竟何在？

一　形式上的特性

从形式方面说，诚然没有一种特性，可以说一切国家的宪法都能具备。但就现代大多数国家的实例而言，宪法却都具有下列两种特性之一，或兼具下列两种特性。这两种特性，都是属于宪法形

式方面的;这两种特性,也就是现代宪法的特色;也就是现代宪法观念的特点:

第一,宪法的效力高于普通法律。这就是说宪法与普通法律有主臣之别;普通法律与宪法条文相抵触时,则普通法律失其效力。这是近代一般学者所认为宪法应具的一种特性。一般学者彼此意见上的互异,不在宪法之应否具有此种最高性,而在此种最高性之应否具备一种有效的保障。许多国家,不独承认宪法的效力高于法律,并且对于宪法此种最高性,设有一种有效的保障——即法院对于违反宪法的普通法律,得以拒绝适用。有些宪法学者,尽管承认宪法的效力应高于普通法律,尽管承认普通法律不得抵触宪文,却不主张设置此类保障。有些国家的宪法,实际上亦尚未设有此类保障。凡此当于论法院的解释宪法权时细为论列,[①]这里暂不多说。

第二,宪法的修改异于普通法律。这就是说,修改宪法的机关或手续与修改普通法律者不同。这个特性,只有一般所称为刚性宪法者才有。但现代国家虽然不都采用刚性宪法,刚性宪法却是现代极大多数国家的宪法所采取的形式。所以这个特性,实际上亦可以说是现代一般宪法的特性。不但如此,宪法的效力既然要高于普通法律,则在理论上讲,变更宪法的机关,自应与普通法律有异;就令机关相同,变更宪法的手续,亦应与普通法律有别。假定宪法与普通法律,都由一个机关变更,这个机关变更宪法的手续又与制定普通法律一样,则不独宪法与法律效力的不平等,于法理上将不能得着一个完满的说明。事实上,宪法亦必不易取得或维

① 第四编,第三章,第三节,第一目。

持一种优越的权威。所以在理论上讲，宪法的这个特性，可以说是前一个特性的附属性。

二　实质上的特性

如仅据上述两种形式上的特性，来为宪法这个名词下一定义，则现代各国中，便有少数国家——最著者为英意——可以说是完全没有宪法；因为在这些国家之中，一切法律的效力都是相等的；一切法律都是由同一机关（即议会）依同一手续制定的。但是宪法这个名词，除却其形式上的意义而外，亦尚有其实质上的意义。学者间称用宪法这个名词，往往不是指着一种形式上具有何种特性的法律而言，而是指着一种实质上具有某某特性的法律而言。所谓实质，就是宪法里面所规定的事项，就是宪法的内容。就宪法的实质说，宪法的特性，在规定国家根本的组织。根据这个标准以立宪法的定义，就是英意等国自然也有他们的宪法。

然则关系国家根本组织的事项，究竟又是哪些事项？这个问题的答案，理论与各国实例颇不一致，而有分别解释的必要。

就理论言，宪法既为规定国家根本组织的法律，则宪法的内容，应以下列三项事件为范围：

第一，个人的基本权利及义务。所谓个人的基本权利，在18世纪美法大革命时代，殆限于当时《人权宣言》中之所谓“人权”，即人身自由、言论自由、集会自由等等。近人所谓个人基本权利，尚不止此。所谓个人的基本义务，在法国第三年（1795年）《宪法》的《人民权利及义务的宣言》中，即已有所宣示；惟该法所宣示者，仍不过是服从法律、捍御国家及负担租税等几种义务，以比晚近宪法所列举的个人基本义务，其种类或范围，殊形狭小。但无论权利及义务的正当范围，应如何划定，宪法既为规定国家根本组织的法律，当然也是规定个人与国家的关系的根本法律，从而个人的基本权利与义务，总应于此根本法中有所规定：因为所谓个人的基本权利，即是国家权力的限度，亦即是国家所不应侵犯的权利；所谓个人的基本义务，即是人民所必须牺牲的自由，亦即是人民对于国家所必须负担的义务。二者有了规定，国家与人民的活动才可不相冲突。

第二，国家最重要机关的组织职权及其相互关系。所谓国家的主要机关，虽无确定的范围，然最高行政、立法、司法各机关的组织、职权及其相互关系，固不容不于宪法有所规定。此类机关的组织、职权及其关系，虽然仍有许多部分必须以普通法律为补充的或具体的规定，然凡与国家组织有重大关系者，固不容不规定于宪法之中。至于中央机关与地方机关的关系，在单一国家，虽不于宪法上有何规定，在联邦国家，则中央与各邦的权限，固莫不于宪法上划定。

第三，宪法的修改。在18世纪期内，欧洲大陆学者间对于宪法修改问题，颇有几种不甚切中事理的主张。其一，以为宪法的变更，应永远取得人民全体一致的同意；凡不同意者，得脱离国家。瑞士18世纪有名公法学者华特尔（Vattel）即作此种主张。依此说而加以推论，宪法的修改，在原理上既须具备必要的条件，则宪法之给以规定与否，转无何等重要。其二，以为宪法的修改，尽可由人民随时自由决定其机关与方法，而不必有一定的手续，因为人民即主权的主体。人民既为主权的主体，其意志自不受限制，由是宪法上便不应预定修改的手续；宪法只在束缚议会，只在束缚根据宪法而产生的机关（即法人所谓 pouvoir constitué 者），而非所以束缚享有制宪权的人民，或其所选出的制宪机关（即法人所谓 pouvoir constituant 者）。法国大革命时代政论家西耶斯（Siéyès）即作此种主张。依此说而加以推论,人民的制宪权既不受任何预定的限制,则宪法上自不应有规定宪法修改手续的条文。然就实际而言,以上二说的弱点,固甚鲜明。倘宪法的修改,概须取得人民全体一致的同意,而凡不能同意者便须脱离国家,则修改宪法一次,便即改造国家一次,人民或领土亦将随宪法的修改而变更。倘宪法的修改,应不受预定的限制,则宪法修改一次,便同于革命一次,其修改时的困难与危险,又将达何程度?所以两人的主张,终亦未为当时一般人士所笃信。当时人士之所笃信,与近代宪法之所采纳者,乃为下述的一种主张,即宪法的修改,应本宪法条文之所规定。换言之,关于宪法修改的机关与手续,虽无一定不易的原则,而此种机关与手续之必须规定于宪法,则不容否认。卢梭即为首倡此种主张者。①

以上所述,都只是从理论上推究宪法应有的内容;且即在理论上讲,所谓人民的基本权利与义务,所谓国家最重要机关的组织、职权及其关系,亦初无一定不易的范围。实际上一国有一国的政情;一国人民有一国人民的政治观念;甲国人民所认为应该入宪的事项,乙国人民或认为不须入宪。所以,实际上各国宪法所规定的事项,彼此往往互异,有些宪法,甚至极端的与上述理论上的范围不相一致。今举数例,即可瞭然于实际与理论的如何出入,以及各国宪法互异的程度:

法兰西 1789 年大革命发生后,制宪机关的第一宣示,便是“人权宣言”,盖即人民的基本权利的宣示;在共和第三年(1795 年)时,且将人民的基本权利与义务并列入宪法之中,而成为人民权利

① 以上诸说,见 Esmein,*Éléments de droit constitutionnel*(1927),Ⅰ,608-619。

与义务的宣言。但是法国1875年的《宪法》(即其现行宪法),却无关于人民权利与义务的条文。反之,德国1871年的《宪法》,初无规定人民基本权利与义务的条文;而1919年的新《宪法》,则特设专章,为极冗长的规定。中国辛亥革命后第一次颁布的临时宪法《中华民国临时政府组织大纲》,亦毫未列举此种权利或义务;民国元年南京参议院制定《临时约法》时,对于此种权利与义务,始设专章为之规定。由此以观,足见各国宪法,对于人民基本权利与义务问题,有给以规定者,亦有完全省略者;甚至一个国家的宪法,有时给以规定,有时毫不给以规定。但就一般国家的宪法而言,此种权利与义务的规定,究为构成宪法的重要部分,彼此的互异,只在此种权利或义务的种类与范围。

至于关于国家重要机关的组织、职权及其相互关系等问题,各国宪法亦有详略极不一致的规定。或则对于绝对不容抹煞的问题,亦省略而不给以规定:例如坎拿大及澳大利亚的内阁,俱系对议会负责的机关——即所谓议会内阁制者,——然坎拿大及澳大利亚宪法,固无规定内阁对议会负责的明文,而仅令此制存于习惯之中;法兰西1830年《宪法》,亦未以明文规定议会内阁制,然在路易腓力普王朝内(1831—1848),此制亦显然行于法国。由此可见关系国家根本组织的事项,有时亦为宪法所含糊过去或全被省略。① 或则对于特种问题,虽与国家根本组织绝不相同,于宪法条文之内却有详细规定:例如瑞士宪法,对于中央与各邦的权限,规

① 中华民国元年《临时约法》,对于内阁是否对议会负责问题,规定亦不十分明瞭;其第四十四条所云“国务员辅佐临时大总统负其责任”一语,词义亦不免带着几分含糊。

定便极繁杂，我们倘通览其全文，将见极具体的问题，如渔、猎、牲畜、疾病以及赌博、开彩等类的事件，亦一一在宪法中有了规定。除了上述几个极端的例子而外，其他宪法，因为有几种问题——例如议员选举权及被选举权、预算、决算、会计等等——其应否规定于宪法与应否详定于宪法，在理论上多少尚有可以讨论的余地，繁简遂亦各异。但就近十余年来各国的新宪法考之，则其内容大都有趋于繁长的倾向。①

就是宪法修改问题，各国宪法，亦有完全省略不予规定者，意大利的现行宪法即是最著的一例。②

第二节　宪法的种类

宪法的分类，亦与其他事物的分类一样，可有种种分类的标

① 欧战后，新兴国家的宪法大都趋于繁长，1919 年德意志《宪法》即其一例。近十余年来新成立的宪法，除 1924 年土耳其《宪法》，1932 年暹罗《临时政府宪法》，1935 年波兰《宪法》及《中华民国训政时期约法》较短外，其余如美洲多米尼加（1924）、杭杜拉斯（1924）、智利（1925）、巴西（1934），欧洲希腊（1927）、立陶宛（1928）、西班牙（1931）、葡萄牙（1933）及亚洲伊剌克（1924）等国的宪法，亦莫不繁长，而西班牙新宪为尤甚。

② 意大利现行宪法，仍是 1848 年所颁布的《根本法》（*Statuto Fondamentale del Regno*）。自颁布以迄法西斯蒂当权，在这期内该宪条文从未正式有过修改；虽则实际上被习惯或议会所制定的法律所变更者很不少。自法西斯蒂党当权以来，意宪的精神及实质，更因许多新的立法而大变，但即如 1925 年 12 月 24 日的《政府首领的权力法》及 1928 年 12 月 9 日的《法西斯蒂评议大会权力法》等法，亦未将该宪条文正式删改。至就理论而言，则意大利法学家向不认该宪为永远不可变更之物，他们认意大利议会即有修改的权能。参看 MeBain and Rogers，*The New Constitutions of Europe*（1923），550 及以下。

准。分类的标准不同,分类的结果自异。如以宪法的形式为分类的标准,则各国宪法便有成文宪法与不成文宪法的分别。如以宪法修改的难易为分类的标准,则各国宪法便有刚性宪法与柔性宪法的分别。

一　成文宪法与不成文宪法

历来学者,大都分宪法为两种:一为成文宪法,一为不成文宪法。“不成文法”一词,系沿自罗马;但罗马法家所谓“不成文法”(ius non scriptum),其原义系专指习惯法而言,今人所谓不成文宪法,则其义初不只此;所以我们不能望文生义,而视不成文宪法与习惯宪法为一物。今人所谓成文宪法与不成文宪法,其义如下:

凡将关系国家根本组织的事项,以一种文书或数种文书规定者,谓之成文宪法。所以成文宪法亦有称为文书式的宪法(documentary constitution)者。各国宪法之具成文形式者,大率为单一的文书,换言之,即一种法典,例如日本的宪法。但亦有以数种文书构成一种成文宪法者,法兰西的现行宪法,即其明例;因为他实包含1875年内自2月至7月所陆续颁布的三种法律。[①] 反之,如关系国家根本组织的规定,未尝并诸一种文书或数种文书之内,而散见于习惯法与多种文书(即单行法律)中者,则为不成文宪法。在现代国家中,凡关于国家根本组织的事项,决没有完全存诸习惯中者;就令某一国的宪法为不成文宪法,亦只是一部分的宪法散见于习惯之中,另一部分则仍为文书式的法律。所以不成文宪法一词,不能与习惯宪法混为一物。英国就是这样的一个例子。英国宪法

① 即1875年2月25日的公共机关的组织法;1875年2月24日的参议院的组织法;及1875年7月14日的公共机关的关系法。

的一部分，固存于习惯法之中，然与英国政治组织有根本关系的事项，亦有许多部分已经文书规定；例如1688年限制国王特权的法律（Bill of Rights），1701年规定王室承继及其他问题的法律（Act of Settlement），1911年规定上下两议院权限的法律（*Parliament Act*），固都是文书式的根本法。①

虽然，上述成文宪法与不成文宪法的分别，亦不过就大体而言。严格地讲，现今立宪国家，其宪法有一部分存于习惯，而不存于条文者，实不限于采用不成文宪法的国家；即在采用成文宪法的国家，往往因宪法条文的疏略与含混，或因宪法条文与实际情形难于融洽，亦不免产生许多的宪法习惯，以为成文宪法的补充，甚或与成文宪法的条文公然抵触。例如美国宪法，本未明白禁止总统作二次以上的连任；但自华盛顿宣言一人不宜连任三次总统，因而

① 英国宪法之存于习惯中者颇多；以下即最著的数例：

一 内阁不得众议院信任，则须辞职，或则解散众议院以诉诸选民（即举行众议院的改选）；如新选出的众议院仍不予以信任，则内阁必须去职。

二 国务员全体对于议会须连带负责。

三 在下议院能支配多数议员的政党，有组阁的特权。

四 议会至少须每年召集一次。

五 一切财政案（Money Bills）俱须首先向众议院提出。

下列诸法，则为一般人所认为英宪的成文部分者：

一 1215年《大宪章》（*Magna Carta*），其内容系限制国王的课税权及其他事权。

二 1628年《权利请愿书》（*Petition of Right*），此项请愿书曾经国王批准，其内容系规定课税须得议会同意等事项。

三 1688年《权利宣言》（*Bill of Rights*），其内容系规定国王不得停止法律的执行；非经议会许可，国王不得于平时设置常备军；议员在议会中所发言论，在议会外不受干涉等事项。

四 1701年《王位继承法》（*Act of Settlement*）。

五 1832年、1867年、1884年、1918年及1928年的《众议院选举法》。

六 1911年《议会法》（*Parliament Act*），其内容系规定议会上下两院的权限。

拒绝为第三任总统的候补人而后，总统的不能三次连任，竟成了美国的一种宪法习惯。相类的例子，殆无国不有。所以严格讲来，成文宪法与不成文宪法的分别，仍不过一个程度问题而已。

至就成文宪法与不成文宪法的优劣而言，则前者较后者可说有两种特长：第一，成文宪法较为明晰，人民的权利，因亦易受宪法的保障；倘采不成文宪法，则宪法上一部分或大部分问题，既仅存于习惯之中，一般人民，于其本身的权利，与国家机关的权限，便不易有明白坚强的意念；因为习惯毕竟不及法律的明瞭与确定，所以运用宪法者，往往能蹂躏玩弄，而不虞反抗。假使操握政权的人，缺乏优越的政治道德，则玩弄或蹂躏宪法的事实殆极难免。第二，成文宪法既然较为明晰，则虽缺乏优良的政治训练与知识的人，亦或能运用自如；反之，不成文宪法，则因其内容欠缺明了与确定，故其运用者所需的训练与知识，自亦较高。不成文宪法的运用，既需要优越的政治道德与知识，所以论者直认此类宪法只宜于一种优良的贵族国家，而不适用于民治国家。① 就实际而言，采用不成文宪法者，在近今立宪国家中，除英国而外，欧战前只有匈牙利；欧战后，欧洲大陆新造国家，至为不少，但其所采者俱为成文宪法；就中沿用不成文宪法者，仍只有匈牙利一国。

二 刚性宪法与柔性宪法

英人蒲徕斯（Bryce）首倡柔性宪法（flexible constitution）与刚性宪法（rigid constitution）的分别。② 他这种分类方法，与前述的分类方法有异；因为他所谓刚性宪法虽必为成文宪法，但现代的成文宪

① Bryce, *Studies in History and Jurisprudence*(1901), Essay iii.

② 同上。

法，固不尽为刚性宪法；不成文宪法虽必为他所谓柔性宪法，但现代的柔性宪法亦不尽为不成文宪法。

柔性宪法这个名词，系指宪法修改的机关及手续，俱同于普通法律者而言。换言之，凡以宪法修改权，交给普通立法机关（议会），而修改手续，又与普通立法手续相同者，则其宪法为柔性宪法。其所以名为柔性者，即因其修改同于普通法律，并无特殊困难之故。苟以此种定义为标准，则现代宪法实少属于柔性者；除英吉利、匈牙利两个不成文宪法的国家当然属于柔性宪法的系统外，成文宪法的国家中，仅意大利的为一种柔性宪法。[①]

所谓刚性宪法，系指宪法修改的机关或其修改的手续，不同于普通法律者而言。细分起来，刚性宪法，实含有两类：在第一类中，修改宪法之机关与普通立法机关有别。或则以宪法修改权，完全交给特殊的制宪团体，不令普通立法机关参预；美国各邦的宪法，多以修宪起草权，交给由人民特别选出的制宪团体（convention），而以修宪批准权交给公民全体，普通立法机关——议会——丝毫不能参预，即是一例。或则虽以修宪起草权交给普通立法机关，但宪法修改案的成立，仍须经其他团体的批准；如美国联邦宪法的修改，虽得由联邦议会两院以三分之二的同意通过草案，但其成立则尚须经过各邦议会中四分之三议会的批准；又如瑞士联邦宪法的修改案，通过联邦议会后，必须提交公民团体批准。在第二类中，普通立法机关固为修改宪法的机关，但修宪的手续，仍与普通的立法手续不同。不同的形式亦有多种：有对于宪法修改案讨论时的法定出席人数加以特殊限制者；有对于宪法表决时的赞成人数限

① 参看本书15页注②。

定三分之二或四分之三的多数者；有规定宪法修改，须开上下两院联合会议者；有规定宪法修改案通过而后，须即改选议会而以修改案交付新议会表决者；有兼采以上各种限制者；尚有采用其他形式的限制者。凡此种种，本书第六编论宪法的修改时当更详述，这里姑不具论。总之，刚性宪法的种类，至为繁杂，刚性最大的，如美国联邦等宪法，其修改的艰难，殆已达于极点；刚性最轻的，如欧战前的普鲁士宪法，则其修改的手续几与普通的立法手续没有难易的分别。① 所以刚性宪法与柔性宪法的分别，严格地讲，亦只是一个程度问题。

至于柔性宪法与刚性宪法，两者间的优劣，则可分述如下：

柔性宪法较有消弭剧烈的政争或革命风潮的机能。因当政争甚烈或革命将发的时候，倘使宪法易于修改，便可径以修改宪法为弭争息乱的手段；此种事例，在英国 19 世纪以来的宪政史上已数见不鲜，如 1832 年选举法之争，与 1911 年上下两议院权限之争，俱属最著之例。然柔性宪法之能弭争息乱，尚不仅因其实际上容易修改；修改的容易既为人所共知，即反对修改者，事前亦自必努力与要求修改者从事协商，而不持蛮横态度；因此调和的成功较为可能，而革命亦较易免除。反之，刚性宪法，既不易以实行修改为平服革命风潮的手段，而要求修改者，因预知其修改者的不易，亦或不愿努力以求合法的修改，而悍然诉诸法律以外的方法；因此，刚性宪法有时不免为酿成革命的原因。

刚性宪法，纵不致诱致革命，至少常足以阻碍社会的进化；因

① 普鲁士旧宪法的修改，与普通法律的修改相较，仅有一种特殊限制，即宪法修改案的两次议会间，至少须相隔 20 日。

为宪法条文对于未来事变，常不能一一预知；倘社会的政治经济等等状况已发生重大变迁，而宪法却因修改不易，无以适应其已经变更的环境，则宪法自将为社会进化的阻力。故就法律须随时适应社会要求的原则而言，刚性宪法实有极大的弱点。处这社会变迁非常迅速的时期，刚性宪法这个弱点，更不容我们忽视。

以上所述，是柔性宪法较优于刚性宪法的两点。但柔性宪法有一最大弱点，而刚性宪法则有一最大优点。

柔性宪法，因修改甚易，故缺乏固定性。宪法关系国家根本组织，倘因缺乏固定性，而致频频更变，则政治秩序与社会规律，将亦无从巩固。且宪法如缺乏固定性，即令实际上变更，不至过于频繁，但人民既知其易于修改，自将不免常作要求修改的尝试。此种尝试，如常常发生，亦大足影响人心社会，而使人民尊重宪法的观念与习惯难于发育。所以采用柔性宪法的国家，其人民必须有极强的尊重法律与现存的秩序的精神，才能收柔性宪法的好果；柔性宪法在英国的成功即因此故。

反之，刚性宪法的优点，即在其含有固定性；而此种固定性的存在，不仅能保障宪法不致频频变更，且能减少许多要求修改宪法的尝试。换言之，刚性宪法，一面固有不易适应社会新要求的弱点，一面却能使政治秩序与社会人心，易臻安定。所以近代国家遇得下列各种场合时，常采用刚性宪法：（一）人民于革命成功之后，欲预防统治阶级侵犯其基本权利；（二）一国之内，有数种民族或阶级存在，而少数民族或阶级，欲巩固其最小限度的地位或权利；（三）几个独立国家，当其合并而成统一国家时，欲以联邦形式的组织，巩固其所欲保留的权利。

因上种种，现代宪法中，柔性者乃极少；欧战后，新起国家，其所采宪法，亦大都为刚性宪法，虽则刚性的程度，均不甚高。

但是，以上乃仅指一般的立宪国家而言，近年稍见盛行的个人独裁国家，则其宪法俱属于柔性的一类。

意大利的宪法，本属柔性，可以不论；德意志的宪法本属刚性，但根据1933年的《授权法》及1934年的《革新组织法》，则希特勒（Hitler）政府可以命令变更宪法，政府的命令可与宪法有同等的效力；因之，德国的宪法实际上已自刚性变为柔性。①

独裁国家之采用柔性宪法为一种自然结果。倘使宪法不是柔性，则独裁者势将处处为宪法所牵制，而无从独裁。他们只有两种方法可凭采择：其一，是采用柔性宪法，或使刚性宪法变成柔性；其二，便是不要宪法。希特勒所采的是前一种，而南斯拉夫前王亚历山大所采的则是后一种，亚历山大于1929年宣告独裁时，便将宪法完全停止。但在实际上，德意之有宪法，等于南斯拉夫之无宪法，因为德意的独裁者一方既有以命令变更宪法之权，而他方又丝毫无尊重法律与现存秩序的精神。于是其所幸存的宪法，乃绝对的缺乏固定性。换言之，德意的宪法已不具形式上的特性。

第三节　宪法观念的沿革

单从实质上的特性说，中国自与其他国家一样，历来亦自有其

① 1933年3月24日《授权法》的第二条如下："在不变更国会及参议院（Reichsrat）的地位的范围内，内阁所制定的法律（即命令）得与宪法有出入，但不得减削总统的权力。"1934年1月30日《革新组织法》的第四条如下："内阁得制定新的宪法。"

宪法；这种宪法并且已久具成文宪法的形式。中国成文宪法起源于何时，今虽尚难确定，[①]然自唐以后，确长有成文形式的宪典——唐开元时代所颁布的《六典》，即此类宪典之最古而至今尚未散佚者。该典略仿《周礼》六官之制，分为理典、教典、礼典、政典、刑典、事典六部；分别规定国家各重要机关的组织与职掌，及其施政的准则。明清两代的《会典》，亦即与《六典》相类。据乾隆《钦定大清会典》凡例所述，则所谓《会典》者，系“以典章会要为义，所载必经久常行之制”；凡“官司所守，朝野所遵”，皆“总括纲要”，并入于此项“国家大经大法”之中。即此数语，已可略见此类宪典的性质。虽则凡与国家根本组织有关的事项，未尝悉数并入此项宪典（例如皇位继承问题，便未经此项宪典给以规定，而仅存于习惯之中），而此类宪典，究不因一二事项的省略，而失却其成文的性质。不过晚近论者，尚有不愿以宪法之名，施诸专制国家的任何法律者；依他们的看法，宪法为人民权利书，立宪国家必须是承认人民享有若干参政权的国家；一个国家，如果绝对不许该国人民参加政权的行使，便不能说是一个具有宪法的国家或立宪的国家。照此说法，则即仅就宪法的实质而言，中国历来便也没有宪法；因为《六典》、《会典》之类，尽管可以说是一种根本组织法，却不是一种人民权利书。

至就宪法的形式上的特性而言，宪法观念尤为西方文化的产物，而为中国固有文化之所无：中国历来关系国家根本组织的法

① 《周礼》颇具成文宪法的形式；论者遂有以《周礼》为中国成文宪法的起源者；然《周礼》所记是否为周代的遗制，历来学者已多疑问；就令《周礼》所记为周代的遗制，亦不见得就是周公所编纂或周代所颁行的一种法典。

律，如《六典》、《会典》之类，固系由臣僚草拟，由皇帝裁可颁布；即其他法律（例如历朝刑律）亦俱由臣僚草拟，由皇帝裁可颁布。彼此的制定，初无根本差异。一切法律既俱由君主制定，则一切法律之效力相等，当然成为一种自然的结果。所以就法律的效力言，中国法律历来并无等级可言；例如唐《六典》与唐刑律，明《会典》与明刑律，清《会典》与清刑律，俱是效力相同，不生统属关系。

宪法的特性，虽说可有形式的与实质的两面，然近代宪法与近代人士的宪法观念之异于往昔者，固在形式方面。从形式上的特性说，中国历来既然完全缺乏与近代宪法相似之物，本节以下所述，因亦仅以西方史实为限；至于中国自清末以来，制宪问题的经过，则当另编论述，今亦不赘。①

一　希腊罗马时代

古代希腊与古代罗马，俱尝有过高度的民治；他们自然亦各有他们的宪法。亚历士多德尝辑成希腊 158 国的宪法一书，这里所谓宪法即指规定国家机关的组织及权限的法律。他更尝谓法律应以宪法为根据，且须有纠正宪法的缺点的效能。② 所以亚历士多德对于宪法及法律的区分，与今人之划分法律为宪法及普通法者，颇有偶合而近似的地方。在罗马，关系国家根本组织的法律，似乎比在希腊更显尊严。普通的法律，罗马行政长官（Magistrate）即可变更，但关系国家根本组织的法律，则须有护民长官（Tribune）参加，

---

① 看本书第六编。

② Aristotle, *Politics*, Bk. Ⅳ, ch. i，第二节首句。*Politics* 书中 government 一字，其原文与 *On the Constitution of Athens* 书中 constitution 一字的原文相同，俱系组织的意思。

才可变更。[1] 可是从法律的制定而言，古代希腊与古代罗马，在原则上俱以一切法律的制定权，交给一种公民大会；关于国家根本组织的法律，初与其他法律无异。就法律的效力说，凡公民大会所制定的法律，其效力亦均相等，不特亚历士多德的见解纯属主观，宪法与其他法律并不可分；即在罗马，何种法律可由行政长官单独变更，何种须经护民长官参加，亦无客观的标准可资鉴别。所以我们如说古代希腊与古代罗马各有宪法，亦只是从宪法的实质而言；如从宪法的形式说，当时人士实无近代人士的宪法观念；当时的法律，亦尚无与近代宪法相似之物。不但如此，就是从宪法的实质说，希腊罗马的宪法，亦不过与现代英吉利的宪法相似，只散见于单行法律及习惯之中；初不像近代一般国家的宪法，具有一种法典的形式。所以成文宪法，在当时亦尚不存在。[2]

二　欧洲中世纪时代

欧洲中世纪时代（约略自 5 世纪西罗马帝国灭亡起，至 16 世纪宗教革命止）是封建时代，也可说是近代宪法观念萌芽时代。在这个时代内，君主的势力，每受各地方封建诸侯（大率即当时的大地主）或各城市团体的限制；而国王对于所属诸侯或所属城市，往往以特别法律承认各诸侯或各城市的特权。此项特权，即为国王权力的限制；此项法律，亦颇类于近代的宪法或根本法。最著之例，则为英王约翰于 1215 年所颁布的《大宪章》（*Magna Carta*）；该

---

① 此外，《罗马法》中有所谓 rem publicam constituere 者，与近代宪法所规定的事项也很相近。

② 关于宪法观念的沿革，可参看：Bryce，*Studies in History and Jurisprudence*（1901），Essay iii；Jellinek，*Allgemeine Staatslehre*（1922），Kap. xv。

宪章实可谓为英王与当时大小贵族(即当时的封建诸侯)及僧侣所结的一种契约,其目的在限制国王的权力——尤其是国王征收租税的权力。14 世纪的法国则已有"国法"(*lois du royaume*)与"王法"(*lois du roi*)的分别;当时并已有称"国法"为根本法(lois fondamentales)或宪法(lois constitutionnelles)者。当时的所谓《国法》,系指国王不能自行变更或废止的法律而言;倘欲废止或变更,则国王必须取得"等级会议"(États généraux,即由贵族、僧侣及平民三阶级的代表组织而成的议会,与英国当时的议会 Parliament 相似)的同意。此种根本法的观念,实在是一个新的观念,与近代人士的刚性宪法观念相类似;自此种观念成立以后,君主乃不过是一个普通立法者;根本法的变更或废止,则非君主一手之力所能实现,而须有待于议会的协赞;一如近代各国的宪法,其修改废止,不属于操有普通立法权的议会,而属于人民或其他特殊的制宪机关。所以中世纪的根本法观念,就是从形式一方面说,亦与近代人士的宪法观念相接近。

三 自欧洲宗教革命至美法革命时代

自 16 世纪宗教革命,至 18 世纪末期美法革命的期间,可以说是近代宪法观念逐渐成熟的时代。在此时期内,"根本法"这个名词(拉丁文为 lex fundamentalis),已逐渐成为学者间及政治上常用的名词。当时学者对于根本法这个名词的新观念,其意见虽仍未十分一致,然就一般的意见而言,则当时所谓根本法者,即指人民与国家或政府间的一种契约,即卢梭等所谓"民约"(Contrat Social)。此种契约观念的产生,一部分或由于中世纪的根本法观念——根本法为封建诸侯及城市与国王间的一种契约——又一部分则系以耶教教社的“教约”(Covenant)观念为渊源。[1] 当时宗教革命分子,以为教社的存在既公认为基于教社与信徒间的一种“教约”,则国家的存在,自亦基于国家与人民间的一种契约。所以欧洲十六七世纪的宗教革命,间接、直接可以助长根本法观念及其他政治思想的地方甚多。

当时人士视根本法为一种民约,已如上述。然此种民约式的根本法,其形式与其权威的特点,毕竟在于何处?这个问题的解答,可于下述17世纪时产生的两种根本法中求得;这两种根本法,实为近代成文宪法的渊源,而皆产生于16世纪末至克伦威尔秉政的英国宗教革命期内。当时的宗教革命者——即清教徒——最初不过反对英国教社中的繁文缛节与其专横。然因英王当时实为教主,所以清教徒的宗教革命运动,乃进而为政治革命的运动;下述两种根本法俱由清教徒建立:

一为美国《康内的各特根本约章》(*Fundamental Order of Connecticut*, 1639)。17世纪初年,英国清教徒,因不堪詹姆斯一世的虐待与仇视,乃有百余人,于1620年相率赴北美洲的纽普里穆斯(New-Plymouth),创立殖民地。此百余清教徒,美人至今呼为“朝圣始祖”(Pilgrim Fathers)。他们于赴美舟中,曾仿照教社的“教约”,草有一种简单公约(即所谓Mayflower Pact者),以为赴美建国的约法。此约法并曾经全体签字。今人每称此项约法为现代

① 关于此层,有一显著之例:克伦威尔(Cromwell)军队中的急进分子,即抱持“教约”(Covenant)观念之人;他们认为各种教社的成立,应各以一种经由各信徒共同承认的“教约”为根据。各教社的信徒应有选举教社职官之权,而代表耶稣为教社的最高机关。后来克伦威尔向议会所提出的《人民公约》(*Agreement of the People*),其初稿即系由此项军队草拟,而该《人民公约》便即现代宪法渊源之一(详下)。

成文宪法的渊源。然此约法的条文究属简单。英人赴美殖民者所成立的第一完备宪法，当推1639年的《康内的各特根本约章》。此约章即为康内的各特（后为美国独立时代十三邦之一）殖民者的建国宪法，曾经公民全体大会的表决，文中并承认国家的最高主权属于人民全体。

二为英国克伦威尔军队所草拟的《人民公约》。此为1647年克伦威尔军队中清教徒所草拟的宪法草案而曾经克伦威尔提交英国议会者。该约初稿列举人民若干种权利，认为即议会亦不能有所侵犯；所以其权威实应在议会所制定的普通法律之上。该约并规定须得人民的同意，始能成立；所以其制定权，亦不纯属于议会。该约虽始终未及成立（未及通过议会，亦未交付人民表决），然其足以代表当时人士的根本法观念，则甚明显。

由上所述的两个实例，可知当时人士对于根本法的形式与权威，实含有三个观念：第一，根本法的权力高于普通法律，即议会亦不能侵犯。第二，因根本法为建造国家的公约，且因根本法的权威，必须在议会所制定的普通法律之上，制宪权与普通立法权，乃亦不能不分；因此，根本法的成立，不能仅凭普通立法机关（议会）的决定，而须经由人民表决。① 第三，因根本法为限制议会权力及其他国家机关权力的法律，其内容乃有明白详尽地规定的必要；因

① 当时学者，因认宪法为建造国家的公约，甚至主张宪法的制定及修改，不独须得人民的同意，并须取得人民全体一致的同意；多数取决的原则，遂被认为只能适用于普通法律的制定与修改，而不适用于宪法的制定与修改；对于宪法的制定或修改不能同意的人民，应许其自由脱离，而不能强其加入。因此，宪法的制定或修改，不独须与普通法律的制定修改异其机关，并且应与普通法律的制定修改异其手续。此类意见，如德国自然法派巨子蒲风道夫（Pufendorf）、渥尔夫（Wolff）以及瑞士有名国际公法学者华特尔（Vattel）等，于其著述中，俱主张之。参看本章第一节。

此，根本法乃不得不为一种成文法。所以我们说，这个时期是现代宪法观念成熟的时期。[①]

四　18世纪美法革命时代

现代宪法观念，虽于十六七世纪宗教革命与政治革命时期即已成熟，但近代的立宪运动，究以18世纪末期北美独立与法兰西大革命为其原动力与出发点。在此期间内，以前所述十六七世纪的根本法观念，不特益形昭著，而且对于以前所述的根本法观念，更有扩充或补助条件产生。所以北美独立与法兰西大革命期内所产生的宪法，实为现代宪法观念的直接渊源。今取前述十六七世纪的三种观念——即根本法须为成文法，根本法须经特别制宪机关制定，与根本法的效力高于普通法律的效力三个观念——为标准，而研究他们在此美法革命期内，发扬巩固的经过。

其一，北美独立时代的宪法观念。北美十三州于1776年脱离母国而各自宣布独立。宣布独立之后，一面则各新邦自行制定宪法，一面复订立一种邦联（confederation）性质的中央约法，组织一个中央政府。至1787年始合众为联邦，成立联邦宪法，而成为今日的北美合众国。这个期间中所产生的新宪自然甚多。就当时人士对于宪法的观念考之，第一，所谓根本法须为成文法的条件，殆已不成问题。就理论言，当时人士已觉根本法之不容散漫含糊，而有明白规定于一种法典的必要；就积习言，各州在1776年以前隶属英国之时，即有一种类似根本法的“特许状”（charter）。这尤足使成文宪法观念易于发展。即如前述的《康内的各特根本约章》，最

① 以上所述，详见：Jellinek, *Allgemeine Staatslehre*（1922）, Kap. xv; Borgeaud, *Établissement et révision des constitutions en Amérique et en Europe*（1893）, 3-18。

初，虽由康内的各特州的人民制定，但仍于英王查理斯二世时代，呈由英王核可，而成为该州的"特许状"者。1776 年独立后，此"特许状"又经该州人民的核可，而成为该州独立后的首次宪法。其他各州，亦曾自英王先后取得相似的"特许状"；其最老者，甚且沿自中世纪末期。这些"特许状"，大体上都以规定各州的特殊权利及州政府的组织为目的，故谓为各州的成文宪法，亦无不可。第二，所谓根本法须得人民同意的条件，亦为当时人士的普通信仰，而卢梭主权在民之说，与 16 世纪的"教约"观念，对于当时人士的影响，尤为重大。因此，自 1776 年至 1782 年的革命期间内，各邦宪法的制定与公布，大都须经由一种特别制宪团体，有若干邦，且以宪法交付公民全体会议（即所谓 Town Meeting 者）表决者。到了 1787 年十三邦联合建设联邦，于费来德耳费亚（Philadelphia）召集特别制宪会议，起草宪法时，草宪之人，虽未及主张以所通过的宪法案交付各邦公民大会表决，然亦于该草案之末，规定该草案须经由各邦分别选举的特别制宪会议（Conventions）表决，然后发生效力。制宪权与普通立法权的必须分离，固亦显然为当时人士的信仰之一。第三，所谓根本法权力高于普通法律的观念，自北美十三州革命而后，不独益形昭著，抑且获得一极有效力的新保障。各邦于 1776 年后陆续所制定的邦宪法，均含有一种"权利宣言"（Bill of Rights），此种"权利宣言"中所列举的人民种种自由，在当时人士的见解中，实为国家普通法律所不能侵犯的权利。故宪法已显然高于普通法律。然普通立法机关的法律，如竟有违反宪法的规定之事，又将奈何？对于此点，美国当时人士，尚认法庭有权根据宪法，以否认违宪的法律。此即当时人士对于根本法高于普通法律的这个原则所增设的一种新的保障。此项保障，初为各邦宪法所采纳，继为1787年美国《联邦宪法》所采纳,至今垂为美国联邦宪法的一大特彩。

其二,法兰西大革命时代的宪法观念。法国1789年大革命的爆发,距美国联邦宪法的成立不过二年。当时法国人士,对于根本法的见解,一面固与美人同受十七八世纪以来一般思潮的影响,一面更深受美人的影响。美国既已成立一种成文宪法,则他们于1789年"等级会议"集会后,自然也应从事于一种成文宪法的制定。至于制宪权之应异于普通立法权,则法国当时思想的代表者西耶斯(Siéyès)言之颇详:他认为制宪权当与立法权分离,前者应属于国民,即有因版图太广,不能以制宪权属诸公民全体者,亦当以制宪及修宪之权,交给特殊的制宪团体。征诸事实,法国大革命后的首次共和宪法(即1793年《宪法》)即曾交付公民表决;当时制宪团体并有"非经公民表决者不得称为宪法"的宣示。从此可知宪法须经人民同意,宪法的制定应异于普通法律,实为当时人士彻底的深切的信仰之一。此外,宪法效力应高于普通法律,亦极为当时人士所崇信;1789年所发表的《人权宣言》,及1789年以后的宪法上所载的《人权宣言》,其作用即在限制国家立法机关的权力。严格地讲,当时人士,不仅欲藉《人权宣言》以限制国家立法机关的权力,他们并认此种权利,为人民永远保有的权利,即国民制宪团体,亦不能变更。然美人对于宪法高于普通法律这个条件所设的一层新保障——法院有否认违宪的法律权——则因种种原因,始终未被法人所采纳。

五　19世纪以来的变迁与最近事例

自法兰西大革命而后,欧洲各国即陆续的产生一种立宪运动;自1800年至1880年之间,欧洲各国前后成立或改订的宪法,综计不下300种。欧洲各国,除俄国而外,至1880年,盖无一不有一种宪法;除英吉利及匈牙利宪法而外,且无一非成文宪法。不过19世纪时期内成立的宪法,多半仍出于君主的颁给,或君主与人民的协议。纯粹民造的宪法,除瑞士前后各宪法外,尚少其例。当时,法兰西大革命期内民主政治的失败,尚深入一般人的脑海;故即革新分子,亦只注意于君主权力的限制,而未尝遽思以共和政体代替君主政体。1918年欧战完结而后,各国的新宪法,始相率容纳民主主义;对于宪法的成立与修改,亦相率承认宪法须由人民直接表决或由人民所特别选举的制宪机关表决的原则。至于宪法效力高于普通法律的观念,19世纪以来,不列颠帝国的各自治殖民地,如坎拿大、澳大利亚等,以及中美南美各国的宪法,且已陆续容纳美国宪法上的前例,而予法院以根据宪法,否认普通法律之权。欧洲各国,欧战而后,亦有容纳此种原则的趋势。所以在若干年以前,欧洲十六七世纪人士的根本法观念,及18世纪美法革命时代的根本法观念,曾已获到普遍的实行。

不过到了最近数年,成文宪法的意义在独裁国家又受一剧烈的变动。近年实行独裁的国家,其仍保留成文宪法者,无论其宪法属于刚性(如苏联),或属于柔性(如意及德),皆不复承认宪法有限制国家权力的效能。他们都是所谓极权国家(totalitarian state),国家的权力完全无缺,大至于极,故不能有任何样的限制,即宪法亦不能加以限制。于是,宪法只能规定国家机关的组织,以及各机关行使权力的方法,却不能保障人民的自由权,或限制国家的权力。国家的最高权力机关有自由行动的权利,而变更宪法亦为此权利范围以内之事。所以过去三四百年来关于成文宪法的流行观念——即宪法须经特别制宪机关制定,与宪法的效力高于普通法律的效力两种观念——在独裁国家已不存在。在独裁国家，宪法尽可为成文宪法，但其效力不必高于普通法律，且普通立法机关亦可以任意修改。如果国家的权力定须毫无限制，如果国家定须为极权国家，这也许是必然的结果。然而极权国家的所谓宪法，已不复是19世纪与欧战初告终后盛行于全世的一种宪法。极权国家的宪法，其所规定的事项容与普通法律不同，但其性质与普通法律无别，既无前述的形式上的特性，也不尽具有实质上的特性。

第二章　国家的概念

关于国家性质的各种问题，英美学者大半认为属于政治学的范围，宪法书中往往略而不论；欧洲大陆学者，则更有所谓国家学(Allgemeine Staatslehre，théorie générale de l'État)者，常以此项抽象问题为其研究对象。本书侧重在研究现代宪法上的各种具体问题；对于这些抽象问题，因不欲详细讨论。可是这些抽象问题的研究与宪法的研究，亦不是可以截然分割的。如果我们对于政治学或国家学上所讨论的问题，缺乏相当的知识，我们对于一种宪法的全部精神或其一部分的条文，或竟亦不能完全了解。譬如普鲁士旧宪法(1851—1918)便建筑在主权属于君主这一个原则上；美、法、比等国的现行宪法，则建筑在主权属于人民这一个原则上；我们如果不觉察这种事实，或不了解这些原则的涵义，我们便不能明瞭这几种宪法的根本精神；对于他们的条文，有许多地方，容或也不能得着一个正确的见解。这些原则，便是政治学上或国家学上所讨论的问题。有些学者只将政治学或国家学看做宪法学的一部，就是因为这个缘故。因此，我们对于国家的名称、要素、主权与根据诸问题，亦辟专章，为简括的讨论。至于政体的区别问题(如君主制与共和制的差异，联邦制与单一制的差异，议会内阁制与总统制的差异等)，政府职权的划分问题(立法、司法、行政三种职权的性质以及三权分立的原则等),通常虽亦为政治学或国家学上所讨论的问题,本章则略而不论;因为本书第四编论及国家机关及其职权诸章时,对于那些问题,尚须为比较详细的说明。

第一节　国家的名称

表示国家这种组织的名称是随时代而异的。一个时代的政治组织,有一个时代政治组织的特点;表示国家的名词,其字义亦往往与当时政治组织的特点相应。

中文中表示国家的名词,为“国”、“邦”等字;此二字之起源,说者以为俱出于中国封建制度产生时期。求诸此二字的字形与夫经籍上此二字的旧义,此说颇有根据。封建时代的政治观念,自然要偏重土地这一个要素,所以国字的古文为□,或圀,邦字的古文为峀,或㞍;古文的字形亦显然偏于土地这个要素。考之旧籍,如《孟子》所云,“大国地方百里,次国地方七十里,小国地方五十里”;又如《周礼》所云,“大宰掌邦之六典以佐王治邦国”(注云,大曰邦,小曰国),则国邦等字固亦俱指当时封建诸侯的领域而言。《释名》训邦字为“封也,封有功于是也”,则意尤显明。

先秦封建时代,称天子所治曰“天下”,诸侯所治曰“国”(或“邦”),卿大夫所治曰“家”;《孟子》下列数段:“天子不能以天下与人”;“人有恒言,皆曰天下国家,天下之本在国,国之本在家,家之本在身”;及“王曰何以利吾国,大夫曰何以利吾家,士庶人曰何以利吾身”,都明白地把“天下”、“国”、“家”表示三种不同的意义;其所表示,便即天子、诸侯与大夫三种阶级的治域。此外虽亦有将国家二字联用,而意义较欠明豁之例,如《孟子》“国家闲暇,及是时,明其政刑,虽大国必畏之矣”,又《大学》“长国家而务财用者,必自小人始矣”之类,但照《孟子》、《大学》及《中庸》各书中较普通的用法,则国家二字决非专指一物。国家二字的成为单独名词,当在先秦封建制度废止以后。

西文中的国家称谓,亦经过许多的变迁;其种种称谓亦常与其时代的政治组织相适应。希腊罗马古代的国家领域,均以城市及其近郊为范围,当时各国,不外是一种“市府国家”(city-state);所以希腊人称国家为πέλος,罗马人称国家为 civitas,两者俱是城市之意。到了欧洲中世纪封建制度时期,政治权与土地所有权发生密切关系,于是 land(土地之意)乃成为国家的普通称谓;至今德人尚称国会为 Landtag,称国法为 Landesgesetzen 者,盖即沿此旧日称谓而来。15 世纪以后,欧洲封建制度衰落,英德法意人士,乃逐渐采用 State(英语)、Staat(德语)、État(法语)、Stato(意语)诸字,以表示国家。这几个字,德国学者耶律芮克(Jellinek)以为俱出于拉丁文 Status 一字,含有既存的纪律(Ordnung)之意。① 然学者对于此项意见,亦颇有否认者,②以上诸字究竟是否为拉丁文 Status 的变化,似乎尚无定论。

第二节 国家的要素

国家是一个有政治组织的社会。这种社会,一般均认为包涵

① 见 Jellinek, *Allgemeine Staatslehre*(1922), Kap. v。

② 例如:Dawdall, “The Word State”, *The Law Quarterly Review*, January, 1923。

着下述三种要素：

国家的第一个要素，自然是人民。国家既为人类的一种组织，自然不能脱离人类而存在；凡无人类的荒地，自然不能有所谓国家者存在。可是，关于人民这个要素，亦有数点，尚须简单说明。

人民虽为国家的一个要素，而构成一个国家的人民，实际上却不必都属于一个民族。在英、美、法各国普通用语中，“民族”(nation)这个名词，往往与“国家”(state)混用；这实在不当。民族一词，诚然亦可有广狭两义。就狭义说，民族即指由同一种族的人类所构成的人群。但解释民族的人，大率采取广义的解释，而不以种性之同一，为民族的必要条件；英人弥勒(J. S. Mill)便以具有“共同情感”(common sympathy)的人群为民族，以“共同情感”的存在，为民族的要件。他的所谓“共同情感”，即一个人群中的分子，愿受同一政府统治，且仅愿受该人群自行组织的政府统治的情感。他认为此种情感的成立，或由于种性的同一，或由于语言宗教的相同，或由于政治历史的相同；就中尤以历史相同，为最有力的原因。① 美人柏哲斯(Burgess)对于民族的解释，与这解释亦复相似；关于现代民族成立的原因，他亦不重视种性的同一，而注重语言的同一。② 然无论民族的要件为何，民族与国家，总不能混为一谈；因为现代国家中，有些国家，无论如何总不能说是一个单一的民族——不列颠帝国便是一个最著的例子。近代人士因多倾向民族主义者，他们的理想国家，自然是“民族国家”(national state)——即由一个民族构成的国家。倾向国际主义的

① Mill, *Representative Government*, ch. xvi.

② Burgess, *Political Science and Comparative Constitutional Law* (1893), I, 2.

人，却尚希冀一种“世界国家”（worldstate）出现。这些都是理想，我们用不着在这里讨论；我们所要说的，不外是：现代国家中，有的固然可以说是一个“民族国家”，有的却不能说是一个“民族国家”；从这种现实的状况，以定国家的界说，则只人民是国家的要素，民族不是国家的要素。

人民虽为国家的一个要素，但国家的人口，却无一定限度可言。亚历士多德尝以为理想国家的人口当在一万至十万之间；依着卢梭的理想，一个国家的人口，且应不逾一万。然此不过他们两人的理想；决不适宜于现今的情状。求诸实际，则今日号称国家者，大者其人口超过百兆，如中国及苏联等；小者亦往往达四五百万，如瑞士比利时等；最小者则又仅数万，如欧洲的摩那哥（Monaco）等。无论从理论立言，或从事实立言，构成国家要素的人口，并不能有一限度。

国家的又一个要素为土地。现代国家无一不有一种固定的土地。然人类文化开始时期的游牧民族，初无土著观念。即如欧洲弗兰克民族，当其由现时德法毗连的莱因河上流流域内，侵入西罗马帝国境内时，亦只是一种游牧民族；其政治首领，亦只自称为“弗兰克人之王”，并不称为“法兰西之王”。此不过耶稣纪元5世纪事。英国当时亦只以“英人之王”名其元首，“英吉利之王”一名，直至英王约翰时代始行出现。国史中的西域诸国，旧亦有“行国”之称；《汉书》因有“大月氏本行国也，随畜移徙，与匈奴同俗”的纪载。这类民族，虽无一定领土，然亦有政治组织；不过他们的政治组织，只建筑在一种属人的主义之上。如果我们对于国家这名称，作极端广义的解释，则即此类有政治组织而无固定土地的游牧社会，殆亦可称国家。但一切较为进化，与一切已经加入现时国际社会的国家,则都有一定的领域;所以一般学者,不仅承认土地为国家的要素,并且承认国家必须占有固定的土地;国际法家解释国家时,尤其注意土地这项要素。

国家的第三个要素,就是主权。一般人认主权为政治组织的特征。一个社会如果有一个特定人或特定机关,在法律上,又能行使下述两项具有特性的权力,那个社会便成国家;那种权力,便是主权。这两个特性是:其一,那个特定人或特定机关,能决定属于那个社会的一切分子(个人与团体)的权利与义务,并能决定他自己的权利与义务,而不受任何更高的法定权力的支配。其二,那个特定人或特定机关,能以自己的实力,强制那个社会的分子,服从其命令。关于主权的性质,我们于下节,尚当为较详的说明;现在我们所要申说的不外两点:第一,一切非政治组织的社会,如工会,公司之类,是没有与主权相似的权力的,因为那些社会,在法律上,必藉国家的允可及威力,乃能强制社员服从他们的规则,其自身初不具有固有的强制力。第二,即仅就有政治组织的社会而言,国家这个名词,亦只能适用于独立的社会,而不能适用于一个独立社会所属的任何政治团体(如单一国家的地方团体,联邦国家的各邦,殖民国家的殖民地之类);因为那些团体,纵能规定人民的权利与义务,其自身的权利与义务,仍须受更高的法定权力的支配,其本身初无自主的意志。事实上,联邦国家,固亦有以国家这个名词,名其所属的各邦者,如美国及旧时德意志帝国等;即在理论上,德国学者亦有主张国家这个名词,可以适用于联邦国家的各邦者;但联邦国家的各邦与联邦国家的本身,既非一物,则用同一名称,究嫌混乱。为避除混淆起见,中国用语,对于联邦国家的各邦,大率用"邦"字来表示,而不直称为"国"或"国家"。这自为较妥的办法。

第三节　主权问题

主权问题,是学者间聚讼纷纭的一个问题。我们今特作较详细的讨论,使读者瞭然于各方争论的所在,以及各方意见的大要。

主权一语,国人有称为“萨威棱帖”者;这是西文 sovereignty, souveraineté, Souveränetät 一字的音译。西文此字渊源出自拉丁字 superanus,含有“最高”或“较高”的意味。今人解释主权,因亦往往称为国家的最高权力。但主权这名词虽出自拉丁文,而近代政治学上的主权说,则随 16 世纪法人鲍丹(Bodin)而成立。他于 1576 年,在其所著《共和六书》(*Six livres de la République*)一书中,认主权为国家的要素;他以为凡属国家,必有一种中心机关,对于全国人民享有一种最高权力。依着他的意思,此种最高权力的特质,即在其不受任何人为的法律的限制,而只受上帝的法律或自然的法律的限制。在欧洲中世纪期内,封建制度盛行,教社又与君主争雄,城市以及基尔特(guilds,即职业团体)则往往享有极大的自主权;所以政权分裂,在同一地域内,往往有数种互相抗衡的机关或权力存在。当时所谓国家,实非近代国家可比。到了中世纪末期,封建制度衰落教社势力亦因宗教革命运动而削减,君主的权力,事实上遂渐能直接的控驭全国人民,而确具最高的性质。鲍丹创主权说,其目的即在予当时的事实以一种理论上的基础,而使国王的威权得有所凭藉。鲍丹而后,格老休斯(Grotius)、霍布斯(Hobbes)、洛克(Locke)及卢梭等一班学者,亦相继讨论主权问题。虽则他们的观点各有不同,有主主权在君者,有主主权在民者;但他们全都以拥护国家独立,使其权力内外两不受限制为目的。

主权之说,经两三百年的演变后到了19世纪已成为一种刻板的文章。依照传统的说法,主权有两大特性:一是主权的无限制性,二是主权的不可分割性。这两种特性,因19世纪以来许多新发生或新被注意的现象及事实,久成为学者间争论的焦点。或则从联邦制的存在以攻击不可分之说;或则从国际法的发展,以攻击无限制之说;或则更从非政治团体所享的实力,以攻击国家有无上权力的议论。就令传统的主权说毫无可议,然主权寄于何处,仍为一个极难解答的问题。我们因取主权的限制、主权的分割与主权的所在三个问题,各为简括的说明。①

第一目　主权的限制问题

通常宪法或政治学书中,大率称主权为一种无限制的权力。

① 关于主权问题的参考书籍至多,今略举可以代表各种意见的著作各几种于后,以备参考:Austin, *Lectures on Jurisprudence* (1873); Willoughby, *The Fundamental Concepts of Public Law* (1924); De Malberg, *Contribution à la théorie générale de l'état* (1920); Merriam, *History of the Theory of Sovereignty since Rousseau* (1900)。从以上数书,可以略见传统的主权说。Maitland, *Political Theories of the Middle Ages* (1900); Duguit, *Law in the Modern State* (1919); Duguit, *Traité de droit constitutionnel* (1924), Ⅰ; Laski, *Studies in the Problem of Sovereignty* (1917); Laski, *A Grammar of Politics* (1925); Krabbe, *The Modern Idea of the State* (1922); Cole, *Social Theory* (1923); Ward, *Sovereignty* (1928); Elliott, *The Pragmatic Revolt in Politice* (1928). 从以上数书,可以略见晚近主权论者的议论。

要决定主权有无限制这个问题,须将问题的意义分析明白,否则讨论便极易混乱。历来学者间对于这个问题的意见分歧,有时就因彼此论点之不能一致。

所谓主权的限制问题,实在包含着三个问题。第一,从事实上讲,主权是否为有限制的权力?第二,从道义上讲,主权应否为有限制的权力?第三,从法律上讲,主权是否为有限制的权力?

一 事实上的限制

从事实上看,主权有否限制,尚不是一个难于解答的问题。主权之为物,在法律上无论如何无限,实际上行使主权的人或机关,是不能不受限制的。这种限制,诚如英人戴雪(Dicey)所云,[①]可以说有主观、客观两层。所谓主观的限制,即是行使主权者本人良心上的牵制,如恐人民起反抗,或顾惜公理与名誉等;所以即极端专横的君主,亦往往畏惧发生革命、暗杀等情事而有所不为。同时,行使主权者的法律命令,实际上或不尽受人民的服从,有时且因人民反抗,而致失其效力:这是客观的限制。所以就实际言,主权决不是毫无限制的权力;在有些社会,行使主权的人或机关所发布的命令,失效之时,或且较生效之时为多。

晚近多元主权论者,攻击传统的主权无限说,往往亦以行使主权者实际上不能为所欲为,为其论据。盖在现代国家之内,实际上往往有多种团体(最著者为劳动者及宗教的组合),其地位的重要足以比肩国家,其意志足以支配国家的行为。然此究不过事实而已,在法律上,这些团体固仍受行使国家主权者的支配。历来倡主权说的人,大都亦只说主权在法律上无限,并没有说主权在实际上

① Dicey, *Introduction to the Study of the Law of the Constitution* (1915), 74-82.

也是一种毫无限制的权力。

二　道义上的限制

在道义上，主权应否有限制，便是一个较为复杂的问题；学者间对于这个问题，意见甚形分歧。但综括的说来，关于这个问题的意见，大致不外主权无限、主权自限与主权有限三说：

其一，主权无限说。依着倡导此说者的意见，国家的权力，在道义上讲，亦无限制。自然，凡有常识的人，决不会说，国家的权力，无论如何行使，都是合理的。就是偏信主权无限主义的人，亦不过是说，私人以及私人团体，对于国家，不能享有任何对抗的权利，国家为保持自己的生存与增进自己的实力起见，可以牺牲私人的任何利益或目的。最可代表斯说者，为海格尔（Hegel）与柴西克（Treitschke）等——即19世纪期内德意志国家主义派的巨子。海格尔认为一个人最高的义务，不在发展他的个性，而在完成他对于国家的义务；因此，任何反抗国家的行为，他以为都不是合理的行为。19世纪期内，许多普鲁士学者，所以认国家的权力，不应受“人权”的限制者，大半也就是受了他的思想的影响。柴西克之承认国家权力无限，则较海格尔尤为露骨。他以为国家行使权力的时候，即在道义上讲，亦可不顾私人的任何目的或利益；他以为国家的权力，只有事实上的限制；换句话说，国家对于人民，事实上能支配他们到什么程度，就可以支配他们到什么程度。在这班极端国家主义者的眼光中，国家的目的，高于一切私人的目的，国家的最高义务，就在巩固他自己的实力，与扩大他自己的实力；至于私人对于国家的对抗权，与夫国家权力应有的限制等问题，在他们学说的系统中,差不多是没有位置的。①

海格尔等之推崇国家,主张主权无限的议论,到了最近,更成了法西斯蒂主义(Fascism)的基石。法西斯蒂认国家为人类最高的组织,人类一切的活动及表现俱须以国家为依归。国家权力,只能为人民造福,所以应不受限制。说国家的权力应有道义上的限制,便等于说,人民在道义上不应求最高的发展。这是法西斯蒂的议论。②

其二,主权自限说。19 世纪后半期以来,尚有一部分德国学者,作主权"自限"(Selbstverpflichtung,一称 Selbstbindung,又称 Selbstbeschränkung,法人则称 autolimitation)之说,否认主权之绝对无限。德人叶林(Ihering),殆即首倡此说之人。他以为国家的权力,虽不受外力的限制,却应受自己意志的限制,应遵守他自己所颁布的法律;换一句话,在法律尚未正式废止或变更以前,行使主权的国家机关,应与受主权支配的人民,同受该项法律的拘束,而不得有违反该项法律的措施。这种限制,便即近代所谓"法治"或"法治国"(Rechtsstaat)的精神;因为在近代法治国家中,国家对于人民,非依据既存的法律,便不能有何举措;国家如要人民履行任何义务,尤不能不根据一种既存的法律。然则国家何以应遵守他自己的法律呢?依着叶林的意见,国家之须受这种限制者,乃所以树立法律的权威;没有这种限制,则国家不易诱致人民服从他的法律。商鞅欲行法治,而先立木示信,其用意正亦相同。所以叶林国

① 上述议论,详见 Hegel, *Die Grundlinien der Philosophie des Rechts*(英译名 *The Philosophy of Right*,译者 S. W. Dyde),及 Treitschke, *Politik*(英译名 *Politics*,译者 B. Dugdale 及 T. de Bille)。

② 参看 Prezzolini, *Fascism*(1926),K. MacMillan 译。

家必须遵守此种限制之说，只是一个“政策”问题。[①] 学者间至今服膺主权自限说或大体上表示同情于此说者，尚属不少；譬如耶律芮克与法人马尔伯格（Carré de Malberg）大体上便都采纳叶林学说。[②] 这种限制，有些学者似认为一种法律的限制，其实不然。任何限制，如果是一种法律的限制，则被限制者于违反限制的时候，必另有一种法定机关，对于他能行使一种法律的制裁。倡主权自限说的人，不过是说在政策上，行使主权者应该遵守他自己的法律；他们并没有说，行使主权者如果违越这种限制，尚有何种法定机关，对于他得以行使何种法律制裁。所以这种限制，也只是一种道义上的限制。

其三，主权有限说。国家的权力，决不是任便如何行使，都是必然合理的；所以历来主权论者，尽管在法律上坚认主权无限，在道义上讲，大都仍认国家的权力，应该有相当的限制。可是这种限制究竟应该是怎样的一种限制，学者间的议论，亦殊不一。

十七八世纪学者，如洛克之流，以及18世纪美法革命时代的人权宣言，大都认主权应为一种有限制的权力；而“人权”便是主权的限制者。所谓人权，即彼等所认为一切人类固有的几种权利，即人类与生俱生的权利，即人格构成的要素；如人身自由、言论自由、信教自由等等。依着他们的见解，国家的存在，只在划定人民与人民间人权的界限，并给予这些人权一个保障；人民于不侵犯他人权利的范围以内，国家便不能加以侵犯。所谓国家不能侵犯，就是说，

① 叶林的意见，详见所著 *Der Zweck im Recht* 一书。

② 关于这两人的议论，可看：Jellinck，*Allgemeine Staatslehre*（1922），474-489；Malberg，*Contribution à la théorie générale de l'État*（1920），Ⅰ，88-147。

这种权利,不独非普通法律或普通立法机关所能取销,就是宪法或制宪机关也不能取销。简单言之,就是说行使主权者不能侵及人权。这是一说。

法国宪法学者狄骥(Duguit)亦主主权有限之说;但他对于历来的人权说,却表示不满,而别创所谓“社会联立关系”(solidarité sociale)说,以为人权说的代替。人权说认凡属人类,因其为人类之故,便享有某某权利。狄骥以为这只是一种纯理的论断,初非一种实证的论断,在人民信仰纯理甚深的时代,自可动人闻听,但在实证的、科学的时代,则难以存在。所以,狄骥对于国家权力的限制,另从事实方面求得一种限制。这种限制,即是所谓“社会联立关系”。依着狄骥之意,主权如果是一种不受限制的权力,则他不能承认有所谓主权。他固承认国家享有极大的权力,但这只是一种事实权力,其本身原无伦理的根据;凡行使这权力之人,于其权力的行使,必须能有助于人类的“社会联立关系”,换句话说,能促进人类的分工与合作。反之,国家权力的行使,如与人类分工与合作的原则有相矛盾者,则人民便无服从义务;换句话说,即国家的权力,不能妨及人类的分工与合作。狄骥以为他这种学说,是建筑于事实上的一种论断,因为人类进化之须有赖于“社会联立关系”的巩固与发展,实为社会学者所公认的一种事实:依据社会学者的观察,人类所以结合为社会,与人类所以不能不生活于社会,乃因人类一方面彼此有共同的需要,一方面复各有其个别的需要与个别的性能。人类因有共同的需要,而此种需要,复非与他人合作,不能满足,于是人类乃各举其相似的性能,从事于相似的工作,以满足其共同的需要。此种现象,社会学者名之为同求的联立关系(solidarité par similitudes)。人类亦各有其个别的性能与个别的需要，而此种个别的需要，必赖各个人利用其个别的性能，从事于个别的工作，复以个别的工作，与他人作交易之品，而后可以满足。以是社会乃产生一种广大的分工作用，而社会的结合，益形巩固。此种现象，社会学者名之为有机的或分工的联立关系（solidarité par division du travail）。这些合作与分工的现象都是我们能以直接观察证明的事实；而人类全体幸福的增进，必须赖于此种合作与分工现象的巩固与发展，乃亦成为一种基于事实的论断。但是，狄骥虽不满意于历来的人权说，而在他的学说之下，凡人权说对于国家权力所立的限制，如人身自由、言论自由、信教自由等等却仍存在；因为这些自由，都是人民发展个性的条件，亦即分工现象发展的条件。所以人权说与狄骥的社会联立关系说，观察点虽异，而归宿并不相反。

狄骥学说所示的限制，在我们看来，也不过是一种道义上的限制，虽则他自己却剀切肯定的指为一种法律的限制。这是因为他的所谓法律，与我们的所谓法律有异。我们的所谓法律，只是一般法学者——尤其是英、美、法学者——的所谓法律，只是国家机关所颁布认可的规则，只是有国家机关的实力为后盾的规则，只是学者间之所谓"实在法"（positive law，droit positif）；而他的所谓法律，则不是这些实在法，而是群众心理所认为国家机关应以其实力为后盾的一切规则，而是与历来自然法派之所谓自然法者相似。我们以为法律这个名词，不宜如此混用；所以狄骥所指陈的限制，在我们看来，仍为一种道义上的限制。①

① 狄骥的议论详见所著 *Traité de droit constitutionnel*，Ⅰ。参看《国立北京大学社会科学季刊》二卷一号对于此书的介绍与批评。

法人狄骥而外，荷人克拉倍(Krabbe)，亦从法律的效力方面，以攻击主权无限之说。他以为法律之所以有效者，不因国家的权力，而因人民能认该项法律为合于他们的权利观念(Rechtsgefühl)，凡法律之不能合于此种观念者，实际上总缺乏强制的效力；[①]换言之，国家于立法时，不能不顾到人民的权利观念。因此，国家的主权便受有道义上的限制。

倾向工团主义(syndicalism)或基尔特社会主义(guild socialism)的人，亦大都倡主权应该有限或主权应该分割之说。他们以为国家职务(function)，应与其他任何团体的一样，应有一定的范围。他们以为国家这种组织是一种地域的组织；换句话说，国家这种组织，系以同居于一定地域内的全体人民，为其组成分子的一种组织。这些组成分子，自然也有他们的共同利害与共同目的；但是他们的职业与地位，彼此既不尽同，他们决不是对于一切问题，都有共同的利害，亦决不是对于一切问题，彼此都有相等的处理能力。如果我们承认国家对于一切问题都可以处理，则多数所决定者，不见得就是多数的利益；一则因为全体人民中的多数，不是对于一切问题，都有适当的处理能力；二则因为有些问题，与人民多数便无关涉，如果该项问题，亦由全体人民以多数决定，则其所决定者，便难免有偏袒情事。所以这些论者，主张国家权力的所及，应以关涉全体人民共同利害的问题为限；其仅关涉特殊团体的利益的问题，则应由那种利害关系较为直接，与组成分子较有处理能力的团体处理。有些论者之所以认国家的权力只应以处理政治问题为限，至于经济问题——尤其是生产问题——则不宜由国家机

① Krabbe, *The Modern Idea of the State* (1922), ch. iii.

关处理，而应由职业团体（或职业团体的联合组织）处理者，就是因为这个缘故。①

从道义上讲，学者间对于主权限制问题的意见，大致不外如上面所述。我们以为海格尔及柴西克那些人的主权无限说，只是一种主观的理想，就事实观察起来，工团主义者及基尔特主义者的议论，很可以推翻他们的国家万能主义；所以主权无限之说，我们很难赞同。至于主权自限说，我们亦只应部分的赞同。国家必须遵守他自己的法律，这是我们所应该承认的；因为从事实上观察，非如此，确不足以提高法律的效力。但是，我们还应承认，国家权力的限制，决不应至此为止，国家法律的内容，也应有一定的限制。至于这个限制究应如何，我们以为狄骥的学说颇为切实。他的学说，虽与人权说的归宿不甚相当，但其论据则较为切实。而且这学说，与倾向工团主义或基尔特社会主义者的议论，在原则上亦属一致；因为两方的见解，均系注重分工与合作两种社会现象的保持与发展。但倾向工团主义或基尔特社会主义者的意见，往往较狄骥的意见更形具体化，他们往往具体地将若干种职权，划诸国家权力范围以外。这种具体计划，无论如何正确，总免不了因时间上或空间上的限制，而有不适当的情形。所以就一般而论，究以取法狄骥，仅立下一个抽象原则为当。

三　法律上的无限性

如上所述，主权在事实上不能不受限制；在道义上，且应有限制。然则从法律上说，主权是否亦有限制？说到此层，我们还应记

① Merriam and Barnes, *A History of Political Theories*, Recent Times(1924), 89-98. 参看 Cole, *Social Theory* (1923), chs. v-viii.

得在前节讨论国家要素的时候，我们对于主权所立的界说。在前节我们曾经说过，主权含有两项特性：第一，行使主权者（人或团体），不仅能决定那些受他支配的人民及私人团体的权利与义务，并且能决定他自己的权利与义务。所以德国学者往往说，主权是"决定一切职权的职权"（Kompetenz-Kompetenz）。第二，行使主权者，能以自己的实力强制那些受他支配的人民及团体，服从他的命令。这里所谓命令，就是英人奥斯丁（Austin）的所谓命令（command），也就是他的所谓法律（law），因为他的所谓法律，就是行使主权者的命令。这个关于主权的界说，实在只是一个法律的界说。在这个法律的界说之下，主权诚如奥斯丁及一般法家所云，是一种无限制的权力。所谓法律的限制云云，必是一种造法机关所设立的限制；依照现立的界说，行使主权者，就是一切法律的渊源，而他的法律又能决定他自己的权力与义务，则主权的本身，在法律上自不能有限制可言。

有些论者以为宪法上的规定就是对于国家的主权所设的法律限制。这并不是一种正确的观察。宪法上的规定，诚然可以限制代表国家的一切机关，就是制宪机关的权力亦往往受宪法的限制，譬如宪法条文如果对于制宪机关修改宪法的程序有所规定，那便是对于制宪机关所设定的一种限制；又如宪法条文如果明定某项事体或某项原则，不得由制宪机关变更（例如法国现行宪法规定共和政体不得为修改宪法的议题），那自然也是对于制宪机关所设定的一种限制。但是这一类的限制，只是行使主权者——制宪机关——自设的限制；并不是行使主权者以外的机关所设的限制，所以在法律上讲，至多也不过能说，主权机关的意志尚受自己的意志的限制。严格地说，自己的意志的限制，是不能构成一种法律的限制的(见前段论主权自限说)。

有些论者以为行使主权者的权力,在国内法上虽然可说没有法律的限制,对外却受国际公法的限制。这也极有反辩的余地。所谓国际公法,就是文明国家所公认为规律国家与国家间关系的一些规则。在道义上讲,我们亦坚决承认,一切国家应该遵守这些规则。可是在法律上说,这些规则的拘束,是否构成一种法律的限制,便要看这些规则已否成为法律。如前所说,主权者的命令即是法律(即"实在法")。果尔,则一种规则能否称为法律,便要看产生那种规则的个人或机关是否一个主权者;换句话说,便要看他能否决定其所属分子及其自己的权利与义务,便要看他能否以其实力来强制执行他的意志。国际公法,有的只存于习惯之中,而非任何特定个人或特定机关所制定;有的虽见于国际协约,然产生此种协约者,却不曾构成一个具有主权条件的团体。所以奥斯丁不认国际公法为"实在法"(positive law),而只认国际公法为"实在道德"(positive morality)。目前的国际公法固比当时已大有进步,然仍未能进化到我们所谓"实在法"的阶段。即就国际联盟而说,联盟公约除对于违约作战者略略设有制裁外,对于该约其他条文,以及其他国际公认的规则,亦未设有何等制裁。且联盟的决定,不一定可以拘束会员国;因为会员国依联盟公约,尚保有退出联盟的权利。这就是说,国际联盟尚无决定其所属分子及其自己的权利与义务的权能。这种事实,亦可表现国际组织尚未成为完全主权社会;国际公法尚未成为"实在法"。因此,我们如果对于法律这个名词,只作狭义解(即仅作"实在法"解),则主权在对外关系上,亦并不能说受有法律的限制。至于国家的国际行为,在道义上应该受国际公认的规则的限制,在实际上,亦多少不能不受国际公法的限制，我们当然一一承认。

第二目　主权的分割问题

主权可否分割，亦为历来主权论者的一大争点。这一类争论的产生，多半由于主权定义之不能一致。如果我们认主权为若干种个别权力，如（对外宣战、媾和、缔约等权，对内立法、行政、司法等权）的集合体，则主权自属可以分割之物。然而我们并不认主权为这样的集合体；上述一类的个别权力，只是德国学者所谓“统治权”（Herrschaftsrecht）①，而不是主权。我们所谓主权，系决定国家所属的分子与国家自己的权利义务的权力。如前所述，此种权力，即便德人所谓“决定一切职权的职权”（Kompetenz-Kompetenz）。在这个界说之下，主权自然是一种无可分割的权力，因为在一个国家之内，如果有两个赋有此种权力的个人或机关，其结果必成为一种无政府状态。

可是主权虽然不能由两个或两个以上的个人或机关独立的各自行使，却可由两个或两个以上的个人或机关共同行使。英国宪制，以决定国家所属分子及国家自身的权利义务的权力，付给君主及上下两议院共同行使，即是一例。其他诸国，亦往往以主权付给两个或两个以上的机关共同行使。

晚近多元主权论者之主张主权分割，实亦不免漠视此义。英

① “统治权”为德国公法学者所创立的名称，然德人所用的字亦殊不一致；有称为 Herrschaftsrecht 者，有称为 Hoheitsrecht 者，尚有称用他字者。此字的意义如何，德国学者间亦不无分歧，然大率均释此种权力为一种对人的命令权，即强制个人与团体服从命令之权；多数论者，俱认统治权为可分的权力，而主权则否。

人柯尔(Cole)分割主权的计划,显然犯着此病。依着他的计划,国家应有两种议会:其一为政治议会,依地域选举制选出,对于政治问题,行使立法权;其二为经济议会,由各种职工团体的代表组成,对于经济问题,行使立法权。至于两方权限的争执,则由两方代表合组的联合机关决定。[1] 这就是柯尔的所谓主权分割。可是在我们的主权界说之下,这并没有把主权分割;这不过把主权,即"决定一切职权的职权",付诸地域代表机关与职工代表机关合组的联合机关行使罢了;在这样的一个国家内,仍然没有两个机关可以独立的各自决定国家所属的分子以及国家自身的权利与义务。

19世纪上半期以来,有些联邦论者,以为联邦国家之所以异于单一国家者,即在主权的分割;他们以为在单一国家,主权统于中央,在联邦国家,则分隶于联邦与其所属的各邦。[2] 此种意见的成立,无非因为联邦国家的各邦与其中央政府,依据宪法,各享有若干种权利,为彼此所不能侵犯。实则联邦宪法所划分的事权,只是国家统治其人民时所需的各种个别权利,只是德人所谓"统治权",而非主权。主权既为"决定一切职权的职权",则即在联邦国家,亦无可分割。在联邦国家中,行使主权的机关,亦只是制定联邦宪法的机关;因为只有他能有决定中央及各邦的权限之权。联邦国家的制宪机关,也许是单一的,也许是复合的(即由两个或两个以上的机关合成的机关);可是联邦国家,亦决无两个或两个以上的机关,可以独立的行使"决定一切职权的职权"。

---

① Cole, *Social Theory*(1923), ch. viii.

② 美国南北之战以前的联邦论者大都作此说;德国的联邦论者则大都不作此说,而作国家主权说(见下)。Georg Waitz 虽力主采纳美国的学说,但不为一般德国学者所景从。

第三目 主权之所在

主权之所在问题,也是一个复杂的问题。在19世纪时期,英、法、德、美四国中,本各有一种盛行的学说:在英者为议会主权说,即主权在议会;但因实际的主权或不在议会,英人遂更设法律的主权与政治的主权之分;在法者为国民主权说,即主权在国民的全体;在德者为国家主权说,即主权在国家,而国家则具有抽象的人格;在美者为所谓共有主权说(co-ordinate sovereignty)。美国为联邦国家,美人在南北之战以前盛倡主权由联邦及各邦共同平等行使之说,甚有倡为主权分割,联邦与各邦共享一部分的主权之说者。自南北之战告终,主张邦权(state right)一派人的势力消灭后,此种议论已不复入时,且其缺乏根据,我们在上面也已说过,所以不必再为讨论。其余三种学说则今当分论如下:

一 法律的主权与政治的主权

英人的国会主权说本谓英国的主权在议会——说得精确一些,在议会与君主的集合体(The King in Parliament);因为在法律上,英国的议会能制定任何法律(宪法及其他法律),而不受外力的限制。本来就法律而言,不论在任何国家,凡享有最高立法权的个人或机关,便即主权的所在,英国的议会固是主权的所在,从前中国与俄罗斯的君主也是主权的所在;因为他们都具有决定国家所属分子及国家自身的权利与义务的权力。至于在那些一面承认宪法效力高于其他法律,一面复以制宪之权付给普通立法机关以外的制宪机关的国家中,则制宪机关便是主权的所在;因为在那些国家中,惟有制宪机关才能制定任何法律,而不受拘束,亦惟有他才是行使最高立法权的机关。

但是，在实际上，有最高立法权的个人或机关的决定，却不见得不受其他个人或团体的势力的支配。因此，有些学者，如戴雪、里特奇(Ritchie)等，[①]更造为法律的主权(legal sovereignty)与政治的主权(political sovereignty)的分别。

所谓法律的主权，就是在法律上能决定国家所属分子的，及国家自身的权利义务的权力：这就是普通的所谓主权。所谓政治的主权，就是在实际上，能决定国家所属分子的及国家自身的权利与义务的权力。握有这种权力的个人或团体，就是政治主权的所在。法律主权与政治主权的分离是极常见的现象。譬如一个民选的专制元首，如果不希冀于任满后继续被选，并且缺乏责任心、道义心，他也许就成为一个兼有法律主权与政治主权的人；因为在法律上他享有无限的权力，在实际上他也可以不顾民意，为所欲为；但是他如果希冀继续被选，他就不能不尊重选举机关的意思；因此，他就不复保有完全的政治主权。这还不过是一个虚拟的例子。就实例言，英国即是最好的一个。从法律上说，英国的主权操诸议会(详言之，应该说操诸议会与君主，)可是，在实际上，英国的选民团体，是很可支配议会的意志的；因此，有些学者以为英国的选民团体，虽然不是法律的主权的所在，却是政治的主权的所在。[②]

---

① 看 Dicey, *Introduction to the Study of the Law of the Constitution*(1915), 68-73; Ritchie, *Principles of State Interference* (1903)。并参看 Bryce, *Studies in Historyand Jurisprudence* (1901), Essay x; Sidgwick, *Elements of Politics*(1919), 627-633。

② 奥斯丁并认英国的选民团体为法律的主权之所在。那是他的一种错误；因为英国选民团体，在法律上并不能制定任何法律，并不能自行以法律决定任何人或任何团体的权利义务。一个国家，对于制宪问题，如果采用了复决(referendum)与创制(initiative)各种制度(参看本书第三编第二章论复决与创制各节)，他的公民团体乃可说是法律的主权的所在。但有时公民团体仍不过是行使主权机关的一部分，因为议会或其他机关仍有参预制宪之权。

在现在许多民治国家中,政治的主权,也许可以说是操诸人民的多数或选民的多数。然而操握政治主权的人,是否仅以这些人为限,还是一个问题。在民治尚未发达的国家,我们往往很难指出那些特定人或特定团体为政治主权的所在。因此,政治主权的所在问题,永难得着一个确切的答案。可是里特奇以及其他学者对于这个困难问题,却成立了一个简单的答案:他们以为不论在什么国家,政治的主权,实际上都存于人民的多数。他们以为人民多数的意志是必然有效的,因为人民多数有诉诸实力或革命的可能,无形有形中,统治者永远不能不受他们的威压。这种学说自然亦有一部分真理;可是这种学说却忽视了实力的组织问题:一个人数较少而有组织的人群,其实力很可超过一个人数较多而无组织的人群;一个专制君主,挟着少数有组织的军队,便可宰制众多的人民。因此,在许多国家中,政治的主权,实际上并不存于人民的多数。就令说,人民多数的意志终于有效,人民的意志,亦决不是在任何时期都有效力,或在任何时期都有充分的效力。

二 国民主权说

自18世纪以来盛行于法国的所谓国民主权(souveraineté nationale)说——中国译语有时称为民权主义——则谓国民全体为主权的所有者,为主权的主体,而行使主权的个人或机关,则系受主权所有者的委托,而行使其权力。主张这种学说者,盖将主权的所在问题,分作主权由谁行使与主权属谁享有两层。用法律上的说法,行使某种权利的人,本不一定就是该种权利的所有人;因为权利的所有人有时可以将其权利委托他人行使。所以卢梭以及其他许多学者,以为主权虽可由受国民的委托的团体行使,但仍属于国民的全体。

这种学说，法国自 1789 年大革命以来，并尝屡次以宪文宣示。1789 年《人权宣言》的第三条说："主权全体，根本的属于国民；任何团体或个人，不得行使未经国民赋予的职权。"1791 年《宪法》则云："主权是惟一的、不可分的、不可割让的、不受限制的。主权属于国民。"以后法国宪法，屡有类此的宣示；其他各国宪法亦往往设有此种规定，中国亦非例外。[①]

从卢梭的《民约论》与上述法国大革命时代的宪文，我们可以看出国民主权说的两个要点：第一个要点在承认主权属于国民全体；第二个要点在承认政府为代表国民全体行使主权的机关（卢梭说，政府只是国民的雇员，commis du peuple），他的权力是有限的，因为主张国民主权说的人们明白宣示，"任何团体或个人，不得行使未经国民赋予的职权"。至于主权所有者——国民全体——的主权应否亦有限制，则法兰西大革命时代崇信国民主权说的一般人士，与倡导国民主权说的卢梭，意见似不一致。法兰西大革命时代的人士，认为"人权"不独非任何政府机关所能侵犯，就是国家或国民全体也不能侵犯。这显然是说主权要受人权限制。卢梭则认个人的一切权利，于最初成立"民约"、组织国家的时候，已完全割让于社会（即国民全体）；因此，卢梭不认个人保有对抗社会的任何权利；换言之，即依据"民约"，国民全体的权力，不复有任何限

① 中华民国元年《临时约法》有"中华民国之主权，属于国民全体"一条；民国二年《天坛宪法草案》未设有关于主权的规定；民国十二年北京国会所成立的《中华民国宪法》，仍设有主权一章，规定"中华民国主权，属于国民全体"；民国二十年《训政时期约法》中关于主权的条文与元年《约法》相同；民国二十五年立法院所拟的草案仍有同样的条文。

制。[1] 所以狄骥谓法国革命时代的人权观念,不本于卢梭而本于洛克;因为洛克的契约说,承认人权为人民于最初结约造国的时候所保留的权利。[2] 狄骥并以为卢梭的国民主权说,与19世纪以来德国学者所倡导的国家主权说根本相同;因为承认主权属于国家与承认主权属于国民全体,实际上初无根本差别;且卢梭既承认国民全体的权力无限制,则与德人的国家主义或国家主权说,早属根本一致。[3]

主权何以应认为属于国民全体?依着卢梭的学说,主权之属于国民全体,是"民约"的一个条款。这完全是卢梭虚拟的一种理论,初无事实的根据;我们于下节评论契约说时,当再说明此层。可是国民主权说,虽属虚拟的理论,他的实际的效用,确属不可湮没。在法兰西大革命以前,法国君主路易十四"朕即国家"的观念本是欧洲流行的观念;普通人每认君主为主权的主体或主权的所有者。换句话说,那时候一般人所崇信的还是主权在君说。即到了19世纪,欧洲的学者——尤其是普鲁士学者——仍不乏崇信此说之人。国民主权说,在法兰西大革命时代,曾经扑灭了法兰西人士的君主主权说;在法兰西大革命以后,对于他国人士主权在君的观念的消灭,也建过不少的功绩。但是这个虚拟的理论,单就他的实际效用而言,仍不免有两大弱点。第一,国民主权说的采纳,不一定可以得着一个为国民全体谋利益的政府;因为这个学说并没有要求采行何种特殊政体。这个学说只说行使主权者是主权所有

① 参看 Rousseau, *Contrat Social*, liv. Ⅰ, chs. vi, vii; liv. Ⅱ, ch. i。马君武译卢梭《民约论》欠精确之处甚多,读者看原本或英译本较妥。

② 洛克的契约说详见下节。

③ Duguit, *Traité de droit constitutionnel*(1924), Ⅰ, 464-493.

者的委员或代表;因此,这个学说所要求者,至多亦不过是政府须出自民选。那末,像古代希腊的纯粹民治制度,近代瑞士的复决制度,近代一般国家的单纯代议制度,甚或罗马的民选专制元首制度,无一不可与国民主权说相融洽。就实例言,法国大革命后的宪法,除了1814年《宪法》而外,虽然一一采纳了主权属于国民全体的原则,但其所设的政制,或为共和,或为君主,或为民选专制元首,形形色色,无一不备。由此可见崇信国民主权说的法兰西人,亦初不以为此种原则与任何特殊政体有逻辑的关系。但为防杜政府专制起见,主权行使的机关与主权行使的形式,实较主权的所属问题更形重要。第二,国民主权说,可以危及个人自由。若照卢梭的国民主权说,则国民的"共同意志",可以为所欲为,而不受个人任何权利的限制。赞成国民主权说的人,就令不和卢梭一样承认国民主权无限,实际上亦难免发生与卢梭学说相似的危险,因为主权既在国民全体,则一般人便难免不把国民的"共同意志",与真实的正谊公道视为一物;换句话说,一般人难免因法律产自国民的公同意志,遂视法律为正谊公道的表现。这也很可妨及真正公道的实现,很可危及个人的自由。所以狄骥对于国民主权说,也和他对于主权在君说,同样地力加攻击。他以为国家的权力,永远是属于一个强有力的统治者。他以为统治者,无论为皇帝,为君主,为议会,为国民全体或国民多数(即令统治者在形式上为国民全体,实际上亦只是国民多数),不能说是有何固有权利或无限权力可以强制他人的服从;他们的行为,应该与受治者,同受一个最高原则的支配,即促进"社会联立关系"的发展,换言之,即促进人类的分工与合作。所以主权的主体问题,在狄骥的学说中,便完全不能成立。[1]

三　国家主权说

依照德人的“国家主权”(Staatssouveränetät)说，则国家的主权即在国家本身；国家是一个法人，而这个法人，又有法律上的意志(juristischer Wille)，所以可为主权的所在。这个学说自然与主权在道义上无限之说，相辅而行，因为国家既为主权的所在，而又有意志，则这意志的表示，自然可以无所不包，而非人民所应抵抗。但国家究不是一个自然人，国家的意志需要一个具体的人或团体来代表，于是代表这意志的人或团体遂成了有绝对的权力者。所以，如果国民主权说有妨害人民自由的可能，则国家主权说也同样的有此可能。而且照国民主权说，统治者纵为凯撒式的拿破仑伯侄，但在理论上仍须尊重人民的“共同意志”，仍须有人民总投票一类的形式；照国家主权说，则连这种理想也不必顾及。

晚近流行的法西斯蒂主义以及极权国家(totalitarian state)的学说，盖亦深与国家主权说相合者。法西斯蒂主义者称法西斯蒂国家为工团国家、为会社国家，但是工团或会社的总意志，仍不能算是国家的意志；国家的意志不独在任何工团或会社的意志之上，也在全体工团或会社的，或全体的人民的意志之上。国家要怎样做，便可怎样做。究竟何者为国家的意志，则法西斯蒂主义者或其他极权主义者并未阐明。我们仅知道，在实际上，法西斯蒂统治者的意志即算国家的意志。所以在海格尔、柴西克一班人心目中，君主固应有专制的大权；而在法西斯蒂主义者的心目中，则法西斯蒂统治者亦应有专制的大权。统治者虽不同，而国家主权说的实质则

① Duguit, *Traité de droit constitutionnel*(1924), I, 432-436.

并未变更。

第四节　国家的起源及根据

国家因何而产生？这是政治学上的国家起源问题。国家根据什么理由而存在，而可要求我们的承认与服从？这是国家的根据问题。这两个问题，本不必有因果关系；因为国家产生的原因未必能为国家要求我们服从的理由。然政治学者，往往将国家的起源与国家的根据看做含有因果的关系，把这两个问题，混做一个问题。这是错误。今将他们并在本节讨论，不是承认他们有连带关系，正是为说明他们没有连带关系。

国家起源这个问题，是政治学者与社会学者的共同问题。前者的方法，系从理论上推测想象；后者的方法，系从事实上探考——即从人类过去历史及现时野蛮民族生活的实况上去探考。前者所研究的问题，是国家产生的原因；后者所注重的问题，是国家组织由何种形式的人类生活蜕化而来。所以国家起源这个问题，在政治学上及社会学上的意义并不全然一样。自然，社会学者如能解决他们所注重的问题，他们也定能帮助政治学者解决国家产生的原因问题。可是国家的产生，尚在人类有史以前，他究系由何种形式的人类生活蜕化而来，探考亦极不容易，社会学者对于人类最初的社会组织，迄今亦尚议论纷纭，莫衷一是。历来政治学者，则大都撇开事实，而专从理论方面，以推测国家的起源，国家产生的原因。许多政治学者并以为国家的起源，即国家权力根据的所在。这种理论，约有数说：

一　神意说

此说的主要观念,在认国家的存在基于神意。这个观念,殆存于一切初民的脑筋中。据近代社会学者的一般意见,宗教与政治的组织,在各种古代民族中,都有密切的联合;当时的酋长或君主,往往同时被认为宗教领袖。犹太民族即最著的一例。在《旧约》中以及梵文载籍中,这种观念极为普遍。在十五六七世纪时的欧洲,神意说仍为许多君主及尊君的政论家所倚赖。至于在东方,则君主"受命于天"之义,亦久为儒家所深信。

主张神意说者,不独以为国家的存在基于神意;他们并以为国家既基于神意而产生,人民便不能不服从国家。以是国家的根据,即存在于国家产生的原因中。

国家的产生基于神意,这已经是一种虚玄的超科学的论断。就令国家的起源基于神意,人民又何以因此而有服从国家权力的义务呢?崇信神意说者的说明,大概不外两层:或则以为凡属人类皆有服从神意的义务;或则以为国家既基于神意,人民便无对抗政府的任何权利,因为政府的权利系受诸神祇,而非受诸人民。所以神意说亦称为"神权说"(theory of the divine right)。这自然也只是些虚玄的与超科学的议论,在学理上并无讨论的价值。就实际言,在十六七世纪欧洲各国,君权方兴,民权思想未起之时,神权说之于民权运动,诚可有对抗能力。但今则此说的势力,在一般国家,已完全消灭,故实际上亦无须予以驳斥。

二　契约说

与神意说相对抗者为契约说。契约说对于近代政治思想有很大的影响,值得详细的讨论。

第一,契约说的一般性质。主张契约说者甚多,其立论初非彼此一致;但一切契约说,均含有两个共同观念。第一个观念便是"自然状态"(state of nature)的观念。凡主张契约说者,俱谓人类于国家成立之前,实生活于一种毫无政府与毫无法律的自然状态之下。至自然状态时的生活若何,则众说分歧,初非尽同。或谓自然状态为一种人类终日互相争杀的野蛮状态;或谓自然状态不过是生命与自由不甚安全的状态,究非极端的野蛮状态;或则谓自然状态的生活,为人类朴实、愉乐、自由的生活。第二个观念,便是"民约"(social contract)观念,凡主张民约说者,俱以为国家的产生,基于一种契约。至于这种契约的当事者为何人,则亦众说互歧。或以为这种契约仅成立于人民与人民之间;或则谓这种契约,成立于人民与政府之间。

第二,各种契约说的互异。以上所述契约说的观念,即在希腊与罗马时代的政治思想中,亦未尝全不存在:在柏拉图的《共和国》中,哲学家甘路康(Glaucon)即承认国家的成立基于契约,不过柏拉图自己并未附和后者之说。罗马法律原承认人民为一切政治权力的渊源;所以政府存在之必须出于人民同意,不仅为当时法律家的思想,抑且已为当时一般人士的思想。然契约说虽在古代已有萌芽可寻,但其真正的发端,则在欧洲中古时期,盛行则在十七八世纪之间。在十七八世纪间,倡导契约说的最力者,为英人霍布斯(Thomas Hobbes,1588—1679)与洛克(John Locke,1632—1704),及法人卢梭(Jean-Jacques Rousseau,1712—1778)。今取三人之说,分别论述如下:

(一)霍布斯契约说。霍布斯以为人类初期,系生活于一种自然状态之下,无法律,无政府,终日互相争杀,以各求自存;故他所谓自然状态，实是一种野蛮残酷的生活状态。久而久之，因为人民不满于这种争杀生活，人民与人民之间，乃成立一种契约，组织国家。人民与人民互相承认，各以其一切权利，让诸一个强有力的个人，或一个强有力的团体，而听其支配。这个强有力的个人或团体，便是政府。

依着霍布斯的学说，这个造国的契约原只成立于人民与人民之间，政府并非契约的当事者；因此，人民虽因已将其一切权利自愿割让，而有完全服从政府的义务，政府却可不受民约的束缚。霍布斯这种议论，本为克伦威尔革命所引起的一种反动，其用意即在为君主专制求得一个理论上的根据；故其轻视民权，自亦理所当然。①

（二）洛克契约说。依着洛克的契约说，人类于未有国家以前，固生活于一种无政府与无法律的自然状态之下，然自然状态，初非如霍布斯所说，为一种长日互相争杀的野蛮生活，不过人民的生命财产，因无公认的仲裁者为之保护，遂致不能安全巩固罢了。为求生命财产的巩固，人民乃相约以其权利的一部分，让诸一个统治者，欲藉统治者所取得的权力，以保障人民所保留的权利。故依洛克之说，人民亦有服从统治者的权力的义务，因为人民与统治者之间，原有一种契约存在；但统治者的权力，究以人民所割让的权利为限，而不能侵犯人民所保留的基本权利，否则人民得将他推翻。这为洛克与霍布斯见解相异之点。

洛克的学说，本产生于英国1688年革命之后，②其目的在为当

---

① 霍布斯所著Leviathan系于1651年出版，恰在克伦威尔革命时期内，距查理斯一世的被戮，不过四年；当时社会纷乱，思想复杂，霍布斯欲藉君权以维持秩序，但又不能凭藉君权神授之说，因赖民约以作君权的根据。

② 洛克所著 *Two Treatises of Civil Government* 系于1690年出版。

时的革命统治，求得理论上的根据：当时的革命者已废黜了英王詹姆士二世，且正在力图君主立宪政治的建设，洛克深表同情，因发为一种可资凭藉的学说。

（三）卢梭契约说。卢梭以为自然状态的生活为人类的愉乐生活，当时人民，各能觅得其个人的幸福，而又极端独立，不受任何人为的法律的束缚。嗣后人口日众，这种愉乐的原始生活，乃不复可以继续，于是人民不得不放弃其原来的自由，相约而以民约组织一种国家。关于民约的当事者与民约的内容，卢梭的意见，概括言之，不外下列三点：第一，民约系成立于人民与人民之间，并非如洛克所说，成立于人民与政府之间。第二，民约内的条款，必已给予一切人民以平等的待遇；因为不如此则不能取得一切缔约者的同意。第三，依据民约的条款，一切人民必俱已承认将其固有的一切权利，归诸国民全体，而听国民“共同意志”（volonté générale）的支配。[①] 因此，国民全体或国家成为主权的主体，成为最高权力的所有者。缔约人民何故肯以一切权利归诸国民全体或国家呢？即因为国家权力既为全体人民公有的权力，则服从国家的权力，实无异于服从自己；所以国家的权力虽无限，个人的自由却不因是而减缩。至于政府，卢梭则认为国民的雇员，其权力当然须有限制。这是卢梭意见异于霍布斯及洛克之点，因为霍布斯承认政府的权力为无限，而洛克虽承认政府的权力有限，却没有将政府与国家分为

---

①　卢梭所谓服从“公共意志”云云，亦只是服从多数的意思。依着卢梭的见解，民约本身，必须是经过全体一致的同意而成立的一种法律。民约既成以后，一切法律——即主权者所表示的“公共意志”——的成立，却不必取得人民全体的同意，而只须人民多数的赞同。所以服从多数，在他的理论中，也是民约中的一个条款。看 Rousseau，*Contrat Social*，liv. Ⅳ，ch. ii。

两物。①

第三,契约说的批评。由以上所述,可知三人的契约说,皆有他们的特殊用意,或在拥护君主专制,或在反抗君主专制,或在伸张人民全体或国家的权力;他们俱不是能以冷静的客观态度,推究国家的真实起源者。在实际上,他们的学说虽俱尝发生很大的功效,在学理上,各说今俱已为一般人所唾弃。依着他们的契约说,则人类最初的国家,是因为一群毫无政治经验的人民,感觉政治组织的必要,遂各各本其自己的意志,而以契约造成的。换言之,原始的国家,是一群毫无政治经验的人民的产物,虽则也是这些人民的理性与意志的产物。但就事实而言,我们实无从赞同此种议论。在人类历史上,我们便寻不着一个毫无政治经验的人群,能依着自己的理性与意志,结约以成国家的。近代历史上,固然也有人民互相立约以建国家之事,例如 1620 年英国清教徒赴美殖民,于其舟中签订公约,预备根据该约,在美洲立国之举;②然这种人民,并非在一种自然状态下生活的人民,也非毫无政治经验的人民。政治的觉悟,虽可认为特种国家的起源;倘必认为一切国家或人类最初国家的起源,则便非史实所能容许。且主张契约说者,往往认国家的成立,不仅基于人民全体的意志,而且基于各人个别的意志。这亦与近代社会学者所研究的结果不符。据近代一般社会学者的意见,人类初期社会的单位,不是个人而是家庭;社会权力,不在个人,而在家庭或家长;权利义务的关系,不存在于个人与社会之间,

① 以上所述卢梭的契约说,大部见他所著《民约论》,但卢梭对于自然状态的见解,则详其所著 *Lettres écrites de la Montagne* 及 *Discours sur l'origine de l'inégalité*。

② 参看本书第一编,第一章,第三节。

而存在于个人与家庭或家长之间。[1]

由上所述，足见契约说决不能解释国家起源。契约说既不能说明国家起源，他亦自不能给国家以任何的根据；因为主张契约说者，原认国家权力的根据，存于人民间或人民与政府间，于国家最初成立时所成立的契约中。今即退一步说，假定国家最初成立之时，实有一种契约存在，然祖先所立的契约，在道理上讲，亦不见得能继续的束缚其嗣裔；因此，欲令国家权力，继续获有根据，殆非如往昔美国麦迪生（Madison）、杰斐生（Jefferson）等政论家的提议，宪法（即他们所认为民约者）应于一定年限内交付人民表决一次不可；[2]且非如瑞士华特尔（Vattel）所说，凡对于宪法不能同意者，应许其脱离国家不可。[3] 果然，则国家实际上亦将陷于极不稳固的地位。

---

① 此说详见英人梅因（H. Maine）的 *Ancient Law* 及 *Early History of Institutions* 两书。依据梅因，人类各种社会的最初政治组织，殆俱由一个家庭扩大而来。一个家庭之中，其权力完全操诸一个年辈较长的男子；其余分子，皆完全受其支配，殆与奴隶对于家主无甚差异。嗣后家庭扩大，遂分为若干家庭；此若干家庭，一面亦各各有其年辈较长的男子以为其长，一面复共同受治于一个年辈更长的男子；由是，部落的组织成立。再以后，一部分分子，复脱离此部落而自成新部落，而此若干部落仍因其血统的相同，共受治于一个首领之下；由是，国家的组织成立。简言之，依着梅因之说，初民社会，其单位实为家庭而非个人；其家庭权力与社会权力俱操诸男子家长之手。这就是社会学者所谓父系说（patriarchal theory）。梅因此说，从阿利安与塞密特各人种的古史——尤其是犹太人的古史——中，可得许多明显的证据；即在希腊罗马时代，城市的政治权，亦尝操诸各家家长之手。固然，社会学者亦尚有以母系说（matriarchal theory）以及图腾（totem）、“杂婚”（promiscuity）等说，与父系说相对抗者。然无论最初生活状态为父系的或母系的，为图腾的或杂婚的，各个人民，都不见得如契约说者所想象，而有同等的意思力。

② Willoughby, *Examination of the Nature of the State* (1911), 867-868.

③ 参看本书第一编，第一章，第一节，论宪法的修改。

三 强力说

与契约说相对抗者,除了神意说而外,历来尚有强力说。主张契约说者,以为国家的产生,出于人类的理性与意志;主张强力说者则认国家的产生,完全是一种自然现象,而不出于人类的理性与意志。这为一个相异之点。主张契约说者,认国家的产生由于契约,其根据亦在契约,以是国家起源与国家根据,混而为一;主张强力说的人,虽亦有认强力为国家的根据者,例如柴西克(他以为人民必须服从国家,因为“强力即是权利”);但是狄骥等则以为强力仅足为国家起源的说明,却不能认为国家权力的根据。因此,国家起源与国家权力的根据,析而为二。这为又一相异之点。

瑞士政治学者哈勒(Ludwig von Haller)为19世纪初期倡导强力说最力之人。他于1806年充任柏因(Bern)大学公法教授,对于法兰西大革命时代流行的民约说,深致不满,乃发表巨著以力驳其伪。[①] 依着他的学说,人类有强弱,是一种自然现象;国家的产生,系因人类有强弱;所以国家的产生,亦是一种自然现象。人类有强弱,何以便能产生国家?哈勒以为强者力能自给自助,既无须假藉于人,且能辅助他人满足其需要;因此强者便成了自然的统治者,而依赖强者以满足需要的弱者,便成了一个自然的被统治者。一群之中,如有一人,因其武力、资产或其他先天与后天所获得的才智,足以自助,且足以助人,自然有许多资质及地位较弱之人,拥之而受其支配;因此,便产生君主制的国家;一群之中倘有一团体之

① 哈勒对此问题,曾费十八年之力,成一专著,名为*Restauration der Staatswissenscharton*(《政治学原论》)。哈勒学说的概要,见Dunning,*History of Political Theories*(1920),Ⅱ,195-209。

人，其财力，或资产，或才智，立于相互平等的地位，则此相互平等之人，将群受其他较弱者的拥戴；因此，便产生共和制的国家。依着哈勒的理想，国家的产生并不出于人民的理性与意志，而纯出于自然；即强者的支配弱者，亦并不须乎强者的希冀此种权力，与追求此种权力；就令强者无所容心，而强弱间的支配关系，仍必自然产生，恰如家庭间幼者之受庇于长者。

狄骥亦为主张强力说，否认契约说的一人；他亦以人类一切国家的产生（过去的与现存的一切国家）都因人类之有强弱。虽然某一时代的所谓强弱与另一时代的所谓强弱，不必恒同，甲时代的强弱可以武力为分，乙时代的强弱可以经济力为分，丙时代的强弱又可以另一种标准为分，但是强弱的差别，则永远存在。强弱的存在，便即统治者与被治者两阶级的所由生；因为强者不惟能支配弱者，并且常欲支配弱者。然狄骥虽以强力说解释国家的起源，国家的根据，他却并不以为存于其产生的原因之中；因为强者的支配权力，只是一种事实的权力，只是基于一种自然的现象；任何事实权力，不能构成伦理上或法律上的权利；换句话说，在道理上，无强制他人服从的根据。①

四　结论

神意说与契约说之不能说明国家的起源，实属无可否认；既不能说明国家起源，则神意说与民约说关于国家权力根据的说明，自亦不能成立，因为神意或民约都不过是空中楼阁——就令神意或民约不是空中楼阁，也不见得可以构成强制人民服从国家的根据。国家的起源与国家权力的根据，本属两事。

---

① Duguit, *Traité de droit constitutionnel*（1924），Ⅰ,499-512.

国家的产生，诚可由于人类之有强弱。可是人类之有强弱，是否就是国家产生的惟一原因呢？关于此点，我们还应略略说及一两种未经说及的学说。

承认国家产生，不基于人类的理性与意志，而基于自然事实的，除却强力说而外，学者间尚有有机体说、群性说与心理说。有机体说认国家的产生及进化，如同一种有机体物。[①] 群性说认为国家这种组织的产生，由于人类都有一种天然的群性，由于人类有愿营群的生活的天性。心理说认为国家的成立，由于人类间彼此都有一种共同的利害感觉。[②] 有机体说颇可说明国家的进化，但对于国家的产生却不能说是一种切当的说明。天然的群性与共同的利害感觉之各为国家成立的一个要素，我们并不否认；假使人类没有这种生理的或心理的状态，就令人类间有强弱，也许仍不能产生国家。可是群性说与心理说可以说明人类一般社会生活的起源，却不能说明国家这种社会生活的起源；换句话说，人类的群性与共同的利害感觉，不一定要使人类产生国家这种形式的社会生活。我们知道，国家这种社会生活的特性，在有一个统治阶级，以其武力为其意志或法律的制裁。我们知道，如果没有强者支配弱者的那个因素，则纵有天然的群性与共同的利害感觉，国家这种社会仍是无由发生。所以我们虽不承认强力为国家成立的惟一原因；我们却不能不承认强力为国家起源异于其他社会生活起源的惟一原因。

---

① 看 Bluntschli, *The Theory of State* (1892), 18 及以下。

② 关于群性说及心理说，见 Willoughby, *Examination of the Nature of the State* (1911), 2 及以下。

至于国家的根据问题,则应与国家的起源当做二事。即使强力为国家产生的主要因素,国家仍不能凭强力以为根据。“强力即权利”,不独是一种虚玄无据的论断,并且是一种极危险的言论。国家如欲强制人民的服从,自须于强力而外另觅伦理的根据。国家应利用其权力来履行他的目的。国家的目的不外下列三项:第一是对外保护国民的安全;第二是对内维持社会的秩序;第三就是“文化的目的”。所谓文化的目的,约言之,不外促进人民的道德、知识与物质幸福的发展。个人主义者与社会主义者,对于第三项目的的意见,固不一致;可是无论何人,决不会承认现代国家,只应该是一个“警察国家”,只应以履行第一、第二两项目的为限。国家如果使用他的权力,以达上述各种目的,我们就可以承认他有要求我们服从的理由;否则,他没有强制我们服从的理由,也没有存在的根据。

第二编　个人的基本权利及义务

在现代国家的宪法中，规定个人基本权利及基本义务的条文，大都成一重要部分。“基本权利”及“基本义务”尚非一般宪法所习用的名词。[①] 我们称用“基本”二字，无非要表示这些权利，是各国制宪者所认为个人必不可缺少的权利；这些义务，是他们所认为个人必不能免除的义务。

现代宪法，固大都设有关于权利义务的章节，但如本书前编第一章第一节所述，亦有完全不设这类规定者。不主张于宪法内设置这类规定者，其理由不外两层：或则认这类规定为无益，或则认这类规定含有危险性。法国 1789 年制宪时代，议会中有一小部分人反对以《人权宣言》列入宪法；德国 1919 年制宪时代，议会中亦有一小部分人反对于宪法中规定个人的权利及义务：他们就大致

---

① 1919 年德国《宪法》第二编，关于个人权利义务的规定，系以“德国人民的基本权利及基本义务”标题；南斯拉夫 1921 年《宪法》第二章，以“国民的基本权利及基本义务”标题；1936 年苏联新《宪法》第十章，亦以“公民的基本权利及义务”标题。

抱着这种见解。法国1875年《宪法》(即现行宪法),与德国1871年《宪法》之完全省去这类规定者,大致也是基于这种见解。何谓无益?盖个人的权利,无论如何充分,总不能不有一种限制——即甲于行使某种权利时,必不能妨害乙之行使那种权利。因此,宪法上所规定的权利,在原则上无论如何正当,实际上总还需要普通法律给以具体的规定;宪法本文决不能规定得十分具体。在无普通法律给以具体规定以前,论者以为那些权利,实际上便不能行使,那些权利实际上不过是一种约言。权利如此,义务也是如此。这就是论者认为无益的一个理由。再者,任何权利,如果不受法庭的保障,实际上便同虚设。德法等国对于违反宪法的普通法律,既不承认法庭有拒绝适用之权——即所谓宪法解释权——则凡个人宪法权利遭受普通法律侵犯时,遭受侵犯者初不能向法庭请求救济;因此,宪法上所设的权利,实际上亦将等于虚设。这也是论者认为无益的一个理由。然则所谓危险性者又在哪里?宪法所规定的权利,在理论上虽不能不各具相当的限制,然以宪法承认特种权利,实际上终不免使一般人感觉着那些权利是不受限制的权利,感觉着一切限制那些权利的法律是违宪的法律。那末,以宪文承认个人享有任何权利,实际上无异引诱人民入于抗法自恣的途径。这是论者认为含有危险性的一种说法。另一种人,则虽同样认宪法之列举人权为含有危险性,而其理由则适相反。他们以为宪法如列举某种权利,则未列举的权利,立法机关自可任意剥夺。这很足以造成立法机关的专制,而所含的危险性亦大。[①]

上述各种理论自亦各具一部分真理;可是个人的权利及义务,

---

① *Federalist*, No. 84 即作这种的议论。

究不因此而不当入宪。以宪文规定这种权利及义务，实际上可以实现下列四种目的：

第一，可使立法者、行政者及司法者有一行为的准则。各国宪法上关于个人权利与义务的规定，多半诚然是些抽象的主义或原则，在实际上诚然需要更具体的律文为之补充；可是这些主义或原则，亦很足以昭示未来的立法者以立法的方针，未来的行政者与司法者以行使行政权与司法权的轨范。法国 1789 年《人权宣言》[1]所注重的就是这个目的。那个宣言，总共不过十七条，条文亦极简单；内中如禁止法律溯及既往，禁止不依律文而处罚，担保人民在法律上的平等等规定，俱系采取 18 世纪的政治思潮而成立的抽象律文；其主要目的，俱在范围未来立法者、行政者或司法者的行为。其他国家的宪法，往往于采取时代的新思潮而外，对于该国既存法律上所已承认的人民权利，与夫保障人民权利的方法，亦往往撷其精要，标为原则，著诸宪典；如美国联邦宪法，将美国法制上夙已存在的陪审权著诸宪典，即其一例。这也是为未来立法、司法或行政等机关的行为，设定范围。1919 年德国《宪法》关于人民基本权利及基本义务的规定，大部分固然采自现世纪的新思潮，一部分亦系采自德国中央或各邦既存的民刑等律。

第二，可以为人民权利谋有效的保障。人民的任何权利，诚如论者所云，都不能不有相当的限制；可是宪法上所规定的权利，不一定都须普通法律给以补充的规定，人民才能行使。这全然要看宪文如何规定。有时候，宪法上所规定的权利，即无任何法律为之

① 法国第一次《人权宣言》于 1789 年 8 月 26 日通过议会。及 1791 年法兰西大革命后第一次宪法完成之时，该项宣言即被照样列入宪法。

补充，人民亦尽可行使，亦尽可以法庭为行使该项权利的后盾。宪文所规定的权利，即令尚须普通法律为之补充，普通法律初亦不能违反宪法所规定的原则；否则受损害者应亦可诉诸法庭。由此看来，以宪文规定人民的权利义务，不仅可以表现一种主义或理想，不仅可为国家机关立定行为准则，实在还可以发生真正的法律效果。自然，这都是假定法院享有宪法解释权而言。在事实上，有些国家并未承认法院享有此权；但法院之应有此权，在理论上究属不容否认。①

第三，可以纠正特殊的弊端。大凡宪法的成立，即不是革命的结果，至少也是对于既存政制的一种改革。过去政制如有特殊的弊端，对于人民权利如有显然蔑视的地方，则于宪法权利篇中特别指正，往往可以发生相当的功效。法兰西大革命在铲除封建制度，所以 1789 年的《人权宣言》，对于封建流弊防范特严。德意志 1918 年的革命在剪除君主、贵族及军阀的特殊势力，所以 1919 年的德宪中的权利篇，对于这些特权亦禁止特严。

第四，可有政治的教育作用。以宪文规定人民的权利及义务，条文尽管简单——并且正因为条文简单——很可对于一般人民灌输一些基本观念。否则一般人民或不免永远缺乏这种观念，因为他们决没有充分时间或充分能力去理解很繁复的普通律文。所以各国制宪机关，对于以宪文规定个人权利义务问题，往往特别重视。② 这种规定，对于一般人民的政治心理的改造，往往也是一种

① 见下第四编，第三章，第三节。

② 1919 年德国国民会议制宪时，亦极注重此层；宪文内并且规定，学校对于毕业离校的学童，须各给宪法一册（1919 年德宪第一四八条）。

极有力的工具。

根据上述各种理由，一般国家，对于个人的权利义务问题，乃大都在宪法中有所规定；其所异者，只在规定的详略。就新近宪法而言，这种规定，并且大都趋于详明。① 不过，这当然仅指一般的国家而言，至于"极权国家"，则是例外。极权主义者，否认人民有基本权利之说；在"极权国家"中，人民的权利，根据于法律，而统治者又有无限制的立法权；故人民只有无限制的义务，而无基本的权利可言。即令关于权利义务的规定，仍存在于宪法之中，其效力也等于零。

① 1789 年法国《人权宣言》总共不过十七条，文句亦极简单。1919 年德国《宪法》，关于人民基本权利及基本义务的规定计达五十七条之多，各条文句亦往往甚长。1931 年西班牙《宪法》亦有二十六条。

第一章　人民的基本权利

何种权利应认为个人的基本权利，这自然随着时代的思潮与各国制宪者的见解而异。各国宪法有将次述三类权利一概视为个人的基本权利者，亦有不尽视为基本权利者。第一类为消极的基本权利，即人身自由、言论自由、信教自由、集会自由等各种个人自由。为使个人知识、道德与身体上的优性，得以尽量发展，国家对于这些自由，负有不加侵犯与防止侵犯的义务。所以这一类权利，亦可谓为国家对于个人的消极义务。第二类权利，可以谓为积极的基本权利，亦有称为受益权者，如受国家供给最小限度的教育权利，及失业时或灾害时受国家救济之权等。为谋个人知识、道德与身体上优性的发育，有时候国家尚须对于个人，积极地履行若干种活动；国家的这种积极义务，便构成我们之所谓个人的积极权利。第三类就是参政权，如选举权、被选举权、复决权、创制权、直接罢免权等。这类权利，以参预国家意思的构成与国家意思的执行，为其内容。这一类权利与第一、第二两类权利也可以说是有目的与手段的关系，因为没有这一类权利，第一、第二两类权利也许无从实现。

在18世纪法兰西大革命时期，一般人士，辄以参政权与个人各种自由，含有一个根本差别：他们认个人自由为先国家而存在的“人权”，应为一切人民所享有，不能因年龄、性别或其他任何资格而有差异；至于参政权的赋予与否，他们却认为可随年龄、知识、道德等资格而定。换句话说，个人自由是普及的权利，参政权则不必普及于一般人民。所以法国1789年《人权宣言》所列举的人权，并无参政权在内。严格地讲，这种区分，殊不精确；因为法律对于各种个人自由，有时亦不能不设为年龄、国籍，甚或其他限制；例如未成年者的书信秘密自由及妇女儿童的工作自由，须受法律的特殊限制；又如出版、结社等自由，各国法律亦往往设有年龄、国籍，甚或其他的限制。近年一般国家都采普及选权之制，而将历来限制选权的财产、性别及教育等各项条件废弃；参政权的性质，就其普及的程度而言，与前述第一、第二两类的权利，已无何种重大差异。所以晚近的宪法（例如1919年德宪）往往将参政权亦视为人民基本权利之一。

关于参政权的各种问题，我们于第三编论到公民团体的权利时尚当细论；本章所论，则以第一、第二两类权利为限。

第一节　消极的基本权利——个人自由

第一目　个人自由说的由来及论据

一　个人自由说的由来

今人辄称人身自由、信教自由、言论自由、财产自由以及其他若干种个人自由，为国家权力所不能侵犯的权利。这种观念，不特为东方文化史上之所无，即在欧洲古代文化称盛时代，亦不存在。希腊罗马固皆具有民主政治的历史；然在希腊罗马民治称盛时代，一般人士，亦皆认国家权力为无限，初未尝承认人民有与国家对抗的基本权利。

欧洲中世纪期内，自然法的观念日渐发达；个人自由的观念也跟着发展。十七八世纪以来，洛克以及其他学者，俱认所谓人身自由、信教自由、言论自由等等，为国家所不能侵夺的基本权利。北美十三州于1776年离英独立之时，于其《独立宣言》中，即宣示人类平等的原则，而认一切人类俱有若干种不可割让的权利——即“生存、自由与寻求幸福”的权利。《独立宣言》发布以前，维基尼亚州于1776年6月制定宪法时，即曾以《权利宣言》，冠诸宪法。这为个人基本权利入宪的起始。其他各州于制宪时，亦相率采纳这种权利宣言。1789年法兰西大革命发生后，其议会亦首先通过一种《人权宣言》①，准备列入宪法；1791年法国大革命第一次宪法完成时，该项宣言即被列入该宪之首。② 近代各国宪法，认个人自由为人民基本权利，而以之列入宪文中者，即以美国各州的《权利宣言》与法国的《人权宣言》为渊源。诚然，承认个人自由为人民的权利，并以成文法律为之保障，即在美法革命以前，英国已有实例，

① 1789年《人权宣言》的原称为 *Déclaration des droits de l'homme et du citoyen*，详译起来，应为《人与国民的权利宣言》，《人权宣言》自属简译。惟该宣言所列举的权利，都只是18世纪人士的所谓人权（即以人类资格享有的权利），并无普通的所谓国民权（即以国民资格所享有的权利，例如参政权）；国民字样，只在表示宣言内所列举的权利，在国家成立以前为人权，在国家成立以后，则为国民权——即受国家保障的人权。见 Duguit，*Traité de droit constitutionnel*（1923），Ⅲ，556-582。人权与国民权所指既系一物，则为称用的便利计，不妨沿用《人权宣言》的简译。

② 法国1848年《宪法》的本文中固不含人权宣言，但该宪法的绪言中，有国家“承认先于实在法并高于实在法的权利及义务”一语。若然，则人权之仍为宪法的有效部分，固甚明显。

如1628年英王查理斯一世承认的《权利请愿书》,及1689年英王威廉接受的《权利宣言》等等。[①] 这些文书,自为美法革命时代人士所熟识。但是他们都只以限制国王权力为目的;美法革命时代人士的《权利宣言》或《人权宣言》,则以限制国家一切立法机关的权力为目的而所表示的思想,则为十七八世纪学者自由、平等、民约的观念,不是英国那些旧文书的观念。所以近代宪法之列入个人自由,从大体上讲,不能说是以英国那些旧文书为渊源。[②]

二　个人自由说的论据

为什么国家不应侵犯个人自由呢?对于这个问题,十七八世纪人士的与近今学者的见解殊不一致。

(一)十七八世纪人士的解释。洛克及十七八世纪一般人士,大都认人身自由、言论自由等等为人权(rights of man, droits de l'phomme);他们所谓人权,即人类与生俱生的权利,即构成人格的要素;所以他们也称人权为自然权利(natural rights, droits naturels)。国家对于这些自由之所以不应侵犯,一方面固因其为人权;但依洛克等的理论,则也因这种人权,于其不侵犯他人权界以内,实为人民最初缔结契约组织国家时所保留的权利。

人权说在历史上虽已有极大的功效,但在学理上讲,究嫌空疏。第一,此说既认人民各种自由,于其不侵犯他人自由界限以内,为人民缔约造国时所保留,则国家的起源,倘非基于一种民约,此说的根据立成空中楼阁。然契约说之不能解释国家起源,已如

---

① 关于这几种文书的内容,参看本书17页,注①。

② Georg Jellinek 于其 *Erklarung der Menschen-und Bürgerrechte* 一书中详论法兰西1789年《人权宣言》的由来。他认美国各州的宣言为主要的来源。但学者间持不同的意见者亦不乏人。参看 Duguit, *Traité de droit constitutionnel* (1923), Ⅲ, 568。

本书前编所论。第二,人权说认个人各种自由,为人格构成的要素,为人民与生俱生的权利,亦只是一种虚玄的论断,而非直接或间接所能证明的事实。所以此说在实际上虽已发生重大功效,其理论上的弱点,要难否认。

十七八世纪主张人权说者,更常以个人自由为非任何法律所赋予的权利,亦非任何法律所能毁灭的权利;以宪文列举此种权利,亦只是宣示这些权利的存在;宪法初不能创造这些权利,因为这些权利是人类与生俱生的权利,是先国家而存在的权利,是人民最初立国时所保留的权利。在这种见解之下,所谓个人自由或人权与其他权利不同:其他权利(譬如参政权)是有国家而后产生的,是国家法律所赋予的权利,是国家法律所能变更的权利;个人自由或人权,则无论列入宪法与否,任何立法机关——包括制宪机关而言——在法律上俱无变更的权力。这种见解,19 世纪以来曾引起许多学者的攻击。实际上,19 世纪以来,一般国家的宪法,亦已不复称个人自由为"人权";譬如 1814 年法国《宪法》,关于个人自由的规定,称为"法兰西人民的公权"(Droits Publics des Français);1830 年比国《宪法》称个人自由为"比国人民的权利"(Des Droits des Belges),1919 年德国《宪法》关于个人权利义务的规定,称为"德意志人民的基本权利及基本义务"(Grundrechte und Grundpflichte der Deutschen);俱系有意避用"人权"字样。中国历来已颁布的宪法或约法,及未颁布的宪法或约法草案,关于个人自由及其他权利的规定,亦俱系仅对中华民国人民而言。[①] 这种称谓,大率含有两层意

① 例如《临时约法》第二章,规定个人自由及其他权利,虽以"人民"二字命题,但该章首条关于人民平等的规定,明称"中华民国人民",而不泛言"人民"。

味：一在表示那些个人权利，只是宪法赋予的权利，在法律上可依制宪者的意志而变更；又一则在表明宪法上列举那些权利，只是对国民而言，除非将他们赋予一切人类（国民及外籍人民）。

（二）晚近学者的解释。今之对于个人自由别立新的解释者，则谓国家之必须承认个人各种自由，并非因为这些自由是一种人权，而纯因这些自由为个人发展人格时所必需。社会全体进化之有赖于人类分工现象的发展，本为公认的事实；而个人人格的发展，为促进社会分工现象发展时所必需，亦属显而易见。所以欲求社会全体的进化，实不能不给一切人民以各种自由。国家的目的既在促进社会全体的进化，则国家对于个人自由，于不妨害他人自由的界限以内，自然不应侵犯；不但不应侵犯，且应给以保护。①

这种解释，实较人权说为切实，虽则两者都承认人民的自由不应受国家的侵犯。惟历来主张人权说者，以为国家的目的，只在消极的保障这些自由；他们并不承认国家更有何种积极的义务，如给予人民以工作或受教育的机会等等；因为他们以为个人人格的发展，应由个人自谋；倘由国家积极干与，则其结果或且与预期者相反。所以持旧解释者，实皆偏于个人主义的理想。持新解释者，不仅承认国家对于个人各种自由有不加侵犯与禁止侵犯的消极义务，并且承认国家对于人民，尚有积极的义务。他们不独承认国家对于人民负有积极义务，并且以为人民对于国家，亦负有发展其个人人格的义务，如受教育的义务及工作的义务等等。这是倾向社会主义者的理论。两者间对于个人自由的问题，虽然是论据异而归宿同，但对于国家与人民的积极义务问题，则已不复保持相同的

① 看 Laski, *Grammar of Politics*(1925),89 及以下。

结论。

第二目　个人自由的范围及种类

国家之必须承认个人自由，已如上述。然则抽象言之，个人自由究应有何范围？分析言之，个人自由究含有若干种类？

一　个人自由的范围

国家承认个人自由的目的，在使各个人民得以自由发展其知识、道德与身体上的优性。个人自由，就是个人的身体、知识与道德自由活动或表现的权能。关于这种权能的限制，法国 1789 年《人权宣言》第四条明白地说："自由包含一切无损他人的作为；各人的自然权利，其行使时，只须以不妨害社会中别的分子之享用同种权利为范围。这些范围只能以法律来规定。"这就是说，国家对于各个人民的自由，只能于保护全体人民自由的必要范围以内，以法律设立限制。这种限制，在原则上自然无可否认。可是个人自由，我以为还应另有一种限制；我以为个人行使自由的时候，不得违反国家承认个人自由的目的。国家承认个人自由，其目的在谋个人知识、道德或身体上优性的发展。享有自由的人，如果于行使他的自由的时候，违反了上述的目的，自然应与妨害他人自由，同认为滥用自由。例如享有人身自由的人，因行使其人身自由，而甘以自己的身体为买卖的目的物；又如享有工作自由的人，因行使其工作自由，而甘充他人的奴工（即于法定期限以内，身体与工作受他人的支配者），虽然不能说是妨害他人的自由，却与国家承认个人自由之目的，根本相反相异；因为这些行为根本的就要妨害个人知识、道德或身体上优性的发展。所以精细地说，个人自由的范围，应具两种限制：第一，不妨害他人的自由；第二，不违反国家承认个人自由的目的。这自然都不过是些抽象的原则；实际上何种行为便是妨害他人自由的行为，或违反个人自由目的的行为，自然还是些极费研讨的问题。所以各国制宪的人，尽管都承认这些抽象的原则，其对于各种自由的具体规定，彼此仍有重大的歧异。

二　个人自由的种类

各国宪法，不特对于各种自由的范围，规定得互有出入，即其所列举的个人自由的种类，亦繁简不一。但是现代宪法所列举的人民自由，究皆直接、间接沿袭美国各邦的《权利宣言》与法兰西大革命时代几次的《人权宣言》，故其所列举的种类，歧异究属不多。我们可以说，现代各国一般宪法所承认的人民自由，实含有下述两大种类：

一为关系个人物质的利益的自由。属于此类者可说是有四种：即人身自由、居住自由、工作自由与财产自由。二为关系个人精神的利益的自由。属于此类者也可说是有四种：即信教自由、意见自由、集会自由、结社自由。

各国宪法，于规定个人的基本权利及义务的时候，尚往往宣示人民平等的原则；有些宪法甚至列人民平等为个人基本权利的一种者；[1]其不宣示这种原则者，几皆为偏重君权或贵族权利的宪法（例如日本宪法）。自18世纪以来，凡抱自由主义的人，盖俱以平等与自由为绝对不容偏废的原则。故在讨论各种自由的意义与范

① 法国1789年《人权宣言》第一条虽宣言“人民生而权利平等”，但于第二条列举人权时，人民平等却未尝列为一种人权；1793年法国宪法，则明认人民平等即诸种人权之一。参看 Duguit et Monnier, *Les constitutions de la France depuis 1789*(1925), pp. ii-iii, 66。

围以前,特先解释人民平等的原则。

第三目　人民平等的原则

一　人民平等的意义

法国1789年《人权宣言》第一条即宣言“人民生而权利平等”。所谓人民平等,究竟是一切人民的经济状况应一律平等呢？抑仅一切人民,应享有法律的平等呢？如为前者,则承认人民平等,殆非承认均产主义不可。如为后者,则人民平等的原则,初不涉及财富的分配问题。法兰西大革命时代的几个《人权宣言》,除了1793年的宣言之外,①其关于人民平等者实只在宣示法律上的平等。他国宪法,亦大抵如此;就是1919年德国《宪法》也只说“德意志人民,于法律上均为平等”(第一〇九条)。民国元年《临时约法》第五条关于人民平等的规定,为“中华民国人民,一律平等,无种族、阶级、宗教之区别”;这种规定,虽未明认人民平等为法律的而非经济的,但当时立法者未尝有承认经济平等之意,固甚显然。民国二十五年立法院所制定的《中华民国宪法草案》则且明白规定“中华民国人民在法律上一律平等”。然则所谓法律的平等,其涵义果又如何？

依据法兰西大革命时代迭次《人权宣言》的宣示,则法律平等的意义,即国家对于一切人民,其保护或其惩罚,均应平等之谓(1789年《人权宣言》第四条)。所谓保护与惩罚的平等,盖即不承认任何人民,在法律上享有“特权”(privilèges)之意。大革命时代

① 1793年《宣言》的第三条可解释为含有社会上的平等的意义。

的政论家西耶斯以为法律的承认特权，综括之，殆不出两种方法：或则对于法律所禁止的事项，独令特殊人民享有不受禁止的权利；或则对于法律所不禁止的事项，不令一般人民享有行使的权利。依据这种解释，则法律平等的原则，将有下列的各种结果：

法律上平等的意义，既系否认特殊人民享有任何特权，则其第一结果，便须否认贵族制度。因为贵族如享有实质的特权——例如英吉利及日本的贵族，得因其为贵族之故，而享有议会中上院的席位之权——则无论在形式上或精神上，与法律平等的意义，显然俱相冲突。即令贵族的爵位仅为一种荣誉的表示，而不附有任何实质的特权，亦与人民平等的精神，不甚相容：盖此种荣誉，如为一切人民得以享有的荣誉，则不应独令特殊阶级享有；如必须为对于社会著有特殊勋业者始能享有的荣誉，则官阶国帑已足为酬庸奖德之资，亦无取乎更立爵位名称与世袭制度，一方面使一般国民永存阶级的观念，一方面且使具有爵位者自身不必为曾著任何勋业之人。所以法兰西于大革命发生后，于1790年，即径以法律禁止颁给爵位，并且禁止袭用贵族名称。其他共和国家亦大率禁止国家颁给爵位。惟与爵位相类似的荣誉名位，如所谓勋章之类，则即在共和国家，仍有由国家颁给者；即在法兰西，今亦保留一种勋章制度。但若干共和国家的宪法，对于勋章及其他一切荣典，则采取彻底否认的态度。①

法律上平等的原则，既系否认任何人民可以享有特权，则其又一结果便是：国家对于一切公共机关的职务与位置，除规定知识的及道德的资格，以限制人民参加外，便不应别设其他的限制。换言

① 参看本书第四编，第二章，第三节，第七目，关于荣赏权的论述。

之，即凡具有法定的知识及道德条件的人民，便应一律享有充任该项职务或位置的资格。此亦法国1789年《人权宣言》所曾明白宣示者（该《宣言》第六条）。1919年德国《宪法》第一二八条亦有同样的宣示；该宪第一〇九条并且明白规定男子及女子，“在原则上，享有相同的政治权利与义务”①。中国民元《临时约法》及十二年《中华民国宪法》，虽尚未肯承认男女两性间不应有所区别；但二十年的《训政时期约法》则已明白禁止男女间的不平等；男女平等的范围，且涉及一切权利，②不仅如德宪所定，限于政治权利（即参政权）。就理论言，法律平等的原则，虽不必承认人民参政权的普及——因为人民的知识与道德等状况不必尽能满足各项公共职务所需要的条件——然于知识道德等条件而外，倘复增加性别的条件，其有背于法律平等的原则似属无可否认。

此外，法国1789年《人权宣言》所宣示的纳税平等，亦是当时人士所认为法律平等的一种结果。惟当时所谓纳税平等，自非谓一切人民，应负担同额的租税，只谓各个人民，应各按其能力而纳税。

二　人民平等的论据及其批评

十七八世纪学者之承认人民平等，其根据不外两层：第一，他

① “在原则上”（Grundsätzlich）一语的意义，德国宪法学者的解释颇不一致：有谓这个疏状语的意思，是说凡因男女两性身体上的差异而不能不予以相异的待遇者，则即设定相异的待遇，初无妨于平等的原则（例如豁免女子的兵役）；有谓这个疏状语的意思，是说德国现行法律对于男女两性所设的差异，仍可有效，宪法的规定只是给予未来立法者以一个立法方针；更有谓男女两性的平等，既限于政治的权利与义务，则对于男女的私权如婚姻权、继承权、亲权等等，如果设定差别的待遇，初与该宪所谓男女平等，不生抵触。

② 《训政时期约法》第六条：“中华民国国民，无男女、种族、宗教、阶级之区别，在法律上一律平等。”

们以为人是天然平等的，所以法律亦当认其平等。1798 年《人权宣言》，宣示人民生而平等，即是此意。他们宣言人民生而平等，亦非不知各人的天赋并不齐一；他们因认一切人民皆有若干种与生俱生的权利——即所谓人权——故认一切人民生而平等。第二，他们以为人民在无国家无法律的“自然状态”中，彼此原皆平等，一如今日国际社会中，国家与国家间的状态。后来由自然状态进而组织国家，人民的平等，亦为民约中人民互相承认的条件之一；所以国家不能不承认人民在法律上的平等。

以上两种论据的空泛，我们于评述契约说及人权说时，已经说过，今不赘论。今之主张社会主义者亦指斥法律平等之说。他们以为人民之间，天赋既属不齐，环境亦复互异。假使人民之间，无这种差异，则依据人民天然平等的事实，而建设法律的平等，自属公道；人民之间，既有差异存在，则欲建设真正的公道，法律的保护亦当有所差别；换言之，凡特别须要国家的保护者，如劳工妇女之类，国家即应予以特别的保护。他们不独以为法律的保护，应有差别，即法律的惩罚，亦当随着人民的天赋与环境，而有差别，而不当对于触犯同一犯罪行为之人，处以同等之罚。这即晚近刑法学者所谓“处罚从人”主义。由此看去，足见今人思想，与 18 世纪人士的平等主义不相一致：18 世纪人士的平等主义，在保护与惩罚的平等；近今社会主义者的平等主义，则在保护与惩罚的分等。近今倾向社会主义的宪法或法律，一面宣示平等主义，一面复对于劳工、妇女、儿童等弱者阶级，设立各种特别的保护，在理论上确甚合逻辑，不是矛盾，也不仅是调和。

第四目　人身自由

一　人身自由的意义

人身自由，可以说是个人各种自由中的基本自由；因为个人如果没有这种自由，就没有行使其他任何自由的可能。人身自由，是个人的人身自主权，是个人“居止行动”的自由。人民的“居止行动”，除了妨害他人自由，或违反人身自由的目的，应不受其他限制。人身自由就使应有限制，亦应由立法机关以法律规定，而不能由行政或司法机关，随事随人，任意决定。所以《训政时期约法》第八条，有“人民非依法律不得逮捕、拘禁、审问、处罚”的规定。一般国家的宪法，对于人身自由，亦俱设有相同的规定。法国1789年《人权宣言》第七条“一切人民，非依法律所规定的场合及手续，不受控诉、逮捕或拘禁”的宣言，及第八条无律文则无刑罚的宣言，是一般宪法关于人身自由的规定的张本。分析起来，这种规定，实包含着下列几个条件：

第一，任何人民，如未触犯法律已经禁止的行为，应不受任何刑罚。换句话说，任何行为，在其发生之前，如果未经法律明白认为犯罪行为，就不受国家机关的处罚。这就是所谓非依法律不得处罚，所谓“无律文则无刑罚”的意义。在专制国家，这个原则往往常被破坏；国家处罚人民，往往不以律有明文的行为为限。[①] 其在

① 意国1926年1月31日之法规定，凡侨外意人，如有妨害意国利益或有损意国尊严的行为，即使未犯任何罪名，亦可处以褫除国籍的刑罚。这种律文亦实违反无律文则无刑罚的原则。

中国，数千年来刑法上的“科比”制度，亦恰与此种原则相反；因在那种制度之下，司法者对于律无正条的事件，尚得比附规定相类事项的律文而科罪。但中国现行刑法①及一般国家的刑法，俱已否认这种“科比”制度。有些国家并已将无律文则无刑罚的原则，于宪法中以专条宣示。②

第二，人民就令有触犯法律的行为，亦必须由依法享有审问处罚权的机关，审问处罚。凡对任何犯罪案件或犯罪人，于法定审问处罚机关以外，设立临时或特别法院，以行使审问处罚之权者，也构成侵犯人身自由的行为。各国宪法对于这种法院，亦往往以明文禁止。③

第三，人民就令有触犯法律的行为，亦必须由依法享有逮捕、拘禁、审问、处罚等权的机关，依法定的手续，而逮捕、拘禁、审问、处罚。关于这些机关与手续的问题，一般国家大都完全以普通法律——刑事诉讼法——来规定，宪法本文大都不设何种规定。但依现代一般国家的法律，对于一般人民享有审问处罚权的机关，皆限于法院；对于人民能下逮捕令或拘禁令的机关，除现行犯外，亦以法院为限。④ 所以各国宪法中，有将非依司法机关的命令，不得

① 《中华民国刑法》第一条：“行为之处罚，以行为时之法律有明文规定者为限。”

② 例如1919年德国《宪法》第一一六条。

③ 例如1919年德宪第一〇五条；1920年爱沙尼亚（Esthonia）《宪法》第八条。

④ 民国二十四年《刑事诉讼法》亦然（看第七十七、八十五、一〇二等条）。实际上，该法所规定者，不免常被破坏；例如颁发通缉令之权，依该法虽然只属于首席检察官或法院，实际上行政机关仍时有自颁通缉命令之事。又依《惩治盗匪暂行条例》，则对于一般人民享有审问、处罚权的机关，除了普通法院而外，亦尚有军事机关。这与现代一般自由国家的平时法制，亦显然相背。

逮捕或拘禁的原则,列入宪文者。[1]

上述三点,只是"人民身体,非依法律,不得逮捕、拘禁、审问、或处罚"这个原则所包涵的条件。人身自由的目的既然在给予各人以发展其个性的优点,则赋有这种权利的人,自不能将他的这种自由完全割让于他人;换句话说,就是人身不得为买卖的目的物,——无论为强卖、和卖或自卖,俱不在可以容许之列;因为这种割让,根本就会妨及个人知识、道德或身体上的优性的发育,与国家承认个人自由的目的不相融洽。所以法国第三年宪法(即1795年《宪法》)中的《人权宣言》,更设有"任何人民俱得为人工作;但其身体不得为人所卖或自卖;人身为不可割让的财产"的规定(《宣言》第十五条)。

中国买卖人口之风,相沿极久。凡自卖其身为人奴婢或妻妾,夫卖其妻为人妻妾,主人出卖其奴婢,俱为历来律例所不禁;官厅亦往往以官奴婢作价发卖。但历来刑律对于贩卖人口的营业,以及亲属卖其子女为奴婢等事,无论为和卖或略卖,却又设有形同虚设的禁条。清代宣统二年《禁革买卖人口条例》颁布后,买卖奴婢、妻妾、子孙之事,本已一律禁止。民国成立以后,《暂行刑律》复设有略诱、和诱之条;凡以营利或非营利为目的,拐取妇女或幼年男子的行为,即构成略诱或和诱之罪。民国三年《暂行刑律补充条例》,亦设有强卖、和卖之禁;凡对于"被扶助养育或保护之人,而强卖或和卖者,以及预谋、收受或藏匿"此项被强卖或和卖人者,与犯和诱或略诱等罪者同样科罪。民国十七年及二十四年的《刑法》,对于使人为奴隶或居于类似奴隶的不自由地位者更处以重刑。不

---

① 例如1921年比国《宪法》第七条;1920年爱沙尼亚《宪法》第八条。

过积习既深,铲除不易;在社会救贫事业,与劳工立法未具相当的规模以前,法律上的禁止,自不能收重大的效果。

二 人身自由的保障

有些国家,不仅于宪法上宣示人民的身体,非依法律,不受逮捕、拘禁、审问或处罚;并且对于这种自由,特设保障。美国联邦宪法以明文承认出庭状(Writ of Habeas Corpus)制度,即最著的一例;因为出庭状制就是对于遭受非法逮捕拘禁的人,所设的一种有效的救济手段。

出庭状(国人也有称为保护状者)制,肇始于英国。英国1215年的《大宪章》,即已承认这种制度;有人并谓该制的产生尚在《大宪章》以前。按照这种制度,人民如被任何人监禁,其本人或任何他人,俱得向高等法院(High Court of Justice),请求颁给一种命令,命令监禁者将被监禁者,移交法院审查其监禁理由;这种命令就叫做出庭状。法院经审查后,如认为无正当的监禁理由,则被监禁者,自可立时恢复自由;否则法院亦当按照法定手续,进行审判。这种请求,为人民的一种权利,法院不能拒绝。①

上述出庭状制度,美国宪法尝以明文承认;并声明除在战争或内乱时期,不得停止。但晚近宪法有不完全采取出庭状,而仅空洞的规定应给被拘禁的人以提出抗辩的机会者;1919年德宪便作这样的规定。该宪第一一四条云:“人身自由不受侵犯。公共机关,非依法律,不得限制或剥夺人民的人身自由。对于被拘禁的人,至迟当于拘禁的次日,将剥夺自由的理由及下剥夺命令的机关的名称予以通知,并立即予以提出抗辩的机会。”但是拘禁机关如果蔑

① Dicey, *Introduction to the Study of the Law of the Constitution*(1915),209-212.

视这些规定，被拘禁的人，究又有何种方法可以知道他被拘禁的理由与下令拘禁的机关呢？究又向谁提出抗辩呢？所以这种规定，如果不辅以出庭状制度，是不能发生充分效果的。

民国元年《临时约法》，除了宣示"人民之身体，非依法律，不得逮捕、拘禁、审问、处罚"而外，对于救济非法的逮捕监禁，未设何等救济。民国十二年《中华民国宪法》已设有关于出庭状——该宪称做保护状——的规定。该宪第六条云："中华民国人民，非依法律，不受逮捕、监禁、审问或处罚。人民被羁押时，得依法律，以保护状请求法院提至法庭审查其理由。"这便是出庭状制度。惟"以保护状请求法院提至法庭审查其理由"云云，文义殊属不通，因为出庭状制，在令人民得向法院请求出庭状，并非以出庭状向法院提出何等请求。民国二十年《训政时期约法》则规定："人民因犯罪嫌疑被逮捕、拘禁者，其执行逮捕或拘禁之机关，至迟应于二十四小时内，移送审判机关审问；本人或他人并得依法请求于二十四小时内提审。"这种规定亦系采纳出庭状制度。

不过出庭状制的实行需要法院高度的权威；如果法院的权威未著，则出庭状制仍不免等于具文。民国十六年二月北京政府鉴于军人屡屡违法逮捕普通人民，尝根据十二年《中华民国宪法》，颁布一种《保护状条例》；但事实上，宪法及法律两俱未生任何效力。即在今日，实际情形亦尚未改善。

第五目　居住及迁徙自由

一　居住自由

所谓居住自由，即人民居住处所，不受侵犯之意；详言之，即人民居住处所，非得本人同意，无论何人，不能侵入。就是国家官吏，亦非依法律所定的场合与手续，不能侵入、搜索或封锢。《临时约法》及《训政时期约法》所承认的居住自由，俱不外这个意义。这种自由，也可说是人身自由——即居止行动的自由——的延展。

居住自由权，在美法革命时代的宪法中，大都有明白规定，而以法国大革命后第八年（即1799年）《宪法》的规定最为详密。该宪对于侵入人民住宅的行为，分为日间侵入与夜间侵入两种：夜间除遇有火警、水淹或室内呼助等场合外，虽官吏之持有法院命令者，亦不能侵入；日间则官吏可以侵入，但在原则上亦必须执有国家机关的正当命令。这种规定，至今成为法国法律对于人民居住自由的保障。在现代许多国家的法律之下，人民的居住自由，除因室内呼助，不可抗力（如水警、火警之类），与现行犯发生室内等事，得由警察官吏径自侵入外，官吏的强迫侵入人民住宅，概须预经法院的决定，概须执有法院的搜索令；所以侵入人民住宅而行使搜索，在原则上只是一种司法处分，而不属于行政处分的范围。有些国家甚至以这种原则列入宪文。①

居住自由，中国旧律亦极重视：汉代贼律已有无故入人室宅庐舍，格杀无论的一条。自唐迄清，刑律的规定亦大率如此。唐律云："诸夜无故入人家内者，笞四十，主人登时杀死者无论；若知非侵犯而杀伤者，减斗杀伤二等；其已就拘执而杀伤者，各以斗杀伤论；至死者加役流。"现行《刑法》亦设有侵犯居住自由之禁（第三〇六及三〇七条），但没有旧律那样的苛刻逾度。

① 例如1921年波兰《宪法》第一百条，及1931年西班牙《宪法》第三十一条。

二 迁徙自由

各国宪法于承认居住自由而外，尚有承认迁徙自由者。《临时约法》及《训政时期约法》亦承认人民有这种自由。迁徙自由，就是选择居住的自由。人民的身体自由既包含“居止行动”的自由，迁徙自由，即令不经宪文特别规定，似亦应随身体自由而存在。欧洲各国，在农奴制度存在时代，人民诚无由甲地迁居乙地的自由；但今则各国法律，除对于罪犯或外侨往往施以居住的限制而外，对于一般人民的迁徙自由，已不复设有限制；不独在国内可由甲地迁于乙地，即出国的自由，在原则上亦为法律或宪文所承认。①

一般联邦国家的宪法，对于人民的迁徙自由，往往设有详尽的规定。凡属联邦国人民，在联邦国境以内，由此邦迁于彼邦，各邦政府大抵不能予以限制或禁止；且人民之由此邦徙居彼邦者，其政治权及其他权利，各邦亦大抵不能限制。盖在联邦组织之下，中央宪法如果对于这类事项漫无规定，各邦法律，对于本邦及他邦的人民，便不免有所歧视；且联邦国家的各邦，在宪法所给予各邦的事权范围以内，原不受中央政府的干涉；倘这种歧视未经宪法明白禁止，中央政府势必无法制止。

中国历来的法律或习惯，对于甲地人民之取得乙地籍贯，虽或设有条件（如居住年期之类），而人民的移徙，倘在国境以内，则无论为耕作，或经商，或营他种职业，俱不在法律或习惯禁止之列。但明清等朝刑律，俱著有“私出外境及违禁下海”之条（即所谓“海禁”之律）。凡人民希图出国谋生者，在律俱为犯罪；所以人民的出

① 例如1931年西班牙《宪法》第三十一条。

国自由，在法律上可说是全不存在。此项律文，于道咸以后，已成具文，至清末修改《大清律例》时且正式宣告废除。不过此后出国自由的限制虽除，而外人排华的风习又起；所以国人仍不获享有完全的国际迁徙自由。

第六目　工作自由

一　工作自由的意义

工作自由，《临时约法》称为营业自由；因为这种自由的意义，就是承认人民得以自由经营任何职业之谓。所以民国十二年《中华民国宪法》，径称为选择职业之自由。法国 1789 年《人权宣言》，初未明白承认这种自由；这或因当时人士，认工作自由只是人身自由的一种必然结果，没有特别宣示的必要。

但法国 1793 年宪法中的《人权宣言》第十七条，却有“无论何种劳工、教育或商业，不得禁止人民操作”的规定；这便是承认人民的工作自由。

二　工作自由的范围

个人如果不能随其性之所好，选择这一种或那一种职业，个人知识、道德或身体上的优性，自不免缺乏尽量发展的机会。所以工作自由之必须承认，无待申论。今仅就工作自由与下列几种问题的关系，以讨论工作自由的范围。

第一，工作自由与奴工制度。国家既承认人民有工作自由，自然应禁止任何形式的奴工制度。凡身体与工作，于无定期限内，完全受他人支配者固是奴工；即令期限有定，然而工作无定，雇主可以自由支配者也是奴工。[1] 奴工的存在,如出于他人的强迫,固与工作自由的原则不能相容;即令为奴工者自愿为奴,亦应为法律所不许。各种自由的目的,既在使个人知识、道德及身体上的优性得有充分的发展,则足以剥夺发展机会的奴工制,自然违反个人自由的原则。就是极端倾向个人主义的斯宾塞尔也说过:"自由的原则决不是说各人应有不自由的自由。割让自由的自由,不是自由。"[2] 18 世纪政治学者,如洛克、卢梭、孟德斯鸠诸人,亦无不痛诋奴工制度,而力主废止。虽则法国对于殖民地奴隶营业的禁令,时弛时张,奴工制度之不容存在,在法兰西第一次大革命时期,即已为法兰西人士所承认;其第三年宪法宣言人身不得为买卖的目的物,就是对于奴工制度的一种否认。[3] 法国 1848 年《宪法》,并明白规定一切奴工制度,俱不能存在于法国领土以内。美国宪法,经过南北之战而后,亦设有明文,否认奴工制度。自此而后,奴工制度,不独为各国舆论所不容,并已为一般国家的法律所不许。[4]

中国常以向无阶级制度见称;但其奴婢制度的普遍、残酷与久远,实在令我们不能如此自夸。

就其普遍的程度而言,中国奴婢制度不独流行于全国各地,即奴婢的数量亦甚巨大。奴婢供给的渊源,历来甚众:有出自罪犯者(大都为"缘坐"犯,即罪人妻子或其他亲属);有出自俘虏者;有出

---

① 美联邦宪法第十八修正案禁 involuntary servitude;联邦及各邦法律俱禁 peonage。这两者俱是期限有定,而工作无定的奴工。法《民法》第一七八〇条云:"凡于一定期间内任一定工作者为自由工作",除此盖皆为奴工,而在禁止之列。

② 看 Spencer, *Justice*, § 70。

③ 法国 1789 年的国民议会尝有单独禁奴的宣告,令奴主释奴,不收偿金。

④ 欧洲各国的禁奴,在其本国较早,在殖民地较晚。英于 1836 年始禁殖民地蓄奴;法于 1911 年始有同样的禁令。

自买卖者；有出自“家生”者（即奴婢之子息）；有出自自愿“投靠”者。至于数额之巨，更是可惊。汉元帝时贡禹上疏言“官奴婢十余万，游戏无事，税良民以给之，宜免为庶人”。汉代官奴婢（大半即罪犯）之众，即此亦可概见。汉哀帝即位，因当时王侯官吏及豪富人民，蓄养奴婢过多，乃命有司议限制；然即依当时有司所议的限制，诸侯王仍得设置奴婢二百人；列侯公主百人；关内侯，吏二千石，及豪富民，三十人，此则可见当时私人置养奴婢之众。元、魏、辽、金、蒙古入主中国之时，汉人被俘为奴婢者，数亦极巨。元清等朝，奴之子孙当然仍隶奴籍，于是“家生”奴婢，为数甚众。买卖人口，除特种场合外，虽为历来刑律所禁，但实际上买卖奴婢之事，固常为奴婢供给的主要渊源，而于天灾流行，饥馑荐臻之时尤甚。

就其残酷的程度而言，中国历来法律，大体上亦如罗马法，拟奴婢于资财，奴婢的人格，在法律上受有极大的限制。为奴婢者，不独可由主人售卖，不独公权如应试出仕权之类，完全被剥；他们的其他权利，亦在在被剥夺或被减削，例如他们的婚姻权便受“良贱不能为婚”的律条的限制，他们的诉讼权，便受“干名犯义”的律条（即奴仆控告主人，无论属实与否，俱须受刑之律）的限制，他们的犯罪较诸普通人民须受较酷的刑罚，等等皆是。

就其流传的久远而言，则自有史以至清季宣统二年《禁革买卖人口条例》的出现，中国奴婢制度，在法律上从未消灭，实际上且至今犹存。说者以为中国奴婢制度的起源，在于惩罚罪犯；此说虽未容深信，而以罪犯为奴婢，固确为中国极早极久的一种制度。《尚书》云“予则孥戮女”，《论语》云“箕子为之奴”；说者训孥为奴，孥与戮盖俱含刑罚的意义。如果我们承认《周礼》所记为周代的法制，则以罪犯为奴婢，《秋官》亦有"男子入于罪隶，女子入于舂藁，凡有爵者与七十者，未龀者，皆不为奴"之文。汉代以后，历朝刑律，尤有收没"缘坐"男女为奴婢之条。清代末年修改《大清律例》，除"缘坐"之法；数千年来收没"缘坐"男女为奴婢之律，始被删去。清宣统二年颁布《禁革买卖人口条例》，奴婢买卖以及奴婢名目始获完全禁止；历来法律对于奴婢身分所设定的种种限制亦随而一一消灭。但该条例虽废止奴婢制度，却又规定一种长期雇佣制，以为代替；该条例云："凡贫民子女不能存活者，准其议定年限，立据作为雇工。先受雇值多少，彼此面订。雇定之时，不问男女长幼总以扣至本人二十五岁为限，只准减少，不准加多，如雇时十岁不得过十五年，九岁不得过十六年之类；愿减少者听。限满听归本家。……倘雇限以内，主家有虐待情事，准本家缴还未满工值领回。"在这种长期雇佣制之下，被雇男女之丧失工作自由，既与往昔的奴婢相似，则其受雇主的压迫，亦必与奴婢相若；虽说雇限以内，主家如有虐待情事，本家得缴未满工值而领回；然此项条件实际上亦不见得能发生若何效益，因为缴值领回与向官厅证明虐待，俱非贫民力所优为之事。所以这种长期雇佣制，实际上成了一种变相奴婢制。废止奴婢制度之时，自然不能不顾及奴婢产生的主要原因——贫民子女之不能存活——然兼筹并顾，应该是一面完全废止奴婢制度，一面实施救贫政策，决不能容忍变相奴婢制度的暂存，以为救贫政策的代替。① 民国二十一年修正的《刑法》将"使

① 关于以上所述，可参看王世杰："中国奴婢制度"，《国立北京大学社会科学季刊》第三卷第三号；及梁启超："中国奴隶制度"，《清华学报》第二卷第二期。关于清《禁革买卖人口条例》，看《大清宣统新法令》（商务印书馆，宣统二年）第十二册及第十八册。

人居于类似奴隶之不自由地位者”与“使人为奴隶者”同科，自是较进步的律条。

第二，工作自由与契约自由。人民有缔结契约的自由，为现代一切文明国家所公认；因为没有契约自由，人民不能享有工作自由——即选择一切职业的自由。所以契约自由也可说是工作自由的一种必然结果。但是契约自由并不是一种绝对的自由，而且应以不妨害全体自由与不违反个人自由的目的为范围；否则契约自由的结果，必不免破坏工作自由的目的。所以契约自由决不是说人民可以缔结任何契约。

18 世纪人士，本极重视契约上的义务；美国联邦宪法因有各邦不得制定“损害契约义务的法律”的规定。当时人士尚不只视契约上的义务为神圣，他们似乎还以为工作契约的条款，概可由契约当事者自行决定，不容国家法律设定限制。诚然，奴工契约，他们亦认为国家必须禁止；可是除此而外，国家就要容许人民自行决定工作的条件。所以契约自由也可说是 18 世纪人士所认为应有的一种个人自由；不过契约自由这个名词，未及纳诸当时的人权宣言或宪法罢了。

近数十年来，一般人士，目击工业革命后劳工的苦况，乃群认契约自由，必须加以较大的限制。可是最初大家还以为国家的干涉，只能及于妇女与儿童的工作契约；对于成年男子的工作契约，国家仍不应干涉其内容。今则这种理论亦已为一般人所唾弃。盖在事实上，工人决难与雇主立于平等的地位：工人是无产阶级，除了凭藉他人的资产不能工作；不能工作，即不能生活。在这种状况之下，工人对于雇主，自无相等的抵抗能力。所以，工人与雇主订立工作契约时，往往不能不承诺雇主所提的苛刻条件，而使他们身体、知识或道德上的发展,遭受重大的损害。晚近一般国家的法律,对于各种工作契约,设为工作时间、最低工资等等限制,对于特种工作,甚或完全禁止童工或女工加入,就是基于这个原因。[①] 这些限制不独为工作自由的原则所容许,并且为工作自由的原则所要求;因为自由的原则,决不容任何人行使他的自由以损害他自己。这不仅是晚近社会主义者所抱的见解;就是19世纪的个人主义者如弥勒(Mill)等人,亦已有相似的主张。[②]

第三,工作自由与职业团体。欧洲各国,自中世纪以降,从事于工商业及其他职业的人,在各城市大都各有一种基尔特(guild, corporation de métiers),以维护同业的利益,与吾国各地的行会性质相似;凡欲加入一种职业之人,事实上并且非加入该业的基尔特不可。所以人民工作自由,实受基尔特的限制。法兰西大革命发生后,因即励行禁止一切职业团体;19世纪前半期,欧洲各国劳工组织之所以遭受完全的或部分的禁止,基尔特制度的陈迹未始非一重大原因。但从理论上讲,法律虽可不许职业团体有禁止外人从事该团体中人所操作的职业的行为,国家却不应因此而遂禁止任何职业团体的存在。国家的法律,当一面承认从事各种职业者,为谋同业的利益,得以组织职业团体,如今之所谓工会(trade unions, syndicat)之类;一面更承认人民之从事某某职业者,有加入职业团体及不加入职业团体的自由。工作自由的原则之所要求者,只是如此;一般国家晚近法律之所规定者,亦大率如此。但为保持工人

① 《中华民国训政时期约法》第三十八条规定:"人民有缔结契约之自由,在不妨害公共利益及善良风化范围内,受法律之保障。"民国十八年十二月三十日《工厂法》则对于童工、女工及工作时间等更设有诸种限制。

② 看 J. S. Mill, *Liberty*, ch. v。

对于资本者的对抗能力起见，各国法律亦有强制工人加入工会者。

第四，工作自由与特种职业的取缔。依据工作自由的原则，人民虽有选择各种职业的自由，然国家对于特种事业，倘因其关系公共的安全与秩序，或因其关系人民的卫生或其他利益，限定须有特殊资格者始准加入该种事业，甚或禁止私人经营该种事业，而留待国家经营，却不得认为违反工作自由的原则。① 如酒业、教师业、律师业、医师业、助产士业之类，因与一般人民的卫生或其他利益有重大的关系，文明国家的法律大都设有资格，以限制人民的经营；又如火柴业、军械制造业，因攸关全体的治安与秩序，许多国家亦设有严重的限制，甚或完全禁止私人经营。这类限制，都可以说是为保护人民全体自由之所必需，与工作自由的根本精神初无抵触。

第七目　意见自由

一　意见自由的意义

意见是个人精神上的事情，不独非法律所宜干涉，并且非法律所能制裁。所以承认意见自由，不是承认思想自由；因为思想自由，初无须乎法律的承认。所谓意见自由，只是表示意见的自由。国家所以必须承认个人享有这种自由，无非因其可以给人民以交换知识与思想的机会，并可以促进人民知识与道德的发育。近代文化可以说是完全建筑在意见自由之上；倘人民无意见自由——尤其是意见自由中的出版自由——则科学、艺术、商业种种方面，固无从进步，而近代地广人众的民治组织，亦决不可能。说者谓古

① 《训政时期约法》第三十七条便根据于这原则。

希腊罗马的民治制度，只能行于地域极小的城市国家，而近代的民治制度却能行于地广人众的大国者，即因一无报纸一有报纸之故。

二　意见自由的种类

国人常有称意见自由（freedom of expression，liberté d'opinion）为言论自由者；然言论自由（freedom of speech）的意义实甚狭窄，不足以包括意见自由的全部。《临时约法》及十二年《中华民国宪法》俱承认人民有言论、著作及刊行三种自由。[①] 这三种自由，自然都是意见自由：凡意见之以口语表示者为言论，而这种表示的自由，便是所谓言论自由；凡意见之以文字图画表示者为著作，而这种表示的自由，便是所谓著作自由；凡意见之以印刷的文字图画表示者为刊行物，而这种表示的自由，便是所谓刊行自由。法国 1789 年《人权宣言》第十一条，亦以言论、著作、刊行三事并举。精细地说来，刊行自由自不能不包括言论自由与著作自由；所以本目下面所述，仅以刊行自由为限。

意见自由，除却言论、著作及刊行自由而外，亦尚有其他种类。教学自由、演戏及映演自由、广播自由、秘密通讯自由、信仰自由及集会自由等等，盖无不可看做意见自由。关于秘密通讯自由、信仰自由及集会自由诸问题将于本节第八至第十三目另行讨论；本目以下所述，除却刊行自由而外，当略略论及教学等各种自由。

---

① 《训政时期约法》中作"发表言论及刊行著作之自由"；将刊行及著作二者混观。民国二十五年立法院通过的《中华民国宪法草案》作"人民有言论、著作及出版之自由"，意义较显。

三　刊行自由

出版事业，在欧洲文化中，本来是比较晚出的一种事业。中国木版印刷，自隋即兴，自唐已盛；即活字印刷，说者亦谓北宋时已有泥塑活字版的行用。欧洲的活字印刷，只创自 15 世纪中叶；即其木版印刷，亦直到 14 世纪欧洲纸业出现时，始行出现。中国对于文书的出版，历来俱采事前放任，事后干涉主义；欧洲诸国，则于出版事业创始时，即采取检查制度。直到 17 世纪以后，刊行自由，乃渐为学者所鼓吹，①然除英吉利而外，欧洲各国刊行自由的实现，大都仍是 19 世纪后半期或 20 世纪初期之事。

关于刊行自由的范围，我们可以分作三层讨论：（一）出版的手续；（二）文字图画的范围；（三）违法出版物的处分。

第一，出版的手续。就各国过去或现行的法律而言，其关于出版手续的规定，要而言之，不外两种制度。一为预防制（système préventif）。在这种制度之下，凡出版物不特于出版以后，须受法律的制裁，即于出版以前，亦须受警察机关的干预。所以这种制度亦称警治制度。又一为追惩制（système répressif）。在这种制度之下，凡出版物于出版以前，毫不受任何机关的干预，仅于出版以后，受法律的制裁；换言之，凡出版物的违法者，于出版后始须依法律的规定而受惩罚。所以这种制度亦称法治制度。英美两国久已采用追惩制，在欧洲大陆则预防制度，流传甚久，且亦甚为普遍。

---

①　米尔顿（Milton）于 1644 年出版的 *Areopagitica，A Speech for the Liberty of Unlicensed Printing* 一书，英人大抵认为提倡刊行自由的最先作品。

预防制度的目的，无非欲假藉行政机关的干涉，以预防人民之滥用出版自由。然既采用此制，则谁又能够保障行政机关不滥用其干涉权以束缚人民的言论？且人民的普通行为，实亦只于行为发生而后，始受法律制裁，事先固大率不受任何机关的干预；令人民于刊行出版物以前，预经行政机关的一度干预，亦实与法律上的普通原则相反。故在英美等自由国家，刊行自由（freedom of the press）这个名词，在一般人见解中，只是个人得以书籍、报纸、告白等印刷物，传达思想与知识于他人，而于刊印及发行时，不受政府检查或特许或其他干涉的意思。

预防制严厉的程度，则随其所采的预防手段而异。

预防制中的最严酷者，自为检查制（censorship）。自16世纪而后，欧洲许多国家（尤其是英法两国）对于刊行自由，常采两种干涉：一为对于出版业的干涉，一为对于出版物的干涉。他们对于出版业——印刷业或发行业——则限定须归国家特许的机关或公司经营；对于出版物，则施行一种检查制度；凡出版物，非于出版以前，预经政府检查机关（Censors）检查核可，不得出版。这两项干涉，在英国虽于1695年以后，即已消灭，但在欧陆其他诸国，则虽在19世纪期内，亦常见有检查制的存在。法国1830年革命的重要对象之一即为检查制。到了20世纪初年，则一般国家的宪法或法律，大率已明禁检查制度；在承平时期，盖已不认其有存立的余地。但是遇到作战时期，则检查制又多恢复。在1914至1918年欧战期内，欧洲大陆各国，甚至英国，俱设有检查报纸的机关，只有美国是例外。美国宪法禁止国会有剥夺人民言论及出版自由的法律，所以即在战时，殆亦不能设立检查出版物的机关。①

但近年以来，刊行前的检查又成为习见的制度，而对于新闻纸为尤然。苏联新闻事业向由国家经营，本无所用其检查；但意德两国政府则事实上常有检查新闻纸及杂志的举动，虽则他们尚无明设检查制的法律。奥国 1934 年新《宪法》则更明许检查制的存在（第二十六条）。

次于检查制者为特许制。这是有些国家曾经采用以为检查制的代替者。在这种制度之下，报纸及一般的出版物，虽不受检查，但报纸的开办，则须预得警察机关的特许。例如拿破仑三世时代的法国及今日的意大利②俱采这种制度。特许制虽较检查制稍为和缓，然其足为行政机关束缚人民言论的危险武器，亦甚显然。今之自由国家，亦无不否认这种制度。

就各国先例而言，对于报纸的出版，尚有以保证金制与特许制并行者；法国于拿破仑三世时代便是如此。在这种制度之下，凡开办报纸之人，事先既须预得警察机关的特许，并须预缴若干保证金（cautionnement）。在 19 世纪期内，别国中亦颇有模仿法国的保证金制者。日本现行《新闻纸法》（明治四十二年颁布），虽未采检查或特许等制，亦尚存有保证金制；凡在大都市发行关于时事的新闻

---

① 美国于 1917 年有 *Espionage Act*，1918 年有 *Sedition Act*，皆以取缔妨害作战的言论及出版物为目的。该两法初未设有检查制，但一部分学者已认该两法与美宪修正案第一条抵触。参看 Z. Chafee，*Freedom of Speech*（1920）。关于欧战期内各国刊行自由的概况，可参看王世杰：“现代之出版自由”，《东方杂志》第二十一卷第一号；及 *Encyclopæ dia Britannica*（14th edition），Article on “Censorship”。

② 意大利 1925 年 12 月 31 日的法律规定，凡报章杂志的负责人须得政府的认可，其投稿人则须预在法西斯蒂党部登记。照我们的分类方法，这种制度自是特许制；但在事实上政府及党部仍有于刊印前施行检查者。

纸,其应缴的保证金,至达日金2,000圆。保证金制,一方面既足阻遏报纸的成立,一方面对于已经存立的报纸,亦足影响其言论,因为政府既握有保证金,则惧政府或法庭之没收保证金,自为主持报纸者必有的戒心,因是报纸对于政府的评论,便或不免过于怯懦。法国及一般自由国家的法律,今已废止保证金制;比国宪法,且以宪法条文明白禁止。①

预防制的最轻者为报告制。报告制与特许制有别。如行特许制,则出版人于出版前,不独有报告警察机关的义务,且须得其特许;反之,如行报告制,则出版者虽有报告警察机关的义务,警察机关却无拒绝其出版之权。报告制的目的,在使警察机关得预知某种出版物行将出现,而予以注意;故其性质,亦可谓为一种预防手段。惟不像上述各种制度的严酷。然如适用于一切出版物,则其束缚刊行自由,要亦不可轻视。现时法国所行的报告制,亦仅适用于报纸,而不适用于书籍及其他出版物;换言之,即凡报纸的出版,于该报成立之时,必须报告警察机关一次;他种出版物(例如书籍),则可径自出版。这种报告制,既仅适用于报纸,且仅适用于报纸成立之始,实际上殆不发生如何的束缚。

第二,文字图画的范围。出版物所载的文字图画究应有如何的限制?何种文字图画便应认为合法?何种便应认为非法?这便是文字图画的范围问题。就理论与各国法律言,关于出版物的记载的限制,可说是含有两类:其一为保障社会全体利益而设的限制,其二为保障私人利益而设的限制。

---

① 1921年比宪第十八条第一项云:“刊行应任自由;检查机关不得存立;对于著作人、发行人或印刷人,并不得索缴保证金。”

（甲）为保障社会全体利益而设的限制。这种限制，即在近今自由国家，仍然不能一致。就理论言，这种限制的规定，未尝不可有一个适当的标准。这个标准便是：凡出版物的记载，如仅系一种意见，便不能构成一种非法行为；必其记载的本身，已经构成妨害社会全体利益的事实，始应认为非法。法人尝谓出版法中不应含有所谓“意见罪”（délits d'opinion）者，盖即此意。惟意见罪与非意见罪，殊不易抽象的立为界说，今姑举若干例子，以明二者间差别的大概。

各国法律，为保障社会全体利益起见，固皆承认记载下列各种情事为犯罪：如败坏风纪的淫辞淫画，鼓煽人民暗杀抢劫的言论，揭示军事外交的秘密文件，揭示法院未经公判而应秘密的案件，散布知其为伪而有害公安之谣言等等。上列记载，其本身实已构成一种危害社会全体利益的事实，故认他们为犯罪，自不得目为意见罪。反之，如承认攻击国体的言论为犯罪（从前许多国家俱是如此），或诽谤元首的言论为犯罪（今之君主国家尚大率如此），或诽谤宗教的言论为犯罪〔英美法中至今尚有所谓诽谤耶教罪（blasphemy）〕，或离间社会各阶级间感情的言论为犯罪（如德国1870年《刑法》第一三〇条及其1874年《出版法》之所规定），便为一种意见罪。就理论言，这种政治的或宗教的意见，原不妨任其自由表示；苟加禁止，纵或有裨于一时的秩序，然人类思想与组织，或又无从改善。且对于此种意见的表示，严加禁阻，事实上能否有裨于一时的秩序，有时亦属疑问。

（乙）为保障私人利益而设的限制。各国法律，为保障私人的利益起见，对于出版物类皆设有几种重要的限制：其一，出版物不得有妨害私人安全、名誉、信用或秘密的记载，违者犯罪。在多数国家，这种记载，就令属实，有时亦可构成犯罪行为。[①] 其二，为“答复权”（或称“更正权”）的设立。凡报纸记载的涉及私人名誉、信用或安全者，该报对于当事的私人，便负有登载他的辩正函件的义务。这种义务，便构成当事者的答复权。答复权的行使，既较诉讼为简便，而答复函件的功用，有时且较诉讼为敏捷而宏大：所以答复权的规定，极形重要。其三为著作权的承认。著作权原为国家鼓励私人著作的一种政策，当然为保障私人利益的一种工具。

第三，违法出版物的处分。凡违法的出版物，究应由何种机关采何种程序并依何种原则施以处分？这便是违法出版物的处分问题。

所谓处分的机关问题，便是警察官厅应否享有直接处分权的问题。所谓警察的直接处分权，即警察机关，对于他所认为违法的出版物，可否不预经法院的审判，而径行没收出版物、停止出版或封闭出版机关等等处分之权。就原理言，警察的直接处分，无论为没收、封闭或停止，俱无充分理由可资辩护；因为警察如有此权，便无异兼有执行法律与解释法律之权，必至擅专行事，绝少顾忌。即仅就实际利害言，不独封闭处分，关系甚大，即停止、没收等处分，

① 有些国家，对于妨害私人名誉的言论，不论事实的有无，一概处罚；例如日本刑法。这自然是过于苛刻。有些国家，却又为相反的规定；只要言者能证明事之真实，便不处罚；例如德国刑法。这也许不免太宽。多数国家，系采一种折衷制度；对于与公益无关的诽谤，则不论真伪而一概科刑；对于有关公益的诽谤，则承认诽谤者得以举证；例如法国现行《出版法》（1881 年颁布），一面承认妨害私人名誉的诽谤，应不问真伪而一概科刑；一面承认诽谤公务员的人，则得因其所言属实而不受罚。这是因为公务员的人格，直接与公众利益有关之故。中国现行《刑法》第三一〇亦仿此意。

有时亦大足影响报纸未来的营业与生存；倘以此权付诸警察，报纸事业实处于极危险的地位。所以，现今各自由国家或则完全否认警察享有直接处分权，或则仅承认警察有极狭小的直接处分权。[1]没收、停止、封闭等处分，在原则上，惟依司法机关的命令始能实施。换言之，这些处分，是司法机关的职权，而不是警察的职权；属于司法处分的范围，而不属于行政处分的范围。

所谓处分的程序问题，最要者，即出版物诉讼的审判应否由普通人民——即陪审人员——参预的问题。对于出版物诉讼，一般国家，已俱采用陪审制度；盖出版诉讼，最易演为政府压迫人民的武器；倘采用陪审制，政府便不易横加压力；因为陪审人员，既为普通人民，而非常任官吏，其仰承政府意旨的可能自不至如普通法官之大。[2] 有时因律文限制言论过严，陪审制且有几分调剂作用；因为陪审人员，既为普通人民，其严守律文的习惯，自必较逊于一般法官，对于被告人民，或易为宽大的处置。例如英国刑律虽亦设有诽谤耶教罪（blasphemy）与诽谤国家罪（seditious libel）等意见罪，而这种律条实际上未易演为政府蹂躏意见自由的利器者，陪审制的存在即其一因。[3] 惟是陪审制虽可有这种良好功用，亦尚有许多流弊；权衡利害，究否宜于采用，固尚有讨论余地。但该项讨论，属于刑事民事等诉讼法的范围，故这里不必论及。

---

① 例如法国现行《出版法》，便仅承认警察对于淫猥的图画有没收权；对于其他任何出版物，仍无没收权；至停止封闭等权，则全未畀予警察官署。但意德等国则予警察及行政官署以处分的大权。意 1925 年 12 月 31 日的法律授州长以警告、没收、暂停出版及禁止出版等权。

② 例如法国 1881 年《出版法》即规定凡破坏名誉罪之涉及公务员（国会议员包括在内）者，即由陪审法院受理。

③ 看 Dicey，*Introduction to the Study of the Law of the Constitution*（1915），ch. vi。

所谓处分的原则问题，最要者便是违法出版物的责任问题。出版物之含有违法记载者，其责任果应谁属？这问题的解决，有互异的英比两制为例：英制认著作人、编辑人、发行人、印刷人，甚至代卖人，对于出版物的违法记载，俱须负责。英制的理由，无非欲令违法出版物，与普通犯法行为，完全立于平等地位；因为对于普通犯法行为，一切参与犯法者均须负责。比制则认违法出版物的负责者只有为首的一人：为首者应为著作人；著作人不可查知时，则由编辑人负责；无编辑人时，则由印刷人负责；印刷人不可查知时，则由发行人负责。① 比制在使著作人的言论不致受编辑人、发行人或印刷人的阻挠；因为他们如须与著作人同负责任，则著作人的言论，实际上便不免要受他们的检查。对于一般出版物，如图书广告之类，比制殊较英制为完善；惟对于报纸，则比制未必适当；因为报纸的经理人或编辑人，对于报纸中的文字图画，是应注意而且能注意的；实际上报纸上的文字图画，也大都是曾经他们审定或指导而发表的。他们的责任，决不能受著作人责任的掩护。依法国现行《出版法》的规定，报纸的经理人，关于报纸的违法记载，转立于主犯地位；著作人仅得视为从犯。这自然是比较公允的办法。

以上系从理论及各国实例两方面，讨论刊行自由的范围。以下将取中国历来关于刊行自由的各种法令，为简括的说明。

中国历来对于出版物，俱采事前放任，事后干涉主义；直至清季，尚无所谓检查、特许、保证金等预防制度。文字之狱，有时诚亦

① 比宪第十八条第二项云：“著作人已知而且住居比国时，则发行人、印刷人，或发卖人俱不受控告。”比国刑法对于本问题尚有详细规定；看 Errera, *Traité de droit public belge* (1918), 76-77。

甚酷；清康熙雍正乾隆三朝，士林及官吏之以折奏、著作或出版物贾祸者尤为众多；然亦不过事后追惩，事前干涉的制度则未尝存在。事前干涉的法律，始于光绪三十四年的《报律》[1]。该律大体上系仿照日本旧《新闻纸条例》（于明治四十二年废止）。对于报纸的成立，既设有报告官厅及缴纳保押费两条件；对于报纸的发行，不论为日报或非日报，并设有检查手续。该律第七条云："每日发行之报纸，应于发行前一日晚十二点钟以前，其月报、旬报、星期报、间日报等类，均应于发行前一日午十二点钟以前，送由该管巡警官署或地方官署，随时查核办理。"这便是该律所设的检查制。这种制度，不独使办报者感觉困苦，即执行该律的官署亦不胜检索之烦。所以该律施行一年以后，民政部即有请求酌予修改的奏折。[2] 至于该律对于违法者所设的各种处分，如罚金及禁止发行之类，究应由何种官署决定，该律初未明白规定；但各省审检厅，当时既未完全成立，这类事件，事实上自然全系由行政衙门任便判断。

民国成立，《临时约法》既承认人民有言论著作刊行的自由，清末的《报律》于理当然不复可以存续。然《临时约法》第十五条既称约法所载人民的权利，"有认为增进公益、维持治安或非常紧急必要时，得依法律限制之"，则以法律来限制人民各种自由，实际上殆无一定的范围；因公益治安云云，都是些宽泛而无边际的名词。民国三年，袁世凯政府为钳制言论起见，曾颁行两种关于刊行自由的法令：一为民国三年四月二日的《报纸条例》，又一为民国三年十

① 该《报律》全文见《大清光绪新法令》（商务印书馆，宣统元年）第九册。

② "民政部奏请修正报律条文折"，见《大清宣统新法令》第九册。

二月四日的《出版法》。[①]《报纸条例》所规定者，为报纸的出版；《出版法》所规定者，为报纸以外的"文书图画"的出版。

《报纸条例》，对于报纸的出版，系兼采特许与保证金制；即凡日刊、不定期刊、周刊、旬刊、月刊、年刊的出版，须于出版前预得警察机关的认可，并缴若干元的保押费。对于报纸中文字图画的范围，该条例设有下列八种禁条：

一　淆乱政体者；

二　妨害治安者；

三　败坏风俗者；

四　外交军事之秘密及其他政务，经该管官署禁止发载者；

五　预审未经公判之案件及诉讼之禁止旁听者；

六　国会及其他官署会议按照法令禁止旁听者；

七　煽动、曲庇、赞赏、救护犯罪人、刑事被告人或陷害刑事被告人者；

八　攻讦个人阴私损害其名誉者。

上述第一项认"淆乱政体"的记载为非法，便是剀切承认意见之足以构成犯罪。第二项"妨害治安"云云，词旨空泛，亦易入人于罪。至该条例对于报纸所设的罚金及停止发行等处分，警察官署虽享有直接决定与执行之权，但以报纸违反呈报手续、不缴保押费及不经特许而发行等场合为限。报纸的文字图画，如果违反该条例所定的范围，其处分权仍属于司法官署。关于答复权及报纸文字的著作权，该条例亦俱有明文承认。

《报纸条例》于民国五年黎元洪复职为总统后，即被废止。嗣

---

① 以上两种法令全文，见《政府公报》或《法令大全》（商务印书馆，民国四年）。

后北京政府从未制定关于报纸的中央法令。所以自该条例的废止起，至民国十五年一月止，报纸以及其他“文书图画”的出版，俱系受《出版法》的支配。《出版法》原仅规定报纸以外的“文书图画”的出版，故对于出版的手续仅采报告制，而无检查、特许、保证金等苛刻条件。该法对于文字图画所设的范围，亦与《报纸条例》所设的八款大致相同。十五年一月，因各方面的严重反抗，《出版法》亦由段祺瑞政府以明令废止。

《出版法》废止以后，全国刊行自由，在法律上只受《暂行刑律》支配，不复受任何特别法律支配。但京师警察厅，于民国十四年四月朱深为厅长时代，对于北京地面，尚颁有一种厅令，名为《管理新闻营业规则》，其限制报纸及通信社的成立，较之《报纸条例》尤酷。此项厅令，后虽微有修改，然严酷的程度，终北京政府的时期，没有大减。

国民政府定都南京后，又于民国十九年十二月十六日颁布新《出版法》。该法所称出版品包括新闻报、杂志、书籍及其他出版品。在大体上，该法与法国 1881 年的《出版法》相同，因为该法对于新闻纸及杂志采报告制，而书籍及其他出版品则可以自由发行。但按照新《出版法》，出版品除禁登禁止公开诉讼事件的辩论外，并不得为下列各款的记载：

一　意图破坏中国国民党或三民主义者；

二　意图颠覆国民政府或损害中华民国利益者；

三　意图破坏公共秩序者；

四　妨害善良风俗者。[①]

① 法国 1881 年《出版法》并未特设出版罪，有犯罪行为者，概依普通刑法办理。但嗣后有几个单行法，对于出版品之宣传无政府主义或妨害善良风俗者特别定有罚则。

上述几种事项，如任令登载，本足以妨害社会安宁，所以此项禁止不能认为苛刻。且照民国二十年的《训政时期约法》，“发表言论及刊行著作之自由”本可以法律限制（第十五条），所以《出版法》亦并未违反《约法》。但该法更规定，如有违法的记载，内政部尚得轻则纠正或警告，重则将违法的出版品予以扣押。这种行政处分，如施之于定期出版品，颇足以影响其营业，所以于出版自由甚为不利。

但是，中国新闻纸之出版，尚应受若干种检查办法的管制。[①] 根据这些办法，凡重要都市的新闻纸，概须先受检查，然后始可发行。

至于出版法一类法律之应否存在，则是另一问题，论者亦不一其说。依据英美等国成例，人民的言论、著作及刊行等自由，只受刑事法典所设的限制，而不受任何其他特别法令的拘束；所以英美等国于普通民刑法而外，不别立报纸法或其他出版法。1919 年的德国《宪法》，且规定意见自由的范围，仅能以普通法律来设立（第一一八条）。[②] 英美人士遂大都不赞成特别法的存在。他们以为凡

---

① 重要者如下：（一）中央执行委员会常务会议民国二十二年九月二十一日通过的《修正重要都市新闻检查办法》；（二）同机关民国二十二年十月五日通过的《修正新闻检查标准》；（三）中央政治会议二十三年二月十四日决议：“在检查期间，如新闻纸有不服检查者，军政机关得予以一日至一星期停版之处分及其他必要之处分。”此外，各地党政军机关，亦常有严峻的单行办法。

② 民国十一二年各省宪法或宪法草案亦大都依此精神有所规定，例如民国十一年湘宪第十一条云：“人民在不抵触刑事法典之范围内，有用文字、语言、图书印刷及其他方法，自由发表意思之权，不受何种特别法令之限制，或检查机关之侵害。”但关于德宪第一一八条所说的“普通法律”，解释亦并不一致：有谓系指普通刑法而言，故《出版法》等法律，即为违宪；有谓如《出版法》等法律能对于一切人民有束缚力，亦可谓为普通法律。

颁行这种特别法的国家，大体上系对报纸或其他出版物增加束缚，如设立出版的手续，给予警察机关以停止发行，与没收出版物之权等等。如果人民的刊行自由，只受普通刑法的支配，这些钳制自然都不存在。不过，特别法固可以增加刊行自由的束缚，但亦可减少刊行自由的束缚。这可以英国的刊行自由为喻：依照英国刑法的原则，凡参加一种犯罪行为之人，须各负刑事责任；所以著作人、编辑人、印刷人甚至发行人，对于一种违反刑律的出版物，在英国制度之下，亦不能不各负刑事责任；因为英国人民的刊行自由，系受普通刑法支配，而不受任何特别法支配。在欧洲大陆各国，则这种责任，往往于特别法中设有特别规定，普通刑法的束缚，转获减轻。所以严密地说，各国关于刊行自由特设的法律，亦不尽在增加刊行自由的束缚。

四　教学自由

欧洲各国尚有于宪法中特别规定教授与学习自由者。这种自由，学者间有纯认为意见自由的；严格地说，与其说是意见自由，毋宁说是意见自由与工作自由的合并。

教学自由问题在19世纪上半世纪最见重要。其原因有二：第一，欧洲中古时代的大学本为执有特许状的一种社团，所以享有高度的自由，教者可以自由讲授，而学者亦可以自由研究，几乎不受君主的干涉。这就是所谓学校自由(academic liberty)。但在维也纳和议以后，专制潮流波及欧洲大陆全部，学校自由发生重大危险。所以各国于成立宪法时，辄有将教学自由特予规定者。第二，在19世纪以前，欧洲各国的教育大抵由教社经营。及后国家设立公共学校，并施行强迫教育时，辄干涉教社所设学校的课程及训练等等，甚或根本禁止教社所设学校的存在。教社为自卫起见，遂倡教学自由的口号。

但是，国家权力既日在增加，而教育又为国家主要的职务之一，不论大学或教社，自然俱不能永久抵抗国家的干涉。大学的教学自由固日在缩小，即教社的教育权亦有减无已。至在中国，则因欧洲各大学及各教社的背景并不存在，故教学自由问题更不发生。即民国十七八年政府取缔教社所设学校最严厉时，教社似亦未尝以教学自由为号召。

五　演剧自由

各国大抵以剧本与书籍同样看待，但在开演以前，大抵须经检查。惟检查方法各国至不一致。有根据宪法者，例如奥国；有根据特别法令者，例如法国；有根据数百年的成例者，例如英国；有由社会团体检查者，例如美国各邦；有由党部执行检查者，例如中国。①

对于电影的映演，各国的法律在大体上亦采检查制。因为电影的影响比戏剧尤为广遍，所以检查较为严厉。德国 1919 年宪法，本禁一般的检查制，惟独对于电影，则国会可以制定任何适当的法律，以防流弊；换言之，即检查制亦可设立。中国亦有《电影检查法》。②

六　广播自由

意见自由中的言论自由在昔常与集会自由混而为一，因为无

① 奥国：1934 年《宪法》第二十六条。法国：依照 1864 年的命令，戏院可以自由设立，但剧本则须经过检查：在巴黎者归教育美术部负责检查；在外地者，归州长负责检查。自 1906 年起，教育美术部未派委员，故法定检查已同虚设。但警察干涉之权甚大，实际上仍有检查。英国：在伦敦者向由内务大臣派员检查，在外地者不受检查。中国：剧本经党部核准后始能开演。

② 民国十九年十一月三日的法律。

集会便无所谓言论。但自有广播无线电台后，不集会亦可以有言论。各自由国家对于广播，除技术方面的必要限制（如广播电台甲不能扰乱广播电台乙等等）外，大都采绝对自由主义。但德意等国独裁国家则禁民营电台作关于政治问题的广播。中国现制，政府于必要时得制止民营电台播发新闻；民营电台依法亦不得"扰乱或妨害国有海陆空及公众通信电台之业务"①。

第八目　通讯秘密自由

通讯秘密自由，即人民函件与电信的秘密，不受任何官吏或任何私人侵犯的意思。本来，电信传递事业，如由私人经营，则书信秘密自由，即不于宪法或其他公法中特加规定，亦或不易遭受侵犯；因为传递者之必须保持秘密，尽可成为通讯人与传递人间的契约条件。然现代国家的邮电事业，既大都由国家专营而不许私人经营，通讯秘密自由倘无宪法为之保障，便难免遭受国家行政机关的侵犯或立法机关的剥夺。所以各国宪法往往特设通讯秘密自由的规定；中国《临时约法》及《训政时期约法》亦有这种规定。

但各国法律对于通讯秘密自由，亦不能不设为若干种例外：如未成年者的书信，得由其家长或监护人拆阅；如嫌疑犯的书信，得由法庭拆阅（但各国法律，即对于这类书信的拆阅，亦往往设有严重的限制）；如含有课税物的嫌疑邮件，得由邮局令寄信人或受信人拆示其内容；如无法投递之邮件，邮局得拆阅内容，以寻觅原寄

① 参看交通部民国二十一年十一月二十四日的《民管广播无线电台暂行取缔规则》。

信人的地址等等。

第九目　信教自由

信教自由问题，在吾国虽不甚重要，但在欧洲一般国家，则向为重大问题。有许多国家，甚至不能不在宪法条文中，为极冗长的规定；如瑞士宪法及1919年德国《宪法》即最显之例。

一　信教自由的意义

欧洲人士的自由思想，大半为十五六七世纪宗教压迫的产物；人民因不堪宗教压迫，民权之说遂应时而起。信教自由当然为18世纪美法革命时代人士所重视。然则所谓信教自由者，其意义究竟如何？一切的宗教，都可说是含有两个元素；一为宗教的信条，一为宗教的仪节。承认人民有信教自由，便须承认人民有两种自由；换言之，信教自由，实含着两种自由。其一为信仰自由（freedom of conscience），即人民有信仰任何宗教与不信仰任何宗教的自由。所谓信仰，即对于宗教的信条而言。其二为礼拜自由（freedom of worship），即一方面任何信教人民有履行其本教仪节的自由，一方面国家又不得强迫任何人民履行任何宗教的仪节。所谓礼拜自由，盖即指宗教的仪节而言。

二　信教自由的范围

信仰自由，与工作等自由有别：我们承认个人有工作自由，只是承认个人有选择一切工作的自由，不一定是承认个人有工作与不工作的自由。依据晚近倾向社会主义的宪法，那些自由只是一种相对的权利，法律对于享有那种权利的人，还可令其完成一种义务，有工作的自由者于是亦有工作的义务。但是信仰自由却可以说是一种绝对的权利——至少在现代是如此；因为国家不但不能强制人民信奉某种宗教，并且不能强制人民信教。信仰自由，是信仰与不信仰的自由。不但如此，为彻底实现这种自由的目的起见，国家不独不当强制人民信教，并且不能采取任何方法，鼓励人民信奉某种宗教，或禁止人民信奉某种宗教或一切宗教。换句话说，国家对于信仰自由问题，应该完全采取超然中立的态度，而不当有任何种的干涉。

信仰自由，本是个人精神上的事情；个人的信仰或不信仰，既非他人所得而知，实际上亦自非法律所得而制裁。法律的干涉，只能及于个人对于宗教问题的表示。这种表示，不外是言词的讨论，与宗教仪节的履行或不履行。前者属于意见自由问题；后者属于礼拜自由问题。意见自由的范围，上面已经论及。礼拜自由只可以有两种限制：一则礼拜的仪节须不妨害公共的安宁；二则须不妨害善良的风纪。在不妨害公安及善良风纪的范围以内，国家对于任何宗教的仪节，亦不当有所干涉。

现在我们根据以上所述，来讨论与信教自由有关系的几个问题：

第一，信教自由与参政权及其他权利。在耶教及回教的国家，其现行法律或其过去的法律，对于信奉异教的人民，往往有剥夺其参政权，或其他权利之事；即如犹太教人之在英国，亦迟至1858年，始取得众议院议员的被选举权。这种规定，不独违反信教自由的原则，抑且显与人民平等的原则不相融洽。所以现代各国宪法，多以明文声明人民权利，不因其宗教信仰而有差别。

第二，信教自由与宗教经费。现时欧洲许多国家，尚有对于特种宗教或对于各种宗教，由国家助以经费者；然既承认信教自由的原则,则其逻辑的结果,国家对于各种宗教的待遇,殆非采取平等的与超然的态度不可。果然,则国家以国帑津贴特种宗教,固失平等超然之义,即令国家以国帑津贴一切宗教,亦与平等超然之义不合;盖国帑原为全国人民的负担,全国人民初不尽为教徒;国家倘以国帑津贴宗教,便等于强迫不信教者负担宗教经费,等于鼓励人民信教。这仍逃不了不平等与不超然的弊病。

第三,信教自由与教育。欧洲在中世纪时期内,教育事宜,几完全操诸教社之手;嗣后虽逐渐脱离教社,然许多学校中,尚有强迫学生肄习特种宗教的教义之事。晚近以来,许多国家,经过重大的教训,始于法律或宪法中,禁止任何学校强迫人民肄习特种教义,甚或禁止国立义务教育学校设立任何宗教科目(法国现行法律便是如此)。盖国家既承认信教自由,便须对于宗教问题采取超然态度;既采取超然态度,自不能强迫人民受何种宗教教育,亦不能容任何学校强迫人民受宗教教育。今之对于宗教问题抱急进主义者,不仅认国立义务教育学校应废止一切宗教教育,并主张禁止私立义务教育学校设立这种科目,以免儿童的心灵,于判断力尚未发育以前,为任何宗教信条所占有。1918 年苏俄《宪法》第十三条,所以一面承认宗教宣传与反宗教宣传为人民的自由,一面却规定教社必须与国家及学校分离者,也是这个意思。

第四,信教自由与国教问题。由上所述,则任何形式的国教制,俱不能与信教自由的原则相融洽。且仅仅否认国教制,亦未必遽能完全贯彻信教自由的原则。

因为所谓国教制,大别不外两种:或则承认一种特别宗教为国教,而强迫一切人民信奉其教义,履行其仪节;举凡不信奉该教者,便失却法律上的权利与保护。古代犹太教与近代回教各国,便是如此。或则一面承认人民有信奉任何宗教的自由，一面复承认某教为国教；国家对于国教，予以特殊的优待，且令该教与国家的关系，特别亲密；英吉利现行的国教制，便是一例。英国以英吉利教为国教，该教教社的官吏由国家任用，其经费则为一种田税的附加，叫做什一税（tithe）者。[1] 这两种国教制度，第一种固然违反信教自由的原则，即英吉利的国教制，亦复如是；因为英国对于宗教事宜，亦未采取平等及超然的态度。

所谓非国教制，自亦不只一种形式，今举法比两国为例。法国在1905年以前，虽不承认特种宗教为国教；然对于有几种宗教（即公教、新教及犹太教），国家尚予以津贴，其官吏亦由国家任用；自1905年通过政教分离的法律而后，国家始拒绝津贴任何宗教，且不参与任何教社的官吏的任用，所谓平等超然的政策，至是始完全贯彻。[2] 比国今亦无所谓国教：国家对于各种教社的官吏的任用亦不参与，但对于几种在比国流传较广的宗教，尚由国库拨予相等的津贴。[3] 以国帑津贴这些宗教，毕竟有强迫不信这些宗教或不信任何宗教的人民负担宗教经费之嫌。换句话说，比国政府，对于宗教问题，虽然大体上采取了平等主义，却不曾采取超然主义。故即在国教不存在的国家，信教自由的原则，也有不完全贯彻者。

民国元年《临时约法》，承认人民有信教的自由（第六条），并承认信奉一切宗教者的平等（第五条）。当民国二年《天坛宪法草案》起草时，政府及其他少数人士，方主尊孔，于是该《草案》除于第

---

① 关于英国国教与国家的关系，参看 Lowell, *The Government of England* (1912), Ⅱ, chs. ii, iii。

② Duguit, *Traité de droit constitutionnel* (1925), V, 495 及以下。

③ Paul Errera, *Traité de droit public belge* (1918), 80 及以下。

十一条承认“人民有信仰宗教之自由，非依法律不受制限”而外，复于第十九条有“国民教育，以孔子之道为修身大本”的规定。这两项条文，在民国六年宪法审议会时代，曾引起许多争辩。有根本反对孔教，并反对以孔教或其他任何宗教规定于宪法者。有对于原草案仅定孔子之道为国民教育之大本，表示不满者。第二派人虽亦主张人民有信仰任何宗教的自由，却要求以宪文规定孔教为国教。[①] 该审议会最后系采取刘恩格的修正案；以替代原来第十一条及原来第十九条的附加规定。该修正案云：“中华民国人民，有尊崇孔子及信仰宗教之自由，非依法律，不受制限。”既承认“信仰宗教”的自由，复赘以“尊崇孔子”的自由，自属漫无意义。据该修正案提案人的说明，孔教不是宗教，故不当定孔教为国教；国民教育的方针须随时代而异，不宜订诸宪法；孔子之道亦不止于修身一端，故不当仅定孔子之道为修身大本。这些说明，我们都可承认。然该提案人对于以“尊崇孔子”四字入宪，毕竟没有提出任何有力的说明。[②] 实际上当时宪法会议所以通过此项条文，只是迁就事实。盖在一方面国教之说既为多数所不赞同，在又一方面当时的政府与一部分议员以及孔教会诸人，又力倡孔教为国教之说，宪法会议只好通过这种漫无意义的修正条文，以敷衍提倡尊孔之人。民国十二年的《中华民国宪法》亦仍采纳六年的草案。但《训政时期约法》则已明定“人民有信仰宗教之自由”。

① 例如翟富文等所提的修正案，即为“中华民国人民旧有之信仰以孔教为国教；有信仰其他宗教者亦听其自由”。见吴宗慈：《中华民国宪法史》（民国十三年），前编，171 页。

② 看上书，前编，附编，27—31 页。

不过宪法的规定与事实又往往不能一致。中国人民固可以自由信仰任何宗教，但在蒙、藏、青海等地方，佛教仍不脱为一种国教；国家一面正式承认其存在，并从而许其赖地方的收入以资维持；一面又随时加以特殊的监督，并不与普通的社团同样看待。[①] 所以就佛教而论，中国以国情的特殊，实际上尚未能贯彻平等及超然的主义。

第十目　集会自由

一　集会自由的意义

所谓集会自由，即人民得以自由集合于一地点，以演讲形式，表示其思想或知识，或以辩论形式互换其思想与知识的意思。国家承认此项自由与承认言论、著作、刊行等自由，同其目的；其目的盖俱在助长人民知识道德的发展。不过此项自由，是否一种可以独立的自由，则欧洲大陆各国人士与英美人士的见解，似不免分歧。

英美人士，向认集会自由，仅为人身自由与言论自由的并合。他们以为人身自由，抽象言之，原只是人民的举止行动的自由；一切人民，既俱有举止行动的自由，则人民之得以集合于一地，自为当然之事。且集会的目的，无非以演讲或辩难的形式，为知识与思想的表示；若然，则承认言论自由，便须同时承认集会自由。所以英美法律对于集会自由，初无特别承认的明文；关于集会自由的限制，亦只是普通刑法中对于人身自由与言论自由所设的限制，而无

① 例如民国十八年十二月七日的《监督寺庙条例》中所说的监督。

特别关于集会自由的限制。[①] 反之,欧洲大陆各国,则大率视集会自由为一种特殊自由;对于此项自由,往往制成一种特殊法规(即集会法),于普通刑法,对于人身自由及言论自由所设的限制外,更设为若干特殊的限制。

二　集会自由的范围

欲说明集会自由的范围,须分别说明集会的手续与集会的解散两项问题。

第一,集会的手续。各国法律,对于集会手续的规定,亦有追惩与预防制的分别。

英美人士因承认集会自由,纯为人身自由与言论自由的合并,故对于集会手续,亦只采追惩制,而不采任何预防制;因为英美法律,对于人身及言论等自由,原亦只采追惩制。在英美法律之下,人民的集会,不问性质如何(政治的或非政治的),不问地点何在(屋内或屋外),不问参加者为何种人(男子或女子,成人非成人等),事前俱无须请求警察许可,亦无须报告警察。如参加集会者在集会时有违犯普通刑法的行为,则亦按普通刑法治罪。

欧洲大陆各国,因视集会自由为一种特殊自由,所以于集会法中,每每将人民的集会分为若干种类,而分别采用追惩制或预防制:有将人民集会,分为政谈集会与非政谈集会者;有将人民集会分为,屋内集会与屋外集会者;有将人民集会,分为劳工集会与非劳工集会者;有将人民集会,分为私人集会(即与会之人限于召集人所招请之人)与公众集会(即任何人民俱得与会之集会)者;有将集会分为,选举集会与非选举集会者。因集会的性质,而规定集会

---

① Dicey, *Introduction to the Study of the Law of the Constitution* (1915), ch. vii.

的手续。对于甲种集会,或纯采追惩制,对于乙种集会,或又采用一种预防制。

所谓预防制,亦有两种:一为特许制;采用此制,则集会前若干时间,须报告警察,得其许可。一为报告制;采用此制,则集会前若干时间,亦须报告警察,但不必得其许可。就实际言,预防制中的特许制,固大足束缚人民的集会自由;即报告制亦可危及自由。盖集会自由与刊行自由或结社自由不同:新闻纸的出版或人民的结社,即令事先须报告警察,亦不至发生重大障害。集会是一种临时集合,往往且为一种紧急集合,倘亦须于事先若干时间报告警察,则其所生的障害,实际上时或甚大。[①] 故即采用报告制,亦只能限于特殊的场合(例如屋外集会)。提出报告的时间,距集会前,尤不能过长。

第二,集会的解散。警察官吏,自然应有权入集会地点;各国法律,且有承认一切集会,须设警察席俾得监临者。但警察官吏的监临会场者,究应有何种权限?往时欧陆各国法律,有承认警察享有极广泛的解散权者。凡会场中的言论,如经警察认为非法,警察便得径自解散。但以这样的解散权付给警察,便等于给警察以解释法律的司法权,其危险之大,盖甚显然。所以法国现行《集会法》(1881 年法),承认警察解散集会,应以两项场合为限:一即会场发生暴动,二即召集人自行请求解散。除此两项场合外,警察便无径自解散集会之权;就令会场中发生违法的言论,警察亦不能解散;警察所能为者,亦不过于事后诉诸法院,请求对于当时发言者施以追惩而已。英美的警察,在平时本无解散集会之权。但如认为有

① 法国 1881 年《集会法》本取报告制,但 1907 年的修正法已免去报告。

发生骚动的可能时，则英国的警察可以禀准内政部，当场宣读《骚动法》（*Riot Act*）。《骚动法》一经宣读，会众立须解散，否则警察可以武力解散。惟警察机关如判断错误，以武力解散并未含有骚动危险的会众，因而引起伤害时，则仍须负民事及刑事上的责任。美国各邦亦有类似的法律。

以上为各国法律关于集会自由规定的种种。中国于清光绪三十四年即已颁有《结社集会律》；就中关于集会的规定，重在取缔“政论集会”：凡“政论集会”不独须于事先报告警察，并不得容许学生教员及妇女参加；参加人数，亦不得超过200人；至于警察，依该律亦享有中止集会权与解散集会权。[①] 民国元年《临时约法》，虽承认人民有集会自由，却未规定此项自由的范围；民国三年袁世凯政府所颁布的《治安警察法》，关于集会自由的规定，略如下述：

一　分集会为政谈集会与非政谈集会；前者须于集会前12小时报告警察；后者如“行政官署因维持安宁秩序认为必要”时亦得令其呈报；

二　复分集会为屋内集会与屋外集会；屋外集会，不论为政谈集会，非政谈集会，甚或为公众游戏的集会，俱须于集会前24小时报告警察，并得其许可；

三　劳动工人的一切“聚集”，如系煽惑“同盟解雇”、“同盟罢业”、“强索报酬”、“扰乱安宁秩序”或“妨害善良风俗”者，警察官吏得径自禁止；

四　集会的讲演议论，经警察认为涉及特种刑事诉讼事件，或认为“有扰害安宁秩序或妨害善良风俗之虞”者，警察得径自中止

① 《结社集会律》全文见《大清光绪新法令》第九册。

其讲演或解散其集会；

五　女子、未成年人、僧道及其他宗教师、小学校教员、学校学生、军人、警察官吏以及褫夺公权尚未复权者，俱不得参加政谈集会。

以上规定，俱系直接贩自日本，间接沿用欧战前德国与普鲁士的法律；其严酷的程度，比照上面所述各国的情况，便可了然。

在《训政时期约法》之下，集会自由本可为法律所停止或限制，但政府迄今尚无集会法的颁布。现行的正式法律中可认为有限制集会自由的效用者，仅《违警罚法》（民国十七年七月二十一日公布）第三十四条第四项中的规定。依照该项，凡“公众会合，公安局……令其解散，不解散者”便构成犯法的行为。这种规定等于承认公安局有解散集会之权。但公安局在何种场合下方可解散集会，则又无法律可资考按。党部及军政机关所不时颁发的取缔公众集会的命令，则多缺乏法律的形式，且缺乏固定性。

第十一目　结社自由

一　结社自由的意义

结社自由的所谓“社”，自与集会自由的所谓“会”有别。“会”为一种暂时的集合；而“社”则为一种永久的团体；所以“社”必为一种有机关有规律的组织，而“会”则常常不是这样。法兰西大革命期内的各种《人权宣言》虽曾明认人民的集会自由，但毫未承认结社自由。当时人士之所以未承认人民的结社自由者，其原因似有两层。第一，18 世纪政治学者，在理论上并未承认结社自由。卢梭即为否认人民有结社自由的一人。他以为欲使全国人民真正的

“共同意志”(volonté générale)得以表现,便不应容认人民,在全国人民的公共大团体(即国家)以外,另组其他较小团体;因为有了小团体以后,各人的意见便不免丧失了本来的面目,而受小团体的意见的影响。[①] 第二,欧洲中世纪遗传下来的基尔特(guild)组织,在法国大革命时代,尝为当时人士所深恶痛绝。基尔特本为从事各项工商业者所结合的团体,其会员有垄断本业的权力,非会员则无经营该业的自由;所以大革命起后,基尔特遂被认为自由的仇敌,而被禁止;[②]一般的结社自由亦因此而未为当时人士所承认。但就理论言,结社自由能予人民以互换知识与思想的机会,能助长人民互助与协作的习惯,能增加人民自卫的力量,其有关于人民知识与道德的发展,实不在言论、著作、刊行与集会各种自由之下。卢梭的推论,与基尔特制度的历史,俱不足为否认人民结社自由的根据。

人民的结社,可以分作两类:一为以营利为目的的结社,各种商业结社(合伙与公司等)属之;一为不以营利为目的的结社,各种政治、宗教、学术、慈善等结社,以及各种职业团体(如劳工、教员、律师、医师等团体)属之。[③] 商业结社向极自由,只股份有限公司的成立受有若干限制;但各国法律,近亦已趋于解放。譬如依照法国《商法》旧文,股份有限公司须取得政府的特许,始能成立;但自1867年以来,这种限制,已逐渐取销,今且无存。不以营利为目的的结社,尤其是政治结社,则往往受法律或行政机关的严重干涉。

---

① Rousseau, *Contrat Social*, liv. Ⅱ, ch. iii。

② 在1774年时,Turgot曾下令禁止过,但未生大效。

③ 德国1908年的《结社法》即设有经济动机的社与非经济动机的社的分别。

所以，所谓结社自由，往往仅指不以营利为目的的各种结社。以下所述的结社也以这种结社为限。

二　结社自由的范围

欲解释结社自由的范围，便须分别说明四个要点：即（一）结社的程序；（二）非法结社；（三）非法结社的解散；及（四）社的法人资格。

第一，结社的程序。关于结社程序的规定，各国法律亦有追惩制与预防制的分别。采用追惩制，则人民的结社，无须请求警察许可，或报告警察，所以秘密结社，只消没有违法行为，在所不禁；采用预防制，则人民的结社，须请求警察许可（特许制），或报告警察（报告制），所以秘密结社便不合法。[①] 各国过去的或现行的法律，有采用追惩制者；有采用预防制者；亦有特别对于政治结社或宗教结社采用预防制，而对于其他不以营利为目的的结社，采追惩制者。法国自1901年《结社法》成立后，不以营利为目的的结社，而又非宗教结社者，已无须请求警察许可，或报告警察。[②] 1919年德国《宪法》第一二四条，亦声明一切结社，无论为政治的或非政治的，俱听自由，不受政府任何预防的限制。英美等国则向来是这样的。

第二，非法结社。无论结社自由广大到若何程度，有几种结

① 意大利1925年11月26日的《结社法》且明禁秘密结社，虽则根据1848年的《根本法》（即宪法），意人仍享有自由结社的权利。上述《结社法》今已成为1931年《刑法》的一部分。

② 按1901年《结社法》，报告者称为association déclarée，不报告者称为association nondéclarée。前者有法人地位；为取得法人地位起见，依法无须报告警察的结社，事实上仍大都向警察报告。参看本书下面137页。

社，则不能不视为非法结社。如结社以触犯普通刑法所规定的犯罪行为（如暗杀、窃盗之类）为目的，则各国法律固无不认为非法结社。以经营彩票为目的者大都亦干禁律。但尚有几种结社，是否应为法律所许，则各国法律颇不一致，且亦值得分别的讨论：

一为反抗国体及经济制度的结社。反抗国体的结社，即无具体的犯法行为，亦往往为法律所禁止。法国现行法即认反抗共和国体的结社为非法，其他各国亦多有相似的规定。至于反抗经济制度的结社，在俄意等国则绝对不能存在，而在民治国家，则大都可以存在，但日本及美洲诸国则又大都禁止共产党的存在。

二为劳工结社①。劳工结社，在各国过去法律中，虽尝被禁止；但今则一般国家的法律或宪法，皆已承认劳工可以结社。在一般的国家中，劳工结社的自由俱包含在普通的结社自由之内，但在德意志及波兰等国，则宪法有特殊的提及。至于工会的成立，则各国法律有规定不必经由任何手续者，如英、美、比利时、丹麦、瑞士、荷兰等国；有仅规定须将会所及职员姓名报告官署者，如法兰西、挪威等国。文明各国中，迄今仍未正式承认工会者，仅日本一国。但自晚近独裁制度盛行以来，工会有成为国家组织的一部分的趋势。无论在法西斯蒂的意德，或在共产的苏联，工会皆由国家负责组织，人民并无自由结社的权利。②

劳工结社可使同盟罢工之事较易发生；从前各国法律之所以禁止劳工结社，实际上也就因为这个原故。但国家一认劳工有结

① 关于劳工结社的自由，国际劳工局尝出有 *La liberté syndicale*（1927-1928）；共五卷：首卷为总论，后四卷则分论各国情况。

② 看意大利 1925 年 11 月 25 日的《结社法》，及 1926 年 4 月 3 日的《劳工结社法》。

社之权，国家亦即不能不认劳工有同盟罢工的自由。[①] 个人本有工作与不工作的自由，所以个人罢工，如无暴动或其他犯罪的行为，便不受刑事的制裁。同盟罢工在旧时之所以犯法，乃因当时工人不能结合，工人的结合在当时为犯罪的行为；同盟罢工不能不有需乎结合，所以同盟罢工也成了犯罪的行为。但自英、法、比、荷等自由国家不禁工人结合而后，换言之，承认劳工有结社自由而后，同盟罢工自然与个人罢工同样看待。个人罢工，既非有暴动，或其他犯罪行为，不受刑事制裁；同盟罢工，也就非有暴动或其他犯罪行为，不受刑事制裁。[②] 在理论上讲，同盟罢工的危险性，自与个人罢工不同；但就实际上讲，就令国家承认一切同盟罢工者为刑事犯，法院仍无法使成千成万的工人受法律制裁。所以在工商业发展已达一定程度的国家，劳工结社或同盟罢工，即令不为法律所容许，律文亦往往徒成具文。日本的刑法至今视工人的结合为犯罪行为，同盟罢工亦为犯罪行为，但在事实上，工会并不因此而不能存在，即罢工亦为常见之事。

三为公务员结社。公务员加入一般结社之权，除法官及军人而外，自不因其为公务员而消灭；这里所讨论的，只是他们能否组织他们自己的职业团体的问题。学者间对这问题颇多争论。有谓一切公务员俱不能有公务员的会社者。他们认公务员的地位，与从事其他职业者不同；倘令公务员得以成立职业团体，便不啻鼓励

---

① 宪法明许工人罢工者仅有爱沙尼亚一国。

② 至于因罢工而发生的民事责任问题，则各国法律甚为复杂。英国自 1906 年后，工会对于因罢工而起的损害，并不负责；但经 1926 年的大罢工，而有 1927 年的《劳工争执及工会法》后，工会须负责任。法国今仍依 1920 年的法律，工会仍无责任。

他们利用团体的名义与势力，向政府或社会有所要索，甚或对抗政府或社会；所以于社会秩序与行政纪律，可以发生重大危险。有谓应按公务员所司职务的性质，而分别承认或不承认他们有成立职业团体之权者。如公务员所从事的职务属于事业的性质，如邮电、铁路等等机关，则应许其组织职业团体，与工会同样看待。如公务员所从事的职务严格的属于行政或司法等性质，则不应许其组织职业团体。但在现代的社会状况之下，两者间的分别往往不易成立。有谓凡是公务员，俱应许其有结社之权者；因为如果不能结社，则公务员受雇主（即政府）的压迫时，将无以自卫。至于各国的实例，其分歧亦正如学者间的意见。有否认公务员有组织工会之权者，1927 年后的英国可为一例。[①] 有尚无法律明文，以规定这种结社权之有无者。亦有明许公务员得与从事其他职业之人，享有同一的结社权，而可组织公务员的职业团体者。法国自 1924 年后，公务员已与普通工人同样享有结社之权。德国 1919 年新《宪法》第一三〇条也有类似的规定，但自 1933 年变政以来，公务员结社之权已经取销。

平心论之，公务员组织团体，以维护其本业的利益，虽或不免妨害国家行政的纪律，而使行政长官之约束属吏较形困难，但这种团体的存在，容可使国家机关的用人行政减少徇私、受贿、专横、苟且等弊病。且仅承认公务员有结社权，未必即致危及社会秩序与行政纪律。公务员的团体，如凭藉团体势力，以同盟罢工手段，要胁国家，才对社会秩序与行政纪律，可以发生重大危险，因为公务员所处的位置，实为社会秩序的锁钥，一经罢工，其危害自较其他

① 意国 1925 年 11 月 26 日《结社法》亦禁公务员组织或加入工会。

一切职业团体之宣告罢工为巨大。但欲避免这种危险,只须否认公务员有同盟罢工的权利即可,而不须禁止他们的结社。在法比等国,公务员结社之权,颇为完全,但大多数的论者仍认他们无同盟罢工的权利。如果他们真有罢工的行为,国家殆可采严厉制止的方法。

教员结社的性质略同于公务员的结社。在一般国家,教员结社的自由往往比工人结社的自由为狭小,而比公务员结社的自由稍为广大。

四为宗教结社。宗教结社在一般的国家与普通结社没有分别,但在若干尝以天主教为国教的国家,则法律有特为规定者;例如法国的普通结社不须经官署核准,但宗教结社则须先经核准,方得成立。

第三,非法结社的解散。人民的结社,如为非法结社,政府自然可令其解散。但解散权究当谁属,则颇有问题。如认警察对于人民的结社,得因其为非法,而径自解散,则警察便获得自行判定某某结社是否违法之权。如认警察于解散任何结社时,必须预经法院的判决,则一种结社之是否非法,便不能由警察径自认定,而有待于法院的判决。在自由不甚发达(例如欧战前的德国),或方行独裁制度的国家(例如意、德、奥),警察固有径自解散结社之权,但在自由较为发达的国家(如英比等国),则解散权固皆属于法院。

第四,社的法人资格。法人资格的有无,与结社的发达与否,有密切的关系;因为只有具有法人资格的团体才得以团体名义置产,及为诉讼的主体。但各国法律对于各种商业会社,虽皆认其得以取得法人资格,而对于政治、宗教、学术、慈善职业等等不以营利为目的的结社，是否亦能取得法人资格，则规定颇不一致。有承认其得以取得完全的法人资格者，亦有仅承认其享有有限的法人资格者。在比、奥、丹麦等国，这种结社皆享有完全的法人资格。在美德等国，则他们可以取得这种资格。美国各邦的法律大都规定，凡结社一经向政府完成其注册手续后，便能取得完全的法人资格；其取得财产，与经营财产之权，殆无限制（但亦有对于不动产的取得加以相当限制者）；即未经注册的结社，各邦法律亦往往认其享有有限的法人资格。论者以为这种宽大态度实美国近三十年来，人民各种结社所由发达的重要原因。德国1919年《宪法》第一二四条，于承认人民得以自由成立一切结社之外，亦并承认人民政治、宗教等等结社，于履行民法所定手续后，可与其他结社同样取得法人资格。在法意等国，此种结社的法人资格须经法律特别赋予，且其所赋予者多半仍为不完全的法人资格。法国现行《结社法》（1901年颁布）规定，凡一切不以营利为目的的结社，得以自由成立，但须于报告警察之后，始能取得法人资格。然其所取得的法人资格，仍只是一种有限的法人资格；因为这种结社虽享有出席法庭、取得财产与经营财产的权能，却不能向公众募集捐金。其取得财产之权，除国家或地方的辅助金而外，仅限于对于会员征收有一定限度的会费；其置买不动产，亦只限于足供本社的需用。倘这种结社，欲向公众募集捐金，则非预经行政机关认为一种"公益结社"（établissement d'utilité publique）不可。这种种限制，其目的盖在防止这种结社积聚雄厚的财产，而获得垄断政治、宗教、学术等方面的势力；因为这种结社的财产，与私人或商业公司的财产不同，私人或商业公司的财产，无论如何雄厚，总不免因继承、分红、纳税等等手续而分散，而上述结社的财产则为一宗永久的财产（法律上称为"死手"mainmorte)。① 惟以上所言者仅指普通结社,法国的职工结社则根据于1920年之法,固亦享有完全的法人资格。

以上系论述各国宪法或法律,关于结社自由的规定。中国清光绪三十四年所颁的《结社集会律》,对于结社,取缔自然甚严。"秘密结社"在绝对禁止之列;"政治结社"则须得官署特许,始能成立,且不得容许学生、教员、女子等加入,其社员并不得超过100人。②《临时约法》虽承认人民有结社的自由,但未划定任何范围。单行法之规定结社自由者,为民国三年的《治安警察法》。该法关于结社自由,有下述数项:

一 分结社为政治结社与非政治结社;前者必须事先报告警察;后者如"行政官署,因维持安宁秩序认为必要"时,亦得令其呈报。

二 一切结社之认为有"扰害安宁秩序之虞",或"妨害善良风俗"者,或系秘密性质者,俱为非法结社,概在禁止之列。

三 前项非法结社,行政官署得径自解散之。

四 女子、未成年人、僧道及其他宗教师、小学校教员、学生、军人、警察官吏以及褫夺公权尚未复权者,俱不得加入政治结社。

按照《训政时期约法》,结社自由亦受保障。但根据中国国民党党部所颁布的《人民团体组织方案》,③则一切职业及社会团体的设立,须经党部事先的核准;成立后,党部仍保有监督及指导的

① Duguit, *Traité de droit constitutionnel* (1925), V, 621-625.

② 《结社集会律》全文见《大清光绪新法令》第九册。

③ 这《方案》于民国十八年六月十七日首经中央执行委员常务会议通过,后经立法院通过,于同年十二月二日经国民政府公布,但于民国十九年七月十七日又经常务会议修正。

权力。除此而外，政府对于各种职业团体，尚设有各种特殊法律，如《商会法》、《工商同业公会法》、《工会法》、《农会法》及《教育会法》等等；所以各种职业团体，于设立时，除向党部请求准可外，更须依法报告官署，请求核准。其法人的资格则依《民法》之所定；如具备《民法》所规定的条件，而又经呈报主管官署备案者，便可取得完全的法人资格。

至于工人结社，则今依《工会法》[①]之所规定。在北京政府时代，工人向无结社之权。民国三年的《治安警察法》积极的既未承认工人得以组织劳工结社，消极的复对于一切工人"聚集"之具有煽惑"扰乱安宁秩序"，或煽惑"妨害善良风俗"，或煽惑"强索报酬"等等性质者，明示禁止。在这类规定之下，工会的存在，自难为法律所容许——虽则实际上，许多工会当时已秘密的或公开的存在于大都会中。国民政府成立于广州后，即一反北京政府的压迫政策，而鼓励工人的结社。但民国十八年的《工会法》对于工人结社的自由，限制甚严；该法对于同盟罢工，也设有种种限制。[②]

第二节　自由与戒严

凡值国家因战争、内乱、天灾等非常事变而宣告戒严，则个人各种自由，较诸平时自不能不受较大的限制。所以戒严问题与个

① 民国十八年十月二十一日颁布，民国二十年十二月二十日、二十一年九月二十七日及二十二年七月二十日修正。

② 参看《工会法》第二十三条及第二十七条。

人自由问题实有密切关系。关于戒严问题，可以说有法、德、英、美四种不同的制度。从这四种不同的制度，我们很可以看出四国法治程度的高下，与自由保障的完缺。今分别述明各种制度于后：

一　戒严与法国法律

法国在平时即有一种戒严法[①]存在；该法规定戒严的原因与种类，戒严宣告的机关，与戒严宣告的结果；遇有戒严的原因发生，则享有戒严宣告权的机关便得依该法宣告戒严；由是该法所预定的种种结果，遂亦可以实现。这为法制的梗要。今更就各点分别予以说明：

第一，戒严的原因与种类。法国学者，依着戒严的原因，分戒严状态为两类：其一，凡因战争地点或军事要塞遽受攻击或遽受包围等非常事变，而宣告戒严时，则其所宣告的戒严状态，谓之“真实的戒严状态”（état de siège réel）。[②] 其二，凡遇战争或内乱等等非常事变，为施行警备起见，对于未被攻击或包围的地域宣告戒严时，则其所宣告的戒严状态，谓之“虚拟的戒严状态”（état de siège fictif）。

第二，戒严宣告的机关。凡真实的戒严状态的宣告，自然属于当地的司令长官，因为包围与攻击等事实已经产生，且系产生于战地或军事要塞。至于虚拟的戒严状态的宣告，法国戒严法律，为预防行政机关或其所属的军事官吏，滥行宣告起见，仍认为必须由议会宣告；如戒严原因发生时，恰值议会闭会期内，则经国务会议的同意，总统便得径自宣告戒严；但遇此项事变发生，议会即于戒严

① 即1849年8月9日的《戒严法》。

② 法文siège一字作“被包围”解。

宣告后二日以内，自行集会。如戒严原因发生时，议会已经解散，则应分别外战与内乱办理；如遇外战，则总统得暂行宣告戒严，同时即举行选举议员；如遇内乱，则须待议会重选后，总统始得宣告。这种规定，等于承认戒严宣告权，在原则上，属于议会而不属于行政机关。

第三，戒严宣告的结果。依着法国《戒严法》的规定，戒严状态的宣告，不论为真实的或为虚拟的戒严状态，俱发生下述两种结果：（一）民政机关的一切职权（如警察权、司法权等等），在原则上均归军政机关享有；但未经军政机关收管事件，仍由民政机关处理。（二）军政机关，得依《戒严法》所定的范围，限制人民的人身、居住、集会、言论等自由；但个人的自由，未经《戒严法》认为得由军政机关限制者，军政机关仍不能加以侵犯。

以上两种结果，自然极其重大；然依着法国这种制度，即在戒严状态之下，法律的效力，仍未尝一刻失去，因为军政机关，仍须完全受《戒严法》支配，而不能违越《戒严法》的规定，以侵犯人民的任何自由；如竟侵犯，则当事者仍须受法律的制裁。且议会可随时以法律宣告解严。简言之，在法国制度之下，军政机关，虽在戒严时期，亦无变更法律或停止法律的权力；其一切举措，仍纯须依法而行。

二　戒严与德奥各国的法律

德奥等国人士对于戒严问题，历来有一个特殊观念。这个观念，便在承认国家行政元首，凡遇战争、内乱等等非常事变发生，便享有一种颁布"紧急命令"（Notverordnung）之权。他们称行政元首这种权利，为"紧急权"（Notrecht）。德奥等国的紧急命令制度，与前述法兰西的戒严制度有两个根本不同之点：

第一，在法国戒严制度之下，遇有战争、内乱等非常事变发生，国家虽可宣告戒严，然戒严宣告权，在原则上固仍属诸议会；在紧急命令制度之下，则凡遇战争、内乱等非常事变，紧急命令的颁布便属诸行政元首。第二，在法国戒严制度之下，军政机关（即享有军权的行政机关）的举措，仍应遵循《戒严法》的规定，所以国家的法律，严格言之，实未尝因戒严而遭行政机关的停止或变更；在紧急命令制度之下，则行政机关的紧急命令便可变更法律。

本来德奥这种紧急命令制度，只是君主政体的一种遗传：盖在旧日德奥等君主国家，一般人原认议会的职权，系以君主于宪法上所曾明白让与者为限；凡未经君主让与者，仍归君主保留；非常事变时代的戒严宣告权，既未经宪法让诸议会，自应仍由君主自由行使。德国许多公法学者，如耶律芮克及梅叶（Otto Mayer）等，且认行政元首当然应有颁布紧急命令之权；依照他们的意思，行政元首的紧急命令权，殆即国家的一种自卫权（Staatsnotrecht），与私人的正当防卫权约略相似。这种意见，在理论上既嫌牵强，在事实上亦太危险；为应付紧急状态计，法之戒严制度，似亦可以胜任。

欧战以前，奥国与德意志帝国中的各邦，大都于宪法中明白承认行政元首享有颁布紧急命令之权。[1] 如遇非常事变发生，而议会适值闭会时，一切事件之必须由议会决定者，元首得不经议会决定，而径以命令决行。1871 年的德意志帝国《宪法》，固未明白承认德皇享有颁发紧急命令之权，然第六十八条所予德皇的宣告"被围状态"或"作战状态"之权，其足以侵害人民的自由，亦与紧急命令权不相上下。1919 年的德宪则且明白承认总统享有紧急命令

① 看旧奥宪第十四条。

权。依照该宪第四十八条的规定，遇国家的公共安全或秩序，发生重大危难时，总统便得径采必要的手段，以恢复公共安全或秩序；为达到这项目的，总统并得暂时停止宪法上所列人民的人身、居住、通讯秘密、意见、集会、结社及财产自由的一部或全部。总统于行使第四十八条所赋的特权时，固须报告议会，总统所采取的办法，议会认为非必要时，总统固须立时取销；但在事实上，则政府常有以命令代替立法之举，议会并不能为有效的制止。[①]

日本模拟欧战前的德奥制度，其《宪法》第八条规定："天皇为保持公共的安全，与避免公共的灾害，事关紧要，而议会又逢闭会时，得发代法律的敕令。此项敕令俟至下次会期，应提交帝国议会会议，如议会不承诺，政府应宣示其不能生效于未来。"

三　戒严与英国法律

英制，既不于平时预先制定一种戒严法，留以处置非常事变，亦不承认行政机关，一遇非常事变发生，即得自颁紧急命令，以变更现行法律。所以英制与法制、德制俱不相同。依照英制，即在非常事变之下，行政机关亦不得径自逾越平时法律所规定的权限而有所动作；即有必要，亦只可临时请求议会通过法律，授予行政机关以较大的权力；新法律成立后，行政机关始能根据法律，以增加对于人民自由的限制。

英制限制行政机关，既然这样严密，自亦不得不设一调剂的方法。按照英制，倘遇紧急事变发生，而行政官吏又不能等待议会通过新法，授以应付事变所必要的权力时，则他们可以斟酌情形，径采法外手段，以维持社会的秩序与安全。这种行为，虽有利于国

① 参看钱端升：《德国的政府》（民国二十三年），39—41 页。

家，但在法律上则仍为违法，所以仍须受法院的制裁，但政府得于事后请求议会通过一种《赦免法》（*Act of Indemnity*）。有了赦免法后，当事人便可脱逃违法的责任。如果紧急的情形未到采取法外手段的程度，而行政官吏有滥用威权的嫌疑，则议会自然可以拒绝通过任何赦免法。果然，则违法的官吏仍难逃其应有的责任。

英国法中，更有每年一度通过议会的《骚动法》（*Riot Act*）者，亦系为应付非常事变而设。依照该法，行政官吏（军事的或民事的），于非常事变（如国境遽受敌人攻击，或国内有革命或暴动）发生时，得以武力扑灭叛乱人民的叛乱行为；但该法并未承认这类事变一经发生，行政机关便得执行一切民政职权，或以命令限制人民的自由；亦未承认任何行政机关，得以紧急命令变更法律。所以英国的《骚动法》与法国的《戒严法》及德国式的紧急命令俱不相同。但自欧战以后，英国为应付同盟罢工时所引起的危险起见，于 1920 年尝通过一种名为《紧急权力法》（*Emergency Powers Act*）的法律。依据该法，行政机关于同盟罢工发生时，为维持食料、饮料、燃料等必需品的供给，便得宣告紧急状态存在；经宣告后，便得以行政命令，授予政府各机关以维持和平与这类供给的必要职权。这与法国式的《戒严法》不无相似，不过其适用场合只限于同盟罢工，而且有效期间，如非议会另予延长，只能延长七日。1926 年 5 月总同盟罢工发生时，英政府即尝根据此法，以应付事变。但自 1927 年的《劳工争执及工会法》成立后，总同盟罢工已在禁止之列，所以《紧急权力法》的需要恐已不复存在。

四　戒严与美国宪法

美制与英制甚相似；所不同者，英制仅以限制行政机关的权力为目的，议会的权力，则在变乱或承平之时，俱不受任何束缚；美国的联邦议会,则虽在变乱之时,亦尚受联邦宪法的束缚。所以,遇到非常事变发生时,英国的行政机关虽不能径以命令限制人民自由,而英国的议会则仍能以法律增加对于人民任何自由的限制;因为英国原无成文宪法以束缚议会的立法权。反之,美国联邦议会,则一如美国联邦行政机关,其职权系受宪法限制;即在战乱之时,凡宪法上所列举的各种自由,除经宪法明认得由议会于战时加以限制者外(例如出庭状制度,该宪即已明认议会得于战乱时停止),议会亦无变更或停止之权。美宪所保障的自由于平时战时盖享有同一的效力。①

五 戒严与中国法律

民国元年三月十一日《临时约法》第三十六条规定行政元首"得依法律宣告戒严"。本这条文,则戒严的宣告及其结果,自须以议会所制定的戒严法为根据。议会于民国元年十二月曾制定《戒严法》。

民国元年十二月《戒严法》,分戒严状态为两类:一为接战地域的戒严,二为警备地域的戒严。各种戒严的宣告,属于总统,或当地的司令长官。戒严的结果,则为(一)当地行政及司法事务的管辖权,移属于军事官吏;但在警备地域以内,移归军事官吏的事务应以与军事有关系者为限。(二)军事官吏于戒严区域内,得停止人民集会、结社、出版、书信秘密等自由,并得限制人民的财产、居住、人身等自由。凡这规定,大体实与法制相似;所不同者,法制系认戒严宣告权,在原则上属诸议会;而中国的《戒严法》,则以此权

① 此系美国学者的一种解释,该宪初未明白规定。他国宪法,并有以明文规定议会或其他机关,无论如何,不得停止宪法者。例如比宪第一三七条,便有"本宪法不得为全部或一部分的停止"的规定。

完全付给行政机关。

民国三年《中华民国约法》(即所谓“袁世凯约法”),关于戒严问题,一面规定“总统依法律宣告戒严”(第二十六条),一面又谓:“大总统为维持公安或防御非常灾害,事机紧急,不能召集立法院时,经参政院之同意,得发布与法律有同等效力之教令。但须于次期立法院开会之始,请求追认。前项教令,立法院否认时,嗣后即失其效力。”(第二十条)这自然仍是德、奥、日本等国的紧急命令制。

民国十二年《中华民国宪法》第八十六条云:“大总统依法律得宣告戒严。但国会认为无戒严之必要时,应即为解严之宣告。”依据这条,戒严宣告权,固仍属行政机关;但行政机关,于戒严时期,亦须遵循法律,并不得以命令变更法律;且议会更能迫行政机关宣告解严。更据该宪第一〇六条“法律非以法律,不得变更或废止之”,及第一四一条“宪法非依本章所规定之修正程序,无论经何种事变,永不失其效力”两条的规定,不特行政机关显然不能以命令变更法律,即议会亦永不能以法律变更宪法。

《训政时期约法》未提到戒严的问题,但国民政府在广州时代即已有《戒严法》的颁布(民国十五年一月十二日),于北伐时又改为《戒严条例》(同年七月二十九日公布)。现行的法律则为二十三年十一月二十九日所公布的《戒严法》。民国十五年的法律与条例,其内容和民国元年的《戒严法》并无多大出入。现行的《戒严法》则有两点值得注意:第一,因战争而施行戒严,其宣告之权属于国民政府,且须经立法院议决;因遇非常事变而宣告戒严,则国民政府无须得立法院的议决。第二,第一种戒严的结果与元年《戒严法》所规定者相似;第二种戒严的结果,行政司法之权并无变动,但军事机关亦可限制人民自由。

第三节　财产权

一　财产权的意义

财产权向亦被视为个人自由中的一种。但晚近人士对于财产的观念,已与18世纪美法大革命时代人士的观念大不相同。18世纪时代的人士大率认财产为财产所有者的一种人权,为一种自由;今之解释财产者,则认财产为财产所有者的一种社会职务(social function)。我们倾向于今人的观念;因此财产权亦不能与各种个人自由权相提并论。至于二说的差别,则分别说明如下:

第一,财产权为人权说。法兰西大革命时代的人士,认财产权与人民的身体、居住、工作、言论、信教等等自由,同为人权。他们所谓人权,上面已经说过,就是他们所认为一切人类与生俱生的权利,就是他们所认为构成人格的要素者。但是私人的财产,何以得与私人的身体、居住、工作、言论、信教等等自由,视为性质相同的人权,殊令人不易索解;即在当时一般人士的脑筋中,亦不见得有十分明瞭的理解。即如当时最负声誉的政论家西耶斯,虽亦力主财产权为人权,虽亦力为解说,但他亦无非以为人身自由,包含着工作自由,而工作自由,又连带的产生了财产自由——即普通所谓财产所有权。但工作自由,何以便能连带的产生财产自由,即西耶斯之说亦复牵强穿凿,缺乏申述的价值。[1] 实际上,当时一般人士

[1] 西耶斯之说,见 Esmein, *Éléments de droit constitutionnel* (1928), Ⅱ, 590-595。

的真实目的，只在维持当时有产阶级的既得权利；他们所以认财产为人权，亦只在对于他们的既得权利，求一最强大的保障而已。必欲求得他们理论上的逻辑，非但不必，亦不可能。否则他们固俱承认人民平等的原则者，亦固俱承认人权为一切人类所享有的权利者；财产权既亦被认为人权之一，则其逻辑的结果，殆非承认均产不可。但当时一般人士的思想，初未尝能这样的合于逻辑。①

当时的革命者因尊重财产权为人权，所以在他们的见解中，财产权差不多是一种完全没有限制的权利。财产权之不应稍受限制，显然可从那时迭次的《人权宣言》中看出。1789 年《人权宣言》第十七条称“财产为神圣不可侵犯的权利”；1793 年宪法中《人权宣言》第十六条则谓“财产权为一切人民得自由处分其财富，其收益，其工作与职业所入的权利”。这些条文俱剀切承认财产权的无限制性。

第二，财产为社会职务说。今之解释财产权者，以为这种权利，并不是所有者的一种人权，而是随所有权而发生的一种社会职务。因为财产所有者，负有这种社会职务，所以于其履行这种职务时，便应受相当的保护；换言之，他有处分其财产的相当自由。这种保护，构成法律上所谓财产自由——即财产所有权。然则法律对于财产所有者何以认为负有这种社会职务？这无非因为私产的存在，在现时状况之下，尚为“社会利益”所要求；换言之，法律所以承认私产，只因社会财富的增加与社会需要的满足，现时尚不能不

① 法兰西大革命时代人士，不认财产自由为人权，而认财产权纯出于法律的创造者诚亦有人；如梅拉波（Mirabeau）、罗伯士比（Roberspierre）等的言论便皆如此；但在法国大革命全期间倡均产说者，则惟麦伯藜（Mably）及巴勃夫（Babeuf）等二三人而已。见 Duguit，*Traité de droit constitutionnel*（1923），Ⅲ，608-617。

利用私产制度为工具。为适应“社会利益”起见，在财产所有者的一方，应视财产权为社会职务，而在社会一方，则应尊重这财产权。如因社会演进，社会利益对于执行这种职务的要求缩减，甚或无所要求，法律自亦可以缩减财产权的范围，甚或使一切私产消灭。所以财产权在原则上不是所有者的一种含有绝对性或不受限制性的权利，而只是所有人的一种有条件的与可限制的权利；亦可说是所有者的一种有条件的与可限制的社会职务。①

社会职务说，不独在理论上较人权说为完满，即就事实言，各国晚近法律关于财产权的规定，亦实倾向社会职务说；其限制财产自由的条文，倘不采用社会职务说来作解释，亦实不能得一完满的解释。以下拟说明财产权在社会职务说之下，应有何种的限制，并说明各国晚近宪法或法律，如何承认这些限制。

二　财产权的范围

我们如果承认财产权根据于所有者的一种社会职务——即增加社会财富与满足社会需要的职务，简言之，即增进社会利益的一种职务——则财产权的范围，自应有下列几种限制：

第一，财产权根本上既系以社会利益为根据，既根据于所有者的一种社会职务，则所有者便有履行其职务的义务；换言之即运用其财产的义务。

依着财产权的旧观念——即财产权为人权，为无限制的权利的观念——则所有者可以运用其财产，也可将其财富放弃不理；法

① 狄骥即为主张社会职务说最力之一人。看 Duguit, *Traité de droit constitutionnel*(1923), Ⅲ, 617-627, 更参看 Laski, *A Grammar of Politics*, ch. v。关于学者间讨论财产权性质的各种学说，可看 *Rational Basis of Legal Institutions* (*Modern Legal Philosophy Series*) (1923) 论财产权各章——最要者为 chs. xv-xviii。

律俱不能干涉。如果我们认财产为一种社会职务，则所有者自不能有这样的自由；享有土地者，便有运用其土地的义务；享有他种财产者，亦有运用他种财产的义务。这种义务，欧战以来，各国中甚至有以宪文规定者：1919 年德国《宪法》第一五三条规定“财产负有义务”；第一五五条则规定“土地的种植与使用为所有者对于社会的义务”。这便是剀切承认财产所有者有运用其财产的义务。

第二，财产权根本上既系以社会利益为根据，既根据于所有者的一种社会职务，则所有者行使其财产权时，自亦应同时有助于公益。所谓有助于公益，其意义虽甚广泛，然至少含有两个条件：即所有者行使其财产权时，（一）决不能为无益于己，而有损于旁人的行为；（二）亦不能抵抗任何有利于旁人而无损于己的行为。此类行为，如依据财产权的旧观念，亦或非法律所能禁；然依据社会职务说，则固为法律所不能容，因为与社会利益不相容。各国晚近民法，颇有明白禁止此类行为者；[1]1919 年德国《宪法》第一五三条，亦有“所有人使用其财产时，应同时有助于公益”的规定。

第三，财产权根本上既系以社会利益为根据，既根据于所有者的一种社会职务，则因社会全体利益的要求，国家机关自得以给付代价之法，强制收用私产。

强制收用私产的原则，即在法国大革命时，已感觉有承认的必要。1789 年《人权宣言》云：“财产为神圣不可侵犯的权利，除显然因公共的必要，国家得以公平的与预付的赔偿金收用外，不得强令

① 例如德国 1900 年《民法》第二二六条“凡权利之行使，仅以损害他人为目的者，为非法”的规定，即系禁止财产所有人为无益于己而有损于旁人的行为。又战后欧洲各国，因都市缺乏住房之故，常以法律禁止房主独用宽大房舍，并强令召租，如德国 1922 年 3 月 31 日之法等等。这亦根据于上述的原则。

割让。”此即明示私产得由国家强制收用；惟强制收用必须以（一）公共的必要与（二）预先给付公平的赔偿金，为条件。晚近各国法律，不独承认强制收用的原则，抑且逐渐扩充强制收用的范围；而1919年德国《宪法》所规定者为尤甚（第一五五条）。但是强制收用的范围无论如何扩充，国家究不能不给所有者以赔偿金。盖法律既尚承认私产，则便应给私产以相当的保护；如果私产所有者原无过失，仅因社会利益的要求，以致私产被国家无赔偿的强制收用，则究属未免有背公道。只有一方强制征用，以发展社会全体的利益，一方酌予赔偿，以顾全私人的利益，才是公道的办法。所以各国宪法或法律，关于强制收用的规定，亦莫不承认国家负有赔偿的义务，即上述德国宪法亦复如此；不过德宪尚承认国家法律，得特设不给代价的例外而已（第一五三条）。

关于私产的征用，各国的法律大都对于土地为特详，或者在民法中有详细的规定，或者特立土地征收之法。中国于民国十七年亦有《土地征收法》的颁布；该项法律后成为十九年六月二十三日所颁布的《土地法》的一部。关于房屋的征收及动产的征用，则各国的法律尚无如土地征收法的完备。原因有二：第一，在国家可以征收土地（即 expropriation）的原则得一般人士的承认以前，欧美各国向有所谓最高土地权（eminent domain）的原则——即主权者对于国家以内的土地有权收用的原则。第二，征用房屋及不动产的必要，不如征收土地的必要之大；国家可以自动造房购物，而不必强制收用民房民物。所以关于房屋及不动产的收用（requisition）往往只为用兵时的一种措施。

至于银行及其他工商企业之归于国有，如德国1919年《宪法》第一五六条所宣示，则系根据于另一个原则——社会化的原则，而非以私产可受限制的原则为根据，此处无须加以申论。

第四，财产权根本上既系以社会利益为根据，既根据于所有者的一种社会职务，则财产价值的增加，如不出于本人对于其职务的努力，其增加的价值，便不应为所有者所享有，而应归诸国家。私人财产价值的增加，有时系出于财产所有者的经营，有时实不因所有者本人的经营，而纯以国家警察、卫生及企业上的设施为其原因；如卫生行政与警察行政的进步，可以使城市的房屋增其价值，因铁路、电路的敷设，可以使沿路的地亩增其价值等等。此种增值，在财产权的旧观念中，自然不发生任何问题；因为财产权既被认为所有者的一种人权，而非根据于所有者的一种职务，则财产价值的增加，与所有者之曾否尽力，自不生何种关系。但如认财产权为所有者的一种社会职务，则此种增值既不由于所有者对于其职务的努力，自亦不应归所有者享有。所以，欧战以前，英德等国，即已对于此种增值，征收一种特税，名为“自然增值”（unearned increment）税。德国1919年的《宪法》，且于宪法本文之内，设为“地亩价值，如不因运用劳力或资本而增加，则其增值应归国有”的规定（第一五五条）。

第五，财产权根本上既系以社会利益为根据，既根据于所有者的一种社会职务，则财产的继承，国家自可加以重大限制。根据社会职务之说，私产本只是暂须容忍，而不是长应拥护的一种制度。私产如果完全由子嗣继承，私产制度固益见巩固，但子嗣行使社会职务的能力则或不如原来的创业者。所以晚近各国的法律皆有限制承继权的倾向，德国1919年的《宪法》，且明白宣示国家可以征收继承财产的一部分（第一五四条）。

以上几种条件，在逻辑上似都为社会职务说的必然结果；求诸实际，则各国晚近法律亦尽多容纳这些条件者。故社会职务说，渐已成为各国晚近法律中关于财产权的基本观念。中国《临时约法》对于财产权问题，仅于第六条中宣示人民保有财产的自由，而未规定财产自由的范围；虽该条尚须受第十五条的支配（即因增进公益、维持治安或有非常紧急必要时，法律得以限制财产自由），然这种限制的条文，究尚过于空泛。《训政时期约法》第十七条虽仍保护私产，但以不妨害公共利益为范围；第十八条并有“人民财产因公共利益之必要，得依法律征用或征收之”的规定。近来国民政府所颁布的《土地法》及其他相关法令，均多倾向于私产的限制。

第四节　积极的基本权利

本章第一节所述的个人自由，只是国家所不能侵犯与必须禁止侵犯的基本权利，其性质是消极的。国家所以必须承认这种消极权利者，乃因这种权利与个人身体、知识与道德的发展有关。但国家如欲助长个人的发展，并非单单履行这种消极义务所能成功；国家必须积极的履行若干种义务，更须从社会全体方面着想。国家的义务即人民的权利；国家如履行若干种积极的义务，即人民获有若干种积极的权利。

积极的基本权利又称为受益权，因为这种权利实即人民获受于国家的利益。受益权的观念当然和自由权的观念不同。前者以个人为出发点，与个人主义为同盟；后者则以全体社会为出发点，与社会主义相联系。两者不但是不同，而且多少是冲突的。社会主义愈发达，受益权的观念也愈发达，同时，国家对于自由的限制则转而愈大。

受益权的观念不是欧战后的产物。1793 年法兰西《宪法》中的《人权宣言》第二十一条及第二十二条，即说国家应举办社会救济及教育事业。1848 年法兰西《宪法》的“绪言”，第八条更说及许多别种义务，如保护劳工等等。不过详列积极权利的宪法则尚以 1919 年的德国《宪法》为首创。自此以后，各国新宪法大都列举若干种国家积极义务，即中国的宪法，约法及宪草亦非例外。

积极权利的最普通者约为下列几种：

第一，受国家给予最小限度的教育的权利。欲令一切人民享有发展其个性的机会，自不能不承认一切人民，须受最小限度的教育。然仅承认人民有受最小限度教育的义务，而不广设公立义务教育学校，或津贴私立义务教育学校，使一切人民，在事实上得有受学之地，且令贫者亦不至因学费及其他费用而受窘迫，则凡关于义务教育的规定，终不能完全实行。所以近代文明各国的义务教育，俱为一种无给教育；换言之，即国家对于一切人民，不能不予以最小限度的教育的机会。1919 年德国《宪法》，且已将国家应使义务教育成为无给教育的原则，列入宪文（第一四五条）。《训政时期约法》第五章亦有类似的规定。英法等国的义务教育，则已久成无给教育；甚或学校的饮食，对于贫者亦采无给主义。

第二，弱者得受国家救恤的权利。现代国家大都承认国家对于残废、衰老而无法自存的人民，负有救恤的义务；这类人民得以要求国家，给以医治、衣食与居住。国家这种救恤义务，即构成一般人所谓生存权。在许多国家中，国家的救恤，且不限于残废或衰老的贫民，而更涉及其他弱者阶级；如孕妇、私生儿、贫儿等等。1919 年德国宪法，以及新近宪法的模拟德宪者，如南斯拉夫、波兰等国宪法，对于这些弱者阶级的保护，均设有明文。

第三，劳工阶级得受国家特别保护的权利。各国晚近法律，对于劳工的保护，已逐渐扩充其范围，如规定最低工资、限制工作时间、施行强迫保险及特别保护女工与童工等等。但这种保护，大都仍只是国家对于劳动与资本两阶级所设的干涉。最近则许多国家更有承认国家须以实力辅助劳工阶级者；如国家建筑房屋，以廉价租与工人；如对于工人之不能觅得工作者，由国家设立种种介绍工作的机关，以助工人寻觅工作等等。法国政府自 1904 年以来，曾以法律令各市设立介绍所（bureau municipal de placement）；英国政府自 1909 年以来，在全国各地亦曾设有许多的工作介绍所（employment exchange）。但英法虽由国家设立这种介绍工作的机关，却尚未承认失业者，有要求国家代谋工作的权利。德国 1919 年《宪法》，则一面承认人民有工作的自由与工作的义务；一面复承认国家对于失业人民，有代谋工作的义务；倘使国家不能代谋工作，则国家便有供给其生活的义务（第一六三条）。这比一般文明国家，在形式上更为进步。但在事实上，则多年以来，德国对于失业者的救济尚远不及英国的有效。英国政府久已对于全体失业人民发给生活费用，而德国则从无力量做到这层。由此可知，受益权的实效要看政府的经济实力。《训政时期约法》第四十二条亦尝说及国家应施行劳动保险制度，但在国家缺乏经济力量的时候，这类条文当然不能发生实效。

第二章　人民的基本义务

前章所述，只是人民的权利。国家所以必须承认那些权利，乃因为那些权利为个人优性发展的条件。然个人优性的发展，亦非单单由国家承认那些条件之所可实现。为使个人优性得以发展起见，国家尚不能不强迫人民履行若干种义务。所以现代一般国家的宪法，于宣示个人权利而外，往往同时宣示人民的义务。

在1789年法兰西制宪时代，即有少数人主张于《人权宣言》中，宣示人民的义务；但此议初未为当时人士所容纳。[①] 法兰西第三年（即1795年）《宪法》，则已以权利与义务并举，其第一章的标题即称“人民权利与义务的宣告”。这便是近代宪法并举人民权利与义务的起源。1848年法兰西《宪法》，本带社会主义的色彩，所以亦以权利与义务并列。1918年欧战结束后，欧洲各国的新宪法，大率模仿1919年的德宪，德宪固对于个人权利与义务各为冗长的规定者。

法兰西大革命时代的宪法，虽已有关于个人义务的宣示，但其所宣示者固极简单。第三年宪法所列举的个人义务，综合言之，便不外（一）服从法律，（二）尊重财产，（三）负担租税，与（四）捍卫国

---

① 见 Esmein, *Éléments de droit constitutionnel* (1927), Ⅱ, 595。

家数项。[①] 这几项义务，自然是个人必须负担的义务；因为人民如果不负担这些义务，国家的组织与社会的秩序，根本就无可创造或维持，而个人一切自由，亦无从保障。

晚近宪法所宣示的人民义务，其范围往往较前时为大。第一，依18世纪时代人士的观念，财产权是个人的权利，个人的义务只在尊重他人的财产权；但按近今许多国家的宪法，则个人义务却不如此狭隘，个人更有运用其财产的义务。第二，依18世纪人士的观念，人民不过有各按其力，负担租税的义务；至于"自然增值"税、遗产税以及其他含有社会主义性质的负担，则不为当时人士所容纳；今则有些国家的宪法，不仅明定人民有依其能力纳税的义务，并且以此类租税明定于宪文之中。[②] 第三，捍御国家的义务，不过是承认国家可以强迫人民服兵役，却不一定承认一切健全的国民必须受军事训练，服义务兵役；今则许多国家的宪法，不仅承认兵役可以加诸国民，并且承认一切健全国民，必须受军事训练，服义务兵役——即所谓征兵制。[③] 诚然，法国自1798年即已励行征兵制——论者并认法国1798年《征兵法》为近代征兵制的起源——然当时反对该制者甚众，且该制在大革命时代亦未尝列入宪法。[④]

晚近宪法，不仅如上所述，取18世纪人士所承认的人民基本义务，而扩大其内容，并且往往增设新的义务。在这些新的义务之中，最重要的，自然是受最小限度的教育的义务。欲令一切人民的

---

① 该宪将纳税一层列入人民权利部分，未列入人民义务部分；因该宪之所重视者，乃在人民各依其经济能力，平等纳税。

② 例如1919年德国《宪法》第一三四、一五四、一五五诸条。

③ 例如1920年捷克《宪法》第一二七条的规定。

④ 但法国1848年《宪法》其"军事章"已有征兵制的规定。

知识、道德与身体俱有发展的可能，自不得不令一切人民俱受最小限度的教育。所以自19世纪后半叶以来，一般文明国家的法律或宪法无不有义务教育的规定。有些国家近来且将义务教育的期间特别延长，而令一切人民不独有受初级教育的义务，并且有受中级教育的义务。1919年德国《宪法》第一四五条即规定人民于未满18岁以前，俱为义务教育年龄。自然，这项义务的履行，国家只能责成应受义务教育的儿童的家长，而不能责成应受义务教育的儿童；所以此项义务，实际上只是家长的义务。其次，便是工作的义务。如仅认人民有工作自由，而不承认人民有工作义务，则人民的身体、知识或道德的发展，仍或不能实现；因为享有工作自由之人，也许竟不工作，因而成为惰民。在法兰西大革命时代，一般崇信个人主义的人士，自然只承认人民有工作的自由，而不承认人民有工作的义务；因为他们以为国家的职责只在给予人民以自由发展的机会；至于人民是否利用这个机会，则尽可任人民自由。但如承认人民有工作的义务，则事实上确将发生种种困难；所以即在晚近各国亦尚不敢以明文承认这项义务。1919年德国《宪法》固承认人民兼有工作自由及工作义务，但亦仅认这项义务为道义的义务，而非法律的义务（第一六三条）。第三，为使用财产，以增进公共福利的义务。财产为一种社会职务，所以财产所有者不能不使用其财产，使用的目的且须为公共谋福利。英国法律，对于大地主之不自耕种者，已课以特高的税率，盖即寓有惩罚之意。德国1919年《宪法》第一五五条且明示人民有使用财产，并耕种土地的义务。第四，为服务国家的义务。当兵义务自然是服务国家的义务；但在现代国家中，人民为国家服务的义务，初不限于兵役。例如各国法律，有认选举时的投票为人民的义务者，有认法院陪审为人民的义务者，甚至有认应选为地方或中央议会的议员为义务性质的职务者。这些义务性质的职务，有由国家给予报酬者，亦有全不给予报酬者。

中国民元《临时约法》仅规定人民"依法律有纳税之义务"及"依法律有服兵役之义务"。十二年《中华民国宪法》规定人民依法律有纳税、服兵役及受初等教育的义务。《训政时期约法》，除以上各种义务外，更规定"人民对于公署依法执行职权之行为，有服从之义务"。至于工作义务问题，民国十二年四月北京议会宪法起草委员会所提《生计章草案》，及民国十四年段祺瑞政府国宪起草委员会所草定的《中华民国宪法案》，俱设有"国民有不背善良风俗，为精神上或体力上劳动之义务"的规定；《训政时期约法》第二十六条则有"人民依法律有服兵役及工役之义务"的规定。这些规定实较1919年德宪尤为急进，因为德宪还承认工作义务只是一种道义上的义务，而上述宪草与约法则并未明认这种义务为道义上的义务。自然，以法律的条文，宣示某某义务为道义上的义务，在形式上殊为不当；但这类义务如竟认为法律上的义务，则律文又难免不成具文。一则因为律文对于不工作者所设的制裁，势难严格实行；再则因为国家如果要强迫人民作工，则对于无数求工不得的失业者，势不能不代谋工作。这不独难以期诸吾国，即欧洲各国的政府，对于失业问题，亦苦无法措置。所以工作义务的原则，我们尽管应该承认，在法律的制裁与国家的救济未易实施以前，仍以不入宪文或任何律文为宜。①

---

① 民国二十三年立法院所拟的《中华民国宪法草案》提兵役而未提工役，自是一种较宜于《训政时期约法》的办法，惟在民国二十五年最后颁布的《宪法草案》中，"工役"二字重又置入。

第三编　公民团体

概括地说，公民这个名词，系指享有参政权的人民而言。因为某一国公民所享有的参政权，其范围或与另一国公民的参政权不同。所以公民这个名词，在一国有一国的涵义。

在有些国家，政权完全操诸政府，甚或操诸政府中一个独裁君主，国民并无任何机会去参加国家政策的决定，如 1905 年以前的俄国等。在这类的国家中，公民团体直可谓全不存在。在另有些国家，公民团体是存在的，但公民的职权限于选举，如现今的英法等国。在这类国家中，公民可与选民混称。在还有些国家，公民团体不独享有选举权，并且享有直接立法与直接罢免官吏议员等权，如瑞士及美国各邦等。在这类国家中，选民这个名词不能代替公民这个名词。

本编的范围，在依据学理与实例，分别论述（一）公民选举权，（二）公民直接立法权，及（三）公民直接罢免权。

第一章　公民选举权

第一节　选举权的性质

所谓公民的选举权，即是公民得以书面的或非书面的方法，选举国家立法机关或其他机关的人员的权能。这种权能的本性，究竟是公民的一种权利，还是公民的一种职务，学者间颇有些不同的议论。

一　选举权为国民的固有权利说

在 18 世纪法国大革命期内，有一部分人将选举权完全看做国民的一种固有权利。所谓固有权利，即国民当然享有的权利，既无须国家宪法或法律赋予，也不是国家宪法或法律所能剥夺。这种理论，乃根据卢梭的主权论；卢梭以为主权既在全体的国民，则为表示全体国民的共同意志起见，自然非由全体国民参加投票不可，也自然非全体国民有选举权不可。① 承认此种理论，便发生两种重大结果：第一，选举权既为国民的固有权利，则不论在何种社会与

① Rousseau, *Contrat Social*, liv. Ⅲ, ch. i; liv. Ⅳ, ch. i. 卢梭思想及法国大革命时代认选举权为固有权利者的议论，详见 Carré de Malberg, *Contribution à la théorie générale de l'État* (1922), Ⅱ, 424 及以下。

何种时代，一切国民俱须享有此权。凡幼年人，或有精神病的人，或犯罪者，或因其尚无表示意志的能力，或因其显然有妨害社会生活的事迹，自然仍可除外；但除此而外，国家便不能任意剥夺国民的选举权。第二，选举权既为国民的固有权利，则享有此权者，便有行使与不行使此种权利的自由；换言之，即选民应有投票与不投票的自由。

固有权利说，在理论上既不免过于虚玄；就实际的利益讲，其两种应有的结果，亦不能使我们赞许。倡导此说者，原意只在对抗十七八世纪欧洲各国的选举制度，因为当时的选举权，限于贵族、僧侣及有产阶级，而不及于一般的人民。这种限制，自然应予取销；但因而倡导固有权利之说，则亦不免矫枉过正。

二 选举权为社会职务说

有一派人不认选举权为固有权利，而认为选民的一种社会职务。依着这派人的观念，选民的选举权不是一种国民固有的权利，而出于国家的赋予；国家所以赋予选民以这种权利，乃为全社会的利益，而不是为享有选举权者私人的利益；选民之行使选举权，亦当认为系以国家名义而行使，亦当为着国家利益而行使。简言之，选举权便是国家法律授予选民的一种职务。1789 年法国国民议会的大多数人本已倾向此说；1791 年法国《宪法》因分公民为“活动公民”（citoyens actifs）与“不活动公民”（citoyens passifs）两类，而令选举权限由前类公民行使。19 世纪以来的德国学者，更认选民团体为国家的一种机关，选举权则为选民的社会职务。

社会职务之说亦产生两种结果，惟皆与上说的两种结果相反。第一，选举权既为一种社会职务，则这种职务的授予，国家自可依着社会的利益，而规定相当的资格。诚然，此种资格的规定，亦不能出以武断的态度,而应基于理性的考虑;但在原则上讲,资格的限制毕竟可以存在。第二,选举权既为一种职务,则享有此权者便有履行其职务的义务;因是国家对于选民,即施行“强制投票”,亦为理论所许。

三　选举权兼具权利与职务两性说

主此说者以为选举权固为选民的一种职务,但同时仍为选民的一种权利。此处所谓权利,不是国民的固有权利,而是国家法律所授予的权利。何以仍为选民的一种权利?因为各国法律,大率承认凡依法有资格取得选举权的人民,如被国家官吏无意或有意遗漏时,被遗漏者便得向法院起诉,以维护其资格,而达履行选举职务的目的。说者以为这种规定,便是选举权为一种权利的特征。

以上三说之中,以第三种较为合理。选举权的授予,一方面固是为着社会的利益,一方面亦是欲令私人得以表示其意见与情感;故谓选举权的授予,纯是为着社会利益,而非为私人利益,亦不免言之过当。选举权固不能仅认为职务而非权利。不过选举权虽含有权利的性质,而与私人的普通权利究有不同:私人的普通权利,大都可以割让于他人,或委人代为行使,或因宣言抛弃而消灭;按诸一般国家选举法,选举权则为不可割让、不容委托的权利,亦不因自行宣言而可消灭。在采用强制投票的国家,当事者且有不能不行使其权利的义务。所以在一般国家的选举法上,选举权实可视为一种赋有职务性的权利。这类权利,在公法上或私法上亦未始毫无其例,例如各国公法上所承认的人民陪审权,与私法上所承认父母对于幼年子女的财产管理权等等;因为享有这类权利之人,在一方面固有行使陪审权或管理子女的财产的权能,在另一方面亦有参预陪审或代子女管理其财产的义务。

第二节 选举团体的组成

行使选举权的团体,究应由什么分子组成?关于这层,我们应该讨论的有以下的两点:第一就是限制选权制与普及选权制的分别;第二就是地域代表制与职业代表制的分别。

第一目 限制选权与普及选权

一 限制选权与普及选权的区别

凡于年龄、国籍、无精神病与未受刑事处分等条件而外,更设立其他资格以为取得选权的条件者,可称之为限制选权制。反之,如于年龄、国籍、无精神病,与未受刑事处分等条件而外,不另设其他资格,则可称之为普及选权制。

选权所受的特殊限制,在各国亦不尽相同。有注重财产资格者;18 世纪期内英国及其美洲殖民地的选权资格,法国大革命初期所规定的选权资格,及日本于 1928 年以前的选权资格,均以财产为主要的标准;今之仍沿用限制选权制者,大率也是这样。有注重教育资格,或兼重教育与财产两项资格者;例如意大利于 1912 年以前,其议会选举权的取得,即以纳若干租税,或曾受相当教育者为限。有注重性别的资格者;欧战以前,一般国家所采用的普及选权制,实只普及于男子,而不遍及于女子;所以当时一般人士所称的普及选权亦只以男子所享的普及选权为言。但今则选权已渐渐普及于女子:继续维持性别限制的国家,纵令其成年男子均有选权，亦不能称为普及选权制。

财产、教育与性别三项资格，不过是大多数国家所曾采用的限制条件。此外尚有采用其他条件，以限制选权的取得者，例如英国下议院选举法，从前设有独立“住宅”（occupation）的条件；葡萄牙选举法，从前设有能识文字或身为家长的条件。极大多数国家，至今仍以一定的居住期间为选权资格之一；在某选举区取得选举资格者，须于选举举行前，曾在该区居住满若干时期。但居住条件为各国社会党及劳工团体所反对，因为劳动工人，事实上往往不能在任何区域内为长期间的居住，而铁路工人及海员工人为尤甚。德国 1920 年的《选举法》即已废除居住的限制。

选权的普及运动，本为民治运动的产物，所以当欧战告终，民治运动达到最高的发展时，普及选权亦成为文明国家的通例。同时，俄意等独裁国家则为采用限制选权的国家，不过其限制的条件不是性别、教育、财产等等，而是俄意立国的要素。苏联为共产国家，共产国家重工作，凡一切作工者，满 18 岁时俱得行使选举权；而一切“非工人”（non-worker）则皆不得享有选举权。① 意国为法西斯蒂国家，注重业团，凡加入各种业团（syndicates）的成年男子，俱得行使选举权；而非业团社员的选举权则限制极严；女子则完全不能享有选举权。

二　限制选权与普及选权的理论

主张限制选权者的理论，与主张普及选权者的理论，约略言之，有如下述：

各国采用限制选权制者，其限制条件，彼此虽不尽一致，然除

① 自 1936 年新《宪法》制定后，这种限制也已无存。

反民治的俄意等国而外，大致不外男性、财产与教育三个条件。男性这个条件本来缺乏理性的根据；这层我们在下面当有较详的说明。主张以财产为条件者，大概亦不外下述几种理由。或则以财产为知识或教育的表征。这种理由是否可以成立，自然要看在一个国家中，有产阶级的知识或教育，是否高出于其他阶级；在现今义务教育将要普及或已经普及的国家，财产已不足为知识或教育的测验。或则以财产为纳税的表征；但选权本是国家委托一般有相当能力的人民的职务，并非对于纳税者特设的一种酬答。或则以有产阶级为最能爱护政治秩序的阶级。法国第一次大革命时代，颇有持这种见解者。依着这种见解，选权之所以必须属诸有产阶级，乃因有产阶级对于社会秩序，独有爱护的诚心；而有产阶级之所以能爱护，则因其享有财产之故。这种见解是否正确，已属疑问；即令正确，有产阶级所爱护的秩序，亦只是与他们有利的一种秩序；倘他们得独享选权，则与国家应为人民全体谋福利的义旨，亦不相容。所以财产这个条件也可根本否认。教育这个条件，我们不能不认为有相当理由；因为选权既系一种社会职务，则担负这种职务者自应有相当的能力；但在教育普及的国家，这个条件也非必要；因为选权虽系一种职务，其所需要的资格究不甚高；如果一切国民俱已受过初级教育，则选权即令普及，于职务的执行固亦不生妨碍。

历来主张普及选权者，大率不外根据下述两种见解。其一，以为依据全民主权之说，选权便应普及。此种见解，系认选权为国民固有权利，系认主权属于各个人民（卢梭认各个人民俱享有主权的一部分；例如一国之中如有六千人民，则每人便有六千分之一的主权）。主权既属于各个人民，则为使各个人民有行使主权的机会起见，选权便有普及的必要。这种理论弱点太多；即今之维持全民主权说者，亦无法附和这种见解；即他们也得认主权属于人民全体，而不分属于各个人民。其二，以为依据功利主义，选举权应当普及。英国功利主义者（如边沁等）即抱这种见解。这派人以为一切人民皆有“痛苦”与“幸福”的感觉，国家的目的，在为最大多数人民谋最大福利；欲达到这个目的，惟有令各个人民，各自表示其所希冀的福利；因为某一人的痛苦或幸福，比较上应以他自己的感觉为最亲切，他自己的观察为最真实可靠。在这种见解之下，选权普及不是一个权利问题，而是一个功用问题。这种学说固含有相当的真理，但是某一人对于他自己的真正福利，能否有明瞭的观察，能否一定较旁人的观察更为清楚，仍当视其知识或教育的程度；所以，选权普及究亦不能认为一切国家所能采用的一种制度。实际上，即功利主义者亦未敢作这样的结论。

综之，选举权既是含有社会职务性的权利，凡行使这种权利的人民，自不能不具相当的能力。在原则上，国家的法律亦可酌设教育的资格。但除教育的资格而外，其他资格俱不是行使这种职务的必要条件，俱不是合乎理性的条件。即教育条件应否设立，实际上亦当视一国人民的教育状况而定；在教育已经普及之国，亦无设立特殊教育条件的必要。

三　女子选举权及被选举权问题

选举权既为一种含有职务性的权利，则女子宜否享有选举权及被选举权（被选举权自然也是一种含有职务性的权利），自然只须讨论女子能否胜任这类职务。自来反对女子参政者，（一）有认女子的身体状况，以及知识，或道德，不宜参政者；（二）有根据生物学上动物愈进化，男女性的分别亦愈显明的公律，认为女子参政足以使男女职务雷同，差异减少，演为人类退化现象者；（三）有根据分工原则而反对女子参政者；（四）更有因女子不服兵役，而谓不应享有参政权利者。这些议论，或则纯为一种偏见，或则根据于一种不甚准确的观察，皆不能成为反对女子享有选举权与被选权的理由。反之，主张女子参政者，不特认女子参政，在原则上应该承认；而且根据种种事实，认女子有自行参政的必要。这些事实中的最著者：（一）为男女受教育的机会不平等；（二）为男女在法律上所享权利的不平等；（三）为男女取得职业的机会的不平等。主张女子参政者认为这种种的不平等，在女子无参政权的国家甚为显著，但在女子已获选权的国家，则有消减的趋势；他们因此便主张给女子以选举权及被选举权。

欧战以前，女子享有选举权及被选举权者，几限于北欧的挪威、丹麦、瑞典、芬兰数国，新西兰及澳大利亚两不列颠自治地，与美国联邦中的若干邦。欧战后，各国相率给女子以选举权及被选举权，于是女子参政乃成普遍的现象。在欧洲各国中，除了希腊、南斯拉夫、罗马尼亚、布加利亚及土耳其五个东欧国家，及意大利、葡萄牙而外，只法国及瑞士仍不许女子参政，其余则无不授女子以选举权及被选举权。美国及不列颠帝国的自治殖民地也已先后准许女子参政。在美洲拉丁系各国中，墨西哥1917年《宪法》及巴西1934年新《宪法》亦然。至于女子在各国取得选举权及被选举权的经过，则我们可就英美及德国的情形，而加以说明。

19世纪中提倡女权最力者首推英人弥勒（J. S. Mill）。自从弥勒于1861年出版《关于代议政府的考虑》一书，公然主张女子参政以后，英美的女子，即作参政的要求；自1869年起且在英国及美国各邦的地方选举中，逐渐取得选举权及被选举权。但英美女子之获得中央的选举权及被选举权，则仍为欧战以后之事。欧战中，女子尝努力从事于战时的种种工作，于是向日反对女子参政的人们亦一变其向来态度，而同情于女子参政运动。英国议会乃得于1918年通过新《选举法》，予女子以选举权。美国议会则于次年亦通过一宪法修正案，规定“联邦及各邦选举权不得因性别而有差异”；该项修正案于1920年即得各邦的批准。英国1918年的法律固然没有给女子以完全平等的待遇，但自1929年议会通过《平等选权法》后，男女间的不平等，已完全消灭。

至于德国女子之取得选权及被选权，则又与英美女子不同。英美女子之得以参政，为他们数十年努力得来的结果。但德国的女子，在欧战前并没有作要求参政的运动；欧战结束，民治潮流一时极度高涨，1919年1月德国选举国民议会时，遂准女子加入，而这国民议会所制定的宪法，亦承认了男女的完全平等。不独在德国是这样，即在其他新兴国家，如捷克、波兰、奥大利* 等等，也俱一举而准女子有平等的选举权与被选举权。[①]

欧战结束后的数年，无论民治国家或共产国家，俱承认男女应同样享有参政之权。即素来反对女子参政的法比等国，其政论家一时亦不积极反对女子参政的原则。但自法西斯蒂主义勃兴后，女子参政运动又遭受一种新的打击。意德法西斯蒂主义的领袖俱反对女子参政；他们以为女子应以管理家务、繁殖民族为主要职

---

* 原文如此，疑作“奥地利”。——编者注

① 关于女子参政的理论及各国女子参政运动的经过，可参看：Pankhurst, *The Suffragette: The History of the Woman's Millitant Suffrage Movement, 1905-1910* (1911)；Fawcett, *Woman Suffrage: A Short History of the Great Movement* (1912)；Strachey, *The Cause: A Short History of the Woman's Movement in Great Britain* (1928)；Joseph-Barthélemy, *Le vote des femmes* (1919)。

务，而不应参与政治。所以意国至今不给女子以选举权；德国女子已取得的选举权，虽未取销，但国社党仅许女子参加选举，而不许女子被选。德国议会数年前常有三四十名女性议员，今则在事实上女子的被选举权已被取销。

四　中华民国历次选举法中的选举权资格

民元《临时约法》无承认选权普及或女子参政权的条文。民元《众议院议员选举法》，系采用一种限制选权制；其所设的特别条件为男性、财产、教育及在选举区内的居住期间。依照该法第四、第六、第七各条，凡有中华民国国籍的男子，年满21岁，于编制选举人名册以前，在选举区内住居2年以上，具下列资格的一种者，有选举众议院议员之权：（一）年纳直接税2元以上者；（二）有值500元以上的不动产者（但于蒙、藏、青海得就动产计算）；（三）在小学校以上毕业者；或（四）有与小学校毕业相当的资格者。但凡经褫夺公权尚未复权，或受破产宣告后尚未撤销，或有精神病，或吸食鸦片，或不识文字者，俱无选举权或被选举权；又凡军人、现任行政司法官吏及巡警、僧道及其他宗教师的选举权及被选举权，俱被停止（但蒙藏青海的官吏、巡警及宗教师不在此限）。参议院议员由各省议会选举。省议员选举人的资格与众议员选举人资格相同。

民国七年八月十二日召集的新国会（即一般所谓安福国会）则系根据同年二月十七日冯国璋政府时代所颁布的参众两院议员的选举法而选举者。依照该两种法律，众议院议员选举人的资格比前更高：其年龄须在25以上，其财产则一倍于民元法律所定的资格，惟其教育程度仍旧。参议院议员选举人的资格则受更严的限制：凡年满30的男子，具有（一）高等或专门学校毕业或相等的程度而任事三年以上,(二)曾任中学校长或教员三年以上,或(三)有学术著述,经内务部核准的资格,才有选举参议院议员的权利。

国民革命成功后,财产的观念既丕然大变,男女的平等又完全取得承认;所以民国二十一年一月一日公布的《国民会议代表选举法》完全废除关于选举权资格的一般限制,选举人既不须享有财产,也没有男女之别,即年龄亦无限制。凡属于下述五类团体者,纵未成年,纵不识字,亦可参加选举。这五种团体即:(一)农会;(二)工会;(三)商会及商业团体;(四)大学及自由职业团体;及(五)中国国民党。至于这种选举权资格所自根据的理论,则我们于本节第二目中当另有讨论。民国二十五年五月十四日公布的《国民大会代表选举法》对于选举人重设年龄(满20岁)的限制,但仍无关于财产、教育或性别的限制。

第二目　地域代表与职业代表

一　地域代表制与职业代表制的区别

从选举团体的构成而言,各国的选举制度尚有地域代表(geographical representation)制与职业代表(professional representation, functional representation 或 vocational representation)制的分别。现时一般国家所行用的选举制度,系以地方团体,如一省、一县、一区、一市之类,为选举团体;这便是所谓地域代表制。职业代表制,则以职业团体,如工人会社、商人会社、律师公会、教员团体、新闻记者团体之类,为选举团体。

二 职业代表制的理论及批评

职业代表制的鼓吹倡导只是最近数十年间之事。倡导最力者，则为法国的工团主义（sydicalisme）派，与英国的基尔特社会主义（guild socialism）派。普鲁士在俾斯马克当政时尝一度设立经济院（1880 年），则为实行职业代表制的最早者。

主张职业代表制者的理论，约略言之，不外下述三种：

其一以为欲使议会制度与现时及将来社会组织的形态相适应，便不能不采用职业代表制。

19 世纪末期以来，法人所倡导的工团主义，实为职业代表主义的一个主要渊源。依着主张工团主义者的理想，国家于过去虽曾以家庭、部落或地方团体，为其构成的单位，但国家的将来，必纯以职业团体为其构成的单位。换言之，未来的人类社会将不复以属于同一血系，或居于同一地域为人类结合的根本原因，而将以从事于同一职业为其结合的根本原因。所以工团主义者所预期的国家，只是一种由各种职业团体联合而成的联治组织。他们不独预料人类未来的政治组织将为这样的组织，他们且认这种组织为人类最合理性的组织。

人类未来的政治组织是否即纯为人类职业团体的联治组织，这样的联治组织，是否即为一种最合理性的组织，固然仍可发生疑问；但在欧美现今社会的组织中，职业团体数额之日形增多，及职业团体势力之日形扩大，则为无可否认的事实。这种团体的联合组织或联合会议，其能发生的势力，与其足以引起社会与政府的注意，有时不特非旧式政党机关的代表会议所能比拟，即国家的议会有时亦不能相比；例如英国的职工会代表大会，美国的矿工代表大会或农事企业者的代表大会，澳大利亚各种劳工组织的代表大会，便有雄厚的势力。各国议会制度于是乃有外重内轻之势。有人谓职工团体的增多与其势力的扩大，实为晚近各国议会制度衰落的一大原因，诚非虚论。[1] 议会之外既已有这样重大的势力存在，所以主张职业代表制的人，认为为维持议会的权威起见，为使议会的组织与社会的组织相适应起见，决非吸收此种势力于议会以内不能成功。

其二以为欲使议会富有专门人才，以应付现代日趋艰难复杂的立法职务，亦不能不采纳职业代表制。

这层意见，亦似为主张职业代表制者所公认的一种意见。他们以为在现今各国地域代表制之下，议会决难吸收专门人才。一个地方区域中既含有从事各种不同职业的选民，则为其代表者，自亦不能不注意各种不同的问题，而不能专心致意于特种事业，或特种问题；所以议会的议员，往往不是一种富有专门知识或经验的人才，而为一种缺乏专长的“政客”。从事专门事业的人才或因其不愿于本身的事业以外，更向一般民众为普通的政治活动；或因其缺乏向普通民众为这种活动的余暇，其能当选为议员者，遂绝无而仅有。可是现代的立法职务，确又日趋于复杂艰难之境；议会之中，如果长此缺乏专门人才，则议会制度的衰落恐属无可挽救。蒲徕斯论晚近各国议会衰落的原因，亦以今代立法职务，日趋艰难，而议员能力不能相与并进为言。他以为半世纪以前，各国议会的工作只在扫除旧日种种的束缚与障碍，大体上仍不过是一种破坏的工作，尚不十分艰巨；今则议会的工作，在在是一种建设的、改造的工作，其复杂艰难的程度，远非昔比。现代议员的才能虽不较劣于

① Bryce, *Modern Democracies* (1921), Ⅱ, ch. lviii.

旧日的议员，但因议会职务，较重较难，于是议会的权威信用遂不免低落。①

但是有些论者，对于职业代表制足以增加议会专门知识这一层理论，不甚表示赞同。他们以为各职业团体所选出的代表，虽是具有专门经验或知识的人才，而甲职业团体的代表初不必能了解与乙职业团体有关的立法问题；因此，在职业代表制之下，议会中大多数的议员，对于任何立法问题，常会缺乏常识。任何立法事项，只有与各该立法问题有关系的职业代表才能了解。所以职业代表制亦未必能使议会对于今代复杂艰难的立法工作，较能胜任愉快。拉斯基即抱这样的见解。②

其三以为欲减少代议制度的虚伪，亦不能不采纳职业代表制。

代议制度原不免带有几分虚伪，因为代表者与被代表者间的意见，事实上总难完全一致。所以急进的人往往不信任代议制度，而主张直接民治，卢梭《民约论》中的意见便是这样。偏于保守的德奥学者，则因不满意于代议制度，历来且寄同情于贤人政治，如哈勒（von Haller）及戴尔布吕克（Hans Delbrück）等。③ 即对于代议制度不怀十分偏激的见解者，因目睹英美等国选举及政党的状况，亦常不能不认代议制度之日流于虚伪；如华拉斯（Graham Wallas）及奥斯特洛高斯基（Ostrogorski）等。④ 今之主张职业代表制者以为此种虚伪，实因采用地域代表制而产生，或因采用地域代表制而增

---

① Bryce, *Modern Democracies* (1921), Ⅱ, 374.

② Laski, *A Grammar of Politics* (1925), 72-73.

③ Delbrück, *Government and the Will of the People* (1923).

④ Wallas, *Human Nature in Politics* (1920), Pt. Ⅱ, ch. ii; Ostrogorski, *Democracy and the Organization of Political Parties* (1902), Pt. Ⅵ.

甚。他们以为一个地方区域既含有各种职业不同的选民，则选民的目的亦自不同；不同目的的选民是无法代表的。所能代表的只是选民的意志；然而意志的本身又是无可代表之物。某一地方的选民所选出的代表既不能代表各种选民的各种目的，而意志又无从代表，则代议制度岂不流于虚伪，缺乏实在？这是主张职业代表制者攻击地域代表制的一个重大理由。[①] 他们以为采用职业代表制，便可以免除或减少这种流弊；因为职业团体，既为从事于同一职业的人民，彼此之间，自有其共同的目的，如以职业团体为选举团体，则代表者便可代表被代表者的共同目的。而且在一个地方区域之中，选民既无共同的目的，自难有整齐严密的组织，即有政党亦不能与选民发生密切关系；因此，选民对于其所选举的代表，事实上常不能为有效的指导或监督，而选民与代表间的意见，因此遂相离愈远。主张职业代表者，以为从事于同一职业之人，既易有严密的组织，而对于代表的主张，复较有判断的能力，自然对于代表，能为较有效的指导或监督；如能再辅以直接罢免之制，则其指导与监督，或将更形严密；而代表与被代表者间的意见亦更易趋于一致。

上面所述三种理论，可以说是主张职业代表制者的一般理论。至于反对这种制度或对之怀疑的人，则有以下三种最普通而有力的意见。

其一以为职业代表制的实现是非常困难的。议会议员既为各种职业的代表，则各种职业团体所出代表的人数，自应相当于各该团体的重要；但团体的重要实不易有准确的评量。如果各团体代

① Cole, *Social Theory* (1923), ch. vi.

表的人数不能与各团体的重要成相当的比例，则职业代表制的原来用意不免失去，转不若采行地域制，使各个代表，能代表一定的公民数目。

其二以为职业代表制足以引起议会内部的剧烈冲突。抱这种见解者，以为在地域代表制之下，每一选举区的职业分子，其所选出的代表，自不必与其他选举区的代表，各有显然不同的目的及任务，所以议会之中，虽亦常有各种政团存在，而议会内部的分裂与冲突，仍可不至太甚。但如以职业团体为选举团体，则其所选出的代表，将各各代表一种特殊的利益，各各负有一种特殊的任务；所以议会内部的分裂与冲突，或不免较前更甚。其结果可使议会的工作更形艰难，或且促成议会中若干种职业团体互相联结，以压迫其他职业团体，而演为一种残酷的多数专制。

其三以为职业代表制足为社会进步的障碍。英人华拉斯之怀疑职业代表主义，即原于此。[①] 华氏承认各种职业团体的存在，不仅为事实上所不能免，更可增进从事各项职业者的自尊心与其幸福；但以之为议会的选举团体，或由其代表决定国家的经济立法（如基尔特社会主义者之所主张），则不免增加社会进化的阻力；因为依照华拉斯的观察：职业团体常是一种富于保守性的团体，属于特种职业之人，往往对于该团体的传习有深厚的好感与无限的忠诚，而不忍断然改易；在现时大规模的生产组织之下，团体的改进，尤多阻力。一种职业固然如此；各种职业团体所共同组织的团体，或且更甚。这犹仅就一般的职业团体而言。若就英国现存的律师、医师、军官与教员四大职业团体的历史而言，则华拉斯所指的

① Wallas, *Our Social Heritage* (1921), ch. v, vii.

保守性更是显著;他们尝为各该业改革运动的一种阻力;各业的改善常须有赖于外力的督责。

上述三种批评,我们自然不能断然否认。惟细考主张职业代表者的理论,与其反对者的批评,我们觉得批评者所提出的理由,初不能打消一切形式的职业代表制。若然,则职业代表制之宜否采用,须看我们能否觅取适当的形式。

三　职业代表制的各种形式

学者们所曾提议的职业代表制及各国所曾实行的职业代表制,概括起来,可分为下述的三类:

第一种形式,在令议会纯为职业代表机关,而完全废止地域代表制。这为法国工团主义者的理想组织;他们认国家的组织,只应是各种职业团体的联合,其共同的机关,只应是各种职业团体的代表的联合会议。法人柏诺槐(Ch. Benoist)于1897年即曾拟有一个具体计划,主张纯以职业团体,依比例选举法,选举议会。① 现在意大利众议院所采的选举制度,颇为类似。意大利的众议院自1928年起,采用了一种特殊的选举制度,议员的候选人不由政党提出,而由各种业团(syndicate)依法组成的全国同盟提出。各同盟共提,1000人,由法西斯蒂党的评议大会圈定400人,交由人民投票表示可否(在事实上,人民殆只能投票表示赞同,不敢反对)。所以意大利现在的众议院不啻已成了各种业团的议院。业团既是职业的团体,而意大利的上议院又无权无力,意大利在形式上可说已经充分采用了职业代表制度。②

---

① Benoist, *La crise de l'État moderne* (1897).

② 参阅本书下面。

第二种形式，在兼采职业代表制与地域代表制，并令职业团体的代表机关与地域团体的代表机关，享有平等的立法权。英人卫布夫妇及法人狄骥均为这类形式的主张者，不过两人之间，意见亦不尽相同。依着卫布等的理想，国家应设两种议会：一为经济议会，其选举团体为各种职业团体（即生产者）；对于经济问题，有完整的立法权，不受其他议会的限制；二为政治议会，其选举团体，仍由地方区域中的一切人民（即消费者）构成；其立法权，则以政治问题为限。① 但狄骥则主张采用两院制的议会制度，上院由职业团体选举，下院则仍由地方团体选举。② 狄骥这种计划，自然不同于卫布等的主张；因为狄骥并未主张上院专司经济立法，而下院专司政治立法；在狄骥的计划之下，职业代表机关与地域代表机关，就其职司而言，彼此初不必有如何的差别。

第三种形式，在兼采职业代表制与地域代表制，而令职业代表机关的立法权，较小于地域代表机关。年前德意志的议会制度，便可认为这类计划的一个代表。当1919年德意志新宪法草案方在讨论时，德国社会党人，或则主张采纳苏俄制度，纯以劳工的代表机关为国家最高的立法及行政机关，或则主张采用一种类似前述狄骥的计划的两院制；其最终采纳的计划，则系于议会之外，更设立一个全国经济院（Reichswirts-chaftsrat）。德国的议会仍依地域代

① 参看 Sidney and Beatrice Webb，*A Constitution for the Socialist Commonwealth of Great Britain*（1920）。G. D. H. Cole 在 *Self-Government in Industry*（1913），ch. iv 中亦尝主张地域代表的国会与职业代表的基尔特代表会议两者并行，但于1919年该书再版中，Cole 已不复作此主张；于其所著 *Social Theory* 一书中，更明白主张以职业代表机关为立法及行政的最高机关。

② Duguit，*Traité de droit constitutionnel*（1923），Ⅱ，596-606.

表主义选举；经济院则由职业团体选举。但是《宪法》第一六五条所规定的经济院始终未成立；其在 1920 年成立，1934 年始正式取销者，则为临时经济院。临时经济院的构成分子可分为六种：即（一）各项企业雇主的代表；（二）各种工人团体的代表；（三）消费团体的代表；（四）公务员及自由职业的代表；（五）参议院（Reichsrat）的代表；（六）政府的代表。这六种代表中，后四种代表的人数极少，所以就大体言，该院实为雇主与工人的代表机关，换言之，即职业代表机关。但是经济院的权力却非常狭小。即依《宪法》第一六五条的规定，经济院的主要职权不过两种：其一，经济院可向议会提出经济或社会立法的法律案；其二，凡政府向议会提出经济或社会立法案时，须预经经济院的审议，始能提交议会。但经济院并无自行制定法律之权；议会所通过的法律，亦不必得其同意。至于临时经济院的权力则更是狭小，几乎限于讨论政府所交议的法律案件。

德国的前列，英法等国亦曾约略仿效。法国自 1925 年起有全国经济会议的设立；英国则于 1930 年起有经济顾问会议的设立；[①]两者的设立俱根据于命令，所以只能作政府的咨议机关，而不具宪法上的权限。但论实际的工作，则法德两国的机关极为近似，他们对于重要经济立法都曾有所参与；英国顾问会议的活动范围则似较狭小。1933 年 4 月 9 日秘鲁《宪法》也模仿德宪而有全国经济院的设立（第一八二条）。

除了上述三种形式而外，苏维埃的制度，葡奥等国所采用的所

① Finer, *Theory and Practice of Modern Government*（1932），Ⅱ，902-904.

谓会社议院及巴西的制度也可在此处约略说明。

苏维埃本为劳工者的会议,但这会议的权力不限于立法事件,而遍及于行政及司法。上级的苏维埃则由下级苏维埃的代表组成,最高的苏联苏维埃代表大会,则由联邦中各邦的苏维埃代表大会所举的代表组成。所以我们如将最下层的苏维埃看做职业团体,则苏联的最高机关,自然也是职业代表制的一种。不过将苏维埃看做职业团体未免牵强,因为苏维埃虽是工人的集团,但仍有工厂的苏维埃与地域的苏维埃的分别;地域的苏维埃实包涵了无数种的职业在内,说他能代表某种职业,未免失当。

葡萄牙及奥地利俱是意大利法西斯蒂主义的模仿者,俱是以会社国家自号者,但其对于职业代表主义的重视,则又远不及意大利。葡萄牙的立法机关,除了地域代表的议院,称做国会者外,尚有一个称做会社议院者。会社议院的议员有三类,即各市集的代表、各文化团体的代表及各经济团体的代表。但会社议院只有参议立法之权,最后的议决权则仍操诸地域议院。奥地利的议会叫做联邦议会,由参政院、联邦文化院、联邦经济院及省代表院四个机关的代表组成。四个机关各有讨论立法之权,但议决权则操诸联邦议会。所以职业代表机关在葡奥所享之权,仅与德国的经济院相似,而不能比拟于意国的众议院。

巴西 1934 年新《宪法》规定众议院共设议员 300 人,其中 250 人由地方团体选举,50 人则由各职业会社选举,在职业会社中劳资两方有平等的选举权。众议院之外,仍有参政院,由每邦各举代表 2人为议员。换言之,巴西的两院制仍如昔日,但众议院议员的选举,兼采地域代表及职业代表两种制度。

详考上述各种职业代表制的形式，可知凡职业团体的组织已达相当程度的国家，职业代表制之相当采用，殆已不易避免；惟所采的形式则彼此不必尽同。①

在中国，职业代表制亦已有过尝试。孙中山先生于末年时尝主张以职业代表制代替地域代表制；②所以民国二十年召集的国民会议，其代表除蒙、藏及华侨的代表外，亦系由全国职业团体及中国国民党产生。职业团体包含（一）农会，（二）工会，（三）商会与实业团体，及（四）教育会、大学与自由职业团体四类。惟因中国职业团体在民国二十年时尚无健全的组织，所以各职业团体所产生的代表，并不能确实代表各职业团体，更不能具有职业团体代表应具的力量。③

第三节　选举区

一　大选举区制与单选举区制

凡规定每一选举区，仅得选出议员一名者，为单选举区制（法人称为 scrutin uninominal）。反之，如选举区的地域较大，每区得选

---

① 最近尚有法人 Bernard Lavergne 于所著 *Le gouvernement des démocraties modernes; la necessité du double suffrage universel: suffrage individuel et suffrage social*（1933）一书中，提倡同一议会兼容两种代表，一为个人的选举权，人人一样，因为人人是消费者，又一为社会的选举权，则视各人在生产界所占的地位而分大小。这也是赞成职业代表制的一种理论；但其原则之不易具体化则亦显而易见。参读该书 chs. iii，iv。

② 见孙中山先生民国十三年十一月十日的《北上宣言》。

③ 民国二十五年五月十四日《国民大会代表选举法》则兼采地域代表及职业代表制，见下面。

出议员数名，则为大选举区制（法人称为 scrutin de liste）。

美国向为采用单选举区制的国家，有多少众议员，即有多少选举区；英法两国则有时采用单选举区制，有时采用大选举区制。在欧战发生时，英法下议院的选举，俱采单选举区制。自 1919 年至 1927 年法国尝采用一种不纯粹的比例选举制，同时亦为大选举区制；但在 1927 年又恢复了单选举区制。英国在 1918 年的新选举法之下，各郡市的选举区虽仍为单选举区，但大学选举区则间有为大选举区者。其所以容纳大选举区制，则因为欲试行比例选举制，便不能不采用大选举区制（后详）。

中国民元《众议院议员选举法》，对于初选及复选，俱系采用大选举区制。元年《国会组织法》对于参议员的选举，亦系采用大选举区制（各省选出参议员 10 名，其他蒙、藏、青海、华侨等选举会及中央学会，亦各选出若干名）。

二　大选举区制与单选举区制的理论

主张大选举区制者，以为选举区太小，则贿赂、恫吓等各种情弊，较易发生；因为选民人数较少，则舞弊亦较易。主张单选举区制者，则以为此制有两种优点：（一）能使选民对于希冀当选者的才力较易判断；如选举区甚大，则希冀当选者甚众，选民的判断因亦不易。（二）能使本区选民，对于本区议员较易加以监视与督责；因为本区既只有一个议员，该议员对于本区选民的委托，便不易卸责于其他议员。但大选举区制实为比例选举制的连带条件，其应否采用，须视比例选举制之应否采用。关于比例选举制的理论，当于下节第三目详述。

第四节　选民权利的范围

第一目　复数选权与平等选权

一　复数选权与平等选权的区别

各国选举法,有规定一切选民的选举权平等者;换言之,即一切选民俱只能投一个票,且一切选民所投的选举票,其效力相等。这就是平等选权(equal suffrage)制。反之,如对于具有特殊资格的选民,给以投数票之权,而普通选民则仅能投一个票,或令特殊选民所投选举票的效力大于普通选民的选举票,则皆为复数选权(plural vote)制。

历来各国的选举法,不独趋于选权普及,并且趋于选权平等。然在过去,复数选举权的实例,实不稀罕;即各国现行选举法中,亦仍有容纳复数选权制者。今举数例,以略明复数选权制的种别:

其一,普鲁士下议院及县市议会的选举,在欧战以前,尝采用一种特别选举制,名为“三级选举制”(Dreiklassenordnung)。这也是一种复数选权制,因为各选民所投之票,其实际效力并不相等。该制系先将每一选举区中的选民制成总表,以选民所纳直接税的多寡为序;次将表中选民分为三级,取表中前列各名(即纳税比较最多的各选民),而其所纳之税共达全区选民所纳总税额三分之一者,并为第一级;取表中第一级选民后的各选民(即纳税比较次多的各选民),而其所纳之税也达全区选民所纳总税额三分之一者,并为第二级;表中所余之选民,则并为第三级,其所纳之税,自亦占全区选民所纳总税额三分之一。依此法并合,各级选民的人数自然不等(第一级选民人数最少,第二级较多,第三级最多)。但依法律所定,各级选民,各成一选举团体,而各选出等数的议员。[①] 所以,如乙级选民的人数,数倍或数十百倍于甲级;则甲级中每一选民的选举权,其实际的效力亦数倍或数十百倍于乙级。所纳税额与选举权,适成为一种正比例。纳税能力本来就是财产的表征;所以这种选举制度,亦只是优待财产阶级,不过其优待的程度,实际上且远过于他国的复数选权制。欧战告终后,此制自然不能复为普鲁士一般人士所容认,故已完全消灭。中国清末时于城镇乡地方议会及咨议局的选举,亦尝采用两级选举之制,其原则一如普鲁士的选举;但民国成立以后,便即废弃。

其二,苏联于1918年至1936年间,其苏维埃代表大会的选举亦尝采用一种复数选举制度。共产党的革命自始以城市的工人为重心,所以工人每25,000千选民便得选一代表出席于全苏维埃代表大会,而农民则每125,000选民才得选一代表。各下级苏维埃代表大会的代表,亦依此农工不平等的比率而选出。但自近年苏维埃政体较为巩固后,对于农民的歧视,已无必要;所以1936年的新宪法特将上述的不平等废除,而改采选权平等的原则。

其三,英国下议院的选举法,历来亦使选民中的特殊分子,在事实上享有复数选权。在1918年以前,英国众议院选举法,认独

---

① 当时普鲁士中央议会下议院的选举系采用间接选举制:三级选举制只适用于初选当选人之选举;复选时则由各级初选当选人,合组一个选举团体,而以绝对多数为当选票额。看 Hue de Grais, *Verfassung und Verwaltung in Prensen und dem Deutschen Reiche* (1914),72。

立“住宅”(occupation)为选举权取得的资格;因此,凡选民于数选举区中各有一个独立住宅者,在此数选举区中,事实上皆可投票(但非法律明文有此规定);且因各地方的选举每不于同日举行,故在数选举区中各享有选权者,实际上亦常能行使选权。1918年英国众议院新《选举法》仍未能完全打消这项复数选权;但因各地选举已改为同日举行,且因该选举法明定,无论何人不能在两个以上的选举区投票,所以旧有的复数选权制显已大受限制。又英国历来的选举法,于地方选举区域外,复认每一大学或数大学得自成为选举团体,而对于曾在各该大学得有学位或有相当资格者,授以选举权。所以,凡在各地方区域享有选权的选民,如在各大学又享有选举权时,实际上亦为享有复数选权的选民。但1918年新《选举法》一人不能投两票以上的限制,亦包括大学选举权在内;所以英国3000万的选民中,得投两票者今约仅百分之一而已。

二 复数选权制的批评

以财产、居住、教育等条件为取得复数选权的资格,与以此等条件为限制选权的资格者,其性质不无相似。以教育为限制选权的条件,在特种场合之下,我们固不能不认其具有相当的理由,国家对于行使选举权的国民,如设为最低限度的教育程度,于理固无不当(见前);但如比国曩时所行的复数选权制,承认凡具有高等教育资格者,便享有投数票之权,则究非合理办法;因为选民行使选举权的能力,并不与其教育程度成正比例。所以,以财产、居住等条件为复数选权取得的资格固为不当;即以教育资格为取得复数选权的资格,我们亦不能认为善制。

历来各国所采用的复数选权制,在理论上及事实上,今虽渐遭唾弃;但近今主张职业代表制者,似又容纳复数选权的原则。他们以为一个选民所从事的职业,既不限于一种,则其所隶属的职业团体,亦自不只一种;他所隶属之职业团体既不只一种,则以职业团体为选举团体时,他的选举权,亦自可为复数。最近且有明白主张,在职业上有较高的地位者,应有投较多之票之权。①

第二目　间接选举与直接选举

一　间接选举与直接选举的区别

凡议员(或官吏)的选举,不由选民直接选定,而必由选民选出的代表选定时,为间接选举(indirect election)制;反之,则为直接选举(direct election)制。所谓间接选举,自然亦有种种形式。有令选民选出若干初选当选人,再令初选当选人选出议员者;例如欧战前普鲁士下议院议员的选举,及中国民元众议院议员的选举。有以地方议会为选举团体者;例如法国参议院议员的选举,及中国民元《国会组织法》关于参议院议员选举的规定。民元《国会组织法》规定参议员由各省省议会议员选举,但各省省议会议员原亦由间接选举而来;所以参议员的选举,不仅为间接选举,且为三层选举的间接选举。

二　间接选举与直接选举的理论

主张间接选举制者,无非以为一般选民,每因缺乏充分知识与判断力,不能抉取相当的政治人才;如采用间接选举制,则一般选民的职务,便不在抉取最终当选的议员(或官吏),而仅在遴选执行最终选举职务的人们,所以选民纵知识薄弱,乱选之弊亦可大减。

① 见本书上面183页,注①,Lavergne所提倡关于suffrage social的学说。

然间接选举,实含有两种甚大的流弊:其一,在使选举制度对于一般选民的政治知识,不能发生重大的教育作用;因为初选目的,既只在决定执行最终选举职务之人,而非选定最终当选的人员,则初选时各政党的选举竞争,或不免将政策的宣传与讨论置诸次要之列,而一般选民对于各方面的政治意见,或亦不能得着相当的了解。其二,在使选举贿赂与选举恫吓的情事较易发生;因为最终选举时,选举人数既较初选人数大减,贿赂与恫吓等情弊,自然较易实行。所以,晚近以来,各国选举法大抵趋于直接选举制;除对于上议院尚有采用间接选举者外,下议院的选举,几已一致采用直接选举制。

第三目　多数选举与比例选举

采用平等选权制,则一切选民的权利,在形式上诚然可以说是平等;但采用平等选权制而不采用比例选举制,实际上,各个选民,因其所隶的党籍不同,机会仍然不平等。因此,晚近一般民治国家,有渐渐抛弃多数选举制而采用比例选举制的趋势。

一　多数选举与比例选举的区别

任何一种选举制度,如果使各选举区应出的议员名额,为各该选举区内得票比较最多的政党完全占取,那种选举制度就是一种多数选举制。换句话说,在多数选举制之下,各选举区的代表权,完全属于各该区域内的多数党。反之,比例选举制,则在使各选举区内各政党所取得的议席,与各党所得的票数约略相当。凡采用单选举区制者,自然俱系多数选举制;因各选举区既仅能选出一人,则当选人员自然只能属于得票过半数或得票比较最多之人——即多数党。所以欲采用比例选举制,必须同时采用大选举区制,每一选举区务须选出议员数名。但采用了大选举区制,不一定同时非采用比例选举制不可;大选举区制与多数选举制仍可并行不悖。今设例如下。假定某选举区应出议员5人,每一选民各得选举5人,以得票比较多者当选;又假定该选举区选民总数共100,000,该选举区有两政党,多数党的选民60,000人,少数党的选民40,000人。在这种场合之下,如多数党组织完善,其各选民所投人名能一致,则该区应出的议员,将尽为多数党所有,少数党将无一人当选;因为多数党选民所选举的5人,将俱较少数党选民所投的5人得票较多。这种选举制度,可使一选举区议席,甚或全议会议席,尽为多数党所占;其选民较少的各党,甚或无一人列席议会。反之,如采用比例选举(proportional representation)制,则各选举区的当选人员,将不以得票最多者为限;而各选举区中各党当选议员人数之比,将等于各党选民数额之比。如以前例为喻,在比例选举制之下,多数党将能选出3人,少数党亦能选出2人;因3与2之比,恰当60,000与40,000之比;换言之,即各党俱获以选民20,000人出议员1名。19世纪中叶,即有美人吉尔品(Thomas Gilpin),瑞士人康西特郎(Victor Considérant),及英人哈尔(Hare)、弥勒(J. S. Mill)等,提倡废除多数选举制,而代以比例选举制。至19世纪末期,比例选举制,已行于瑞士各邦及比利时。欧战以后,各国采纳比例选举制者更多,新兴各国尤显然趋向此制。

今先说明比例选举制的各种形式,再讨论关于此制的各种理论。

二 比例选举制的各种形式

比例选举制,原有种种形式,繁简精粗各有不同。以下所举,不过比例选举制及准比例选举制的几种主要形式，此外固尚有其他形式。①

现在先说明减记投票法、单记投票法与重记投票法三种制度。他们的形式很是简单，一般论者往往称他们为少数代表制，或准比例选举制，而不称为比例选举制。

（甲）减记投票法（limited vote）。此法英国于1868年、1874年及1880年，对于众议院的选举，曾于13个选举区中试用。在试用减记投票法的选举区中，每一个选举区得选出议员3人，但每一选民，只能投选2人；以得票较多者当选。因此，少数党选民，如能占全数选民三分之一以上，便有选出议员1人的可能，多数党不必能占取全区议席。但英国于1884年即废止此制。在意大利、西班牙等国，此制虽亦曾被采用，但今亦不复存在。

（乙）单记投票法（single vote）。单记投票法有有转让与无转让之分。有转让单记投票法即所谓哈尔比例选举法，下面当另有述及。这里所讨论的则为无转让单记投票法。此法与减记投票法极相似；惟采用减记法者，投票人仅不能投足当选人的数额；采用单记法者，则投票人只能投选1人。中国民元《参议院议员选举法》及《众议院议员选举法》，俱系采用单记投票法，但尚规定一个最小当选票额。参议员的选举，用无记名单记投票法（即每票只能

① 解释比例选举制各种形式的书籍极多，今举数种参考书于后：Barthélemy et Duez, *Traité de droit constitutionnel* (1933), 353-375; Esmein, *Éléments de droit constitutionnel*(1927), Ⅰ, 346-384; Commons, *Proportional Representation* (1907); Hoag and Hallet *Proportional Représentation* (1926); Lachapelle, *La représentation proportionelle en France et à l'étranger* (1919); Kloti, *Die Proportional Wahl in der Schweiz, Geschichte, Darstellung und Kritik* (1901); Barthélemy, *L'organisation du suffrage et l'expérience belge* (1912); Horwill, *Proportional Representation, Its Dangers and Defects* (1925)。

投选一人，投票人不书本人姓名）；以得票满投票人总数三分之一者当选。当选人不足额时，则重行投票，至足额为止。众议员的选举也用无记名单记投票法。初选，以本区应出当选人名额，除投票人总数，将得数三分之一为当选票额，非得票满额者，不得为初选当选人；凡因不满当选票额致无人当选，或当选人不足额时，则取得票较多者，按照所缺当选名额，加倍开列姓名，再行投票，至足额为止。[①] 复选，以本区应出议员名额，除复选投票人总数，将得数之半为当选票额，非得票满额者，不得当选；凡因不满当选票额致无人当选，或当选人不足额时，则重行选举，至足额为止。

（丙）重记投票法（cumulative vote）。此法曩行于英国地方教育机关及美国的若干邦。按照此法，选民所投选的人数，仍与议员人数相等；但各选民得以所有票数，全数投选 1 人，或分别投选数人；以得票较多者当选。例如某选举区应出议员 3 人，每一选民，便能投 3 票；换言之，即各个选民，各有投 3 票之权；此 3 票可由选民汇投 1 人；或分投 2 人或 3 人；以得票较多者当选。在这种场合之下，少数党的选民，如能占全体选民三分之一，自亦得选出议员一名。

以上所举三种投票方法，虽亦能使少数党有当选机会，然究欠精密。因为少数党选民，如在某一选举区中不满该区选民全数若干分之几（如以上述各例为喻，则为三分之一），仍不能有人当选；如在全国多数选举区或一切选举区中，俱不满各该选举区选民若

---

① 此种最小当选票额及重行投票的规定，一般称为“二次投票法”（second ballot），旧行于德、奥、意诸国，其目的在使少数党不易利用多数党选民投票之未能一致，乘机排除多数党的当选。

干分之几（如就上述各例而言，则为三分之一），则该党在多数选举区或一切选举区中将无一人当选，虽则全国属于该党的选民，其总数仍或不少。所以上述三种选举法，只能说是一种少数代表制，或准比例选举制，而尚不能称为真正的比例选举制；他们虽亦能使少数党有当选机会，却不能保障选举结果，能使各政党所得议席之比，约略地等于各政党选民数额之比。为取到较准确的比例起见，我们乃不得不采用较复杂的选举法。这些较复杂的选举法，一般便称为比例选举制。但一般所公认的比例选举制，亦有多种，其精粗繁简的程度且大有不同。现在我们当先就各种比例选举制为概括的说明；然后再具体地解释若干种的比例选举制。

就选民投票的目标而言，比例选举制可大别为二类：其一，选民投票仍以个人为目标；换句话说，他们对于选举区内凡有被选举权的人，都可选举，不受任何限制。其二，选民投票，不以个人为目标，而以政党为目标；换句话说，选民投票的时候，在原则上，不是选择某某个人，而是选择某某政党。其法在令各选举区内的各政党，于举行选举前，向选举官署各提出一种荐选单，将各该党所推定的候补当选人一一列举于中。选民投票的时候，只在选择甲党或乙党的荐选单，而不是选择某甲或某乙。其严格采用此法者，选民不独不能将甲党荐选单中的候选人与乙党荐选单中的候选人混合投选，即对于任何一个荐选单中的人名，亦不能有所去取或颠倒他们的序列。

就当选票额的决定而言，比例选举制亦可大别为两类：

其一，为“商数票额”法。以各选举区应出的议员额数，除各该选举区的选民所投有效票的总数，即得“选举商数”。例如某选举区选民所投的有效票票额共为100,000，其应出的议员名额为10

人,则其选举商数便为$\frac{100,000}{10}=10,000$。采用商数票额法的比例选举制,即以选举商数为分配议席于各政党的标准。一个政党,在任何一个选举区内,如其所得的票数,等于该区的选举商数,即能有一人当选;如其所得的票数为该区选举商数的2倍或3倍……则有2人或3人……当选。兹再以上例为喻:假定该选举区有甲乙丙三党,甲党荐选单得50,000票,乙党荐选单得30,000票,丙党荐选单得20,000票,则在该区应出的10名议员中,甲党可得5名$\left(\frac{50,000}{10,000}=5\right)$,乙党可得3名$\left(\frac{30,000}{10,000}=3\right)$,而丙党可得2名$\left(\frac{20,000}{10,000}=2\right)$。

但上述选举商数仅为选举商数的一种,即世所称为"哈尔商数"(Hare Quota)者。尚有所谓"特罗普商数"(Droop Quota)者,则为瑞士人特罗普所发明,其法如下:$\frac{\text{有效票总数}}{\text{议员额数}+1}+1=\text{选举商数}$。特罗普商数比哈尔商数为小,但亦不会使各党在某一区所得议员的总额超过该区应出的议员总额。如以上例为喻,则选举商数当为$\frac{100,000}{10+1}+1=9,091$强;所以甲党仍得5人,乙党仍得3人,丙党仍得2人。

如果各政党所得的票数,恰等于选举商数,或恰为选举商数的倍数,则以上述的选举商数法分配议席,诚极精确,而比例选举制的原则亦得充分实现。但实际上各政党所得的票数绝少如此凑巧。因此,一个选举区,于依上法分配议员名额后,往往仍有残余名额待着分配。这残额究应如何分配,却是一个困难问题;为解决这个问题起见,乃有各种不同的比例选举制的产生。今设例说明如下:假定某选举区的有效票数为300,000,应出议员5人,则其哈尔商数便为$\frac{300,000}{5}=60,000$;又假定该区有甲、乙、丙、丁四政党,甲党得票151,000,乙党得票83,000,丙党得票34,000,丁党得票32,000,则各数中将无一数恰等于60,000,或恰为60,000的倍数;所以甲党分得议员2名,乙党分得议员1名后,四党将均有残票若干,且尚有议员名额2名未及分配。即用特罗普商数$\left(\frac{300,000}{5+1}+1=50,001\right)$,则甲党分得3名,乙党分得1名后,亦仍有残票及残额存在。如何利用这些残票与分配这残余的议员名额,便是比例选举制上最困难的问题。后面所述的瑞士制及比利时制就是对于这个难题的两种解决办法。

其二,为"均一票额"法。在选举法中预定一个当选票额,而使之适用于全国一切选举区者,谓之均一票额法。任何政党,不论在哪一个选举区,如所得票额等于法定当选票额,即得在该区占取议员一名;如所得票数为法定当选票额的2倍,3倍……则得在该区占取议员2名,3名……。例如法定当选票额为10,000,某党在甲选举区如得票10,000,则得在该区占取议员1名;如得票20,000,即得在该区占取议员2名。推之,如该党在另一选举区得票10,000或20,000,则亦得在该另一区占取议员1名或2名。但采用此法,各政党仍或不免有残余票额。如何利用这残票以贯彻比例选举制的要求,仍是一个难题。后面所述的德国比例选举制,就是对于这个难题的一种解决。

以上所述,只是各种比例选举制间互相差别的大略情形。以下我们再具体地说明四种比例选举法：即（甲）哈尔比例选举法，（乙）最大残数法，（丙）最大均数法，及（丁）德国比例选举法。前三种俱属于商数票额法的系统，其互异之点，只在残票之如何利用，残余议员名额之如何分配，以及选民投票之是否以政党为目标；第四种方法则为均一票额法的一例。

（甲）哈尔比例选举法。此法为英人哈尔所首倡，又称单记有转让法（single transferable vote）。[①] 就当选票额的决定而言，此法系商数票额法的一种。例如某选举区应出议员5人，有效票共有5万，则其当选票额即为10,000。就选民投票的目标而言，此法仍系以个人为目标；换句话说，选民投票的自由，与一般多数选举制相同。在各选举区中，每一选民，在其选票上所能选举的人数，可与各该区应出议员的名额相等。但每一选民的选票，实际上只能对于选票中一个被选人发生效力。选民在选票上填记被选人姓名时，须记先后的次序，将他最愿意投选之人列为第一选，他意愿中居于第二位、第三位……者，列为第二选、第三选……。选民投票完毕，选举官吏即将每一选举区内各选民所投之票综合在一处，而执行总开票（换句话说，开票手续不分数处举行）。开票时，一面唱名，一面记录；当开票的最初，所唱及所记之名，仅以各选票中的第

① 按哈尔选举法也有人称做“优先投票法”（preferential vote），惟此种称谓实欠妥当；因为美国有所谓“布克林优先投票法”（Bucklin plan）者，其选票的式样与投票的方法虽同于哈尔制，而计票的方法则完全不同，且其用意亦不在求比例，而在使选民得对于所选的各候选人中表示一种优先。按布克林制，投票者所选的人数等于所应当选的人数，惟普通投票法不标明被选人的次序，而布克林投票法则须标明次序。数票时，第一次先数第一选，过半数者当选；第二次将第二选加入计算，过半数者当选；如此做去，直至过半数者满所应当选人的人数为止。布克林制完全与比例选举制无关；但该制既常被人称为优先投票法，哈尔选举制自不宜再称为优先投票法。

一选为限;依此法开票,开至有人得票已满当选票额(如以上例为喻,便即10,000票)时,立即宣布此人当选——姑称为某甲。此后开出之票,如仍有以某甲为第一选者,则不复呼唱,亦不复记录其名字,而以该票票权界诸该选票中得第二选之人。如此往下开去,如另有一人得票满当选票额,亦即宣布此人当选——姑称为某乙。如此再往下开去,所开出之票,凡以某甲或某乙为第一及第二选者,概不呼唱或记录某甲或某乙之名,而以该票票权归诸该票中位居某甲及某乙之次之人。如此做去,直至各票开尽为止。如至各票开尽,而得票满当选票额者,尚不满应出议员的名额,则牺牲得票最少之人,而以其所得之票界诸该选票中得第二或第三选之人。如得票满当选票额者,仍不满应出议员的名额,则再牺牲得票较少之人。如此做去,直至全数议员选出为止。

此法固为许多英美人所赞赏,却有两大弱点:第一,某某人的当选或不当选,与开票时的机会颇有关系。假如某选举区的当选票额为10,000,选民所投的选举票,有10,000张系以赵某为第一选,钱某为第二选,另有10,000张则以赵某为第一选,而以孙某为第二选。依理,钱孙两人应有同等的当选机会;但事实上,则要看先开出的10,000票的内容,而定两人当选机会的大小。如果在先开出的10,000票中,钱某为第二选之票多于孙某为第二选之票,则孙某当选的机会便大于钱某。一种可以这样地显受机会影响的选举制度,自然不是一种完美的制度。[1] 第二,此法既须将一个选

[1] 为减除机会的成分起见,有人主张用所谓"严准方法"(Exact Method)及"分数方法"(Fractional Method)方法以资补救。这两法诚可减除机会的成分,但手续的繁重则愈形增加。两法的内容参看 Hoag and Hallett, *Proportional Representation*, 389-395。

举区中各处所投之票集于一处，而举行总开票，复须有呼唱及记录种种繁重手续，于时间费用，未免两不经济。

（乙）最大残数法。此法历来行于瑞士各邦，故亦名瑞士制；亦系商数票额法的一种，但选民投票须以政党为目标（即对于各政党所提出的荐选单加以选择）。倘按选举商数分配议员名额后，仍有残余议员名额未及分配，则即以残余名额分配于残票（即尚未利用之票）最多的荐选单。所以法人称此法为"最大残数法"（système des plus grands restes）。今取论商数票额法时所用数字举例如下：

假定某选举区的有效票共为300,000，应选出议员5人；则当选票额应为60,000；又假定有甲、乙、丙、丁四个政党竞选，其荐选单所得票额，甲为151,000，乙为83,000，丙为34,000，丁为32,000；则：

甲应出议员2名，存有残票31,000，因$\frac{151,000}{60,000}=2+\frac{31,000}{60,000}$，

乙应出议员1名，存有残票23,000，因$\frac{83,000}{60,000}=1+\frac{23,000}{60,000}$，

丙应出议员0名，存有残票34,000，因$\frac{34,000}{60,000}=0+\frac{34,000}{60,000}$，

丁应出议员0名，存有残票32,000，因$\frac{32,000}{60,000}=0+\frac{32,000}{60,000}$。

尚未分配的2名议员，则由残票最多的丙、丁各得1名。

（丙）最大均数法。上述的最大残数法，往往牺牲多数党的选票太多，且各党议员所获的票数亦相差太多，不免与比例制的原始目的不符。就前例言，甲党存有残票31,000，乙党存有残票23,000俱未能利用；而丙党以34,000与丁党以32,000俱举出议

员1名亦太不平等。为纠正此种弊害起见，各国间乃有采用“最大均数法”（système de la plus forte moyenne）者。此法也是商数票额法的一种，选民投票亦须以各政党的荐选单为目标。凡此本与最大残数法相同。但关于残余议员名额的分配，则依最大均数法须按照下列程序。先姑以所余议员名额试给各荐选单；次即以各荐选单所得议员总额除各该荐选单所得票额，除得之数就是各荐选单每一议员平均所应得的票数。最后，察看各荐选单中，此项均数孰为最大，则即以所余议员名额正式给予该单。今就前例所用数字说明如下。甲乙两荐选单按照选举商数分得议员3名后，尚有议员2名未及分配。今先试给甲、乙、丙、丁四单各1名，则甲将共得3名，乙将共得2名，丙将得1名，丁将得1名；而各党当选平均票额，甲将为50,333+，乙将为41,500，丙将为34,000，丁将为32,000。这四个均数中，以甲的均数为最大，故甲应加得1名，即真得3名。尚有未及分配的议员1名，则用同法试给各党，并求得甲的当选平均票额为37,750，乙的为41,500，丙的为34,000，丁的为32,000。这四个新的均数中，以乙的为最大，故乙应加得1名，即真得2名。如是，丙固仍须牺牲34,000，丁固仍须牺牲32,000，但所牺牲者固比甲乙的平均票额为小，故亦不能谓为不平。

最大均数法为比人唐特（D'Hondt）所创，又为比利时自1889年以来所采用，故又称唐特制或比利时制。唐特及比利时根据此法的原理，更设为下述方式，以便开票时较易计算。先以1，2，3，4……数字，陆续除各荐选单所得票额，直至除得商数，其个数与该选举区应出议员的个数相等为止（譬如该选举区应出议员5个则除得商数亦须满5个）。次将所得商数，按其大小，依次排列；而以序位与应出议员之数相若的商数为选举除数（diviseur electoral），为分配议员名额于各荐选单的标准。今仍以前例为喻：

各荐选单的票额	甲151,000	乙83,000	丙34,000	丁32,000
以1除之，得	151,000（1）	83,000（2）	34,000	32,000
以2除之，得	75,500（3）	41,500（5）	17,000	16,000
以3除之，得	50,333（4）	27,667	11,333	10,667
以4除之，得	37,750（6）	20,750	8,500	8,000
以5除之，得	30,200	16,600	6,800	6,400

如将上列商数依大小排列，则第五个商数为41,500。以此为选举除数，除各荐选单的票额，则甲得3名，乙得2名，其结果与上述者相同，而与最大残数法不同。

除了唐特的方法外，更有所谓哈根巴赫-毕孝夫（Hagenbach-Bischoff）制者，则可以更简捷的方法，得到同一的结果。其法即利用特罗普商数作初次的分配。如用上述数字，则特罗普商数为50,001。经初次分配后，甲党得三人$\left(\frac{151,000}{50,001}=3+\right)$，乙党得一人$\left(\frac{83,000}{50,001}=1+\right)$，丙丁两党各得零人。再增予各党一名，而以各党所得议员的总名额除各该党所得的票额，以求得商数；并以最大的商数为选举除数。由是甲党的商数为$\frac{151,000}{3+1}=37,750$，乙党的为$\frac{83,000}{1+1}=41,500$，丙党的为$\frac{34,000}{0+1}=34,000$，丁党的为$\frac{32,000}{0+1}=32,000$；而选举除数则为41,500。以41,500为选举除数，则甲党应得议员3名，乙党2名，丙丁各零名，其结果正与上述者相同。

（丁）德国比例选举法。德国1920年来采用的比例选举法，系均一票额法的一种。此法虽纯以各政党的荐选单为目标,[①]但可补救最大残数法及最大均数法的弱点。

上述瑞比两制,虽较减记重记各投票法为精密,但少数党选民如在选举区中所得票数,不足特定数额,仍不免全被牺牲;推而言之,如少数党在众多的选举区中或各个选举区中俱系如此,则其所牺牲的票数总额,或不免甚大(多数党自然亦能遭受此类牺牲)。所以瑞比两制的结果,或仍不能使各政党在议会中所占议席,恰与各政党选民所投的票额相当。为补救此弊起见,德国1920年国会新选举法,乃采纳一种较新的比例选举法。此法内容,既较比制为简单(比制为一般选民所难了解,其开票时的计算手续,亦嫌繁重);精密的程度,亦在瑞比两制之上。

德制先预定一个当选票额,其数在德国为60,000;国会议员的总额,则随投票人数的多寡而定。各政党得提出下列三种荐选单:(一)"选举区荐选单"。此系各政党在各选举区提出者。(二)"联合选举区荐选单"。此荐选单系联合数个"选举区荐选单"而成。德国全国分为若干联合选举区,每一联合区,含有若干选举区。将联合区内各政党所提出的各"选举区荐选单"归并成一名单,即为该政党的"联合选举区荐选单"。(三)"全国荐选单"。凡已在各选举区提出荐选单的各个政党,尚得提出一个"全国荐选单"。各选民在各选举区投票时,须投选一整个的"选举区荐选单",不得变更该单的人名,亦不得变更各候选人的次序。各政党"选举区荐选

① 自1933年希特勒当权后,国社党外的其他政党俱已不能存在;因之,1920年的比例选举法虽未正式取销,在实际上则选民只有投选与不投选国社党荐选单的可能,而并无其他政党的荐选单可资抉择;既无所谓选举,更无所谓比例。

单”所得票额，满60,000时，该单即出议员1人；如2倍或3倍……此数，则出议员2人或3人……其残余票额则与该政党在同一联合选举区中其他各选举区的残票相加，亦按每60,000人出议员一人的比率计算；此项议员归诸该政党的“联合选举区荐选单”。如尚有残票则再与该政党在其他联合区中的残票相加，仍按每60,000人出一议员之率，而给该政党的“全国荐选单”以若干议员。今更设例如下：

假定全国共分为甲、乙、丙、丁戊五个联合选举区；又假定甲联合区有子丑两选举区；某政党在子丑两区所得选票，假定子区为210,000，丑区为160,000；由是，该政党在子区应出议员3人，其残票为30,000，在丑区应出议员2人，其残票为40,000。以上议员5人归子丑两区“选举区荐选单”分别分配。复次，将子丑两区的残票相加，30,000 + 40,000 = 70,000；由是，该政党尚得选出议员1人。此名议员即归诸该政党甲联合选举区荐选单，其残票10,000，即为该政党在甲联合区的残票。

今更假定该政党在乙、丙、丁、戊四联合区尚有残票乙30,000，丙50,000，丁55,000，戊40,000，加入甲联合区残票10,000，共得185,000，则该政党的“全国荐选单”尚可出议员3人。总计该政党在全国所牺牲之票，不过5,000。

三　比例选举制的理论

主张比例选举制者，以为议会应为全国人民的代表机关，而不应仅为多数党的代表机关，议会应如一个镜子，能使国民全体的意见，各如其量反映于中。他们以为比例选举制，就原则上讲，既较多数选举制为公允，就实际利益上讲，亦足使议会不易为一党所垄断；由是，多数党专制之弊，可以减免。

但是反对比例选举制者,亦振振有词。他们的理由,约言之,不外下列几种:

其一,以为比例选举制与多数政治的原则相背。此说颇嫌幼稚,因为政治问题取决多数,本是不得已之举;如无必要,固未始不可代以他制。议会议员的选举,既有他法可以代替多数选举制度,便不必固持多数政治的成见,认议会议员的产生,必须全由多数党选民决定。且即采用比例选举制,议会中一切议案,固仍取决于多数,又安得谓比例选举制足以破坏多数政治?如必屏除少数党于议会之外,不独少数党将无决定国家政策的权能,即求在议会抒发意见,以求影响多数党的政策,亦将不可得。揆诸事理,岂得谓平?

其二,以为比例选举制足使政党内阁制不易成立。英人反对比例选举制者,历来多注重此点;因英吉利向为政党内阁制的国家。他们以为比例选举制的实行,可使许多小政党,亦得列席议会,议会之中,或竟没有一个政党,能占有过半数的人数;这样,则政党内阁便或无从成立;纵能成立,亦难巩固;因议会中既无一个占过半数议席的多数党,则任何政党组织内阁时,便不能不援引他党入阁,以冀在议会获得过半数的拥护;即或不必援引他党之人入阁,在政策上,亦总得常与他党协商,以减少反对力量。前一个手段,将使内阁的组织,含有混合性质;后一个手段,将使政党内阁的地位,不易巩固。英人为欲维持其传习上的政党内阁制起见,对于比例选举制,因持反对之论。但是政党内阁制,在理论上讲,原不必为绝对的良制;如选民之间,原无一个过半数的多数党,而强欲以一种选举法,使议会得有一个过半数的多数党,因以产生一个政党内阁,则尤有削足适履之嫌。且就事实而言,除英吉利而外,其他各国之采用责任内阁制者,亦几无一能实现一党内阁制度。盖社会间的政治意见,本极分歧,即励行多数选举制,其结果往往仍不能使任何政党,在议会中占有过半数的名额。历来欧洲大陆各国的内阁,常为一种混合内阁者,亦即以此。近年来,即英吉利的议会,也不常有一个过半数的多数党;即有这样一个政党,内阁也不一定由该党组织;所以英吉利政党内阁的前途,究竟如何,亦实难预测。

其三,以为比例选举制,可以减少选民投票的独立与自由。上面说过,各国所行比例选举制,有令选民投票,仅以各政党所提出的荐选单为目标者。这种束缚,亦即遭人攻击的一点。但主张比例选举制的人,所以要有此层束缚,亦未常没有相当理由。他们以为政治活动,根本上就是一种团体活动;处现代政治社会之中,任何私人的政治目的,都须凭藉团体的行动才能实现。既然如此,选民如不牺牲若干分个人的自由,事事纯依己意作去,则其个人目的,亦终难实现。照此推论下去,如果一个选民,不投一个政党的人,而自由投选甲乙丙……数党的人,他的选票,将成为无意义;他的个人目的,也难实现。

其四,以为比例选举制,足以增加政党机关舞弄选民的机会。这为一般反对比例选举制的人,攻击该制最力之点。他们以为比例选举制内容甚为复杂,非一般人民所能了解,所以采用此制,实际上会增加办党者舞弄选民及指使选民的机会。此说确具相当的理由,我们难以抹视。不过比例选举制实有种种形式,欲防杜此弊,尽可斟酌本国情形,采用比较简单而易于了解的比例选举制;却不能因其复杂难懂,而完全否认其应用。上述的德制,实际上即非十分难于了解者。

综上所述,反对者的议论,虽确有值得我们考虑之处,究不能完全推翻比例选举制的价值。

第四目　强制投票

一　强制投票制的意义及形式

对于无正当理由而放弃投票权的选民，施以法律制裁，即是强制投票（compulsory voting，vote obligatoire）。所谓正当理由，即指疾病及老年（例如70以上的老人）等事而言。这种制度，许多重要的民治国家，虽至今尚未采用，但已采用的国家亦属不少。瑞士采用此制最早；比利时采用后，亦成效卓著。此外如丹麦，西班牙，德国巴敦（Baden）、巴雅恩（Bayern）等邦，以及中美、南美各国亦久已采用此制。欧战后的匈牙利、荷兰及捷克等国亦已容纳此制。至于各国法律所设立的制裁，则形式不一。有对于无正当理由而放弃投票权的选民，仅由法庭予以谴责或小额的罚金者；有令此项罚金，随选民放弃投票权的次数而递增者；有以停止选举权若干年为制裁者（比制则随选民放弃投票权之为初犯或累犯，分别采用以上数种制裁）；有规定每次选举，如投票人数不及选民全体人数三分之二时，则举行第二次选举，而令未及参预第一次选举的选民，负担第二次选举的经费者（此为巴雅恩一度采用的制度）。

二　强制投票制的理论

主张强制投票制者，有一根本的理由：他们认选举权为一种社会职务，或为一种含有社会职务性的权利，所以有选举权者，同时负有行使选举权的义务。在原则上讲，这种理论，我们自可承认（参看本章第一节）。但主张强制投票制者，不特认此制在原则上可以承认，且谓实际上亦有不能不采用的各种原因。其最大者有二：其一，以为如不施行此制，则由选举产生的议会，或仍不能代表选民全体的多数；因为参预选举的选民，有时或不免过少。这种情形，即在民治发达的国家，亦或不免。即如英国，其选民对于政治的知识与兴趣，可算浓厚；然就其最近几次下议院选举的结果看去，其放弃投票权的选民，亦常占选民全数百分之二十以上，甚或超过选民全数百分之四十以上（1918 年的选举）。论者以为这种情形，如实行强制投票，当可获得相当补救。比国于 1893 年以前，放弃选权的选民，为数亦极大，然自 1893 年采用强制投票后，选民放弃投票权者，顿形大减。这种变化甚可为上说的赞助。其二，以为在许多国家中，一般人民，或因厌恶议会制度与议员，或因选权普及而贱视选举权，遂致自甘放弃其选举权，如不施用强制投票制，则其流弊将不堪设想；因为民治主义的最大仇敌，便是一般人民对于政治问题之不肯注意与不愿奋斗。

以上为主张强制投票制者的几种重要理由。反对此制者，亦有两项普遍的意见：其一，以为强制投票制，纵能强迫人民到投票地点报到，但人民仍有不投票与投废票的自由，国家仍无从强制；所以强制投票制，仍不能达其本来目的——即迫令全体选民或极大多数的选民，对于政治问题，表示其真实的意见。其二，以为法律的制裁，事实上亦难严格的实行；因为每次选举，各处选民放弃选举权者，人数或达万千，法庭的审问处罚每成十分困难之事。例如西班牙昔年虽行强制投票，然各选举区中选民放弃选举权者，有时仍占全数选民百分之四十至八十，在这种情形之下，法律上所规定的制裁，自然只能成为具文。由于以上两种理由，所以各大国间仍未有采用强制投票制者。

第五节　选举程序

第一目　选民册

有选举权的选民不能就享有投票的权利，在选民册上有名的选民才能有投票的权利。因此，选民册的制定，为选民行使选举权的初步手续。

各国大都以办理户籍的地方官吏，负制定选民册的责任，因为他们熟知人民的各种情况，如年龄、移居等等。但制定的方法，则各国间出入甚大；有取按期造报的方法，如美国各邦大都逐年制定新册；有取随时订正的方法，法德地方官吏即不断地在将丧失选权的人除名，而将新获选权的人加入。

成立选民册的目的既在防止无选权的人冒名投票，而使有选权的人得有保障，则名未列入册中的选民，应有要求加入的权利，而不应列入册中的人民则当有方法可除其名。所以各国于制定选民册时，第一恒将草册公布，庶几人民可以作添入或除名的要求。此项要求，制造选民册的官吏往往仅有初步的裁决权；要求者如不服裁判时，尚可诉诸法院。经过郑重严正的手续后，选民册才算决定。于是，凡选民册上有名的选民便可行使选权；遇有冒名顶替等情弊时，办理选举的官吏也可立予制止。

第二目　秘密投票

秘密投票制在保持选民投票的独立与自由，藉以减少选举时的贿赂与恫吓；因为在这种投票法之下，行使贿赂或恫吓之人无从确知选举人是否依约投票。法国承认投票秘密，始于第一次大革命。英国则迟至1872年始废止旧日言词选举之法，而采用秘密投票法。但英国当时所采用的秘密投票法，亦不过废止言词选举法，而代以无记名书面投票法——换言之，即令选民于选举票上仅书被选举人姓名，而不自署姓名。今则法、英、美等国所采用的秘密投票，已更形细密。

依照法国下议院议员现行选举法，每一选民，在投票场所，依法向选举官吏证明其履历后，即领取选举封筒一枚，随即走入投票场中的一个独室（isoloir）（投票场内设有许多独室），将他所欲选举之人的姓名，于选票中写好，封入封筒内，将封筒封固，然后退出独室，将该封筒投入独室外的投票匦。在这种方法之下，选民填写选票时，自然无人能在旁窥视，而选票的内容亦无人可以偷知。

中国民元《众议院议员选举法》所采用的秘密投票法，亦为无记名投票法；但该法并无关于封筒或独室的规定。该法的施行细则（元年九月二十日颁布）却有关于投票封筒的规定（第二十四条及第二十七条）。《施行细则》并云："投票所须有相当设备，使投票人不能互相窥视及交换传观与其他不正行为。"（第十七条）现行《中华民国刑法》对于谋刺探无记名投票的票载内容者，且处以罚金（第一四八条）。

英国下议院现行投票法，仿自澳大利亚，故通称为"澳大利亚投票法”(Australian Ballot)。此法于各选举区中,由政府制成选举票,列举该区候补当选人的姓名。依照英国及澳大利亚等的选举法,各选举区当选的议员,俱以该区候补当选人为限;所谓候补当选人,即希冀当选之人,其姓名曾经若干选民向选举官吏提出者。

选民到选场时,即领得这种选票,于是走入选举场内的一个独室(voting booth),在选举票上,择定他所愿选的人名,作一符记,然后将选票封卷,退出室外,投入投票匭中。这种方法,既可增加秘密的程度,复可使不会书写的选民亦能投票,因为选民只须在选举票上某某人姓名之侧,作一符记,而无须自写被选举人的姓名。美国各邦之采用“澳大利亚投票法”者,有时并准各政党提出一个政党旗帜,而将该旗帜印诸选举票中该党候补当选人姓名之侧;不识字的选民只须认识其本党的旗帜,亦可投票。

近来美国各邦,更有采用“投票机器”(voting machine)者,则选举的秘密更增加,而开票计票各种手续更简易。

反乎一般民治国家的趋势,而采用公开投票制者,在法律上,今固只有匈牙利一国;但在德意等国,因为国社党或法西斯蒂党党员可以监视选民的投票,实际上秘密投票制的精神亦不存在。苏联向亦采用公开投票制,但其1936年新《宪法》则已放弃公开投票,而采用秘密投票(第一四〇条)。

第三目 选举舞弊与选举诉讼

一 选举舞弊

选举时,选民与选举官吏以及候选人的种种舞弊,实是选举制度中的重大问题。这种舞弊,各国于选举法或刑法中,固均设有相当的罚则。中国民国元年《众议院议员选举法》第九十四条规定“关于选举之犯罪,依刑律处断”;现行《刑法》第二编第六章,对于妨害投票的种种行为,如贿赂、期约或对选民施行强暴胁迫,以及骚乱投票之类,俱设有徒刑及其他罚则。但是,仅于法律上对于选举舞弊行为设为罚则,而不别设方法,以使此种行为不易发生,实际上仍恐不能发生广大效力。且所谓贿赂行为,其涵义究嫌空泛;何种行为构成贿赂,亦应有精细的具体的规定,使一切选举当事人,能瞭然于选举道德的范围,不易受人欺罔,亦不致欺罔他人。

英国自18世纪后,贿赂行为成了选举的风气,即至19世纪中叶后,此风仍未大止。但自1883年颁行《选举舞弊行为法》(*Corrupt and Illegal Practices Act*)后,此风却已大减;今则英国议会选举的纯洁,殆为一般人士所公认。该法的特点:第一,在对于各种选举舞弊行为,依据经验所得,有了具体的列举;第二,在对于候选人的选举运动,设为严密的限制与制裁,以冀贿赂行为,实际上亦难于发生。该法不仅限制候选人(即希望当选而其姓名曾经向选举官吏提出者)使用选举费用的方法,抑且规定各候选人,在其选举区中所付合法费用,不得超过特定的数额。该法不仅对于行使各种贿赂行为者,设有严酷的罚则,抑且规定各选举区中,各候选人于支付合法费用时,须交由一个他所委托的代理人办理;该代理人并须造具详细账目及收据,送交选举官吏查核,由选举官吏在各该选举区中宣布,藉使一般选民亦得施行监察。如一般选民能发现舞弊行为,则可以告发,并请求总检察长(Attorney-General)提起选举诉讼。

美国的选举贿赂行为,旧时亦极普遍,自1890年起,各邦始陆续摹仿英制，而有禁止选举舞弊行为的法律。但美国的选举竞争，大率由政党机关出款主持，或由铁路、保险等公司纳款主持，不像在英国则选举费用大都由候选人自己担任；所以美国各邦，不特对于候选人限制其选举费用与其使用方法，并有对于各政党的选举费用，亦予以相似的限制者。美国联邦议会，于1907年即通过一种法律，禁止各种公司或银行，对于联邦官吏的选举，有捐款协助之举。1925年的联邦法律更令候选人或其委托人，于选举进行的过程中，对于选举费用的账目，前后作六次的公布。各邦的法律大体上亦有同样的规定。

德法及其他大陆国家，对于选举舞弊的防范，尚远不及英美的周密，因为他们仅禁止贿赂等等显系不法的行为，而对于选举费用等事尚无限制。

至于选举官吏开票计票时各种舞弊的防范，各国有令候选人或政党得以委派监察员者。中国民元《众议院议员选举法》第十六条亦规定初选复选俱须设投票管理员、开票管理员与监察员，皆由选举监督委任，但监察员必须为本选举区选民。

二　选举诉讼

关于当选人当选资格的种种诉讼，应由何种机关审判的问题，其解决方法颇不一致。

法制，凡当选议员，于其初到议院时，不论其当选资格，曾否发生争讼，俱须经由该议院的审查；非经审查合格者，其议员资格不能成立。如有对于当选议员的资格，提出选举诉讼者，亦须以当事者所隶属的议院，为判决的机关。[①] 英制，凡对于当选议员资格所

① Esmein, *Éléments de droit constitutionnel* (1928), Ⅱ, 392.

提起的选举诉讼，以及其他选举诉讼，俱由法院审判，而不由议院自理；凡新当选的议员，亦无须经所属议院的审查；但议员如有犯罪或其他重大原因，则所属议院得随时通过决议，取销其议员资格，而召集补选。①

以上为英法两制间的差异。法制对于当选议员资格的诉讼事件，不付诸法院处理，而由议院自行处理者，盖关于选举事务，行政机关往往即为舞弊的关系人，如将关于议员资格的诉讼，付诸法院处理，则法院或会畏惧行政机关，而有不公的处理。但就另一方面看去，英国之不以此项诉讼交付议院自理，而以之交付法院，亦有一个极大理由。盖议会的一切决定，实际上为议会多数党的决定；如将关于当选议员的资格的诉讼，交付议会审理，则多数党袒护本党议员与歧视异党议员之事，势所难免；所以议院的决定，亦难望公允。法国议会的决定固常有偏袒不公之讥，与法国同制的美国，其议会——无论为联邦议会，或为各邦议会——更常有不公允的决定。

德国1919年的《宪法》采用了一种折衷方法。根据该宪第三十一条，德国有一特殊机关，名为"选举审定法院"（Wahlprüfungsgericht）。该法院的职权，即在审理一切关于国会议员资格的争议问题。该法院为法院与议会合组的机关；一部分法官系由国会就议员中选任，另一部分法官则由行政法院（Reichsverwaltungsgericht）推荐，而由总统任命。这种方法，德国各邦中亦有摹仿者。

民国元年《众议院议员选举法》（第九十至九十三条）规定一切选举诉讼事宜（办理选举人的舞弊违法、当选人的资格不符、落选

① Anson, *The Law and Custom of the Constitution* (1922), I, 91-92.

人之应当选而未与选等事），概归法院审判，盖亦摹仿英制。至于众议院选举的诉讼的提起，则自选举日起，初选须于五日以内，复选须于十日以内，向法院提起。① 其所以限制必须于选举日起始能提起者，乃因选举诉讼，如能于选举以前提起，则提起选举诉讼之权，或不免为人利用，以为防止他人当选的一种方法。但《众议院议员选举法》虽以一切选举诉讼的审判权归诸法院，而二年《议院法》，却仍承认参众两院，对于本院新到院的议员，有审查其资格之权；开会以后，议员资格发生疑义时，两院亦得各自审定；不过此项审定不能涉及选举诉讼事件。所以两院仍保存着取销其本院议员资格之权。②

① 民国二十五年五月十四日的《国民大会代表选举法》关于选举诉讼的规定亦大致相同。

② 参看该《议院法》第六条至第八条。

第二章　公民直接立法权

在古希腊许多城市国家(city-state)中,公民团体不但享有选举官吏之权,并且享有直接立法之权;而且当时除公民全体大会外,并无所谓议会或代议团体,所以公民团体,不但为最高的立法机关,并且为惟一的立法机关。现代国家所属的地方团体,其立法权亦有完全由公民大会行使,而不另设议会或其他立法机关者,如瑞士各邦中,至今尚有数邦沿袭着中世纪遗传下来的公民大会(Landsgemeinde)制度。但这种纯粹民治制度,究只能行用于区域极小的社会。在地域稍大的社会,这种制度不能行用;大国中即民治极端发达者,亦只能于议会之外,承认公民团体得以参预立法,并不能以立法之事完全付给公民。至于公民团体参预立法的方式,约有两种:一为"复决"(referendum),又一为"创制"(initiative)。本章内容,即讨论这两种制度。

第一节　复决权

一　复决的意义及形式

取议会所通过的法律案或宪法案,付公民投票表决,以决定其应否成为法律或宪法,即是复决。公民的表示,自然只有赞成或反对的投票，而不能于投票之前共同集会讨论；盖公民人数甚众，事实上实不能集合讨论。

复决制的远源，虽不始于近代，但严格的复决制，则初见于18世纪美法革命的时期。当时革命人士，大都服膺卢梭民权主义之说，且认宪法为民约，因有主张一切宪法，须经人民批准者。1792年法兰西革命政府所组织的“国民议会”（Convention Nationale），并曾通过一种决议，宣言凡未经人民批准的宪法，不得目为宪法。该“国民议会”所制定的1793年《宪法》，即经过各地人民投票采纳。19世纪期内，瑞士各邦的陆续采用此制，大半亦受了卢梭学说的影响。但在欧战以前，各国采用此制者，几限于瑞士及美国各邦。欧战告终而后，欧洲新造各国的宪法，始相率采用此制；德奥新宪法，即其最著之例。

各国所采用的复决制有许多的形式，简括言之，可有下列两种分类方法。

其一，就人民所复决的法律的内容，而有制宪的复决（referendum constitutionnel, constitutional referendum）与立法的复决（referendum législatif, legislative referendum）之分。制宪的复决，即对于议会或其他制宪团体所通过的宪法案或宪法修正案的复决。立法的复决，即对于议会所通过的普通法律案所召集的复决。制宪的复决比较立法的复决为盛行。美国各邦几无一不采用制宪的复决，但采用立法的复决者则只有十三邦。但在瑞士，则两种复决俱极盛行。联邦及各邦对于制宪的复决，固已一致采用，即对于立法的复决，亦几已一致采用。现时各邦中，除采用公民大会诸邦已以立法权完全付给公民大会外，其余各邦，除佛拉堡（Freiburg）而外，复决制并皆适用于普通法律案。[1] 德奥等国的宪法，亦俱承认复决制得适用于宪法案及普通法律案。

其二，因复决的必需与否，而有强制的复决（referendum obligatoire, obligatory referendum）与非强制的复决（referendum facultatif, optional referendum）之分。凡议会所通过的宪法案或法律案，如必须经过复决，始能成立，则该种复决，便是强制的复决。现时瑞士联邦宪法及各邦宪法，对于议会所通过的宪法修正案，俱限定必须经由复决，始能成立；换言之，瑞士的制宪的复决，概为强制的复决。即对于普通法律，瑞士各邦中，亦已有若干邦采用强制的复决。他国之采用强制的复决者，大都限于制宪的复决；但美国各邦，亦有若干邦，对于宪法案及普通法律案，俱采用强制的复决。在非强制的复决制之下，议会所通过的宪法案或法律案，不必一定交付复决，才生效力；如无公民或其他机关的要求，即不交付复决。各国所采立法的复决，大抵为这种复决；即对于制宪事宜，各国亦有仅采非强制的复决者。但非强制的复决，又可因要求复决的团体的不同，而有下列几种的分别：

（甲）由公民要求召集的复决。这种复决，为非强制的复决各种形式中之最普通者。采用这种形式，则议会所通过的议案（法律案或宪法案），于通过议会后一定期限内，倘经公民若干人的联名要求，便须交付公民投票表决。例如瑞士《联邦宪法》第八十九条规定，凡联邦议会所通过的普通法律案，倘经公民三万人的要求，或八邦的政府的要求，便须提交公民表决。至于此项要求提出的

---

① 瑞士复决制适用的范围虽极广大，但有一种法律案——议会所通过的“紧急案”——则联邦宪法及各邦宪法大都认为不能适用复决。

期限，则经该宪第九十条声明，须别以法律规定。又德国1919年《宪法》规定，凡公民对于议会所通过的宪法案或法律案要求召集公民复决时，要求的人数，必须满全国公民总额二十分之一。这种自动的复决，在较广大的地域，实际上殆极不易实行。盖法定要求的人数，论理原不能太少，否则便系承认极小部分的公民，亦得与议会相对抗；但法定人数过高，则当事者凑集签名人数时，与政府当局审核签名真伪时，又嫌过于困难。

（乙）由议会主动的复决。美国各邦议会，因欲征取人民公意，或因欲卸责于人民，每每对于自己所通过的法律，宪法上原未规定须提交公民复决者，自愿提付公民投票表决。密歇干（Michigan）邦且仅以要求召集公民复决之权付给议会，而不以付给公民。奥国1920年《宪法》亦有类似的规定。按照该宪第四十三条及第四十四条，国会的多数，对于普通法律，得自愿的提交公民复决；至于宪法修正案，则虽联邦院或国会三分之一的议员，亦得要求召集公民复决。这些规定，其用意俱在给议会的多数或少数以诉诸公民的机会。德国1919年《宪法》第七十二条并承认参议院对于国会通过的宪法修正案，如不能同意时，得要求召集公民复决。这种规定，则欲藉公民复决，以解决参议院与众议院间的冲突。

（丙）由行政机关提付公民的复决。德国《宪法》第七十四条承认总统对于国会所通过的法律案，于一月内，得以提付公民复决。这种规定的目的，在以公民复决为解决行政机关与议会间对于法律案意见的冲突。

（丁）由各邦政府要求召集的复决。瑞士《联邦宪法》第八十九条规定，各邦中八邦联合起来，便可要求将联邦议会所通过的法律案，付公民复决。这种规定的目的，在给各邦以对抗联邦政府之权。

以上所述，为复决制各种形式的大要。以下将略论主张复决制者及反对复决制者的各种理论。

二　复决制的理论

一般主张复决制者所持的理由，不外下列三种：其一，以为复决制最合乎民权主义的理想。这是服膺卢梭学说者所持的见解；因照卢梭的思想，人民主权的表现，殊不能完全凭藉代议制度；如因地域较大，不便完全以立法权付给公民，亦至少当令公民享有批准法律之权。法兰西大革命时代法国之采纳复决制与19世纪瑞士各邦之相率采纳复决制，大半系受卢梭学说的影响。其二，以为复决制，可以防杜议会的专断与失职。议会的立法，平常或不免有蔑视舆论、拂逆民意的地方。倘公民享有复决权，则事前既可使议会议员有所忌惮，而使此类情事不易发生；事后亦可有所救济。近数十年来，美国各邦之采用复决制，大半因为议会议员尝为财阀所贿买、所左右，而有许多专横失职之事。其三，以为复决制富有政治的教育作用。盖复决的举行，可使一般公民，对于邦国大政，不能不予以相当的注意；因凡参加投票之人，除了甘于盲从者外，自不能不对于法律案的内容，预先求得相当的了解。所以，复决权对于公民的政治教育作用，殆远过于选举权；因为公民行使选举权时，一般人所讨论与注意者或不免偏于人选问题，而于重要政策的内容转不深求了解。

一般反对复决制者，却又振振有辞。他们认为一般公民的知识尚不足以判断法律案的良否。盖社会愈进化，则法律的内容亦愈复杂；苟非公民的知识异常发达，断难望其能有充分的了解。即令其知识足以了解，但一般公民亦未必俱有充分的兴味与充分的余暇，不断地去研究议会所通过的法律案件。若然，复决制施行的结果将不外两种:或则大多数公民,对于提交表决的法律案件,为盲目的可决或否决;或则公民的多数或一部分,因无暇过问立法问题,竟至放弃投票的责任。如为前者,则何贵乎公民的复决;如为后者,则复决不复是全体公民意见的表现。就令政府所颁给的说明书,以及报纸关于移付复决案件的讨论,多少可以帮助公民了解该案件的内容,但政府说明书与报纸的意见,或皆不免有所偏袒,所以公民究不能藉此而得到准确的判断。

除以上所述赞成及反对两方的一般理由而外,赞成者与反对者尚有观察相反的数点,亦颇有趣。

赞成复决制者群认此制为消弭革命的良剂。盖法律经议会通过后,少数党常有藉口该项法律违反实在的民意,而大加反对者,今如将该项法律更付公民投票表决,则多数少数两党之争,自亦可以减少。而且,凡经公民否决的法律,议会尚可重行考虑,酌予修改,使与当时人民的意志相合;如是,凡与时代精神不甚融洽的法律俱不至发生;法律的施行,亦遂无反动与抵抗之虞;革命之事,亦遂不致发生。赞成复决制者以为瑞士自1848年以来,绝未发生革命的原因之一,即是复决制的普及。但反对复决制者,则认此制可为革命的导火线。在纯粹代议制度之下,凡法律案,一经通过议会,普通人民便视为法律;至于该项法律的成立,是否经由极大多数的赞成,或仅经由一个小小的多数的赞成,他们并不十分过问。倘以法律付诸公民亲自表决,则曾经投票反对者,于法律施行时,或不免愤懑不释;倘当时反对人数与赞成人数相差无几,则该项法律的施行,更会遇到种种阻碍,甚或酿成政府与人民间的积极冲突。这为赞成与反对两方观察相反的第一点。

赞成复决制者,又谓此制可以增长人民对于法律的责任心。

在单纯的代议制之下，法律的成立始终出自议会之手，人民未尝过问，所以人民对于服从法律的观念与兴味，初不必甚浓。如采复决制，使人民直接参预法律的制定，则人民对于法律的成效，不得漫无责任观念；由是法律施行时，亦可得着人民直接或间接的助力。但反对复决制者则以为此制可以减少议会对于法律的责任心。盖法律的最终成立，既系经由公民表决，则对于该项法律将来成效的优劣，议会自可卸责于人民；由是议会于成立法律案时，其起草、审查与讨论诸程序，亦或不免流于草率。这为赞成与反对两方观察相反的又一点。

凡上所述赞成及反对两方的各种意见，俱不容我们加以绝对否认。所以复决制之应否采用，不能纯从制度本身的利弊上去决定，而须看采用的国家，有无特殊的状况——如公民教育程度甚高，政治兴味甚厚，国家版图甚小等等——可以减少施行此制时的流弊与困难。且此制原有种种形式，即予以采用，亦须斟酌国情而考虑适宜的形式。

中国过去的约法及宪法，俱未采用复决制或其他公民直接立法之制。在孙中山先生的《民权主义》及《中国国民党党纲》中，公民固须具有选举权、复决权、创制权与直接罢免权四种政权，但在训政时期尚未真正告终以前，亦当然无从实施。

第二节　创制权

一　创制的意义及形式

创制与复决有别。复决在令公民团体对于议会已经通过的普通法律案或宪法案,为赞成或否决的表示;其目的只在防止议会制定违反民意的法律。创制系承认公民达若干人数,得有权提出关于法律或宪法的建议案;是项建议案或径交公民复决,或先交议会讨论,如议会不予采纳,则再交公民复决;所以创制的目的乃在防止议会拒绝制定民意所要求的法律。

瑞士及美国各邦,于采用复决而外,更有采用创制者;欧战以后的德奥等国亦尝一度采用。但创制的形式,则各国所采用者颇不一律。

就创制适用的范围而言,则有"制宪的创制"与"立法的创制"之别。前者系承认公民若干人,对于宪法修改问题,得以提出建议案而要求公民复决;后者系承认公民若干人,对于普通立法问题,得以提出建议案,而要求公民复决。瑞士各邦,除佛拉堡一邦而外,俱承认创制适用于制宪问题及普通立法问题;但瑞士联邦宪法,则仅采用制宪的创制。美国各邦中,因视制宪问题较普通立法问题为艰巨,转有采用立法的创制,而不采用制宪的创制者。

就创制的各种程序而言,则瑞士与美国各邦间所采用者,亦有种种形式。就大体说,这些形式亦可分为两类:其一,公民的建议只标示几种原则,但不自行制定一种完整的法律草案。按照瑞士联邦宪法的规定,凡公民关于宪法问题的建议,如只标示原则,而联邦议会又赞同这种原则时,则该议会即可据以制定一种法律草案,交付公民复决;如不为联邦议会所赞同,则须先将原则交付公民复决;如为公民所赞同,则联邦议会仍须据以制定法律草案,交付公民复决。上述制度自然可以减少法律案内容的粗疏草率;因法律案的起草,既不属于普通公民,而属于议会,则起草者的法律知识与经验,以及草案在议会讨论时所可得到的评正,俱足增加该草案的精密。但就另一方面观之，议会所制定的法律案，有时或不免与公民原来所建议的原则相出入；如议会对于该项原则，原不赞同，则此层流弊更是难免。其二，公民的建议系采用一种完整的法律草案的方式。这种方法，自然可以免除前述的流弊；但起草法律案时所需要的法律知识、行政经验以及法律文字的技术，往往非普通公民所能胜任愉快；倘容许这种方法，而不附以相当的补救，则法律将不免流于粗疏草率。所以，各国创制制之采用这种方法者，亦往往附有条件。例如瑞士联邦宪法，虽亦承认公民对于宪法问题的建议，得提出完整的草案，但联邦议会，如对于该草案不能赞同，仍可提出一个新的草案，与原草案一并交付公民复决，或径建议人民，将原草案予以否决。① 美国加里福尼亚（California）、梅因（Maine）、马萨诸塞（Massachusetts）及密歇干（Michigan）四邦亦已采用同样的制度。在此制之下，公民自行提出的法律草案，即其内容稍嫌草率粗疏，亦不致发生大害。

二 创制制的理论

主张创制者群认创制为民权主义的条件，为增进公民政治知识的利器，为防止并救济议会失职的良方；他们所持的理由大率与主张复决制的理由相同。但他们以为仅仅采用复决，而不兼采创制，则民权主义仍不能充分实现；议会的失职，亦往往不能有充分的救济。反之，凡反对复决制者，对于创制制，更提出两种特别理由，而认此制的流弊较复决为更大。其一，以为采用创制，则多数的压迫少数，或较在单纯的议会制度之下为更甚；因为议会所成立的法律，大都尚不能丝毫不容纳少数党的意见；而在创制制度之

① 见瑞士《联邦宪法》第一二一条第六段。

下，则公民所表决的法律，也许竟完全不容纳少数党的意见，因为少数党于法律表决之前，不能有所修正。其二，以为创制足使法律流于草率粗疏，因为起草法律的公民，既不必皆为富有法律知识与经验之人；且此种草案的成立又非如议会所通过的法案，必须经过种种的讨论与修正的程序。此层流弊，虽亦可如上述瑞士及美国各邦的方法，谋为相当的补救；但实际上此种补救，总难完全有效；所以此层理由，我们仍不能不认为重要。[①]

① 关于复决及创制两制的参考书籍为数甚多；今举其比较普通者数种如下：Esmein，*Éléments de droit constitutionnel*（1927），Ⅰ，454-480；Battelli，*Les institutions de démocratie en droit suisse et comparé moderne*（1932）；Lowell，*Public Opinion and Popular Government*（1926）；Beard and Schultz，*Documents on the Initiative*，*Referendum and Recall*（1912）；Schmitt，*Volksentscheid und Volksbegehren*（1927）。

第三章　公民罢免权

在民权发达的各国，公民的权利，除却选举、复决与创制外，尚有"罢免"（recall）。在欧战以前，罢免制仅行于瑞士各邦及美国各邦。欧战以后，欧洲各国如德国，如拉特维亚，其宪法亦尝采纳此制；在苏联则此制更为盛行。

一　罢免的意义及形式

凡直接民权皆须采用投票的方式，罢免权亦非例外。罢免者即公民举行投票，以决定一部分公民所要求罢免的议员、公务员或法官，是否应令继续任职，或立予免职处分。所以公民有罢免权，则对于议员、公务员或法官，即可行使一种直接的制裁。至于罢免的制度，则可分为下述的三种：

其一，为适用于议会议员的罢免制。此种罢免制，亦有两种不同的形式。或则承认一个选举区中的选民，满若干人时，对于其本区的议员，得要求本区选民全体投票，以罢免其职务，而另选他人补充。所以此种罢免，仅系适用于议员个人的一种罢免制度。美国各邦对于议员所采用的罢免制均属此类。或则承认全国选民满若干人时，对于议会全体，得要求全国选民投票解散，而举行新议会的选举。所以此种罢免，实等于公民团体之解散议会。瑞士各邦久已采用此种罢免的形式（名为 Abberufung）；普鲁士 1920 年《宪法》亦采用之（该宪第十四条）。

其二,为适用于行政官吏的罢免制。瑞士各邦及美国各邦,对于民选的行政官吏,亦有承认其本选举区的公民,得以要求本区公民全体投票,以罢免其职务者。盖民选的行政官吏其性质原可认为与议会议员相似,故亦可援用罢免为制裁。美国有些的邦对于议会议员虽未采用罢免制度,而对于民选行政官吏,则反*采用此制者;甚或对于非民选的行政官吏,亦采用此制者。德国1919年的宪法,对于总统罢免问题,亦采用一种特殊的罢免制度。依照该宪,总统由人民直接选举;总统的解职则可由国会提议,而交由全国公民投票表决;公民表决的结果,如赞成国会的提议,则总统便须退职;否则,公民的表示应即认为总统之重行当选,而国会反须解散另选。这种规定的目的,在令公民团体有解决议会与行政元首间的冲突之权;所以不以要求罢免之权给公民,而仅以决定罢免之权给公民。

其三,为适用于法院法官的罢免制。美国各邦中,法院法官,亦有出自民选者;就中并有极少数的邦,对于民选法官亦采罢免制。盖美国法院本享有解释宪法之权,故法律常有被法院认为抵触宪法,不能发生效力者。法院既可否认法律,则曾经公民复决的法律,自然亦可被法院否认。但法院这种举动,最易引起人民的攻击,因为人民决不能坐视少数法官推翻全体公民所复决的法律而不问;于是美人乃有主张人民可以罢免法官者。人民既可罢免法官,则在理论上,法官应不敢轻易违反民意。不过罢免施诸法官,则法官颇难以超然态度秉公执行审判职务,所以美国各邦,亦有对于法官不径采用罢免制,而采用所谓"撤销判决"(recall of judicial decisions)者。所谓"撤销判决",即公民对于法院的判决,得要求投

---

* 此处疑漏"对"字。——编者注

票撤销之谓。在此种制度之下，法官个人之地位，虽不因公民的好恶喜怒而生摇动，但他种流弊依然发生。所以美国各邦之采用撤销判决制者，仍属寥寥。

二　罢免制的理论

主张罢免制者的理由，约略言之，不外两层。其一，以为在原则上讲，议员或官吏之出自民选者，既系受公民委托之人，如果他们不能保有公民的信任，公民当然得行使罢免之权。其二，以为就实际的利益而言，公民对于此类议员或官吏，如保有随时罢免之权，则议员官吏的行动与意见，或不敢公然蔑视民意；他们舞弊营私以及贪污专断的行为，亦或可以减少。美人且谓罢免可以代替议会的"弹劾"（impeachment）制，而其效用且较弹劾制为更广；因为一般国家的弹劾制度仅适用于官吏，而不能适用于议员；仅适用于犯罪行为，而不适用于普通的失职行为。这些理论，自然只是一方面的见解。反对罢免制者，则谓此制可使官吏或议员过于畏葸趋避，而不敢负责作事；且谓此制可使爱惜名誉之人不愿为公众服务；因为罢免案的提出，既只须一小部分公民的连署，则虽贤者亦难免被人提出罢免案以为攻击，于是，凡名誉心甚重之人，便不免视国家机关的位置为畏途。有些论者且谓议员及民选官吏，如其任期不过于长，即可不虞其与民意相左太甚，因亦不必采用罢免之制。

美国各邦，为防止罢免权的滥用起见，对于罢免案的提起，往往设置两项限制：（一）人民对于任何官吏，于其就职后的最初期间内（通例定为六个月）不得提出罢免案；（二）罢免案的提出在一个官吏的一次任期内，以一次为限。[1] 有此两项限制，上述罢免制的流弊，虽不能免除，要亦可以稍减。

[1] Munro, *The Initiative Referendum and Recall* (1912), 44.

第四章　公民总投票

公民总投票（plebiscite，plébiscite），在形式上说起来，本是非强制的复决制的一种；因为公民全体所投票表决的问题，必由行政机关或其他机关交付。但就其适用的场合而言，公民总投票与公民复决间，究有不同。复决在使公民对于某种法律表示意见，而总投票则在使公民决定其自身所应隶属的国家，或使对于一个某统治者表示向背。前一种总投票为民族自决的一种工具；后一种则往往为独裁者藉以取得合法地位与企图增加权威的一种手段。无论为前者或为后者，两者俱和复决不同。

公民以投票方式，表示其愿隶何国，为欧战后所习见之事。波兰与德国间，1920 年有上什列辛（Über-Schlesien）的总投票。萨尔（Saar）区域的公民，则于 1935 年有总投票之举，以决定该区是否应还属德国，或改属法国，或仍直辖于国际联盟的问题。国际间的总投票而外，德国于 1919 年的《宪法》，对于各邦间领土的变更，亦许有关的人民用总投票的方法，自行决定（《宪法》第十八条）。盖自美国威尔逊总统在欧战末年提倡民族自决的主义后，某地应属于某国的问题，依理，该地人民应有自决之权。不特上什列辛及萨尔的公民总投票为巴黎和平会议的产物，即德宪第十八条中关于公民投票的规定，其精神亦来自当时的民族自决主义。

公民以投票方式，表示其对于某一个统治者的向背，为拿破仑一世所首创,拿破仑三世亦尝多次利用,到今日则成为希特勒威胁世界的一种武器。拿破仑自1799年起,尝多次改变法兰西的宪法,其地位亦自"首席执政",进而为"法兰西人民的皇帝"。为取得人民的赞助,且为向列强示威起见,每逢一次改制,拿破仑必令人民举行一次总投票。其侄拿破仑三世,于19世纪中叶,改第二共和为第二帝国的过程中,亦尝举行多次的总投票。因此,法人常称拿破仑伯侄时代的法国的政体为"总投票式的民主政体",因为这种民主政体,其民主的成分仅限于总投票一事。

德国自1933年希特勒当权以来,也有过三次的总投票;第一次(1933年11月)在德国宣告脱离国际联盟以后;第二次(1934年8月)在兴登堡(Hindenburg)总统逝世,希特勒以冢宰兼任总统,并改号为"元首"以后;第三次(1936年3月)在政府派兵入驻莱因流域各地之后。在这三次的总投票中,赞成希特勒的政策者皆在百分之九十以上。从真实的意义而言,与首次总投票同时举行的国会选举亦可看做总投票;因为一切候选人皆承希特勒之命而提出,人民实际上仅有赞成或不赞成希特勒之权,而没有真正的选举权。① 同样的,意大利1929年及1934年的议会选举也只是总投票而已。

拿破仑伯侄及希特勒的总投票,在形式上固可视为民意的表示,但在实际上,则与直接民权初无关系。无论为选举或为复决,人民总须有投票的自由,然后其结果方得称为民意的表示。但所

---

① 1936年3月举行总投票时兼举行国会选举,但两者只用一种选举票;选举票中亦只印"赞成"一词,人民如欲表示"反对",则须涂去"赞成",另书"反对"。在1933年11月,则总投票与选举为两事。

谓投票的自由者，不特谓人民可投反对票，且包含着人民可组织政党或其他团体，以增加反对人数的意思。拿破仑伯侄时代的法人及今日的德人，其多数容或真正赞成他们元首的独裁政策，但反对者决无投票反对的自由，更无组织反对团体，以作投票运动的自由。既无反对的自由，则所谓总投票自亦不过为独裁者借以巩固其自身地位的一种工具而已。所以我们不应将复决与总投票并为一谈。

第四编　国家机关及其职权

在政治发展已达一定程度的社会，国家的职权盖多具有立法、行政与司法的分别；国家的机关亦有三个。此为18世纪以来，政治学者倡导三权分立主义的影响。晚近数十年来，攻击三权分立主义之说固不一而足：有主张将向所称为行政的权分成执行（executive）及管理（administrative）两权，而共成四权者；[①]有谓国权的划分，只能有立法与行政两种，所谓司法权并无特别性质者；[②]孙中山先生则更倡五权——即行政、立法、司法、考试及监察——分立的理论。但就各国一般的情形而论，三权分立仍为最普遍的形式。[③] 所以本编共分三章：一曰议会；二曰行政机关；三曰法院。

---

① 参阅 Goodnow, *Politics and Administration* (1900), 16-17。

② 参阅 Duguit, *Traité de droit constitutionnel* (1923), Ⅱ, 534-542。

③ 关于分权说的讨论，可参阅下列各书：Finer, *Theory and Practice of Modern Government* (1932), Ⅰ, 153-180; Esmein, *Éléments de droit constitutionnel* (1927), Ⅰ, ch. iii; Jannsen, *Montesquieu's Theorie von der Dresteitung der Gewalten im Staate auf ihre Quellen zuruckgefuhrnt* (1878); St. Girons, *Droit public français: essai sur la séparation des pouvoirs* (1881)。

第一章　议会

第一节　议会的性质及起源

第一目　议会的性质

在一般人的观念中,所谓议会系一种代表国民的团体,其全部分或大部分的分子,则出自人民的选举;所谓议会制度或代议制度,即是议会得行使国家最重要的职权的政体。这种政体与专制政体及纯粹民治政体,俱不相同,因为在专制政体之下,议会常不存在(或虽存在,亦无重要职权),而在纯粹民治政体(例如古希腊的城市国家)之下,则国家一切重要职权,俱由公民大会直接行使,议会亦不存在。但这种观念,究只是一种政治的观念。欲从法律上去考求议会的性质,便应推究议会与其选民间,究存有何种的法律关系。

关于议会与其选民间的法律关系,历来论者有下列不同的三说:

一　委托说

此说认议会各个议员,各为其本选举区选民的受托人。法人称此说为命令式的委托说(théorie du mandat impératif);今简称为委托说。细析起来,此说含有两层意思:第一层意思,系承认议员与选民之间,含有一种私法上的“委托”关系;第二层意思,系承认此种委托关系,仅存于各个议员与其本选举区选民之间,并非存于议会全体与全国选民之间,或各个议员与全国选民之间。法兰西大革命时有一部分人颇主此说;今亦间有附和此说者。今将此说的两层涵义,分别说明如下:

各个议员,何以仅与其本区选民成立委托关系?欲明此点,须知主张委托说者,本是服膺卢梭民权主义的学说者。依着卢梭的民权主义,各个人民原各享有国家主权的一部分;主张委托说者,遂以为各个人民既各享有一部分的主权,其选举议员,复为其行使主权的表示,则各个议员与其本选举区选民之间,自可认为存有委托关系;但各个议员与全国选民间,则不能存有委托关系,因各个议员并非由全国选民选出。

其次,各个议员与其本区选民,何以仅有一种委托关系?所谓委托关系者,又是何物?本来主张委托说者,即为崇信主权不可割让之人;主权既为不可割让之物,则选民之选举议员,自不能看做一种割让主权的行为;所以他们不认议员为承受主权的割让之人,而仅为选民的“受托人”(mandataire);换言之,即选民与议员之间,仅存有一种委托关系。依着他们的意见,议员与其本区选民间的委托关系,与私法上所谓委托关系相同;委托人得对于受托人给以训示(instructions),受托人在议会中的一切行为与表示,务须依据委托人所明授的训示为之,不能凭一己的思想与见解而自由行动;委托人并得随时撤销其委托;换言之,某区的选民,对于其所选议员,尚保有一种“直接罢免权”。

在理论上,我们是否能承认议员与其本区选民间,存有上述的委托关系，后当别论；在实际上讲，则在议会制度产生的初期，例如中古时代的英国议会及法国往昔的等级会议（États généraux），议员与其选举区或选举团体间虽往往含有这种关系，但今则一般国家的法律，已不复承认这种关系能存在于议员与其本区选民或任何选民之间。

二　代表说

此说否认议员各为其本选举区选民的受托人，而认议会全体为全国人民的受托人；否认议会与人民间的关系类似普通民法上的委托关系，而认为一种具有特殊性质的委托关系。此说法人称为代表式的委托说（théorie du mandat représentatif）；今简称为代表说。在法国大革命时代，崇信此说者甚众；至今法国一般学者，仍主此说。今将此说的两层涵义细为解说如下：

此说何以否认议会议员为其本选举区选民的受托人，而认议会全体为全国人民的受托人？盖倡此说者以为主权原属于人民全体，除非分隶于各个人民；因为一个选举区的选民，原只是全国人民的一部分，而不能构成主权的主体；所以一个选举区的选民，不能认为主权者或委托人，而议会议员亦不能受托于本选举区的选民。

其次，此说所谓特殊的委托关系（或代表式的委托关系）究是何物？议会全体与全国人民，又何以只应有此种委托关系？主张代表说者以为议会全体所表示的意志，原须视为与人民全体所直接表示的意志相等，而有拘束人民全体的效力；因此，议会全体与人民全体，实应认为含有一种委托关系；换言之，议会实可认为曾受人民全体的委托。但此说对于任何选举区或任何选民，则不能认其有以训示拘束任何议员的权力；因为各个议员原俱是全国人民的代表,而非本选举区选民的代表,议会选举虽往往分为若干选举区,但其目的仅在谋选举的便利。如认任何议员应受某某特殊选举区或某某特殊选民的训示的拘束,便等于承认一部分人的意见得以拘束全国人民的代表或受托人;这固与人民有共同意志之说不符,主张代表说者自难予以承认。

各国近代的宪法或法律,大都默认代表说,甚有以明文承认者。例如 1791 年法国《宪法》第七条即有"各郡所选举的代表,应不认为各该郡的代表,而应认为全国国民的代表;各该郡亦不得给予该代表以任何委托。"又法国 1875 年《众议院组织法》第十三条,亦有"一切命令式的委托(mandat impératif),俱无效力"的规定;此项规定至今存在。德国 1919 年《宪法》第二十条则有"议员为全体人民的代表,应仅凭自己良心行动,而不受任何委托的拘束"的规定。其他国家宪法亦有设为相似的规定者,如比国宪法、瑞士宪法等。凡此皆承认代表说,而否认委托说的实例。

三　国家机关说

此说向为多数德国学者所主张,但法意各国人士,亦有附和者,例如法人梅旭(Michoud)、马尔伯格(Carré de Malberg)及意人奥兰多(Orlando)等。法人通称此说为国家机关说(théorie de l'organe d'État)。主张此说者,大率以为选民团体与议会,各为国家的一种机关,各有其职务;前者的职务在选举,后者的职务,则在于一定限度以内行使其决议之权;在法律上讲,彼此之间,并无任何委托关系或代表关系,彼此的职权都来自宪法。德国著名公法学家拉庞(Laband),于其所著《德意志国法学》中,即剀切主张此说;因谓:"国会议员为全国人民的代表云云,在法律上实无任何意义,议员的职权并非受诸任何权利主体，而系直接根据宪法而来。……"①

四　各说的批评

委托说实有两层弱点：第一，此说与现在一般国家的宪法及法律中的规定完全相反；因为现代一般国家的宪法与法律，并不承认议员的行动，应严格地遵守其本选举区选民或任何选民的"训示"；换言之，议员与其选民的关系，实际上并不类似私法上的委托关系。第二，此种私法上的委托关系，在理论上讲，亦实不宜存在，且不能存在于议员与选民之间。不宜存在，因为议员与选民间，如果存有此种委托关系，则实际上直接民治制度的实益与代议制度的实益，将两俱不能取得。不能取得前者，因为国家既未直接的征求人民的意见，则凡议员所须遵守的训示，事实上或只是政党机关或政党主持人的训示。亦不能取得后者，因为议会议员既须永遵选民的训示，则他将无从利用其本人经验与见识以行使职权，造福国家。不能存在，因为国事变化无穷，选民于选举时所给予议员的训示，必难预测一切。如遇新的事变发生，议员便须请命于选民；此则在事实上殊难实行。

至于第三说认选民团体与议会各为国家机关，各受权于宪法，而不认议会与选民间有任何代表或委托的关系，亦非我们所能附和。议会与选民的职权，各以宪法为根据，自为我们所不能否认；但议会与选民，并不必因此而遂不能保有一种委托的或代表的关

① 见 Laband，*Das Staatsrecht des Dentschen Reiches*（1911），Ⅰ，297。关于以上各说的说明及讨论，最好更参考：Carré de Malberg，*Contribution à la théorie générale de l'État*（1922），Ⅱ，199 及以下；Duguit，*Traité de droit constitutionnel*（1923），Ⅱ，494-514。

系。我们如绝不承认此类关系的存在，则议会的行动便不必与选民的意见同其向背。果然，在政理上讲，议会政治，将不免流为少数政治；在法律上讲，则各国法律中关于议会任期或解散等问题的规定（如议会须于一定任期后改选，如行政机关得以解散议会，如公民得以直接解散议会或罢免议员），亦将缺乏意义；因为这些规定，实际上，都只是力求公民与议会间的意见趋于一致。所以对于议员与选民间的法律关系问题，我们虽不能如第一说所云，认他们间有一种与私法的委托关系完全相似的关系存在，亦不能如第三说所云，否认他们间存有任何委托的或代表的关系。我们以为议会全体与全国选民之间，实保有一种特殊的委托关系——亦可称为代表关系。这种代表关系之类于私法的委托关系者，即在代表者的行动，在法定范围以内，有拘束被代表者的效力，而且代表者须力求与被代表者的意见趋于一致；这种代表关系之异于私法的委托关系者，即在代表者的行动，不以被代表者所明授的训示为限制。主张第二说者所提出的理论，关于主权一层，虽不免有近于虚玄之处，然就其结论而言，固与我们的见解，无根本差别。

第二目　议会制度的起源

现代的议会脱胎于中古封建时期的等级会议（Estates-General，État généraux）。封建制度本建筑于封建主与封建臣中间的契约关系之上：臣民有效忠于主，并服从主命的义务；主有保护臣民，并征询其直属的诸侯的意见的义务。所以当欧洲封建制度盛行之时，各封建国家大都有一个等级会议。等级会议即是直接属于封建君主的大小诸侯的一种会议，其职务则在供君主的咨询。如果君主所要求于诸侯的义务，超过了旧日的成规，则这种要求，须获得等级会议的同意。诸侯有大小及僧俗的不同，故会议采等级的形式，各等级各自开会，合起来则称为等级会议。

等级会议与现代的议会迥不相同，纵其名称有时相同，例如英国13世纪的等级会议称“巴力门”(Parliament)，而今日的议会亦称“巴力门”。议会的议员为全国人民所推选；等级会议则仅是各级诸侯的会议的总称，诸侯或亲自出席，或推选代表出席，则随等级而异；所以议会可以代表全国，而等级会议仅能代表各级诸侯。

等级会议之变成议会为英国独有的历史。法兰西、西班牙等国家亦早有等级会议，但他们的等级会议至法兰西大革命时期，仍未改变其等级分立的性质，虽则他们俱已自封建国家进为君主王国。法兰西大革命后，议会制度始由英国传入欧洲大陆；大陆各国的等级会议，并未能自行蜕变为议会。

至于英国等级会议变成议会的经过，则可约述如下：

英国的等级会议肇始于13世纪。在有等级会议以前，英国原有所谓“巨臣会议”(Magnum Concilium)，为大僧侣与大贵族的团体。在1215年的《大宪章》中，亦尝有国王如增课特别租税，务须征求巨臣会议的同意的规定。但巨臣会议尚不能称为等级会议，因为大僧侣与大贵族在英国本不甚可分，而其他等级则尚无代表。到了13世纪中叶，国王为增课租税起见，始令各郡武士，各市市民及下级僧侣推选代表，与大僧侣大贵族共同供国王的咨询。这就是所谓“巴力门”，就是英国的等级会议。但在起始几个巴力门中，有时缺少市民代表，有时缺少下级僧侣的代表。自1295年起，始永有这些阶级的代表。所以这一年的巴力门，英人称为“模范巴力门”。

严格地说起来，英国的巴力门应和一般的等级会议一样分成僧侣、贵族及市民三个等级。1295 年的巴力门诚然分成三个这样的等级，但不久即发生变化，各郡武士即与市民代表在一起开会。而且所谓某郡武士的代表，实际上是该郡全体自由民的代表；全体自由民——无论是小贵族或是有自业田的平民——皆可参加选举；所以武士的代表与市民的代表俱成了平民的代表。小僧侣的代表起初固与大僧侣合成一级，但到了 14 世纪初年，他们即不感觉参加巴力门的兴趣，他们宁可在他们的宗教会议（Convocation）中通过什一之税，以予国王，他们自动的退出了巴力门。于是英国的巴力门，乃成了一个仅有两院的等级会议，大僧侣与大贵族合成了贵族院；而武士代表与市民代表则合成了众议院。

众议院之兼含武士代表及市民代表，实为英国宪法史上一幸运的偶然事件。英国统一甚早，到了 13 世纪，已是统一国家。因为是统一国家，所以国王权力较大，而大诸侯常有不满。“大宪章运动”即是诸侯们不满国王专权的一种表示。但是，如果他们不得郡市人民的助力，他们必不能建立巴力门的威权。又如众议院中只是平民的代表，而无智力财力较高的武士（即小诸侯）为之领导，或者武士也加入了贵族院，则巴力门纵有威权，亦将为诸侯的威权而非平民的威权。若然，则近代的议会制度亦将无从成立。英国 14 世纪上半叶巴力门分级或分院的实况，一方使巴力门全体得以树立威权，一方又得使众议院逐渐成为巴力门中有力的一院。这就是英国的巴力门得以变成议会的重要原因。

议会自成立后，其权限即日有增加，而其性质亦逐渐自封建时代的等级会议，变成近代流行的议会。经 1688 年的革命后，议会便取得了最高的地位，即国王亦不能离议会而独享大权。贵族院与众议院间权力的高下亦有不断的变化。15 世纪及 15 世纪以前，贵族院的权力固较众议院的为大，但到了宗教改革后，众议院即已是权力较大的一院。众议院的权力愈大，则选举问题亦愈尖锐化；因之，自 1832 年起以至今日，英国曾有过五次关于选举权的大改革。到了今日，英国所有成年男女均为众议员的选举人。众议院选举权的基础愈广大，则其权力亦愈广大。所以贵族院今虽依旧存在，但所谓英国国会，实际上不啻即其众议院而已。①

由上以观，可知在美法革命以前，英国的议会制度，盖早已成立。美法革命本俱以民权及自由为号召，而英国的议会制度，则早已有孟德斯鸠之辈为之宣传；所以美法革命的结果，不特美国抄袭了祖国的议会制度，法国亦废等级会议，而成立国民议会。及后革命潮流波及愈广，则议会制度亦愈通行。到了 19 世纪末期，除俄国外，议会制度盖已普及于欧美各国。

第二节　议会的组成

欧战以前，各国议会的组成大都为两院制；采用一院制者，不过二三小国以及各国的地方议会。盖英国议会为议会制度的泉源，则凡摹仿英国而设议会者，遂亦仿设两院。所以美国虽无贵族，但当宪法会议议订宪法时，大多数仍主采用两院制度。法兰西

① 关于英国议会制度的演进，可参考：G. B. Adams, *Constitutional History of England*; Stubbs, *Constitutional History of England*; Erskine May, *Constitutional History of England*; A. F. Pollard, *The Evolution of Parliament* (1920)。

百余年来尝颁过十几种宪法，但采用一院制者仅有两次(1791 及 1848)。这两次宪法之不能实行及失败——虽则与一院制并无关系——更坚深了一般人对于两院制的信心。所以在欧战以前，一院制仅通行于布加利亚、蒙特尼格罗及中美诸小国。直到欧战告终以后，始有许多国家敢作一院制的尝试。当时采用一院制者，计有德国、南斯拉夫、土耳其及波罗的海诸国。西班牙 1931 年的《宪法》也改两院制为一院制。

奥国 1934 年新《宪法》设立了一个四院制的联邦议会。这是奥国的新尝试。奥国为联邦国家，所以设省代表院以代表各省；又为独裁国家，行政首领的权独大，所以将隶属于行政机关的参政院列为四院之一；又以会社国家为标榜，所以有由会社推选的联邦文化院及联邦经济院。但这种新的制度是否真能发生实效，我们尚无从推测。

第一目　两院制与一院制的理论

一　主张两院制者的理论

主张两院制者，其普通理由大率不外下列数种：其一，以为两院制可以防杜议会的专横。议会专制的可能，本不亚于行政机关；所以蒲徕斯(Bryce)尝谓美人之采用两院制，与罗马人之设置两个执政(Consuls)，其用意均在防杜专制。盖就个人与团体比较，个人之流于专制，固较团体为易；但就团体与团体比较，则单一性的团体，较诸复合性的团体，自又易流于专制。其二，以为两院制可以减少法律案的草率与粗疏。盖在一院制之下，一种法律案，只经由一个机关议决，即可成立；如采用两院制，则各种法律案的成立，须经由两个机关议决，所以法律案的内容，比较易臻精密。且两院制所以能增加法律案的精密，尚不仅因法律之曾经两院议决；往往甲院因惧乙院将有挑剔抵抗，故于议决法律案时，常不能不十分慎重从事，于是草率粗疏之弊亦可大减。其三，以为两院制可以减少议会与行政机关间发生剧烈的冲突。盖议会与行政机关的冲突，无论在何种政制之下，俱所难免。此等冲突，如不设有相当的调剂方法，往往可使一方或两方趋于极端，驯致酿成莫大的政变。所谓调剂，则两院制亦其一法；因行政机关与议会的冲突，往往只是行政机关与议会中一院的冲突；果然，则立于冲突以外的另一院，自可任调停或公断者，以防止两方的决裂或僵持。

以上所述皆为主张两院制者的普通理由。论者尚有于此种普通理由而外，提出其他特殊理由，以主张两院制者：有谓君主国家采用两院制，便可以一院代表一般人民，而以另一院容纳贵族分子，由是贵族政治与平民政治便得一调剂之法，孟德斯鸠即持此种见解；[1]更有谓联邦国家采用两院制，便可以一院代表全国人民，而以另一院代表各邦，由是各邦的个性与全国的统一，便获一两全之道；最近尚有主张两院制，以调剂地域代表制与职业代表制者。[2]

二　主张一院制者的理论

主张一院制者的普通理由，亦可说是有三种：

其一，以为代表民意的机关，应只有一个机关，因为人民多数的意志就只能有一个。主张此说者以为人民多数，不论对于哪一种法案，要不外赞成或反对，如果采用两院制，实际上或不免有一

① Montesquieu, *Esprit des lois*, liv. XI, ch. vi.

② 参看本书第三编，第一章，第二节，第二目。

院赞成与一院反对之事。果然，则谁能代表人民多数的意志的问题立即发生。如谓只有某一院能代表民意，则何不径采一院制度？如谓两院均能代表人民多数的意见，则遇两院意见不同之时，又将作何解释？这种非难两院制的理论自亦具有相当的势力，但是主张两院制者，于此或尚有反辩的余地；因为我们即使承认代表民意的机关只应有一院，亦不见得因是遂谓无设立第二院的必要。晚近主张两院制者，往往以为代表民意者仍应仅为下院；上院的设立，原不在与下院立于平等的或相似的地位，对于下院议决的法律，亦不应享有绝对的否决权；不过上院如觉着下院议决的法律，不能代表民意时，便能使该项法律于一定期间内不能成立，有如英国 1911 年的《国会法》所规定。在这种规定之下，即设置第二院，亦无妨于民意的统一，或且可使真正的民意较易实现。

其二，以为两院制可使法律案不易成立，其结果便不免妨碍社会的改革与进步。主张此说者，每谓议会政治较诸独裁政治已欠敏活；如采两院制，则凡法律案之通过一院者，尚须通过另一院，法律案的成立，遂益形困难，应行兴革之事，亦益难实现。

其三，以为两院制可以引起议会内部的冲突，以致议会为行政机关所操纵，而不能保有对抗行政机关的能力。盖议会为人数众多的合议机关，而行政机关则或为独任的机关，或为人数甚少的合议机关，故行政机关之操纵议会，本已不难；倘更采用两院制的议会制度，则凡遇上下两院意见不一致时，行政机关益可从中操纵舞弄，利用一院以抵制他院；于是，议会竟或完全丧失其支配行政机关，或限制行政机关的能力。

以上所述主张两院制者与主张一院制者的理由，大都各有一面的真理，为我们所难否认。实际上，某某国家之宜否采用两院制，我们以为应于上述两院制的普通理由而外，求得其他特殊理由，以为采用两院制的主要根据。如无特殊理由，则采用一院制，或如英国等国，采用第二院权力极小的两院制，或者较为相宜。

第二目　两院的组成问题

假定采用两院制，则其产生方法又将如何？这一个问题，自然亦不能有一个绝对的解答。今取各国组成两院的各种方法说明其大要。

一　下议院的组成

各国议会中的下院，就其组成而言，历来皆为一种民选机关，最近则且一致地成为直接选举的民选机关。意大利的下院，在实际上固是所谓会社议院，但在形式上，亦由全体人民直接选举。所以关于第一院的组成，各国间的差异，实际上颇为微小；且关于选举权资格、比例选举、复数选权、选举区划以及强制投票等事的差别，于前编论述公民选举权时，亦已有解释。今就各国关于（甲）下院议员名额的多少，（乙）下院议员名额的分配，（丙）下院议员的被选举权，（丁）下院议员兼任其他公职之权，及（戊）下院议员任期与改选诸问题，分别予以讨论如后：

（甲）下议院议员名额问题。下议院究应有多少议员，本不是一个可以一概而论的问题；国家领土的大小，人口的数量，民族的纯杂等等，均为决定议员名额的因素。就1934年各国实际状况而言，全世界有议会的53个独立国家中，下院人数不及100的国家有19国，100以上不及200者有18国，200以上不及300者有6国，300以上不及400者有3国，意、美、日及西班牙各四百余，而法、英、德则各有六百余人。在议员人数不满200人的37个国家中，除阿根廷及墨西哥两国外，[1]余均为地狭人少的国家。中国民国二年的众议院议员名额则为596人。

（乙）下议院议员名额的分配。这个问题与选举区划分问题自然互相关联。如果采用德国1920年的比例选举制，则选举区的如何划分，成为不重要的问题，议员名额分配的问题亦不发生。如果采用单选举区制或其他非比例选举制，则区之如何划分，往往可以影响到政党间的比较势力，而名额的分配颇成问题。美国联邦的众议员固依各邦人口多少而分配，但究应先规定议员总额，而以之分配于各邦，抑先规定每若干人民得选出议员一人，再将各邦应得名额分别推算，则为美国每十年重新分配议员名额时必发生的问题。中国民国二年众议院的分配则采用一种武断的办法。依照民元《国会组织法》，各省选出的众议员名额，系以人口多寡为标准；每人口满80万便得选出议员一名，但人口不满800万之省，亦得选出议员10名。人口总调查未毕以前，各省应出议员名额暂依该法所分别规定的数目；西藏、青海、蒙古应出议员名额，亦由该法予以规定。

以上所述，只限于由地域团体选出的议会而言，至采用职业代表制的议会议员名额，应如何分配于各职业团体，自然更为困难；因为这种分配，显然不能专以各职业团体的人数为标准。

（丙）下议院议员的被选举权。为贯彻民主政治的理想起见，下院议员，除具有选民的资格外，应不加具其他资格。但在事实

① 阿根廷面积约300万方公里，人口约1,200万，但下院仅有158人；墨西哥面积约二百万方公里，人口约一千六百余万，但下院仅有153人。

上,则当选议员的资格向比选民的资格为高。在19世纪初年选举权受有财产的限制时,当选权每受有更大的财产的限制。财产的限制今虽已废止,但下述各种限制,仍颇为流行。(一)在大多数国家中,当选下院议员者其年龄须较选民为高;大国中,只英国无此限制。(二)凡由外国入籍者,如欲当选为议员,则其入籍的年限,往往须较选民为长。(三)曾受破产的宣告尚未撤销者,在大多数国家仍可继续享选举权,但无被选举权。(四)曾因选举舞弊而依法受判决者,在大多数的国家仍继续享有选举权,但于若干时期内往往不能当选为议员。(五)现役军人、公务员及僧侣,往往无当选权。但关于此层,各国现行法律颇不一致,而历史上的变化更是繁复。就原则而论,停止现役军人的被选权尚不乏充分的理由;因为此项停止,一方面固可预防军人加入选举竞争与政治运动,以启军人干政之渐,一方面亦可防止军队中重要官吏,被议会吸取而去,以致影响军队内部的组织与纪律。停止公务员(司法官在内)的被选权,则似应有地域的限制;在他们所服务的选举区,他们的被选权可受停止,如不停止,他们或可利用其本身的地位与势力,而作不正当的选举竞争。但如果一为公务员,便须牺牲不论在何地方的被选权,则又未免失之严酷。僧侣的被选权之应否停止,则须看他们在其所驻教区之中,是否握有特殊势力。英国各国教的僧侣在其所驻教区中确有此势力,所以停止僧侣的被选权亦有理由;但此项停止之不限于本教区,而泛及全国,则已过分严酷。中国民国元年《众议院选举法》亦将僧道及其他宗教师、小学教员及各学校肄业生的当选权一并停止。

(丁)下议院议员的兼任权问题。被选举权问题与兼任权问题自然是截然两事:凡无被选举权之人或其被选举权受停止之人,足使其当选无效;至于从事某种行政或司法职务之人员,如其被选权未被法律停止,而该项职务却经法律认为不能由议员兼任时,则从事该项职务的人员,固仍可当选为议员,不过当选后便不能兼任其原来的职务与议员的职务,要应选为议员,则须辞卸原来的职务。议员之所以不能兼任其他公务,则因兼任足使议员不能专心于议会的职务;或且因监督者与被监督者往往并为一体之故,使议会对于行政或司法机关,实际上不免减少其监督的效能。但在采用议会政府制的国家,议员虽不能兼任一般的公职,通例却亦容许议员兼任国务员。盖议会政府制的目的,在融合议会与内阁为一气,其容许议员之兼任国务员,不论在逻辑上讲,或在实际的便利上讲,固均有相当理由。

至就各国的实例而言,则有禁止议员之兼任任何公职者,例如美国。美国采三权分立的原则,此种绝对的禁止,自亦有其逻辑。有仅许议员兼任国务员者,例如英国①。有于国务员职务之外,对于若干种特殊官职,亦经法律明许议员得以兼任者,例如法国。在法国,议员除对于国务员、次长及特派员(haut-commissaire)的职务,保有兼任资格外,特种法院的法官及国立大学教授等职,法律

① 英国于18世纪初期时,议会政府尚未成立,议会因恐行政元首以行政要职笼络议员,以致议会的独立无从维持,故对于下院议员兼任特种行政官职,设有一种限制:即凡下院议员,于受任特种行政官职时,其议员资格即时消灭;必须重赴选举区竞选,重复当选为议员,始能兼任下院议员;否则不能一面充任官吏,一面充任下院议员。此项限制于议会政府制成立后,自然产生许多不便;因为在议会政府制之下,阁员必须为议会议员,如设有再选(re-election)的限制,则阁员于受任之始,势难逃竞选之劳。上述再选限制,在1919年发生变动:照该年法律,下院议员之于新议会召集后九个月以内,充任国务员者,无须履行再选手续;过九个月后,仍须履行再选手续。自1926年以后,再选制已完全废除,议员兼任国务员,不论在何时期,俱无须辞职以求再选当选。

亦许由议员兼任;其所以容许此类职务之得由议员兼任者,或因此类职务,并不过分妨碍议员的职务,或因从事此类职务之人,可予议会以专门的知识与经验。晚近以来,各国人士鉴于银行或公司——尤其是国家银行或官商合办的银行或公司——经理、董事等职,往往因议员之得以兼任,以致发生种种流弊,遂亦有倡议禁止议员兼任此类职务者。

(戊)下议院议员的任期改选及补选问题。世界各国下院议员的任期,除捷克及古巴两国均为六年,萨尔瓦多为一年外,自二年至五年不等。主张短期者,在求人民与议会的意见趋于一致;主张长期者,在令议会议员获得充分成熟的政治经验,庶几于其任期的晚年,能有优良的建树与贡献。

议会议员任期届满时,自须举行改选。各国议会的改选有全院同时改选,与全院分期改选的两法;两法各有其作用,但各国下院的改选,固一致采用全院改选法,因为不如此,则下院是否能代表某时候全体人民多数的意见,将无从确定。

议会议员于任期中,如因死亡、辞职、解职等事而缺额时,其补充之法,亦有两种;或则于缺额时举行补选(by-election),即英美等国所用之法;或则于每次选举新议会时,令各选举区举出若干候补当选人,遇有缺额时,即以之补充,即欧陆各国所用之法。第一法有时可以测验民意的变迁,第二法则较为省事。

二 上议院的组成

各国下议院的产生方法,就大体言,虽渐趋一致,虽皆为人民直接选举的机关,但各国上议院(即第二院)的组成,则参差极大。盖各国之设立上院,其作用原不尽同,故上院的职权,亦自不甚一致;职权既不尽同,其组成的方法,自亦不能互同。关于各国上院职权的差异，将于次章论述，今先就组成上，论述各国上院形式的种种：

其一，为贵族性质的上院。两院制的产生，根本上就是以平民代表与贵族代表的分离为原因，前已说及。在现今君主国家，其上院仍有代表贵族阶级者，英吉利即是最著的一例。但是，设置第二院以容纳贵族阶级，在教育尚未普及，贵族几为惟一的知识阶级时，虽不无相当理由，降至今日，则其原来的理由，已不存在。所以贵族性的第二院，即在英国，亦渐不能存续；英国亦有多人主张改造上院①。

其二，为联邦性质的上院。在联邦国家中，其下院必为代表全国人民的团体，其产生出自人民的选举，所以一般人率谓联邦国家的下院，为代表国民，或代表统一的机关。至于联邦国家的上院，则往往为代表各邦的机关。苏联的中央执行委员会固不是严格的议会，但其中有所谓“民族院”者，亦是代表各邦的机关。② 上院的议员无论为各邦政府所任命，如欧战以前德国的联邦会议，或为各邦议会所推选，如 1913 年以前美国的参议员，或为各邦人民所选举，如瑞士的联邦会议，俱认为各邦的代表。因为是各邦的代表，所以各邦的人口尽可多寡悬殊，而所出议员之数，则在绝大多数的联邦国家，俱是相等。欧战以前德国的联邦会议，及欧战以后奥国的联邦会议固是例外，各邦代表的人数固不相等，但其所以不等之

---

① 英国政府于 1917 年曾设立一“第二院改造会议”(Conference on the Reform of the Second Chamber)，以蒲徕斯(Bryce)为主席。1922 年内阁又设立一个委员会，以审议贵族院改造问题。嗣后议会又有多次关于贵族院改组问题的讨论。但至今尚无具体决议。

② 苏联 1936 年《宪法》第三三条仍以民族院为最高苏维埃(即议会)的一院。

故，亦与人口多寡无关，而以各邦实际势力的大小为标准。

其三，为任命性质的上院。各国上院的议员有出自行政机关的任命者。坎拿大上议院议员，即全由行政机关任命，其任期且为终身。意大利上议院议员，除亲王为当然议员外，其余亦皆出自行政机关的任命，并且俱为终身职。至于行政机关任命此项议员的标准，则意大利宪法列有二十余种资格；综其大要而言，不外富于特殊学识、具有特殊经验（行政、立法、司法、军事、教育等经验，或其他社会事业的经验）与具有特殊资产的三种资格。日本贵族院的一部分议员，亦由天皇就富有学识或著有特殊勋绩之人中选任；其任期亦为终身。综之，各国之设为第二院以容纳任命性质的议员者，大抵在令议会得以网罗富有特殊学识与经验的人才；盖此种人才，虽大足为议会立法之助——在法律日趋复杂日趋于专门化的现代国家，此种人才或且为议会所必不可少的人才——但因他们不愿加入政治竞争与选举运动，或因他们不善为政治竞争与选举运动，以致往往不克为议会所罗致；如设有任命制度，多少自亦可资补救。至于各国任命议员的任期，所以往往定为终身之故，一半在令议员于就任后，不必接纳行政机关，以自损其独立，一半亦因此类人才，往往在社会上负有特殊声望，并且从事重要业务，倘不予以极长的任期，他们仍或不愿弃其所从事的业务而入议会。但任命制度，纵有上述的特殊作用，仔细看去，究不宜于采纳；因在此种制度之下，行政机关或将不免有假藉任命权，以为安置本党党员，或报酬本党党员的行为。果尔，则虽采用任命制度，仍或不能得着特殊人才。论者因谓此制既违反代议制的精神，而其流弊复无异于选举制度。求诸事实，坎拿大显已因采用斯制，而发生此种流弊。

其四，为间接选举的上院。各国上院的产生方法，颇多采用间接选举制者。所谓间接选举自然亦有种种形式。有由各地方议会选举者；1913 年以前美国联邦的参议院，即由各邦议会选举；中国民国二年的参议院，除蒙、藏、青海另组选举会外，亦由各省省议会选举。有由地方议会议员与其他民选人员组织选举团体，以选举第二院者；法国参议院议员，即由各选举区中的(一)众议院议员，(二)郡议会议员，(三)区议会议员，与(四)市议会选出的代表，所共同组织的选举会执行选举。有由第一院选举者，挪威即以每届新议会的众议院(Storthing)，就本院议员互选四分之一，以组成第二院(Lagthing)，而以所余四分之三的议员留为第一院。这些间接选举制度的目的，大都亦在令第二院能取得富于经验学识的人才。此种预期的目的，实际上往往尚能达到，法国参议院，往往含有众多的此类人才，即其一例。不过此项目的的实现，似亦不尽由于间接选举，而尚有其他原因，如第二院的任期较长，议员名额较少，议员年龄限制较高之类，多少自亦有助于此项目的的实现。且为提高议会的专门知识起见，则今人所倡导的职业代表制，如以之适用于第二院的选举，或适用于全议会中任何部分的选举，其效力亦或较单纯的间接选举制为大。

其五，为直接民选的上院。在此种制度之下，上下两院的选举，殆完全相类；所不同者，仅在两院议员的任期、人数、年龄及改选方法而已。采用此种制度者，为澳大利亚、美国(1913 年以后)及美国各邦。在此种制度之下，两院的职权，往往亦无重大差异，所以两院争雄角胜的现象至为显著；各种法律案如遇一院坚决主张，另一院坚决反抗时，除诉诸公民复决外，便无完满解决之法。澳大利亚宪法即已采用此种解决方法。在采用他种两院制的国家，第二院的职权，在法律上往往较小于众议院；即令彼此对于某种法律案享有平等的立法权，第二院因非出自人民直接选举，对于众议院实际上亦常自甘退让；除非确信众议院的主张违背人民多数的意见，第二院大抵不与众议院坚决相持。英国贵族院与坎拿大参议院之所以能维持他们的地位以至今日者实缘于此。①

第三节　议会的职权

第一目　两院职权的分配

如果采用两院制的议会制度，则议会中两院职权的分配问题，自亦随而产生。这个问题，可以说是与两院的组成问题互为因果。就一方面说，两院职权应有怎样的差别，须看两院的组成含有怎样的差别；就另一方面说，两院组成上的差别，也须随两院职权上的差别而定。今将关于两院职权分配的几种理论及各国两院职权分配的几种实例，说明如下：

第一说以为两院的职权应完全平等或几于平等。抱此种见解的人，以为上院的产生，应同于下院，而使两者各由民选；如在联邦国家，则上院应为代表各邦的机关。盖两院如俱出自民选，则他们

① 关于各国上院的组织，及其职权的差异，可参看：Esmein, *Éléments de droit constitutionnel* (1927), Ⅰ, 115-156; Bryce, *Modern Democracies* (1921), Ⅱ, ch. lxiv; Temperley, *Senate and Upper Chambers* (1910); Lees-Smith, *Second Chambers in Theory and Practice* (1923); Marriot, *Second Chambers* (1927); Roberts, *The Functions of an English Second Chamber*; Rogers, *The American Senate* (1926)。

俱为人民代表机关，其职权自应平等；即上院非出自人民选举，但为调和各邦的个性与全国的统一起见，代表各邦的上院，仍应与下院有同样的职权。但是两院职权的平等，无论具何理由，究有一种重大流弊，即两院间易有争雄角胜，两不相下的现象，以致议会的决定与行动益形艰难，议会对抗行政机关的能力亦从而减小。

求诸实例，上院职权与下院完全平等或几于平等者，几以联邦国家为限；其最著者，则为美国及澳大利亚。美国参议院的职权，仅对于财政案，略逊于众议院，然众议院对于财政案问题的优越权，亦极有限。对于征收赋税案，众议院固保有首先提案之权，但参议院仍有修改及否决之权。反之，参议院对于其他事件，其职权尚大于众议院；凡行政机关于缔结条约，与任用使领官、法官及其他高级官员时，且非得参议院的同意不可。所以美国参议院的职权实尚不只与下院平等，抑且高于下院。澳大利亚的参议院，除对于财政案，仅有否决权而无提案权（财政案须首先提出于众议院）或修正权外，对于其他事项，则完全与众议院享有同等职权。

中国民元《国会组织法》亦令两院职权完全平等；凡议会所通过的法律案，俱须两院一致始能成立；即关于财政案，众议院亦不过享有优先议决预算决算之权，至于修正权与否决权等等，固仍为两院所公有（该法第十三、十四条）。所以在该法之下，两院职权，亦实可视为平等。

第二说以为两院关于财政案的职权应不平等。主张两院制者，往往以为下院的产生应出自人民的直接选举，而上院的产生应由另一种的方法，因而他们更主张一切关系国民负担的财政案，应由下院决定。他们以为上院对于其他法律案的立法权，虽应与下院相同，但对于下院所通过的财政案，至多只应保有修正权或提案权，而不能享有否决权；换言之，上院对于下院所通过的财政案，虽亦能提出修正条款或提出新的条款，但上院的修改或提案，倘不能取得下院的同意，则上院便只有容纳下院主张的一法，而不能否决下院的原案，以抵抗到底。盖财政案原为关系国民负担之案，上院如不出自人民直接选举，则对于财政案，不令与下院共同享有决定之权，自有相当理由。且因议会对于财政案的立法权，为议会监督行政机关的一种重大武器，所以在采用议会政府制的国家中，只有令上院对于财政案的权限极度缩小，然后内阁的进退可只以下院的信任与不信任为标准，而不致受两院分歧的支配。

求诸实例，凡行议会内阁制的国家，如坎拿大、比利时等，其上院对于财政案及其他法律案的职权，在法律上纵然与下院约略相等，实际上上院对于财政案——尤其是对于预算案——大率不敢行使其否决权，以与下院相抵抗；而且内阁的进退，实际上亦只以下院的信任或不信任为标准。此种国家，其两院职权的分配，实际上盖恰与此第二说的意见相符合。

第三说以为两院的职权应全不平等。主张此说者，以为上院的作用，不在为下院的对抗机关，而在以其知识或经验，作为下院的匡正或辅助；所以，上院的职权，应仅在对于下院所主张的一切法律案——财政案与其他法律案——提出修正或要求复议，而不在对于下院所议决之任何法律案，行使一种完全的否决权。

英国自1911年《议会法》成立以来，其两院职权的分配，即与此第三说相类；因依该法的规定，英国贵族院，不独对于一切财政案，不复享有否决权，即其他关系公共利益的法律案（即英人所谓public bills），如于两年期间以上，继续经贵族院否决两次，与继续经众议院通过三次，则该案于第三次送至贵族院讨议时，就令仍不能取得贵族院的同意，众议院亦得径以该案送请国王颁布。欧战后各国新宪法关于上院职权的规定，大都亦以使上院无法与下院抵抗为原则，使上院对于下院所议决的法律案（财政案及其他法律案），只保有一种暂时的或相对的否决权，而不享有绝对的否决权。例如捷克的上院固可否决下院所通过的法律案，但下院仍可以较大的多数重将该案通过；下院如否决上院所尝通过的法律案时，则上院便无此项重予通过的权利。奥国1920年的宪法亦尝有类似的规定。

第二目　议会的立法权

前目所述，只是议会中上下两院职权的分配问题。就议会全体的职权而言，各国议会职权的范围虽亦极不一致，然要皆享有三种性质的职权，即（一）立法权，（二）监察权，及（三）财政权。本目将论述议会的立法权；至于监察权及财政权，则当于以下两目分别论述。

第一款　立法权的意义

立法即是制定法律之意。然则欲确定立法权这个名词的意义，便须确定“法律”这个名词的范围。关于法律这个名词的范围的解说，历来可说有三种理论①：

其一，以为法律为赋有普遍性的规则。主张此说者，以为法律的特质，在其普遍性。所谓普遍性者，其涵义不外两层：第一，法律

① 以下各说详见Malberg，*Contribution à la théorie générale de l'État*，Ⅱ，285-371。

不是对某一事或某几件事所下的一种决定，而是对于合于法律条文所规定的未来一切事件所立的一种规则；第二，法律不是对于某一个或某几个人所下的一种决定，而是对于将来凡适合法律条文所规定的任何人所立的一种规则。法律之所以得称为规则，亦即因其赋有上述的普遍性。法人爱斯曼、狄骥以及其他一般学者，大率主张此说。采纳此说，则所谓立法权，即是制定各种赋有普遍性的规则之权；举凡议会决定之案，如不含有上述的普遍性，便非法律，便不在其立法权的范围以内。

其二，以为法律为变更权利的规则。主张此说者，以为法律的要件，在能影响人民的权利；凡国家任何机关所颁布的规则，如其内容足以变更人民与人民间的权利关系或人民与国家及国家机关间的权利关系者，俱为法律；换言之，法律即是所谓“权利规则”(règle de droit，Rechtsgesetz)。德人拉庞(Laband)及很多的德国学者，主张此说。采纳此说，则一方面议会所通过的一切决定，初不必尽具法律的性质，因议会所通过的决定，不必尽能影响人民的权利；例如议会所通过的某年库券条例或某地博物馆建筑条例，自不具有法律的要件；即议会所通过关于国家各机关的组织的规则，主张此说者亦不认其为具有法律的要件，而仅认其为行政行为。但在另一方面，则议会所通过的案件，初不必是对于未来一切事件与任何人民而制定者始得称为法律，即使是对于特定的某一事件或某一个人而成立的决定，只要其影响足以变更人民的权利，仍当称为法律。换言之，行政机关的命令，如具有变更人民权利的性质，亦是一种法律。

其三，以为凡由议会依立法程序所成立的一切决定俱为法律。主张此说者，以为凡议会依立法程序所通过的决定，其效力既皆相等,而俱立于行政机关所颁布的命令之上,则议会的决定,无论其赋有普遍性与否,亦无论其能否影响私人的权利,其性质固皆相等,初不当认某者为法律,某者为非法律。换言之,议会决定之是否为法律,全属形式问题,而与该决定的内容或实质无关。凡议会决定之非由立法程序而成立者(例如质问案、决议案等),既不似议会决定之经由立法程序而成立者有支配行政命令的能力,自然不能目为法律;但议会决定之经由立法程序而成立者,则对于行政机关,对于法庭,其效力固皆在行政命令法院裁判之上,因亦不能不一概目为法律。法人马尔伯格(Carré de Malberg),依据法国法律的实况,即力倡此种形式主义之说,以排除他说。

法律本来可有实质与形式两义。如从法律的实质以定法律的范围,第一说所立的标准,自较第二说的标准为确定;因所谓"普遍性"者,其意义究尚有一定的范围,至于一种规则之是否能影响私人权利,实际上便往往不易判断。如从法律的形式以定法律的范围,则第三说自属不容否认。我们在这里讨论的目的,既是立法机关所享有的立法权,则关于法律的范围的解释,自当采用第三说。不过对于此说,我们亦尚有一点补充的意思。凡由议会依完整的立法程序所成立的决定,虽均具同等效力,而可一概目为法律;但求诸各国实例,则凡与此种决定具有同等效力者,却不必尽须经由完整的立法程序而来。美国宪法一面认条约的效力同于法律,一面却认条约的成立,仅须经由总统征取参议院的同意,而不必经过通常的立法程序,即是最著的一例。

第二款　立法程序

议会之行使立法权,简言之,可说含有两种或(在两院制的国

家)三种程序;其一为法律案的提出,其二为法律案在议会中的讨论,其三为两院的协议。今就各国通例,约略说明这三种程序如后:

一 法律案的提出

法律案的提出,因行政机关体制的不同,而有种种的分别。在采用总统制的国家,三权分立主义有较严格的实行,法律案的提议权被认为立法权的一部分,所以仅议会议员享有此权,行政机关则不得向议会提出任何法律案。在采用议会内阁制的国家,则法律案的提出,不仅属于议会的议员,抑且属于行政机关;行政机关不仅为执行法律的机关,抑且为参预立法的机关。不但如此,政府提案比议员提案且常占有种种优势;例如英国将议会每星期中开会时间的大部分,划作政府提案的讨论时间,议员提案,每因是不得讨论机会。中国民国二年《议院法》亦规定,政府提出之案,在参众两院议事日程中,俱须先于议员所提之案。

二 法律案的讨论

关于法律案讨论的程序,各国宪法、议院法及议事细则所规定者甚不一律。如果作大体的比较,则可从两点分别讨论:(一)全院讨论的次数及程序。关于此点各国有三读制与非三读制的分别。所谓三读制者,即每个法律案须经过三次的诵读,始能通过某一议院。英美及德国的议会俱用三读制。中国民国二年的国会亦采用此制。法意等国议会所用的制度则与英美不同。在法意的议院中,一个法律案只须经过两次的讨论,第一次叫做"总讨论",第二次则为"逐条讨论"。但在实际上,两制间的分别并不十分显明。英、美、德三读之制,在实际上亦只是二读。英国的初读,往往仅读案名而不读案文,更讲不到讨论;二读为总讨论,讨论各大原则;逐条讨论则于所谓“全院委员会”（或“常任委员会”）及所谓“报告”时期行之；三读亦往往只是一种形式。在德国国会中，初读为总讨论，二读为逐条讨论，三读亦往往只是一种形式。所以英德之制与法意之制，在实际上仍是大同小异。美制则实际上既不是三读，又无总讨论与逐条讨论的两种显然可以分离的步骤，而侧重于委员会的审查。（二）委员会的审查。各国议院大都皆为人数众多的团体，要细密的审查一个议案自非委托一个委员会不可。关于此点各国间亦尚有常任委员制与非常任委员制的分别。美、法、德等国的议院设有各种常任委员会，分司各种案件的审查；英国则不设此类常任委员会①，遇有必须交付审查的案件，由议院临时设立一个特别委员会，以司审查之责。因此，在美、法、德等国，法律案例须经过委员会的审查，在美德，在初读之后，在法国则在提案之后；换言之，在美法，在一切讨论之前，在德国则在总讨论与逐条讨论之间；但在英国，则法律案例不须经委员会的审查，遇有审查的必要，才有特别委员会的设立。更因此，美法议会的立法权比英国议会的为完全；在英国，议会以外的内阁可以操纵立法，而在美法，则左右立法者为议会的常任委员会。法国虽为内阁制的国家，但关于法律案件，其议会委员会的势力却不在内阁之下，因为一般的法律案件须先经委员会的审查，才能由议院讨论。德国的审查时期在总讨论之后，故其委员会亦无美法委员会的跋扈。

三　两院的协议

各国宪法，固有对于财政案不予第二院以否决权者；甚或有对

① 英国的所谓常任委员会（Standing Committee）为代替全院委员会的一种组织，其职务仍与全院委员会相似，而与美法等国委员会的职务不同。

于其他法律案,亦不予第二院以绝对的否决权者;但大多数国家,仍认一切法律案的成立,须经上下两院的一致通过。在此种制度之下,如非设有方法,以解决上下两院意见上不相一致之点,许多法律案件势必因两院意见之未能完全一致,而致停顿。解决之法,有下述两种:其一,开两院联合会议,而取决于出席议员的多数。此法昔曾行于法国,今仍行于挪威。采用此法,则上院往往立于极不利的地位;因其议员人数,常较第一院为少;如以挪威而言,则上院的人数只占两院全体人数四分之一。其二,由两院各推定若干委员,组织协议会;以协议的结果,提交两院各自表决。各国之采用此法者较众;美国为最著的一例,中国民二《议院法》亦采此制。依该法的规定,凡甲院通过的法律案,经乙院修正通过,回复甲院时,如甲院对于修正不能同意,得向乙院请求协议,乙院不得拒绝;此项协议由两院各推定若干委员组织协议会行之,协议会的讨议,以两院未能一致的事项为限;凡协议会议决事项,尚须交由两院分别表决,但两院不得再加修正。

凡上所述,俱为议会议决一个法律案的各种程序。议会所议决的法律,在一般国家中,尚须经由行政机关的一种"公布"程序,始能发生效力。在许多国家中,行政机关于接受议会所通过的法律案时,尚保有一种否决权或要求议会复议权,其详当于次章讲述行政元首的职权时说明之。

第三目　议会的监察权

议会的监察权,即议会监察行政机关或司法机关之权。监察权的范围,在各国极不一致。在行责任内阁制的国家,议会监察行政机关之权较大;在行总统制的国家与合议制的国家,则议会监察行政机关之权便较小;至于在独裁国家,则纵有议会,其议会监察之权可说无有。

就各国实例而言,在议会内阁制之下,议会监察行政或司法机关的方法有(一)质询权,(二)查究权,(三)受理请愿权,(四)建议权,(五)弹劾权,(六)不信任权,及(七)设立常设委员会等权。在非责任内阁制的国家,则监察权便无如此之多。

一　质询权

质询权即议会对于行政或其他事件,得以书面或口头,向政府提出质询,要求答复之权。议会行使此权,其表面的目的在向政府探询某一事件的内容,在实际上则往往具有监察行政的作用。在非责任内阁制的国家,议会并无此权。

依照法国议会制度,质询的种类有二:一为询问(question),又一为质问(interpellation)。询问为发问的议员与被问的国务员间之事,以问答相终始,不能成为辩论的出发点;但质问必附有辩论,辩论终毕,议院对于内阁全体或某某特别国务员,往往可有信任与不信任的表示。所以询问的性质不严重,亦不会引起政潮;而质问则往往可以引起政潮。英制仅有询问而无质问,欧洲大陆各国议会制则大都类似法制,兼有询问及质问。论者因谓大陆各国内阁之不能安定,质问制的存在为重要原因之一。但英国亦有一种类似质问的制度:议员如于询问之后,对于政府仍有不满,则可提出“延会动议”,要求于当日晚上,将其他事务暂行搁起(即延会之意),而将所问之事,加以辩论。此种动议与质问的性质颇相类似,但此种动议颇不易成立;因之,其对于政府的威胁远不如欧洲大陆各国所行的质问制之甚。

二　查究权

各国议会，对于行政及司法机关的设施，大率享有一种调查审核之权，称为查究权（droit d'enquête）。所以议会对于行政及司法机关的违法或失职等事件，尚得组织查究委员会加以审查；审查后，凡需乎法律的补救者，则以立法手段补救；需乎他种补救者，则以他种手段补救（例如投不信任票）。在英美等国，查究委员会并有传唤人民以搜集证据之权。

三　受理请愿权

议会之受理请愿，其目的固不纯为监察政府，但凡人民受行政官吏或其他官吏的苛待，或对于行政司法等机关的设施有不能满意者，亦自可向议会提出请愿，以图抵制；所以议会之受理请愿，亦实含有监察的性质。

四　建议权

议会各院对于行政或其他事件，得向政府提出建议案。依一般国家的通例，议会的建议案与议会所通过的法律有别。法律须经由两院的通过；建议案则可由各院单独向政府提出。法律案通常系对于一般事件，为概括的规定；建议案则即对于个别事项，亦可提出。在许多国家中，议会两院所通过的法律案，政府只有服从的义务，无拒绝的权能；建议案则无强制政府的能力。但在采行议会内阁制的国家，下议院向政府提出的建议案，实际上往往使政府不能不予接受；因为政府的拒绝，或会引起该院对于政府为不信任的决议。所以议会的建议案，亦实含有监察的意味。

五　弹劾权

弹劾（impeachment）制度，肇端于14世纪的英国，当时议会制度尚在十分幼稚的时期，当时所谓弹劾，即指英国众议院对于国务员的犯罪，向贵族院起诉而请其审判处罚而言。其所以产生，则不外下列各种原因。一则当时司法机关，尚未脱离行政机关而独立，国务员的犯罪，初不易受法庭的制裁，而有特设他种制裁的必要。二则当时议会内阁制尚未产生，国务员如有犯罪或过失行为，不能由议会投不信任票以解其职；所以议会如无弹劾权，便毫无解免国务员职务的权能。三则按照英国法律，凡对于犯罪的起诉权，原属于一种由普通人民组织的陪审团（grand jury），众议院既为代表人民机关，而贵族院历来复为英国最高法院，则授众议院以向贵族院对于国务员起诉之权，自与英人传习上的法律观念与组织，不相矛盾。但弹劾制在英国，久已废弛不用，且自1805年以来，英国议会从无行使弹劾权之事；盖英国法庭的独立，既足以为国务员犯罪的制裁，而自议会内阁制实现而后，英国议会尚可投不信任票以为国务员犯罪或失职的制裁。

其他各国宪法，对于行政元首及国务员的犯罪，所以仍设有议会弹劾权者，则有两种理由：一因行政元首及国务员的地位隆而权威高，倘纯赖普通法庭行使制裁，实际上或不免因法庭的瞻徇顾忌，而使制裁同于虚设；再因元首及国务员的违法或犯罪行为，往往含有政治性质；此类政治性质的违法或犯罪行为，因其意义空泛，在解释上，法庭将极感困难。

至于弹劾权适用的范围，则可分为两层，加以说明：

其一为弹劾权所可适用的行为。各国宪法，或认议会的弹劾，仅能适用于犯罪行为，例如美国宪法；或认议会的弹劾，仅能适用于与职务有关的犯罪行为，例如法国宪法；或则认议会对于一切违反宪法或法律的行为，得以提出弹劾，例如德国宪法。但无论各国律文的差别如何，弹劾权的适用，充其量亦不过能适用于一切违法行为,至于政策上处分的失当,则不能,亦不当适用弹劾手续;盖在采用议会内阁制的国家,行政机关的政策如经议会认为失当,议会尚可行使其不信任权,使之去职,原不必借助于手续较为繁重的弹劾;如在采用非责任内阁制的国家,行政机关的行政政策,本不受议会的支配,如许议会对于其政策亦得予以弹劾,在理论上又不免发生矛盾。

其二为弹劾权所能适用的官吏。各国议会的弹劾权,在君主国家,则仅适用于国务员而不适用于君主;在共和国家,大都亦仅适用于总统及国务员而不适用于其他官吏;但在美国,则除总统及国务员外,弹劾权更适用于其他官吏;盖美国为采用总统制的国家,议会对于行政官吏的违法行为,较少监察的权能,故其弹劾权适用的范围,亦比较广大。

复次,关于弹劾案的审判,各国宪法及法律的规定,亦殊不一致。或以审判权委诸法院;例如比国宪法规定,凡弹劾案由下议院以过半数的多数通过后,须提交最高法院审判。或则以审判权委诸所谓护宪法院;例如西班牙 1931 年《宪法》第八十五条即有如此的规定。其所以将弹劾案的审判权委诸普通法院或特种法院者,则因上议院系政治机关,颇不易为公平的判决。或则以审判权委诸上议院,英、法、美各国俱系如此;但美制虽以审判众议院所通过的弹劾案之权委诸上议院,而仍设有两层限制;即(一)上院判决任何人为有罪时,须经出席议员三分之二的同意;(二)上议院判决的结果,应仅以削职及褫夺公权为限,其他刑罚,惟普通法院得科处之(普通法院于上院判决后,对于被弹劾者,尚保有处以他项刑罚之权)。凡此限制,俱在预防上议院议员,为政治情感所驱使,或为党见所挟持,而致产生偏激轻率的判决。

六　不信任权

凡行议会内阁制的国家，议会对于国务员全体或国务员个人，如不能信任时，类得以投不信任票的方法，促令去职。不信任案得对于内阁政策失当的行为而提出，初不限于违法行为，并得以过半数的通过而成立。凡此皆显然与弹劾有异。因此，凡行议会内阁制的国家，内阁的政策，乃不能不取得议会多数的赞助。但各国宪法之授议会以不信任权者，大都亦授行政机关以解散议会之权；凡议会因不满意于行政机关的政策而投不信任票时，行政机关如认议会的主张与民意相反，亦得以解散议会召集新议会的手段，诉诸选民；但新议会召集后，如国务员在议会中仍不能取得议会多数的信任，则仍不能不出于解职的一途。英国的宪法习惯便系如此；他国之采用议会内阁制者，亦大率如此。法国内阁之不能解散众议院，则为一种违背内阁制真精神的一种习惯，并非宪法所规定。

承认议会享有不信任投票权，原只是欲求内阁政策，与代表民意机关的意见趋于一致。在许多国家中，严格地既只有下院是代表民意的机关，则不信任投票权亦只应下院享有；上院初不能行使此权以推翻内阁。英国宪法习惯即系如此；他国宪法甚有以明文承认此权纯属于下院者。

七　设立常设委员会权

各国宪法，为使议会对于行政机关的行动，能为充分的监察，有于议会闭会期内及议会解散期内，由议会选定若干议员，组织一种委员会，代表议会，以监察行政机关者。例如捷克 1920 年《宪法》规定，议会两院于议会闭会、停会或解散期内，得共同设置一种委员会，倘遇紧急事故发生，则凡行政机关处分之须经议会决定者，即由该委员会代表议会决定。其他各国，尚有对于特殊事宜，设置特殊委员会，以监察行政机关者。例如德国1919年《宪法》，一面承认国会于闭会，或解散期间内，得设置一种与捷宪相似的议会委员会，以保障议会的权利，而监察行政机关的动作；一面并承认国会于此种期间内，得设置外交委员会，以监察行政机关的外交事宜。

第四目　议会的财政权

在现代国家中，财政案的议决权，固无不委诸议会。所谓财政案，概括言之，即是一切关系国帑收入与国帑支出的法案。此种法案的议决权，在现代自由国家，实为议会监察行政机关的最大利器；但严格言之，又不能完全以一种监察权视之，与议会通常的立法权也不完全相同；此种职权，应视为议会的一种特殊职权。议会所以有此特殊职权，则由于英国所树的榜样。近代国家的议会制度，类皆直接间接仿自英国，英国议会制度，本因讨论课税而产生，于是其他各国亦莫不授议会以议决财政案之权。

所谓财政案者，其种类甚多，就中最关重要者，则为预算案与决算案。

一　预算案

预算案的内容，在预定某一期限内国家收入及支出的数额；预算案的目的，在令政府按照预算案实行征收与支付。今依各国实例，论述与预算案有关的几个问题如下：

其一，预算案的期限。各国预算案的期限，通例为一年。此种通例，沿自英国。英国自1688年革命而后，议会为求贯彻其对于行政机关的节制权起见，遂采逐年议决预算之制；凡应经议会逐年议决的支出及征收,倘一年期满,未经议会议决,政府即无征收或支出之权。自此而后,议会得以拒绝通过预算案,为强制政府服从议会的武器。但精细言之,英制将国家支出及税入尚各分为数类,其期限初不尽为一年。就支出而言,英制分为二类。一为恒久支出,如王室岁贡及特种官吏岁俸之类皆属之;此类支出,名为总库业务(Consolidated Fund Services),盖取由总库支出之意。其他支出,则构成所谓供给业务(Supply Services),为岁定支出,必须逐年由议会通过。就税入而言,英制更分为三类:第一类为必须逐年议决的税目;第二类税目,系可继续征收至若干年者;第三类税目,毫无时间限制,在未经议会议决变更或废止以前,该税目得继续征收。实际上第一类税目,在总税目中,只占极小部分,仅茶税、汽油税、所得税等少数税目;第三类税目殆占总税目五分之四。所以,英国预算案的期限虽号称一年,而预算案的讨论尚不至过分繁重。然英国议会仍往往不及于会计年度终结前,议决次年度的预算案。英国会计年度为 4 月 1 日至次年 3 月 31 日;议会讨论预算案,通常仅于 2 月开始;全部预算案,通常延至 8 月——即会计年度开始后四五个月——始获议决。在议决全部预算以前,政府常须请求议会议决,准其暂行动用国帑若干。众议院则每徇政府之请,先行议决此种暂准动用的款额。直至全部预算案中支出各项讨议完毕,议会乃将曾经准予政府暂行动用各款一并纳入于一种法案之内,给以最终的表决;此项法案名为《国帑支出法》(*Act of Appropriation*)。

法国的预算制度,较英制尤为严厉,一切租税俱须逐年由议会议决;国家支出,除少数特例外,亦一律须由议会逐年议决。未经议决,政府即无征收或支付之权。倘预算期满,而议会新预算案尚未成立,则议会先行议决,准政府于新会计年度开始后若干月内,征收若干租税，与动用若干国帑。法国会计年度为1月1日至12月31日，议会大率仅于11月开始讨论次年度预算；所以新预算案往往迟至6月始获成立。

美国的预算制度，其严厉尤在英法之上。一切支出与征收俱采逐年议决主义，毫无例外。在事实上，关税税则一经议定，常多年无有改变；但议会仍须一年一度的加以议决。且美国并无暂准政府动用若干款项的办法；预算于会计年度开始以前，务须成立；不然政府便无法进行。美国的会计年度为7月1日至次年6月30日；议会在6月底以前，必须通过预算。

德国在欧战以前，其预算制度虽亦承认预算期限为一年，但对于特种支出，则预算案内每设为较长的期限；例如陆军费的预算期限为七年，海军费的预算期限为五年。此种办法为美法等国预算制度所不许，因其足以减少议会节制行政机关的权力。然当时德国议会权力微小的原因尚不止此。依照当时预算制度，凡预算年度已满，而新预算尚未成立时，政府得不经议会的决定，而径照旧预算继续征收与支付。此种办法直使议会不能以拒绝通过新预算，为强迫政府服从议会的武器，与英法各自由国家预算制度的精神，盖完全相反。关于此点，日本现行的预算制度与旧德的制度相同，故其议会的权力亦比较微小。

欧战以后，德国的预算制度亦采严格的逐年主义。无论何项的收入与支出，皆须经国会一年一度的议决。因此，其严厉颇与美国预算制度不相上下。但国会如于会计年度（4月1日至3月31日）开始以前，不及通过全部预算，则国会仍可通过一暂行的预算，以利政府的进行。此点则与英法之制相似。

中国在过去二十余年内，虽亦有所谓预算制度的存在，但实际上则当北京政府时代，仅民二、民五及民八的预算尝经过当时的议会的通过，且亦并未实行。民国十二年《中华民国宪法》，一面规定预算期限为一年，一面复规定“政府因特别事业，得于预算案内预定年限，设继续费”（该宪第一一三条）。其第一一七条，并有“会计年度开始，预算未成立时，政府每月依前年度预算十二分之一施行”的规定。这本是旧德的预算制度，行政机关的自由已极宽大，但十二年《宪法》根本并未施行。自国民政府成立后，中央颇尝努力于预算制度的确立，预算的审议权则操于立法院。依二十年《预算章程》的规定，立法院于每年6月15日以前应将总预算议决，呈请国民政府公布，但岁入及岁出的总概算书，既须先经中央执行委员会政治会议（现称政治委员会）的核定，立法院的议决事实上至今仍只是一种不甚重要的形式。惟就预算案成立的早晚而言，则近年中央政府的预算，已渐能于会计年度开始前或开始后一个月内公布。

其二，预算经费的支付。按照一般国家的通例，预算案内关于支出的规定，系就各项政务分别规定；政府对于各项政务的用费，不特不能超过预算案中对于各项政务所规定的用费，抑且不能挪移甲项政费的盈余，以补乙项政费的不足。为预防政府破坏此种规律起见，各国乃设有审计机关；凡政府向国库支用任何经费，俱须预经审计机关的核准；如政府的支用，违背预算案的规定，审计机关便得拒绝支付。所以审计机关，在一般国家中，均离行政机关而成为独立机关。法德的审计院独立于行政及立法机关之外，英国的审计总长虽由议会任命，但亦不隶属于立法或行政机关。在五权宪法之下，审计本为监察权的一部分；以上所述的事前审核制度，亦已经中国现行《审计法》采行。

其三,预算案的提出与修正。在行议会内阁制的国家,预算案自然由政府提出;但在采用分权主义的美国,预算案却由议会自行起草,自行决定;不过议会于草拟预算案时,事实上仍不能不需要行政机关予以种种报告及助力。至于议会议员对于政府所提出预算案的修正,各国宪法或法律,大率设有一种限制,即议会议员,不得提出增税或增加岁出的修正条款。此项限制,一面在预防议会议员,因受选举团体或其他方面的请托,而滥求增加度支;一面在使政府对于预算案,不易卸脱其责任,因为政府所提出的预算案,岁入及岁出既无增加,则实施后无论发生如何困难,政府自不能不负其责。

二　决算案

各国通例,行政机关须逐年将一切国家机关的收入支出,造成决算案,先交由审计机关审核,后更将该决算案及审计机关的审查报告,提交议会议决。议会则每将此种决算案,交付一种决算审查委员会,细为审查,而以审查的结果向议会报告。议会就报告讨论后,再加表决。如议会发现该决算案中的征收或支出,有与预算案相抵触之点,或有舞弊情事,自可否认该决算案,而责成国务员负政治上的责任,或使之更负民刑责任。

第四节　议员的特殊保障

各国宪法,为保障议员个人的安全与自由起见,对于议员,均给以两种特殊的保障:一为关于议员言论的特殊保障,又一为关于议员身体的特殊保障;前者在令议员于议会内,得以自由表示其意见，无所畏惮，亦无所束缚，后者在使议员的身体，不受非法的逮捕或其他虐待。

一　议员言论的保障

此种保障，肇始于英国。英国当14至16世纪期内，众议院议员，在院内所提出的议案，或在院内所发表的言论，有时经行政机关认为妨及国王权利，或认为非法，而予以控诉；甚至对于议员的表决，亦有加以控诉者。当时众议院虽尝抗议，然多归无效。1688年革命后，英国议会遂于其《权利宣言》中，规定议院以内一切言词辩论与讨论手续，任何法院与议院以外任何其他机关，不得过问。他国宪法亦俱设有与此相似的规定。

二　议员身体的保障

身体保障与言论保障，其目的俱在维持议员的自由与安全，使不致因政府的摧残，而不克从事于议会的职务。身体保障之制，亦肇始于英国，但英国法律对于议员身体所给予的特殊保障，只限于不得因民事案件而逮捕议员；如议员有犯罪行为，则仍可被捕；惟逮捕的机关，于逮捕后，须立即通知议院。

他国宪法，嫌此种保障未能充分，乃认议员除现行犯外，凡在议会会期中，即使犯罪，亦须预经议员所属院的许可，始受逮捕。此外各国宪法更有保障议员，使在议会会期中，不受司法的侦查，并免除其作证的义务者，例如德国1919年宪法之所规定。

第五节　议会制度与反议会制度

议会制度向视为民主政治的归宿，因为近代国家的版图及人口俱不能容许纯粹民治政体。欧战告终时固有若干国家的新宪法,尝对代议政体为局部的修正,然大体上则仍以代议制为其政治组织的骨干。

到了今日,不但苏维埃政体已有了将近二十年的继续存在,所谓法西斯蒂式的独裁亦颇流行。马克思共产主义者固不否认民治,但他们以为议会是资产阶级的工具,而不是全民的代表机关;欲实现真正的民治,惟有赖苏维埃制度的完成及推行。法西斯蒂主义者则根本否认民治,而尤不信任代议政体;他们虽间亦提倡所谓"会社议会",但这与历来代议政体的精神完全不同。

苏维埃制度与历来议会制不同的地方甚多,其重要者如下:其一,在一般民治国家,议会为全体人民的代表机关,苏维埃则仅为工农兵的代表。固然,在阶级制度完全消灭之后,工农兵的全体或即人民的全体;但在阶级未消灭前,苏维埃制度自不能视为全民代表机关。其二,在历来议会制度之下,议会固为人民的代表机关,但亦只是国家机关之一。代议政体与分权主义初不能分离。换言之,除了议会外,行政机关及司法机关亦各有其特殊的权力,虽则议会尽可监察此种机关,而此种机关尽可为议会所直接或间接产生,例如法国总统由议会选举,内阁及法官则由总统任命。再进一步言之,议会的权力无论大至如何程度,仍只是一部分的权力,其余的权力依宪法必须由其他机关分别行使。但苏维埃则与议会不同,苏维埃大会的权力是无限的:苏维埃大会除可行使立法权外,更可藉其决议,为行政或司法的处分。其三,在一般民治国家,议会的职权,在原则上,惟议会全体得行使之;议会的委员会,无论在议会集会期间或议会闭会期间,均不能代替议会全体,行使议会所享有的全部职权。在苏维埃制度之下,苏维埃代表大会,在闭会期内，其职权可完全由其中央执行委员会行使；在该执行委员会闭会期内，其职权复可由该委员会的常务委员会行使。[①] 以此之故，苏联的最高政权名为属于苏维埃代表大会全体，实则只握于少数人所组织的委员会手中。这也是苏维埃制度与历来议会制度根本相异的一点。

法西斯蒂国家的政制至今尚无一定的形式，相同的只有党魁独裁的一点。希特勒的德国，在形式上仍维持国会的存在；但国会无实权，国会的选举，只类似一种拿破仑式的总投票。所以在实际上，现时的德国不能认为保有议会制度。墨索里尼多年来正努力于所谓“会社国家”的成立。1928 年以来，意国众议院采用了职业代表制，成了所谓“会社议院”；这几年来，墨索里尼更欲以所谓“全国会社会议”代替旧日的议会。奥葡 1934 年的新《宪法》亦采纳了会社议会的制度。

但这些所谓会社议院或会社会议，俱与一般国家的议会不同。奥葡的制度极欠固定，可置不论。意大利的众议院全体议员的产生，系由法西斯蒂党圈定候选人，交由人民用总投票的方式表决；这种产生方法，已显与近代民治国家人民代表机关的产生，根本相异；而且实际的最高政权又寄于法西斯蒂党魁，众议院几不能过问。所以意大利众议院几只是一种形式机关，初无支配或对抗政府的权能。至其全国会社会议之性质，亦不能看做议会一类的机关。

意大利全国会社会议（National Council of Corporations）初成立于 1926 年，后经 1930 年 3 月 28 日的法律予以正式承认。该会议

① 参看本书 285 页及以下。

当时即有参预经济立法的权力，但未取议会而代之。会员共有三种：（一）为13个全国业团同盟的代表；（二）为其他若干种特定的全国会团的代表；（三）为政府人员。

意大利众议院的候选人自1928年以来，本亦由全国业团同盟及若干种全国会团推荐。就组织的分子而言，全国会社会议，除了更有政府人员参加外，当时原与众议院无大分别。因此，墨索里尼于1933年11月在会社会议中成立一个决议，将会社会议的会员改由生产会社（Category Corporations）举出。所谓生产会社即从事于某生产事业的一种会社，无劳资之分；所以与业团及以业团为基础而组成的各种全国同盟，性质不同。意国议会旋亦于1934年1月13日通过一个新的会社法（即《会社组织及权力法》）。根据这个法律，墨索里尼自该年5月起即分别组成22个生产会社，并于同年11月成立了一个由823名生产会社的代表所组成的全国会社会议。

1934年3月选出的众议院，其惟一的职务，即在完成设立新会社会议以前的种种准备。在政府下令召集选举时，各方即有这种了解。现在议会固尚未取销；如果取销，而令上述的全国会社会议独存，则意大利的制度将离议会制更远。盖就组织的形式而言，会社会议固可说是一个职业代表的议会；但生产会社既系由首领以命令组织，主席复由阁员兼任①，则其独立行使立法职权的可能，殆极微薄。苏维埃在事实上，固然也由共产党主导，但共产党的主导，仅是手段的运用，初无法律的凭藉；意大利会社会议则即在法律上亦不脱为法西斯蒂党的机关之一。因之，从法律的见地言，意

① 1934年2月5日《会社组织及权力法》，第一及第二条。

大利的会社会议，较苏联的苏维埃代表大会，去议会制似乎更远。

由上所述，可知苏维埃独裁与法西斯蒂独裁，如何的与民治主义的议会制度相反。悲观者目击这两种独裁制度的突起与存在，遂以为民治主义的议会制度已到了没落时期。但我们如从以下三项事实细心体察，颇觉这种悲观只是一种肤浅的见解。第一，一切法西斯蒂国家，均只有个人的独裁，至今并未能树立任何一种可以持久的制度，以代替议会制度。第二，苏联最近已决定改革其选举制度，使苏联政制民主化，而与一般民治国家的政制相接近。① 第三，在民治素养较深的国家，如英、美、法、比、北欧各国，以及不列颠自治地坎拿大、澳大利亚、南非等等，议会制度至今仍屹然未动，其多数人的民治信仰亦并未摇动。这些都是我们所不应忽视的事实。

① 苏联1936年新《宪法》，以两院制的最高苏维埃（Verkhovny Soviet）为苏联最高国家权力机关；复以由最高苏维埃所组织的苏联人民委员会，为国家权力的最高执行及行政机关。凡年满18岁的任何苏联公民，均有直接选举最高苏维埃联邦院（即众议院）代表之权，选权不复限于农、工、兵三种人民；选民所享之权亦一律平等，城市工人与乡村农夫间不复设有区别。投票则改采秘密制度。最高苏维埃闭会期内，其常务委员会亦仅能代行其一部分的权力。

第二章　行政机关

本章的范围在对于各国行政机关的组织及其职权，为比较的说明与讨论。

"行政机关"（Administration）这个名词，本与"执行机关"（Executive）同义，而往往互用。故仅就字义言，行政机关即是执行法律的机关，或享有执行法律权的机关。但是论者虽得以"执行法律权"这个名词解释"行政权"，而因行政机关，在一切国家中，俱不仅为享有行政权或执行法律权的机关，我们遂亦不能取行政机关职权的一部分，以解释行政机关这个名词。所以行政机关云云，初不得仅释为享有行政权或享有执行法律权的机关。

在通常宪法用语或学术用语中，行政机关这个名词，可说有广狭二义。就其狭义言，则行政机关系专指一国高级行政机关而言；如在美法等国，则指其总统与国务员而言；在瑞士等采用行政合议制度的国家，则指其联邦行政委员会而言。就其广义而言，则行政机关这个名词，往往不仅包含上述的最高行政机关，而实兼含上级及下级一切行政机关，即所谓军政机关，亦往往包含在内。

本章所称行政机关，既非仅认其为享有行政权或执行法律权的机关，亦非泛指一切上级下级行政机关而言。在本章中，行政机关这个名词，除有特别声明者外，系从狭义，专指高级行政机关而言。

第一节　行政机关的组成

在一般国家中，最高行政机关的组成，大率采用一种总统制或一种责任内阁制；但亦有对于国家最高行政机关的组织采用合议制者。近年来，则独裁制亦颇流行。本节因取各国合议制、总统制及责任内阁制，分别论述其行政机关的组成。至于独裁制，则当于本章第二节讨论行政机关与立法机关的关系时予以说明。

第一目　合议制

一　合议制的意义

合议制，国人普通称为委员制。但是“委员”这个名词，通常系指不具有原始的职权者而言；委员与委员所自产生或委权于委员的机关，初不立于对等地位，而完全受这个机关的意志的拘束；与私法上“受托人”与“委托人”间的关系约略相似。诚然，如果采用合议制，则行政合议团体的分子，对于立法机关，殆将如受托人之于委托人。然合议制的可能的形式，究不限于如此。我们不用委员制这个名词，而用合议制者，即以其涵义较广之故。

合议制在令国家行政机关的职权，不由一个首领行使，而由一个多人合组的合议团体行使。构成此合议团体的分子，彼此立于平等地位，其法律上的权限初无轩轾；此合议团体虽亦往往有一人为其形式上的首领，然此种首领初不过为内部会议的主席或对外的代表；除此而外，其职权固仍与该团体中其他分子的职权相等。

所以这种制度，既不类于总统制，亦不类于两层机关式的责任内阁制，更不类于独裁制。

二　合议制的理论

在现代一般国家中，合议制已不仅适用于立法的组织，抑且往往适用于法院。至就行政组织而论，合议制虽亦有适用于特种行政组织或地方行政组织之例可举，然以此制适用于最高行政机关的组织者，尚不多见。其所以然，则因此制有几种显著的流弊。

第一个流弊为处事之缺乏灵敏。一切重要行政事项，既俱须经由一个合议机关决定，行政机关的动作自然不易灵敏；于是行政机关不易应付许多的事变，而尤不易应付非常的事变。第二个流弊为责任之缺乏明显。一切行政政策，既俱产自合议机关多数的决议，而各个人的主张，又往往因种种原因势难宣泄于外，则一般社会，对于一种政策的失败或成功，自亦往往不能确定其责任之所在。这种责任不明的状态，亦足令一般社会对于各个行政当局的个别能力与识见，不易为精密的判断。第三个流弊为行政政策之不易贯彻。行政合议机关的各个分子，彼此原处于完全平等的地位；倘其中含有比较缺乏合作精神之人，或则对于合议机关多数决定的政策，因不愿牺牲己见而不诚意地援助其执行，或且从事于不利于该项政策的各种动作，则该项政策的实施，便要感受困难；倘此种困难竟达一定程度，则该项政策或且不能获得相当的试验。这种政策不易贯彻的状态，既足使行政机关不易有应付议会的能力，尤足令一般社会对于一种政策的失败，因未得着相当试验之故，不能了解其真实原因。

以上三种流弊，一般论者认为行使责任内阁制的国家，大都可以解除到相当的程度；所以即使畏惧美国式的总统制可以酿成行政专制者，亦往往不主采用合议制以为代替。在民治素养已达相当程度，行政机关已经不复含有多大危险性的国家，则为防杜议会专横起见，就是美国式的行政独任制，亦有其正当的功用。

然合议制虽有如上所述的流弊，而主张此制者，却亦有几种简单而且具有相当势力的理由。一则以为此制可以涤荡君主政体的遗迹；其在新从君主政体脱胎的共和国家，为改造一般社会的心理与观感起见，此种制度尤可有显著的功效。罗马共和首创时期与法兰西的第一次共和，所以俱采行政合议制者，大半以此。二则以为此制可以防杜行政的专制，可使行政机关侵犯议会或危害人民自由的种种行为，较难实现；因为擅专行为的实施，出自一人的决定易，出自众人的合议便或不易；其在民治素养尚浅的国家，行政专制的可能性比较的既属甚大，此制的功用比较的亦或较高。三则以为此制可以补救行政人选的失当；盖事权如果集中于一人，则一人人选的不当，便可贻误行政机关的整个，倘以事权畀诸一个合议团体，则该团体中即有一二人人选失当，亦或不至贻误整个。

三　合议制的实例

如纯从理论上着想，合议制自然可有许多的形式。求诸事实，则以此制适用于国家最高行政机关的组织者，并不多见。在古代历史中，罗马共和时代的执政（Consul）制①与中国周厉王出奔后的周召"共和"制②亦或与合议制约略相当；但两者俱为两人的合议

---

① 罗马共和时代，设立两个行政首长，俱称为Consul；此种两头政治垂四百余年。

② 史称周厉王暴虐，为民所攻，出奔于彘；召公周公二相行政，号曰"共和"。说者遂谓共和之政亦即一种两头政治。惟是"共和"云云或亦仅指不相违戾而言；初不必含有两人地位平等之意。且当时厉王虽已出奔，而其人尚存；厉王之子静（即于厉王卒后，由召公扶立，而以宣王称者）亦尚匿养于召公之家；所以"共和"云云，在制度上亦尚不能谓为无君之政。凡此诸点，因史料贫乏，似俱不易确定。

制，究非真正的合议制可比。

罗马而后，欧洲历史上，最值得我们注意的行政合议制，要算法兰西大革命期内1795至1799年所曾采行的主政委员会(Directoire)制。此制与一般的合议制相较，有一个特点。这个特点，在将行政机关的决议权与执行权完全分开，以决议权畀诸一个行政合议机关，即所谓主政委员会；而以执行此项决议之权畀诸这个合议机关以外的几个各司一职的"国务员"(Ministers)。这是主政委员会制中极堪注意的一点；我们不能不稍述其内容。

主政委员会设有委员五人，其产生则由下议院(Conseil des Cinq Cents)先推定双倍额数的候选人，再提经上议院(Conseil des Anciens)决选。五人中，每年须改选其一(第一次当选的五人，于最初四年内以抽签法改选)；凡经改选的委员，在其解职后五年以内，尚不能重行当选。五委员轮流为主政委员会的主席；每三月更换一次。所以每届主席的任期极其短促。主政委员会是最高行政机关，其行政职权极为广大；但只能决议，而不能直接执行其决议；其构成分子(即主政委员)亦无直接执行决议之权。执行主政委员会的决议者为六个至八个的"国务员"。国务员由主政委员会任免，但主政委员不得自兼国务员。国务员各司一种职务，并不形成一种合议团体。[①] 这样形式的合议制在理论上似是比较适宜的一种形式；因为执行与决议既经分开，则合议机关之内纵含有一部分缺乏合作精神之人，亦不致使合议机关所决定的政策，在执行上发生障碍。

以上所述为东西历史上的合议制。至于今代国家之采用合议制者，则群以瑞士为标准。

---

① 以上详见 Duguit et Monnier, *Les constitutions et les principales lois politiques de la France depuis 1789*(1925),94-98。

瑞士是合议制行用最久而且成效最著的国家。瑞士的历史可以说是从 13 世纪开始；而瑞士有史以来，也就没有君主制或其他独任制，而只有合议制；仅于受拿破仑征服的时期，曾有极短时期的中断。瑞士并且是合议制行用最普遍的国家；其中央行政组织，与其各邦行政组织，俱系采用此制。我们这里所讨论的，则仅以其联邦委员会（Bundesrat）制为限。瑞士的联邦委员会制，较诸其他合议制，在法制上及习惯上，盖各有其特点。

法制上之特点有二：第一，联邦委员会是含有元首的；然而元首的存在，并不影响合议制的精神。联邦委员会是瑞士的最高行政机关，由七个委员组成。这七个委员俱由议会上下两院开联合会议选举。他们的任期都是三年。议会逐年就这七个委员中选定一个委员，为瑞士联邦的总统（Bundespräsident）；选定另一个委员为瑞士联邦的副总统。所以联邦委员会并不像罗马的执政制，完全没有首领；亦不纯像法国的主政委员会制，虽有议事的主席而主席却不具元首的头衔。瑞士的总统及副总统不独任期都只有一年，而且不能继续当选。就是总统的职权，除了对内为委员会会议的主席，对外得代表委员会履行各种仪节（如接受外国元首与使节之类）而外，亦与其他委员，完全平等。总统在委员会中，并且与其他委员一样投票。所以总统与副总统的名称，严格地讲，实在与实际不甚相称；但联邦委员会，却因是而得保全合议制的精神。第二，联邦委员会的七个委员，各是主管一部的部长。这是瑞士制与法国主政委员会制显然相异的地方；然而联邦委员会亦不因是而丧失合议制的精神。联邦委员会的构成分子——总统、副总统以及其他——都是主管一部的人员；都是一个部长。但是这七个委员如果各就其所管的部务有单独决定权，合议制的精神便不免要被破坏。所以瑞士《宪法》第一〇三条复明定，行政决议俱须出自联邦委员会，委员之各主一部，则不过是谋事务的审查与执行的便利而已。在这种规定之下，各部部长（即各委员）的职务，不过是豫备各该部提交联邦委员会的议案，与执行该委员会对于各该部事务的决议案；而其自己则不享有任何单独决定之权。[①] 不过宪文的涵义，虽可作如此解释，在实际上，则瑞士联邦委员会却不能不给予各部部长以若干单独决定之权。一部分瑞士宪法学者且谓联邦委员会，对于各部的任何决议，须保有撤销或变更之权，才得与宪文的精神完全符合。[②] 但是各部部长对于各部事务虽亦取得若干分单独决定之权，一切稍形重要的事件，实际上究俱由联邦委员会决定。[③] 所以合议制的精神，在瑞士可说是贯彻到了极高的程度。

瑞士合议机关的组织，在法制上固有上述两个特点，在习惯上也有两个特点：第一，联邦委员会在习惯上不是代表一个政党的机关。瑞士虽然是一个小小国家，却是含有数种民族、数种语言、数种宗教的国家。依着习惯，联邦委员会也常是代表各种民族与宗教的团体，而不是代表一种民族或一种宗教的团体，亦不是代表议会中一个政党的团体。依着习惯，这七个委员总得有一个委员是由沮利希（Zürich）邦出身的；总得有一个委员是由柏恩（Bern）邦出身的；总得有一个委员是由信奉天主教的各邦出身的；而且说法国话与说意大利话的各邦，通常也各在委员会中占有一席。[④] 第二，联邦委员会的各个委员，在习惯上，几乎都是一个终身官吏。联邦委员会的委员，在法律上本只有三年的任期，但在习惯上，这些委

---

① Barthélemy, *Le rôle du pouvoir exécutif dans les républiques modernes* (1913), 277 及以下。

② Burckhardt, *Kommentar der Schweiz Bundesverfassung* (1905), 812.

③ Barthélemy, *Le rôle du pouvoir exécutif dans les républiques modernes* (1913), 285.

④ Bryce, *Modern Democracies* (1921), Ⅰ, 394.

员，只要他自己愿意继续充任，几乎没有不继续当选的；自 1848 至 1919 年七十余年中，这个习惯只有过一回例外。所以联邦委员会的委员，事实上都成了终身官吏。这习惯之所以养成，一半因为瑞士的联邦委员会，实际上不是一个决定政策的团体，而纯是一个执行议会政策的团体，因此议会选举这些委员，俱只偏重他们的行政经验与能力，而不注意他们的政见或言论丰采。

以上是瑞士联邦委员会制的内容。瑞士这个制度的成效，是尽人所承认的。这种制度收效的原因，我们固不能说是与该制本身的完善无多大关系；然而一部分原因——甚或主要原因——却不在制度的本身。瑞士民族数百年的民治素养，当然是这个制度收效的一部分或大部分原因。因为瑞士民族有了这样长期的民治素养，所以能使他们的合议制，实现其特长，而不发现其短处。譬如联邦委员会的分子，在习惯上既都享有终身任期，那末，在事理上就难保行政人员不偏于保守固陋，以致不能追随人民的新蕲求与社会的新变化，而演成一种官僚政治。然而在民治素养甚深的瑞士，联邦委员会的官僚化，却是不会发生的。[①] 而在另一方面，瑞士行政机关的行政政策，却因联邦委员会的委员俱为长期的官吏，而能继续不断；瑞士行政机关的行政效率，亦因是而获提高。复次，瑞士行政合议机关既须完全受议会支配，而毫无牵制议会行动的权能，那末，在事理上亦或可以酿成议会多数的专制。然而多数专制之事，在瑞士也极不易发生；因为瑞士的舆论，历来就是最能顾惜少数的利益而不肯让少数受过分压迫的。行政机关尽管没有

---

① 但联邦委员之所以不致官僚化与瑞士法制却也有关系的；因为在瑞士制度之下，联邦委员会的委员是常日在议会中生活的，是常日参加议会的讨论而受其督责与陶冶的。

牵制议会的权能,而议会多数的专制却也不易发生。[1] 此外,瑞士联邦委员会为代表各种政治色彩的团体,而其分子又俱为执行联邦委员会议决的部长,那末,在事理上亦都可以增加委员间意见分裂与合作困难的程度;然而事实上,这些流弊却也因瑞士人民之习于调和与互让,而获减免。

瑞士而外,苏联的人民委员会(Sovnarkom,英译作 Council of People's Commissars)亦为合议制的机关。不过人民委员会的行政权力既不能与罗马的执政,法国的主政委员会或瑞士的联邦委员会相比拟;而且在实际上,苏联的立法行政又俱由极少数人主持。所以有些学者反对列苏联制度为合议制之一。

苏联的人民委员会制,是苏维埃革命的产物。人民委员会于1917 年 10 月鲍尔雪维克党人革命时即已产生,而旋经全俄苏维埃大会承认的。1918 年 7 月的苏俄宪法与 1924 年 1 月的苏联宪法俱保持这个制度。苏联中其他各邦的宪法亦俱有人民委员会的设立。以后所述,则仅以苏联的人民委员会为限。

苏联中央机关的组织,与一切国家的中央组织不相类似。苏联的中央组织,可以说是包含着四个机关:即苏联苏维埃代表大会(Congress of Soviets of U. S. S. R.)、苏联中央执行委员会(Central Executive Committee of U. S. S. R.)、苏联中央执行委员会常务委员会(Presidium)与苏联人民委员会。

苏联的第一个机关为苏维埃代表大会。这个机关为苏联的最高机关,由各省苏维埃代表大会与各城市苏维埃所选举的代表组织而成。代表人数甚众,恒在 2,000 左右;集会的次数则甚少,自

① 但这一层事实,与瑞士所行的复决与创制等法制,却也不无关系;因为在那些制度之下,议会尤不能不受舆论的制裁。

1922 年苏联成立以来,只召集过八次大会;每次集会的时间又极短促。因此,在实际上,苏维埃代表大会并不是苏联的最重要机关。中央执行委员会是由苏维埃代表大会产生的;凡值苏维埃代表大会闭会期间,他便可以代表苏维埃代表大会而行使其一切职权(此为苏联政制的一个特点);而且他所行使的职权,兼含立法、行政、司法各种职权(此为苏联政制的又一特点)。中央执行委员会自己亦设有一个常务委员会;常务委员会在中央执行委员会休会期内,可代表该会监督人民委员会,并行使其他一切职权。

人民委员会是一个合议的行政机关。照 1924 年苏联《宪法》条文,人民委员会应由主席 1 人、副主席若干人、人民委员 9 人及最高国民经济院院长组织而成。人民委员各掌一部行政职务,主席及副主席是否可以兼部,则宪法未有规定。在 1934 年,人民委员会分子共有 18 人:计主席 1 人,副主席 1 人,副主席兼计划经济院院长 1 人,人民委员 15 人。人数多寡本无一定,因为苏维埃代表大会及中央执行委员会对于宪法所规定的部数及人数均可以决议变更。

人民委员会由中央执行委员会产生。依十余年来的通例,每召集一次苏维埃代表大会,必有一个新的中央执行委员会举出;每有一个新的中央执行委员会,人民委员会亦必重新任命一次。在事实上人事的更动并不频繁。列宁在世时,列宁为主席;列宁逝世后,立可夫(Rykov)继为主席;立可夫被黜后,则由莫洛托夫(Molotov)继任。政治情势无变动,则人民委员会的分子亦往往不变;反之,政治情势有变化,则人民委员会的人选,即不逢中央执行委员会的新旧更替,亦可发生更动。

人民委员会既由中央执行委员会产生,自然须对中央执行委员会负责;宪法亦明白如此规定。此外,人民委员会也须向中央执行委员会的常务委员会负责,因为常务委员会在中央执行委员会休会期内，是苏联的最高权力机关（《宪法》第二十九条），而且对于人民委员会所颁行的命令，常务委员会和中央执行委员会同样有取销之权（《宪法》第四十一条）。

根据以上所述，苏联的人民委员会是否可视为合议制的行政机关，确有讨论的余地。就事实而论，当列宁在世之日，列宁据人民委员会主席的地位，为苏联实际上的独裁者，合议制的精神并未存在。列宁逝世不久，史泰林即继为苏联的独裁者。史泰林仅是共产党的党魁，而在苏联的政治组织中无地位。史泰林所享有的权力完全是事实的，而不是法律的。除了史泰林以外，莫洛托夫为苏联第二有力领袖；所以在外则人民委员会须奉行史泰林的政策，在内则莫洛托夫的权力亦远在其他任何人民委员之上。苏联的人民委员会盖至今仍只有合议制的形式，而缺乏合议制的实际。①

中国于国民政府初成立的期间内，亦尝采用合议制的行政组织。民国十四年七月一日的《中华民国国民政府组织法》以 16 个委员组成国民政府，其中为主席的一员，并不具有特大的权力。此项《组织法》经十六年三月十日的修正后，委员人数自 16 增至 28，主席则易以 5 个常务委员；于是合议的形式愈见显著。十七年二月四日的《国民政府组织法》置委员四十余人，以 5 人至 7 人为常务委员，常务委员之一则为主席。惟当时国民政府不仅为行政决议的最高机关，更为最高立法机关。但决议的执行权操于另设的行政各部；行政各部受国民政府指挥，处理行政事项。所以当时的国民政府合议制略同于法国大革命时期的主政委员会制，不过主政委员会的权力限于行政，而国民政府的则不限于行政。但自十七年十月五院制度成立以后，中国也放弃了合议制度；初以国民政

① 苏联 1936 年新《宪法》仍采人民委员会制度。

府主席为行政的实际首领，自二十年十二月以来，则以行政院院长负行政的责任。

凡上所述，只是各种合议制中行政机关自身的组织问题；至于在合议制之下，行政机关与立法机关的关系如何，则当于论述各国行政机关的职权时说明之。

第二目　行政元首与国务员

除却采用合议制的国家而外，一般国家最高行政机关的构成分子，为行政元首与国务员。以下便论述各国行政元首的产生与任期、行政元首与国务员间的关系、国务会议的性质，以及国务总理与国务员间的关系；并略述中国所曾采用的制度。

第一款　行政元首

一　行政元首的产生

列国行政元首产生的方法，总括言之，不外两种形式：一为世袭，又一为选举。

君主国家的元首，皆出于世袭：实际上君主制之异于共和制者，亦只在这一点；至于政治上的其他组织，一切君主国家初不必与一切共和国家有何根本歧异。世袭之制在理论上自然寻不出充分的根据。历来拥护君主制度的理论，大都偏于神秘；神权说即其一例。到了今日，即在君主制度甚形巩固的国家（例如英国），论者亦皆抛弃传说上的神秘学说，而仅从实际的事理上为君主制度求得几个根据。他们认君主制度之优于共和，大致不外两层理由。一则以为君主制度可使元首能以其长期的政治经验，纠正国务员的过失。共和国家的元首，任期是有限的，君主国家的元首，任期是终身的;具有终身任期的元首,于充任元首若干年以后,便可以其政治经验来匡救国务员的过失,任期有限的元首,则往往因不获继续当选,不克收此功效。英国女王维多利亚在位有六十余年之久;在其后半期内,女王常能本其成熟的政治经验,以匡救国务员的褊狭之见。因是英人对于君主制度的信仰亦更为坚强。再则以为世袭之制可以免除选举的纷扰。元首的产生如出自选举,则无论为民选或议会选举,在选举举行以前,总有竞选,亦总不免有多少纷扰。美国则每举行总统选举一次,选举前各政党间剧烈的选举运动每亘数月之久;社会各方面亦往往因是而呈杌陧不安之象。至于此种选举所耗损的公私费用,尚为余事。

但是世袭之制虽亦可如以上所述不无多少利益,然此制却不能保障必可获得相当的人才。此层危险殆足以抵消君主制度的一切功用而有余。实则君主之制,在现代英、荷、比等自由国家尚能保持不败者,一半还是因为这些国家的君主都只是一个虚名元首;都只是一个"统而不治"的元首。

共和国的元首,俱出自选举,然选举的方法,亦尚可分为三类:一为人民选举,一为议会选举,又一为混合选举。

人民选举,亦尚有直接选举与间接选举两种形式。直接选举之制,求诸过去史实,则法兰西 1848 年第二共和时期采用普选的及直接的形式,由人民选出路易拿破仑为总统,即其一例;求诸今代实例,则德国 1919 年《宪法》及爱沙尼亚 1933 年《宪法》对于总统的选举,亦俱采用直接民选之制。间接选举之制,行于美国;南美如阿根廷、智利等国向摹拟美制,芬兰及立陶宛等宪法亦然。美制系令各邦先各选出若干总统选举人(Presidential Electors),其数额与各邦所应出的参众两院议员数额相等;次由总统选举人投票选举总统,以得票过半数者当选;如得票无过半数者,则由联邦众议院对得票最多的三人加以决选。决选时，票数的计算不以选举人为单位，而以邦为单位，某一邦议员的多数所投选之人即为该邦所选之人，得票过半数邦以上者当选。倘经如此投票后，仍无过半数者，则以副总统充当总统。副总统的选举方法及选举人与总统相同，但决选者为参议院，且仅就得票最多的二人加以决选。本来美国联邦宪法仅规定，总统应由各邦所选的总统选举人选举，却未限定此种总统选举人应由各邦人民选出；但实际上各邦法律俱系令总统选举人由各邦人民选出，而绝无令其他团体（例如邦议会）行使此种选举权者；所以美制实际上是一种人民间接选举制；不过遇着总统选举人所投选票过于分裂的时候，则联邦议会得有决选之权。

主张总统应出自民选而不应出自议会选举者，往往援引三权分立的原则，为其主要的论据；他们以为在三权分立的原则之下，行政机关的元首，不应由立法机关产生，而应与立法机关同出自选民团体。实则此种见解，亦极有讨论的余地；因为三权分立的原则，究应实行到如何程度，已经是一个极可辩论的问题；就令此种原则有严格采纳的必要，所谓三权分立，严格地讲，亦只是欲令行政、立法、司法三种职权，由三种不同的而且能独立行使职权的机关去行使，至于各个机关之如何产生，则不见得有一个不易的规则可言。然论者于此更有以为行政元首如由议会产生，在实际上将难与议会对抗者；因为议会出自民选，可依人民为后盾，而元首则无此力量。此种情形，诚属难免；所以我们的目的如果在设置一个强有力的行政机关，以牵制议会，则采用民选总统制诚亦有相当理由。德国1919年《宪法》之所以采用总统民选之制，便是基于这种理由。但是民选的行政元首，一面虽足增加行政机关实际上的独立，一面却亦极易酿成行政专制；路易拿破仑挟其民选总统的资格以毁破共和，建设帝制，即足晓示我们以民选制的危险。而且民选制与议会选举制相较，民选制恐亦比较的难以产生适当的人才；因为行政元首这个位置所需要的特殊能力，以及竞争当选人中孰具有此种能力，往往非具有特殊判断能力之人不能判断；以普通选民与议会较，选民的判断力自然较低。美制之采用间接民选而不采用直接民选，半亦以此；然美虽采用间接选举，实际上仍只等于直接选举；因为美国自政党组织完固而后，总统选举，实际上完全决之于初选；总统选举人于其当选为总统选举人之时，俱已向各选民及政党明白承诺投选何人为总统；及至他们正式举行总统选举时，俱不过履行原来的承诺而已。所以美国虽采用间接选举制，初亦未能实现其所预期的功效。且民选之制，无论间接、直接，尚含有其他流弊，如选举前全国的大纷扰，与选举舞弊之难于防杜等等皆是。舞弊之事，在法治修明之国容或可以减免，纷扰现象则断所难免；美国每届总统改选之年，全国各方面于选举之前，亦常有四五个月的剧烈竞争。

除美国及中美、南美各国而外，议会选举为比较普通的方法。法国现制亦系采用议会选举制；总统的产生用议会上下两院开联合会选举的方法，以得票过半数者当选。此种联合选举手续，自然使议会中的下院较占便宜，因为下院人数远比上院为众多；但法国下院为直接民选机关，而上院则为间接民选机关，故虽两院选举权不甚平等，在理论上亦说得过去。他国如捷克等之采用议会选举制者，亦率采两院联合选举之制。①

① 波兰1935年新《宪法》虽仍采用议会选举之制，但为一种间接的且不纯粹的选举制度。总统选举会共有会员80，其中50人由下院从最优秀的公民中选出，25人由上院选出，其余5人则为两院议长、国务总理、最高法院院长及训练总监。见该《宪法》第十七条。

民国元年《临时约法》亦采议会选举之制。该法第二十九条规定："临时大总统、副总统，由参议院选举之，以总员四分三以上出席，得票满投票总数三分二以上者，为当选。"民国二年十月《大总统选举法》（即民国十二年《中华民国宪法》第七章）规定："大总统由国会两院议员组织总统选举会选举之；此项选举，以选举人总数三分二以上之列席，用无记名投票行之，以得票满投票人数四分三者当选。但两次投票无人当选时，就第二次得票较多者二名决选，以得票过投票人数之半者当选。"此项规定与法制极相类似，所不同者，即中国对于出席人数及得票数的规定较法国为高而已。

混合选举为较新颖的制度，亦为人民选举及议会选举两制度的调和。西班牙1931年《宪法》第六十七条规定，总统由议会议员及与议员同数的代表（Compromisarios）选举；代表则由人民直接选举。换一句话，西班牙的选举制度等于美制及法制的总和。主张此制者以为此制兼有美法两制的长处，而无其短处：可以直接代表民意，但选举的竞争可不至如美国的剧烈；选举人的鉴别力可以较强；选举手续亦不甚繁重；法国议会骄横及总统力弱之弊亦可不致发生。

奥国总统的选举亦采混合制。按照1934年《宪法》第七十三条，总统的选举，系由组成联邦议会的四院联合推出候选人3名，而由全国市集长决选其中1人为总统。奥国联邦议会的四院本不全由民选，但市集长则为民选的地方官，又为亲民之官。由议会提出候选人，而由市集长决选，既可使选举手续异常简便，又可使人选适宜；这便是奥宪的用意所在。

中国自国民政府成立以来，其历次主席皆由中国国民党中央执行委员会选举。此则因为中国尚在党治期中，故其元首的选举不能与一般共和国家总统的选举相提并论。

二　行政元首的任期

各国行政元首的任期，极不一律。君主国家的元首，任期自属终身；即共和国家，亦有对于行政元首设为终身任期者。拿破仑一世于其称帝以前，便是一个终身任期的行政元首。捷克总统的任期宪法虽规定为7年，但马沙立克(Masaryk)于1934年第三次被国会选举为总统时，国会曾以决议展长其任期为终身。马沙立克为复兴捷克的领袖人物，其受人民的爱戴，固理所当然。不过就常例而言，终身任期之制不特带着君主制度的臭味，实际上亦极易授行政元首以固位专权之柄。在一般共和国家，元首的任期向俱甚短，美洲各国总统的任期俱为4年；甚有缩短至一两年者，例如中国国民政府主席的任期为2年，而瑞士总统的任期则仅为1年。然任期过短，则行政元首往往方获得相当的行政经验而任期已届，亦非良制；且选举频繁，纷扰殊甚。在采行责任内阁制的国家，元首的权力本极微小，设为如此短促的任期更无必要。所以法国与欧战后多数国家，如德、波兰、捷克等，俱以7年为总统任期。民国二年十月五日《大总统选举法》及十二年十月十日《中华民国宪法》俱定总统的任期为5年；1931年西班牙《宪法》则定总统的任期为6年。

复次，总统任满之后，应否许其继续当选？求诸实例，各国宪法有各种不同的解决。承认总统之得以继续当选，在理论上可以说是有两种最著的功用。一则行政元首的任务，无论在任何国家，都不是一种简单的任务，充任之人倘未满若干时期，决难胜任愉快；倘承认继续当选之制，便可使曾任此种职务之人，尚得于后一任时本其前任的经验，以裨补行政。一则继续当选之制，可使充任总统之人，于其任期之内，不能不重视民意；因不如此，则其继续当选，便少希望。然在另一方面讲，继续当选之制，亦大可使充任元首之人，坚其固权保位之思；甚或凭借其现有的政治势力，于总统改选之时,为种种不正当的选举竞争。所以各国宪法对于元首继续当选问题的规定,彼此虽不甚一致,要亦大都设有相当限制。有禁止曾充行政元首之人,于一定年限内,再有当选资格者;如法国1848年《宪法》,规定总统须于解职5年以后始能重行当选,即其一例;瑞士联邦总统,亦须于解职1年以后始能重行当选。有禁止连任至一次以上者:捷克1920年《宪法》,一面承认一人得充任总统至任何次数,一面限定任何人俱只能连任一次,即其一例,马沙立克的三次连任,则为例外。民国二年《大总统选举法》、十二年《中华民国宪法》及二十一年十二月《国民政府组织法》亦限定总统(或主席)只能连任一次。其他各国宪法,虽或对于继续当选问题,不曾明定任何限制,但依其宪法习惯却亦往往仍有限制存在。例如美宪虽未明定总统能否继续当选,然自华盛顿于其第二任总统期满时宣言不为第三任总统以后,美国宪法习惯,盖已难容任何人连任总统至二次以上。

三　行政元首的出缺

共和国家的元首,如于任满以前,因死亡、废疾等故而辞职,或因受弹劾或罢免处分而缺位,或因意外与因公出国等事而暂时缺席,其职务将由何人或何种机关暂代行使?求诸各国实例,有下列各种解决方法。或则设置副总统,以副总统执行此种职务,例如美国。或则以国务总理代行此种职务,例如1919年德宪第五十一条所定,及民国十七年十月八日《国民政府组织法》第十条所定。或则以内阁代行此种职务,例如法国。或则以议会议长暂时行使此种职务,例如美国在1886年以前,其联邦法律规定,如逢正副总统两俱出缺,便以参议院主席代行总统职务,参议院主席如亦缺职,便以众议院议长代行此种职务。甚有以最高法院院长代行此种职务者,例如德宪第五十一条所规定(依1932年12月31日修正)。

在采用总统民选制的国家，因为改选总统的手续非常繁重，副总统的设立事实上容有必要；在采用议会选举制的国家，选举的手续较为简单，即不设副总统，事实上亦或无甚障碍；且副总统的设置，常足诱致政治上的种种阴谋，所以法、德、奥诸国俱不设置副总统。议长代理之制，亦有一种流弊；即议会议长的政见如与出缺总统的政见，立于相反地位时，则即在短促的代理期限内，亦不免发生重大的政治变动；所以美国自 1886 年以后，亦不复承认议会议长得于正副总统两俱出缺时代行总统职务，而改以国务卿（Secretary of State）代行此种职务。至于最高法院院长代理之制，则系德国的特殊环境所形成，不足为训。折衷以上诸制，似仍以内阁代理之制，较为适当。民国二年《大总统选举法》（十二年《中华民国宪法》亦同）系兼采副总统代理制及国务员全体代理制；大总统缺位时，由副总统继任；大总统因故不能执行职务时，则以副总统代理；副总统同时缺位时，则由国务院摄行其职务。上面所谓"因故不能执行其职务"，自然包含疾病等故障而言。行政元首如果有废疾或其他长期疾病，势不能不使之暂时停职，甚或完全解职。在此种场合之下，元首如自行辞职或请假，自无问题。假使元首本人不自辞职或请假，甚或因犯精神病症而不及履行此种手续，则将由何种机关决定其应否停职或解职？美宪对此问题并无规定，所以威尔逊总统于 1920 年时虽卧病八九月之久，事实上不能执行职务，而无人能强之请假。民国二年《大总统选举法》及十二年《中华民国宪法》对于此点亦无规定。他国宪法则有规定可由国务会议决定者；[①]亦

① 捷克 1920 年《宪法》第六十一条规定："凡值总统疾病行将延长至六个月期间以上，则经由国务员四分之三的决议，便应由议会两院联合会选定副总统一人，于总统缺职期内摄行其职务。"

有规定应由议会以法律决定者。[①]

第二款 元首与国务员的关系

就元首与国务员的关系而言，学理上通常区分各国制度为两类：一为总统制，又一为责任内阁制。严格说来，各国政制尚有不能拟于通常的所谓总统制或责任内阁制，而介乎两制之间者。下面所述，仅就通常所指的总统制与责任内阁制而言。但是总统制与责任内阁制间的分别实含有两方面：一方面的差异，在于元首与国务员的关系上；另一方面的差异则在行政机关与立法机关的关系上。本款先论前一方面的分别，后一方面的分别，当于本章第二节详之。

一 总统制

总统制乃系令行政机关的职权，集中于行政元首的一种制度；换言之，即一种纯粹的行政独任制。在这种制度之下，国务员不对议会或其他机关负责，而只对元首负责；国务员的进退，亦以元首的信任与不信任为转移，而不以其他机关的信任或不信任为转移。采行此种制度的国家，亦有明定元首的一切命令，须经国务员副署，始生效力者；然国务员的进退既操诸元首，则此种副署，实际上，并不能如何拘束元首的意志。

总统制这个名词，在形式上说，虽似只能存立于共和国家，实则君主国家的元首，如其地位类似上述总统制中的元首，论者亦往往称为总统制。所以美国的行政组织与旧德意志帝国的行政组

---

① 依照德国1919年《宪法》第五十一条的规定，总统缺职，通常系以国务总理代理；但总统如有长期疾病，则由议会以法律决定代理方法。但此条于1933年已经修正。

织，俱得视为总统制的一个实例。

美制于总统之下，设置若干国务员，各长一部。国务员为高级行政官，故总统任命时，依宪法所定，须得议会中上议院（Senate）的同意；但在习惯上，上议院几从不拒绝同意于总统所提出的人选。国务员对总统负责而不对议会负责；他们如不得总统的信任，总统可以自由将他们免职；议会除对于他们犯罪行为，得依弹劾手续使之去职外，对于他们政策上的失当，初不能使之去职。就是总统的命令或其他文告，在法律上及在习惯上，亦并不必须国务员的副署。国务员通常虽亦每星期集会一两次，然他们对于所主管的部务，大都仍须各自对总统负责，而无所谓联带负责。国务员中，掌司外交事务的国务卿（Secretary of State），其地位固较其他国务员稍形优越，然亦与其他国务员同受总统的支配，而并不能支配其他国务员。所以这个掌司外务事务的国务卿，其地位亦与一般国家的国务总理不同。

旧德意志帝国（1871—1918）的中央行政组织，亦采行政权集中于元首之制。当时元首之下有一首相；元首的一切命令依宪法须经首相副署；然首相亦只对元首负责，而不对议会负责，且完全由德皇自由任免。首相之外，尚设有若干国务员，以分主各部事务，然这些国务员俱只是代理首相执行各部事务之人，俱是受首相指挥监督的官吏；他们的职务俱可由首相干涉或亲自处理；他们并不能与首相立于平等的地位。此即德制异于美制的一点。至于最高行政权之操诸元首，则仍为美德二制相同之点。

中国辛亥十月《临时政府组织大纲》所规定的行政组织，亦可说是一种总统制，因为该法并未规定总统的行为须受部长的限制，亦未规定部长应对议会负责。《组织大纲》仅规定各部部长的任命须得参议院同意，而于各部部长解职问题则无规定；若在采用责任内阁制的国家，则议会不仅能操纵国务员的任用，更能强迫国务员的解职。民国三年《中华民国约法》所采的总统制更为纯粹；该法所设置的国务卿及各部部长，俱由总统自由任免，不依立法机关的信任或不信任而进退。现代颇见流行的独裁制，则形式极不一致。有以元首而独裁者，有以首相而独裁者，更有在政府中不居高位，仅运用其在党中的地位以独裁者。独裁的元首，与总统制下的总统，若仅就元首与国务员间的关系而言，实无分别。希特勒为独裁的元首；但希特勒与国务员间的关系，固同于美国的总统及旧日德意志的皇帝。

二　责任内阁制

责任内阁制亦称议会内阁或议会政府制。此制肇始于英国，然英国责任内阁制的完全成熟，亦只是 19 世纪上半期之事。今则法、比、荷兰等国以及不列颠自治地，亦皆仿行此制。① 就元首与国务员的关系而言，责任内阁制可以说是含有四个条件：即（一）元首不负责任；（二）国务员对议会负责；（三）元首的命令及其他行为须经国务员同意；及（四）在原则上，元首必须容纳内阁的政策。今依各国的实例，说明这四个条件的内容如下：

第一，元首不负责任。在责任内阁制之下，元首对于其自己的

① 日本在 1918—1932 年期间，亦被认为行使责任内阁制的国家；但这究是不纯粹不成熟的责任内阁制。原因有三：第一，其内阁中的海陆两长须各为海陆两军的军人，其人选往往须得海陆军首脑的同意，是以海陆两长实对海陆两军负责，而不对议会负责。第二，日本海陆两长有所谓“帷幄上奏权”（即关于海陆军事直接向天皇奏陈之权）；所以关于海陆军事，海陆两长又向天皇负责，而内阁并不能向议会负责。第三，依照该国宪法，宣战、媾和及缔约，在实际上虽亦为内阁之权；但内阁于行使这种权力时须得枢密院的同意，而可不问议会的向背；换言之，关于这类大事，内阁即不须向议会负责。因上种种，日本的制度，即在 1918—1932 年期间，离纯正的责任内阁制度尚远。1932 年以后，军部的力量益增，议会更不能科内阁以责任。

行为,本不负法律上的责任。不负责任者,即任何法院或其他机关,不得对于元首的违法行为或失当行为施以任何法律制裁之谓。在采用责任内阁制的君主国家,元首之不负责任,且包括元首的私人行为。英国宪法的习惯,有所谓"国王不能为非"(The King can do no wrong)的原则。这个原则,依着英人的解释,即指国王对于他的私人行为与公共行为俱不负责之意;盖国王的公共行为(如颁布命令等)率须预征国务员同意,由国务员副署,始发生法律效力;未经副署者,法律上既不能发生效力亦当然无责任可言;既有副署,则负责任者便为国务员而非元首;若元首不征国务员同意而有任何违法行为(譬如元首私自杀人),即是一种私人行为;对于此种行为,国务员虽不负责,而在英国法律之下,却亦无任何法院或其他机关得施元首以任何处分。[①] 但在共和国家,元首的人身除非如君主国家元首之神圣不可侵犯;所以共和国家即令采用责任内阁制,元首亦非毫不受法律制裁之人;除关于政策上失当的行为,仍一概由国务员负责外,关于违法行为——尤其是破坏宪法或谋叛等行为——元首却不尽能逃脱议会弹劾权或法院司法权的制裁。不过关于何种违法行为,元首本人须受法院或议会的制裁,共和国家宪法之所规定者,亦不甚一致。盖元首的地位最崇高,易受他人的暗算与攻击,而又极不宜频频摇动,所以虽在共和各国,元首对于其违法行为,亦不尽受议会或法院的制裁,而多少享有些特殊保障;至于保障的程度如何,则各国又不一致。

中国《临时约法》原亦系采用责任内阁制;该法第四十四条"国务员辅佐临时大总统负其责任",亦系声明元首不自负责之意。民国十二年《中华民国宪法》第九十五条亦有"国务员赞襄大总统,对

① 参看 Lowell, *Government of England* (1914), Ⅱ, ch. ii。

于众议院负责任”的规定。现行《国民政府组织法》且有国民政府主席不负实际政治责任的规定(该法第十一条)。依据《临时约法》及民国十二年《中华民国宪法》,元首本人,仅对于谋叛行为,须向议会负责,而受其弹劾。元首的其他违法行为,依民国十二年《中华民国宪法》第九十条“大总统除叛逆罪外,非解职后,不受刑事上之诉究”的规定,在解职以前,普通法院亦不能过问。

第二,国务员对议会负责。在责任内阁制之下,国务员的进退,须以议会的信任或不信任为标准;国务员负责云云,亦系指对议会代负元首责任而言。诚然,在采用责任内阁制的国家,任用国务员之权,在形式上亦属于元首;但实际上则元首所任用的国务员,却不能不以能得议会多数信任者为限。英法等国,每值内阁改组时,元首率以议会多数党的首领为国务总理;其他国务员即由国务总理荐诸元首任用。对于国务员的免职权,在形式上亦由元首行使;实际上凡经议会对于国务员全体或某某国务员,依不信任投票、弹劾或其他方式(例如否决内阁所主张的法律案或预算案),表示不信任之后,元首亦不能不解免国务员全体或某某国务员之职。德国1919年《宪法》且明白规定,凡国务员于经议会通过不信任的决议后,应即解职。诚然,采用责任内阁制的国家,亦大都授行政机关以解散议会之权,议会不信任内阁时,内阁亦尚得以解散议会的手段相对抗,而不必遽出于辞职的一途;然新议会召集后,如仍不能信任内阁,内阁亦惟有出于辞职的一法。

国务员对议会负责云云,在一般采用责任内阁制的国家,亦尚有“联带负责”与“个人负责”的分别:对于内阁全体所决定的政策,国务员全体应对议会负联带责任;如此种政策不得议会信任,内阁便须全体辞职。至于国务员的行为,如为一种个人行为而无关内阁政策,则仍由当事的国务员个人负责;国务员如因此种行为而失却议会的信任,其结果亦只以该国务员个人解职为限。凡此俱为采用责任内阁制各国的通例;法德等国现行宪法,且有明白规定。但实际上,在英法等国,联带负责的原则的适用范围极广;国务员的行为,除极端重大过失或犯罪行为而外,几无不为联带负责的原则所支配。

复次,在一般采用责任内阁制的国家,所谓国务员对议会负责者,实亦仅指对议会中的下议院负责而言;换言之,即国务员的进退仅以下议院的信任或不信任为准。在采用两院制的英比各国,莫不如此。法国则为例外,其宪法明定国务员须对议会两院负责。法国一部分宪法学者固有认内阁应只随下院的信任或不信任而进退者;但此说在事实方面,亦不能存在。至于各国国务员只对一院而不对两院负责的原因,扼要言之,不外两层。一则因许多采用责任内阁制的国家,其议会中的上院往往非民意代表机关(例如英国);其能代表民意者,惟有下院。一则因国务员如果须对两院负责,则凡遇上下两院意见未能一致之时,国务员将无所适从,结果必至内阁不能有一定的政策,而且常呈摇动的状态。

民元《临时约法》仅规定"国务员辅佐临时大总统负其责任",而未声明国务员应对议会负总统的责任,说者遂有疑《临时约法》所采为总统制者;意谓此种规定,系指国务员对总统负责而言。就当时制定《约法》者的本意而言,《约法》所采为责任内阁制,殆不容否认;仅因他们对于责任内阁制的内容缺乏充分的认识,①遂使制定《约法》者的本意,不甚明瞭。民国十二年《中华民国宪法》则

---

① 《临时约法》将弹劾与不信任投票两事混同,及该法关于行政元首要求议会复议法律权的规定等,俱足表现制约者对于责任内阁制缺乏充分的认识及考虑。参看本编第一章第三节论议会弹劾与不信任投票权,及本章第三节第九目论行政机关的要求议会复议权。

已明白规定“国务员赞襄大总统，对于众议院负责任”。依该宪第六十二条及第八十九条的规定，亦惟众议院能对国务员投不信任票；国务员如受众议院不信任的决议，大总统非免国务员之职，便须解散众议院。

第三，元首的命令及其他行为须经国务员的同意。在一切采用责任内阁制的国家，元首所颁布的命令，以及其他可以发生法律效力的文书（例如元首致达议会的文件），俱须一个或数个国务员的副署。此项条件，为国务员代负元首责任的必要条件，其效用可使元首不能违反国务员的意见而行使任何职权。在英国，元首的文书或行为，就令在法律上不能发生效力，亦须由国务员参预；例如元首与外国元首或外国使者间酬应函电之须经过国务员手，元首接见外交代表之须由国务员参预，等等皆是。① 盖此类文书或行为，虽不能发生任何法律效力，实际上却可招致重大影响；元首既立于不负责任的地位，遂不能不受国务员的干预。

民元《临时约法》第四十五条设有“国务员于临时大总统提出法律案、公布法律及发布命令时，须副署之”的规定。民国十二年《中华民国宪法》第九十五条有“大总统所发命令及其他关系国务之文书，非经国务员之副署，不生效力。但任免国务总理，不在此限”的规定。二十年十二月《国民政府组织法》第十四条亦有国民政府所有命令及处分，“须经关系院院长、部长副署，始生效力”的规定。十二年《宪法》所设但书的用意，在防杜国务总理，对于本人免职令及任命继任总理令拒绝副署；在法国，则即此项任免令亦须由现任国务总理或继任国务总理副署。依照该国宪法习惯，凡值内阁改组之时，现内阁的免职令及继任内阁的任命令，俱由现内阁

① Lowell, *Government of England* (1914), Ⅰ, ch. ii.

副署。

第四,元首必须容纳内阁的政策。在采用责任内阁制的国家,国务员不独消极地可以行使其拒绝副署权,以制止他们所不赞同的任何政策;抑且积极地可使元首不能不容纳内阁所决定的政策。盖元首既立于不负责任的地位,一方面固应得内阁的同意始能行使任何职权,一方面亦不应因内阁主张之不惬己意而拒绝予以执行。

以上所述,只就行政元首与国务员的关系上,解释总统制与责任内阁制的差别;至于此两制的利弊,则当于本章第二节论述行政机关与立法机关的关系时言之。

第三款　国务会议

在采用总统制的国家,虽亦不无国务会议(或称内阁会议)之设,然国务员既俱对元首负责,而无所谓联带责任,行政机关全体的政策,最后又皆取决于元首,则国务会议的存在,不过在谋国务员彼此行政上的便利,其位置初不十分重要。在采用责任内阁制的国家,则国务会议不特为重要的机关,抑且为必要的机关。为谋国务员全体对元首或对议会能取得一致的行动与态度,为谋国务员间政策的一贯,势不能不有一个集议的机关;为使各个国务员对于任何其他国务员的政策能负联带责任,势更不能不有集议的机会,藉使任何其他国务员的政策,有被了解及得磋商的机会。今就采用责任内阁制各国的实例,说明国务会议的性质如后:

一　国务会议的组成

国务会议自然应由国务员全体构成;但关于国务员的规定或习惯,各国之间,出入颇大。在英国,凡依下院的信任与不信任为进退的大员,常在五六十人左右。这五六十人,在名义上,俱为英王的国务大臣(Ministers)或国务员,且俱向议会负责;但就实际而言，则国务大臣间的区别甚大，有长部的大员，有则仅为次长。如令他们全体参加国务会议（Cabinet Meeting），则国务会议的效用势将消失。所以英国的国务员有阁员与非阁员的分别，仅阁员得列席国务会议，仅阁员为名副其实的国务员。至于何人得以入阁，则由每次内阁的首相自由决定，并无严格的成规可言。在法国，则次长（Sous-Secrétaires d'État）亦列席国务会议；虽常人不称他们为国务员，而他们在实际上却可视为宪法上所称的国务员。大陆各国之采用责任内阁制者，其国务会议的组织大都仿照法国的习惯。

中国民元《临时约法》有国务院的名称而未规定所谓国务会议。但该法第五章中有"国务总理及各部总长均称为国务员"的规定。此种规定，盖显系默认国务员全体俱为构成国务会议及国务院的分子。因此，元年《国务院官制》乃明白规定国务院由国务总理及各部总长组成。十二年《中华民国宪法》第九十二及九十三条的规定，与现行《国民政府组织法》第二十三条的规定亦然。

二　国务会议与元首

在总统制之下，元首之得列席国务会议自无问题，因元首本人便系负担行政责任之人。在采用责任内阁制的国家，元首之能否列席国务会议，在理论上固有讨论的余地，在事实上各国制度亦颇不一律。有不令元首列席于任何国务会议者。英制凡国务会议俱以国务总理为主席，而不令元首参加；内阁与元首间的意见或消息的沟通，通例只以国务总理个人居间为之。有认元首得列席国务会议，然不能参加表决者，德国在希特勒独裁以前即是如此。[①] 有

① 德国宪法仅明认国务总理为国务会议主席，并明认国务总理于国务会议赞否票数相等时有表决权，初未规定元首能否列席的问题；但事实上总统常有召集特别国务会议而自为主席之事。

将国务会议分为两种：其一由元首主席，另一则不令元首列席者，例如法国。法制，国务会议实际上有两种：其一称为“国务员会议”（Conseil des Ministres），元首、国务总理及其他国务员均列席，以元首为主席。国务员会议所能讨论的事件初无一定范围，但有若干种事件则宪法及法律明定为必须提交“国务员会议”讨议；元首对于此项会议，虽能出席，但依习惯及法国学者的解释，不能参加表决。其一称为“内阁会议”（Conseil du Cabinet），由国务总理及国务员组成之，以国务总理为主席，而元首不列席；此项会议所讨议的事件亦无一定范围；但一切重要事项，通例皆预经此项会议，然后提出“国务员会议”。①

英制之不令元首参加任何国务会议，可使各国务员不易受君主势力的压迫，可使内阁对于君主有一致的阵线，可使君主仅能于内阁政策决定以后表示意见。凡此俱足以减少元首实际的势力。在责任内阁制之下，元首对于内阁政策既为不负责任之人，则英制之设定此种限制固亦不得认为过严。就令元首得以列席国务会议，亦当如德法等制，不令元首参加内阁政策的表决。

中国民元《临时约法》及十二年《中华民国宪法》俱未规定元首能否列席国务会议的问题；且亦俱无国务会议的名词。元年《国务院官制》亦仅有国务会议以国务总理为议长的规定。十一年黎元洪复任总统时代，曾有元首列席国务会议之事；后因引起外间评论，黎遂亦中止出席。

三　国务会议的职权

国务会议存在的一个重要理由，在谋行政机关各部分政策的一贯。所以英法等国凡关系内阁全体的事件或涉及数部的事务，

---

① 参看 Esmein, *Éléments de droit constitutionnel*（1928），Ⅱ，245-255。

例须提经国务会议议决;但国务会议的职权往往缺乏明确的规定;即法国的宪法及法律亦不过对于若干种特殊事件明定须提交“国务员会议”讨议;实际上则提交此项会议的事件并不以此为限。德国1919年《宪法》则明定国务会议的职权包括:(一)各种法律草案,(二)各部部长争执事件,以及(三)其他经由宪法或法律规定必须提交国务会议的事件(该宪第五十七条)。

民元《临时约法》及十二年《中华民国宪法》亦无关于此项问题的规定。元年《国务院官制》则明定下列事件的议决为国务会议的职权:法律案及教令案、预算案及决算案、预算外的支出、军队的编制、条约案、宣战媾和事件、简任官的进退、各部权限的争议、依法令应经国务会议事项、议会咨送人民请愿案,及国务总理或各部部长认为应经国务会议事项。现行《国民政府组织法》第二十四条亦有极近似的规定。

第四款　国务总理与国务员

在采用总统制的国家,各国务员在法律上往往立于平等地位,初无统属关系,亦无所谓国务总理;例如美国虽有国务卿(Secretary of State)之设,然其法律上的地位仍与其他国务员相同。惟旧德意志帝国的政制较为特别。当时政制虽亦系一种总统制,但元首以下的首相,却有优越的地位,有支配其他国务员的权力。在采用责任内阁制的国家,国务总理在法律上亦往往不具有任何特权,而只与其他国务员平等;但实际上,则国务总理实立于优越的地位:国务员的任用,既须出自国务总理的推荐;国务总理并得要求元首解免任何国务员之职。此皆英法等国的通例。德国1919年《宪法》且将元首应依国务总理的要求,解免国务员职务的条件,明定于宪文之内;此外并明认内阁的大政方针,应由国务总理一人决定(该宪第五十三及五十六条)。此种规定,论者以为不仅是采取英法各国的实况,著为明文,并已变本而加厉。

民元《临时约法》及十二年《中华民国宪法》,亦未明定国务总理对于其他国务员——国务总理亦系国务员之一——享有任何特权。依照元年《国务院官制》,则国务总理在法律上却享有下列各种特权:充任国务会议议长;对外代表国务院;得以中止各部总长命令,使其提交国务会议;及元首一切命令必须经其副署(其他国务员有时不必副署)。中国现时的行政院既采院长制,则各部会长官自然是行政院长的属官,其地位自然更不及德宪上的一般国务员。

第二节　行政机关与立法机关的关系

行政机关与立法机关的关系,详细说来,自亦一国有一国的特点;但综括地说,现今民治国家所采用的制度,却不外瑞士制、总统制与内阁制三种。独裁制与民治主义不相容,采用独裁制的国家本无真正的议会;但为便于说明及比较起见,亦当于此节附带论及。

一　合议制

瑞士为合议制最纯粹的国家,此点在本章第一节中已经说过。就行政机关与立法机关的关系而言,瑞士制的特点,在使行政机关不与议会分离,亦不与议会对抗。瑞士的中央最高行政机关为联邦委员会。联邦委员会的委员都是由议会上下两院开联合会选举出来的;他们虽不能参加议会的表决,却可以随时出席议会,参加讨论;他们也可提出法律案于议会,并可将他们的政策随时提出议会讨论。凡此俱表示行政机关与议会不是分离的。凡议会所决定的政策，他们都得服从，凡议会所通过的法律案，他们都得执行；他们对于议会所议决的法律是不能要求议会复议的，他们更不能因与议会政见不合而解散议会。凡此俱表示行政机关是不能与议会对抗的。所以就职权上说，瑞士的行政机关，确是议会的一个委员会。

可是瑞士联邦委员会的委员是有一定任期（3 年）的；在任期以内，联邦委员会的委员却不因他们政见之不被议会采纳而须去职；议会对于他们亦无所谓不信任投票。这也是合议制与英法等国责任内阁制不同的地方。

在现代采用合议制的国家中，瑞士为惟一的民治国家。苏联的人民委员会虽亦为合议制的机关；但苏联无严格意义的立法机关，故其人民委员会与中央执行委员会间的关系，自不能与瑞士联邦委员会与联邦议会的关系相比拟。但法国大革命时代主政委员会和当时立法机关的关系则颇与瑞士制类似。

二　总统制

就行政机关与议会的关系而言，总统制的特点，在一面令行政机关与议会分离，一面复令行政机关与议会互相牵制。美为首创此制之国，今即以美制为例而加以说明。美制含有两个原则：一为“三权分立”（separation of powers）的原则，一为“制衡”（checks and balances）的原则。美国的行政权是集中于总统的，[①]然而总统系由人民选举，而不由议会产生。总统的职权，于其宪法所定范围以内，可由总统自由行使，而不须顾及议会的赞同或反对。总统及其国务员亦绝不因议会反对他们的政策而去职；国务员仅对总统负政治上的责任，总统亦仅对国民负政治上的责任。反之，总统及国务员俱不能兼任议员；俱不能出席议会，参加议会的讨论或表决。

① 参看本章，第一节，第二目，第二款，所述总统制。

总统或国务员并不能提出法律案或预算案于议会。凡此俱表示行政机关与议会之互相分离，而属于三权分立的原则。但是行政机关虽与议会分离，行政机关的行政权依宪法却亦有须征议会同意始能行使者；总统缔结条约，便须预经上议院的同意；总统任用大使、公使、法官及国务员等官吏，亦须征求上议院的同意。反之，议会的立法权依宪法亦受总统的一种重大限制；总统对于议会所通过的法律案，得要求议会复议；复议时如议会中上下两院无三分二以上的多数维持原案，则原案即归失败。凡此俱表示行政机关与议会之互相牵制，而即美人所谓"制衡"的原则。

除却中美南美诸邦而外，他国政制之类似总统制者，其类似处大都仅在其元首与国务员间的关系；至其行政机关与议会间的关系，则与上述总统制相去殊远。在旧日德意志帝国的政治组织之下，皇帝与议会的关系即完全与美制不同。

三　责任内阁制

此制的特点在令行政机关不与议会分离，而行政机关复能与议会互相对抗。英为此制发源之国，今之英、法、荷、比、西班牙等国家以及不列颠各自治地，大体上亦俱系仿行此制。英制，国务员俱须为议会中上院或下院的议员；俱得出席于其所属之院，并参加其讨论与表决；①得以政府名义提出法律案于议会；预算案并且必

① 他国之采用责任内阁制者，关于此点，多与英制微异；在他国，国务员固得由议员兼任，然充任国务员者初不以议员为限；其非兼任议员的国务员，仍得出席议会陈述意见，或派人代表出席。实际上，英国在欧战时，亦尝有过非议员的国务员。中国民元《临时约法》初未规定国务员必须由议员兼任，亦未规定议员能否兼任国务员；仅明定国务员（包括国务总理）及其委员得出席议会并发言（第四十六条）。民国十二年《中华民国宪法》则明白规定"两院议员不得兼任文武官吏"（第四十五条）；然亦承认"国务员得于两院列席及发言。但为说明政府提案时，得以委员代理"（第九十六条）。

须由政府提出;国务总理及国务员,实际上且必须得议会下院多数的赞助。凡此俱表示行政机关与议会是不相分离的。复次,下院多数如不信任内阁,便得投不信任票,或拒绝政府所提出的财政案或法律案,而迫令内阁辞职;同时,内阁如认下院不能代表民意,亦得以解散下院的手段,诉诸选民。① 下院解散,新选举举行之后,如仍不得新下院多数的信任,内阁才有辞职的必要。凡此便是行政机关与议会互相对抗的方法。这种不相分离而能互相对抗的制度,其目的也在谋行政机关的政策与议会政策的一致,所以责任内阁制,亦称议会内阁制。

但是,凡采用责任内阁制的国家,所谓行政机关与议会不相分离,实际上只是内阁与议会不相分离;所谓行政机关与议会得互相抵抗,实际上只是内阁与议会得以互相对抗;元首个人初不因议会的不信任而去职;议会的解散通常亦只是内阁所主张,而非元首所主张。其令元首个人直接的与议会不相分离,抑且直接的得与议会互相抵抗者,新旧实例殊少;但亦非绝无其例,法国 1871 年至 1875 年间的所行的制度即是一例。法国国民议会于 1871 年 8 月以法律承认帝哀尔(Thiers)为总统,并明认总统应对议会负责,且得兼任议会议员并参加议会的讨论;但该项法律,同时承认国务员亦须对议会负责。所以该项法律所采用的制度,在形式上实为元首及内阁同对议会负责之制。自 1873 年帝哀尔被推翻,麦克马翁(MacMahon)当选为总统,经议会授以 7 年任期以后,此制始稍变更。1875 年宪法成立后,纯粹的责任内阁制始获采用。②

中国《临时约法》本采责任内阁之制,然因制定约法之人对于

① 他国之采用责任内阁制者,关于解散议会问题的规定不尽与英制相同。

② 参看 Esmein, *Éléments de droit constitutionnel* (1928), Ⅱ, 7-18。

责任内阁制缺乏充分的认识，致有许多形似总统制的规定；如将弹劾权与不信任投票混同，并予总统以要求议会复议法律案之权等等。十二年《中华民国宪法》于此俱有更改，而与一般之所谓责任内阁制趋于一致。

四　上述各制的批评

赞美合议制者，以为合议制不易造成独裁，可以避免总统制的流弊，而又不致如内阁制之缺乏安定。单就瑞士而论，合议制诚有此种好处。不过除瑞士外，现代各国并无能真正实行合议制者，而法兰西在主政委员会时期则又无安定可言。所以合议制在瑞士的成功或许应归功于瑞士人民的政治素养，而不是制度的功效。

怀疑合议制者则有两种理论。其一，以为合议制仅宜于小国，若在大国，则合议制恐不易收指挥若定之功。但此种理论不过是主张总统制者的一种偏见。在采用内阁制的国家，其元首在实际上亦无多大的权力可言；其内阁亦有类似一种合议机关，而国务总理的地位并不如何优越者。如果内阁可以在大国收指挥若定之功，何以类似瑞士联邦委员会的合议机关便不能有此功效？其二，以为在合议制之下，行政机关既须完全受议会支配，而毫无对抗议会的能力，其流弊便在不能防杜议会多数的专制，不能遏止议会违反民意的一切行动。但在合议制的国家，行政机关之完全受议会支配，亦实有逻辑上与实际上的理由。在逻辑上，采用合议制的主要目的既在严厉的防止行政专制，则一面采用此制，一面复令行政机关能与议会对抗，未免矛盾。实际上的理由则在使议会得为合议机关诸分子间的仲裁人；在使议会得以其仲裁者的资格与权威，以统一合议机关诸分子间的意见，并排除其冲突与倾轧。这一层理由，亦殊不容忽视。盖在总统制之下，行政机关意见的不统一是可以免除的；因为元首所处的地位可以左右一切国务员的意见，是可以行使进退国务员的权力，以统一行政机关的意见，而增进行政机关诸分子间的合作。在责任内阁制之下，国务总理对于国务员，亦尚具有与此相类似的权能；因之行政机关的统一与合作亦尚有维持之方。在合议制之下，因为其构成的分子，俱立于完全平等的地位，于是凡遇诸分子间的意见不能统一时，自非于合议机关之外，别有一个立乎其上的议会，能完全支配该机关的意见，能为该机关诸分子间的仲裁人，则其不统一的状态便无可补救。瑞士联邦委员会的委员，事实上亦常有意见分歧之事；遇着这种情形的时候，不能赞同委员会多数决议的委员却得向议会陈述其反对的意见；最后则双方俱服从议会的决定。

总统制与责任内阁制本有两方面的差别，前已说过。一方面的差别，在元首与国务员的关系上；另一方面的差别，在行政机关与议会的关系上。这里我们不能分别批评；我们只能就二制的大体上，述说下列几种观察：

第一，总统制既以行政机关的实权，集中于元首，为保全民治主义的精神起见，至少应不适用于君主国家。反之，责任内阁制虽行于君主国家，实际上却无妨于民治的精神；英、比、荷兰等国之采行此制，亦正为此制一方面能实现民治主义，又一方面能保全其历史上的君主制度以及君主制度的几种利益。第二，总统制则虽在共和国家，亦可有两种重大危险：一则因元首的地位极形重要，竞选运动或会过分剧烈，凡握有政治实力之人，甚或不惜从事于法外的竞争；再则政权既集中于一人，则行政机关流于专暴之弊，自较难免。中美、南美各邦皆为采用总统制的国家，上述两种危险亦时见于中美、南美。反之，责任内阁制对于此两种危险则俱可解免至相当程度。然责任内阁制亦足使行政机关的政策，频频变易，而陷于不固定的状态；此为欧洲大陆采行责任内阁制各国所习见的现象。盖行政机关的政策既操诸内阁，而内阁复随议会多数的意志以进退，则行政机关政策之能否固定，自然须看议会中有无一个固定的过半数党存在。英国及其自治地的议会常能有这样一个政党存在，所以责任内阁制较为成功；别的国家往往缺乏这样一个政党，所以责任内阁制常为世人所诟病。德人有鉴于此，所以于制定1919年《宪法》时，尝予总统以较大之权，欲利用总统的权力，以减少内阁更动的频繁，并增加政局的安定。然德国亦为多党制的国家，政党的林立终使内阁稳固难以实现。

五　独裁制

由上以观，在民治国家，行政机关无论为合议制、总统制或责任内阁制，多少终须受议会的牵制。只有得议会多数信任的责任内阁，实际上才不致受议会钳制。然此则除了在两党制的英国及其自治地以外，又不易存在。近年来独裁制度之所以产生及继续存在，也可以说是行政机关求脱离议会而独立的一种尝试。

单就行政机关的本身组织而言，独裁制本与总统制相同。在总统制之下，一切的国务员皆为其僚属，行政机关一切之权皆在总统之手；在独裁制之下亦然。独裁制与总统制不同的地方即在有无议会，与议会有无实权。有议会与总统平行者，为总统制；无议会或有议会而毫无牵制行政机关的权力者，为独裁制。

独裁制近已流行于若干国家。有为法律上的独裁，独裁者自制宪法或法律，以独裁的权力授于自己，如意、德、葡、奥、南斯拉夫等国是。有为事实上的独裁，独裁者居独裁之实，但表面上并不居最高政治地位，如苏联、波兰及土耳其等国家是。欧洲各国，除了瑞士至今维持其对于合议制的信仰外，其余各国，非采用责任内阁制，则实行独裁制。维持民治政体者，均采责任内阁制，不采责任内阁制者，大都实行独裁制。所以在欧洲，除瑞士有特殊的情形外，责任内阁制与独裁制几成了对峙的政制。西班牙于1930年推翻了独裁制；于1931年制定新《宪法》时，虽有一部分人倾向总统制，但多数人仍主张采纳责任内阁制：其意若谓非如此不足以自别于独裁制度者。

无论如何分法，独裁制总有一共同之点。这就是：在独裁制之下，代议机关或不能存在，或即存在，而实际上不能独立行使职权。议会既不能独立行使职权，法院自然更须仰承独裁者的鼻息。换言之，在采用独裁制的国家，独裁者为惟一有力的国家机关，国家的权力乃亦集中于独裁者。

主张独裁制者，其最大理由似为集中国家权力，以应付非常事变，并藉以迅速解决国家的各种问题。因为要集中权力，所以议会不能与独裁者并立，三权分立之说不能存立，而独裁者的权力亦可不受限制。这也就是今人所谓极权主义(Totalitarianism)。攻击独裁制度者，大都以为凡有无限权力者，必不免滥用其权力，于是一切个人自由，在独裁制之下常不能得到相当的尊重或保障；且一切重大行政、立法乃至司法问题，既由一人裁决，则判断的错误尤属难免。即令独裁者具天纵之才，其继替问题仍乏解决之法。这些议论自都无可否认；故即在厉行独裁制的国家，拥护独裁的人，亦不过认此为应付国内外局势的一种非常革命手段，却从未公然认此为国家的常经常法。

第三节　行政机关的职权

行政机关的职权至为繁重；其主要职务固在执行法律，但更涉及执行法律以外之事。今分目述明如下：

第一目　公布法律权

“公布”(promulgation)一词,在一般国家,系指对于立法机关依法定手续而成立的法律案,命令国家官吏执行而言。依此定义,则法律的执行,始于公布而不始于法律之通过立法机关。德国学者历来尚分公布手续为二:其一为署名(Ausfertigung),其二为刊行(Verkündung)。署名为行政元首及国务员依照法定手续署名于法律案上的行为,其目的在证明该法律案曾依法定程序而成立,并证明该项法律案与立法机关所议决的原文完全一致。刊行为发表业经署名的法律案于政府公报的行为。依照德国学者的意见,非俟此第二项手续完成,任何法律案,对于人民或官吏,俱不能发生效力。一般国家,往往并限定法律案须于刊行后若干时日,始能发生效力,以期各地人民得以周知该项法律。

公布既系命令官吏执行法律的行为,则依三权分立的原则,公布权自当属诸行政元首。但是,法律的公布为行政元首之权,同时亦为行政元首的义务。换言之,即凡议会经由正当程序通过的法律,行政元首如在宪法上不享有绝对的否决权或搁置的否决权(否决权的意义详下目),或虽享有此权,而因行使无效,或因行使此权的时效已过,亦当径予公布。如元首竟放置不予公布,议会亦自有相当的制裁。在采用责任内阁制的国家,议会即得认此为内阁责任问题,而责成内阁负责;因为内阁不特对于元首的行为须负责任,即对于元首的不行为亦须负责。各国宪法中,尚有规定元首如逾一定期限仍未公布其应行公布的法律,该法律即得由议会自行公布者,例如法国1848年宪法即曾有此规定。民国十二年《中华民国宪法》且明定此类法律,虽未经公布,其效力等于法律(该法第一〇四条及一〇五条)。

复次，行政机关于行使其法律公布权时，对于形式上有欠缺的法律（例如法律的成立未及具备一切法定程序者），或实质上有欠缺的法律（即含有违反宪法条文的法律），能否拒绝公布，学者间亦不无争论。对于形式上有欠缺的法律，我们以为行政机关应得拒绝公布，否则公布权将无任何意义可言；但对于含有违宪条文的法律，则除行政机关依宪法得对于该法律行使绝对的或搁置的否决权而外，行政机关应无拒绝公布之权；否则便不啻以解释宪法之权委诸行政机关，危险殊甚。

第二目　命令权

各国行政机关在某一范围内，均得以命令自行制定，并颁布各种规则，以拘束一般人民，或其所属的行政机关及公务员。这种职权可简称为命令权。① 这种纯依行政命令而成立的规则，在形式上自与一般法律不同，在一般国家的官文书中，亦不称之为“法”或“法律”（statute，loi，Gesetz），而畀以种种其他名称；②但从实质上言，则这种规则，因其含有普遍性，亦常可以法律视之。③

含有法律实质的命令，通常不外下列两种。一为执行命令。这是行政机关于执行法律（从其形式的意义而言，以下同）时，对于法律本文未及明白详尽规定之点，所颁布的补充规则。各国行政

---

① “命令权”或“命令立法权”在法语中为 pouvoir réglementaire，在德语中为 Verordnungsrecht，在英语中尚无固定名词，有称为 ordinance power，亦有称为 ordinance-making power 者。

② 中国有“条例”、“施行细则”、“章程”、“规程”等名称，英法等国则有 Regulation，Rule，Provisional Order，décret，arrêt，règlement，Verordnung 等名称。

③ 法律本有形式与实质两义，见本书上面 258 页。

机关之颁布这种命令，大率以宪法条文的明认或默许为其根据。譬如法国行政机关之所以能颁布这种命令，据法国学者的解释，就因法国1875年2月25日《宪法》第三条承认大总统有“监督及保证法律的执行”之权。日本天皇之所以能颁布这种命令，就因日本《宪法》第九条曾经明定“天皇为执行法律……有必要时得发命令”。二为委任命令。这是行政机关依据法律明文的委任而制定的补充规则。这种命令权，是以法律明文的委任为根据的；学者间因亦称此种命令的颁布，为委任立法（delegated legislation）者。凡法律本文对于特定事项不自为详细的规定，而以明文委托行政机关以命令补充时，行政机关根据该项条文所颁布的补充命令，就是一种委任命令。至于各国立法机关之得以法律明文委托行政机关立法，或系因宪法有明文承认，或系因立法机关，法院，乃至一般法学者，均视此为当然的办法。例如中国民元《临时约法》第三十一条“临时大总统，为执行法律或基于法律之委任，得发布命令……”的规定，一方面系承认行政机关得颁布执行命令及委任命令，一方面即系明认立法机关得委任行政机关以命令补充法律。

在欧洲大陆的一般国家及日本等国，行政机关历来均有颁布执行命令与委任命令之权。因此，法律的内容不必繁细，法律本文之所未详备者，行政机关随时得以命令补充；且法律本文亦不必定以明文委托行政机关补充，因为行政机关既享有颁布执行命令之权，则法律即无明文委托，行政机关亦尚得以执行命令补充法律的缺漏。基于这种原因，欧洲大陆等国的法律，其条文往往比较的简括。关于法律施行上的种种详细规定，将一概由行政机关以命令为之补充。但在英美等国，行政机关只能颁布所谓委任命令，而不能颁布所谓执行命令；如果法律本文未尝以明文委任行政机关为补充的规定，行政机关即不能颁布任何命令以补充法律。因之，在英美等国，行政机关补充法律的命令，无不于命令条文中，宣示其所根据的法律条文。更就历来的事实而言，英美等国的法律条文确是比较的周密。英人戴雪至谓若以英国法律与欧洲大陆各国（尤其是法国）法律相较，后者不过是一些"普通原则的宣示"（statements of general principles）而已。[①] 在英美等国，法律本文历来既比较繁细，其需要补充之点亦自较少；因此，命令权在英美等国历来也就比较狭小。

诚然，自 19 世纪中叶以后，委任立法之制在英国即已逐渐扩张；但英制对于委任命令颁布的程序仍设有特殊的限制。有时，此种命令须送达议院，经过若干日后始能发生效力；有时，且必须得议会的认可，始能成立。这种必须经议会承诺的委任命令，英人称之为"暂行公布命令"（Provisional Order）。自 1893 年《法规颁布法》（*Rules Publication Act*）颁行后，委任命令之必须移送议会者，并且须由起草机关于开始起草以前 40 日在《政府公报》（即 *London Gazette*）上通告，以促公众的注意。从以上事实，可见英国议会，即对于委任立法之事，亦并未采取完全放任态度。

但近年以来，因立法事务日趋繁复，即在英美等国，委任立法的范围亦愈见扩大。议会于通过法律案时，往往以极广泛的补充立法权畀诸行政机关。于是法律本身，即在英美等国，亦几常限于原则的宣示，而与欧洲大陆各国历来的办法相近似。美国最近数年来的立法尤有此种趋势。[②]

---

① Dicey, *Introduction to the Study of the Law of the Constitution* (1915), 50.

② 关于委任立法，参看 Carr, *Delegated Legislation* (1920); Sir Josiah Stamp, "Recent Tendencies Towards the Devolution of Legislative Functions to the Administration", *The Journal of Public Administration*, Ⅱ, 23-38；王世杰："法律与命令"，《武汉大学社会科学季刊》第一卷，233—264 页。

在实质上，命令与法律间之不易区别，诚如上述，但补充立法的命令，无论为执行命令或委任命令，究不得与任何现行法律相抵触。这是一般立宪国家夙来共认的原则；有些国家并且往往将这个原则著诸宪法。[①] 与这个原则可以发生抵触者，厥惟紧急命令。

紧急命令权[②]本为德、奥、日本等几个帝国元首所独有的权力。日本宪法及德、奥旧宪法俱承认元首于议会闭会期内，如遇有紧急事变，得以发布与法律有同等效力的命令，即所谓紧急命令（Notverordnung）者。此项命令，于议会集会后，仍须得议会的追认，否则即为无效。英、美、法等自由国家则向不承认行政机关享有发布紧急命令之权；即德国1919年的《宪法》亦无关于紧急命令权的规定。中国民国二年的《天坛宪法草案》原亦设有关于紧急命令的条文，但于六年议宪时即已删去，所以在十二年公布的《宪法》中，总统亦无发布紧急命令之权。

但最近的十余年，实为人民自由权缩减，而行政权激增的时期。在实际上，世界各国的行政机关今已无一不有发布紧急命令或其类似物之权。英国自1920年有《紧急权力法》（*Emergency Powers Act*）以来，紧急命令制盖已变形的流入。德国总统在1919年德宪第四十八条之下，亦享有实际上比紧急命令权更大的所谓“迭克推多权”。[③] 自希特勒秉政以来，则更根据1933年3月25日

---

① 例如日本《宪法》第九条：“天皇为执行法律，及保持公众的安宁秩序，与增进臣民的幸福，有必要时，得发命令，并得使发布之，但不得以命令变更法律。”又比利时《宪法》第六十七条：“国王颁布为执行法律所必要的规则及命令；但不得停止或免除法律的执行。”

② 参看本书第二编，第一章，第二节，论“自由与戒严”。

③ 参看钱端升：《德国的政府》（民国二十三年），100—105页。

的《授权法》，而有以命令代行立法之权；希特勒的命令就是法律，连《宪法》第四十八条亦无须应用。其他实行法西斯蒂主义的国家，其领袖亦皆具有此种特殊的命令权。法国的总统固至今不能颁布紧急命令，但法国议会亦尝多次通过法律，授权政府于一定范围内有以命令代行立法之权。这种命令，法人称为“命令法律”，[1]其性质与希特勒的命令并无分别；所不同者，即希特勒的命令权无范围，而法总统的命令权，则其适用与时间，须在议会所规定的范围以内而已。

关于官制官规的制定，欧洲大陆各国及日本等国行政机关所享之权，历来亦较英美行政机关所享之权为大。欧洲大陆的学者大都认行政机关有自组织之权，所以官制官规，在议会通过的预算范围以内，行政机关可径自以命令规定。[2] 在英美等国，官制官规之稍重要者，历来俱以法律规定；美国行政机关规定官制官规的权力则较英国为尤小。

第三目　关于制定法律之权

一般国家的宪法，均承认行政机关对于法律的制定，享有两项职权；即法律提案权与要求议会复议权。

---

① 参看钱端升：《法国的政府》（民国二十三年），143 页。

② 在法兰西及日本等国，尚有所谓独立命令（règlement autonome）一个名词。独立命令者即行政机关，对于未经任何法律涉及的事项，不根据任何法律，而径自颁布的命令。其所以能颁布此种命令，则缘行政机关为一独立机关。独立命令所能包含的事项，学者间并无定论，但关于官制官规及警察事项的命令，法日学者俱认为独立命令。参看 Duguit, *Traité de droit constitutionnel*（1924），Ⅳ，§48；及美浓部达吉：《宪法撮要》（再版），430—440 页。在英美等国，则行政机关并无颁布独立命令之权。

一　法律提案权

就广义言，法律提案权，即是提出普通法律案及财政案于议会之权。在采用三权分立制的国家（例如美国），一切法律案与财政案（包含预算案而言）俱须由议会自行提出，行政机关初不享有任何提案权；在采用责任内阁制的国家，行政机关俱与议会议员同享有此项提案权；而逐年预算决算等案且必须经由行政机关提出。凡此已于本编第一章解释议会立法权及财政权时有所说明，今不赘述。

二　要求复议权

行政机关如须完全受议会支配，则其对于议会所通过的法律，便只有公布与执行的义务，而无任何抵抗的权力；瑞士制度即是最著的一例。其他国家，则大率承认行政机关对于议会所通过的法律享有“绝对的否决”（absolute veto）权或“搁置的否决”（suspensive veto）权。

绝对的否决权云者，即行政机关对于议会所通过的法律案得拒绝裁可，而凡经行政机关拒绝裁可的法律案，便不能成立之谓。君主国家的元首，往往享有此权；然在现今采用责任内阁制的君主国家，如英、比、荷兰诸国，元首纵在法律上尚保有此权，在习惯上亦已不复行使此权。在一般共和国家，则无论所采为总统制或责任内阁制，要皆不承认行政机关得对于议会所通过的法律案能行使绝对的否决权。

搁置的否决权云者，即行政权关于法律案通过议会后一定期限内，得不公布该项法律案，而行使一种对抗的手段之谓。如其对抗有效，原法律案便归失败；否则原法律案仍获成为法律；所以此种性质的否决权亦得称为“相对的否决权”。对抗的形式，依各国的实例，可大别为二：一为要求议会复议，又一为要求公民复决。

要求议会复议权，美法等国宪法，虽各有规定，而其内容却不尽同。美宪规定总统于法律案通过议会后一定期限内，得退回议会，请其复议；复议时如两院各有三分之二的多数维持原案，原案即成为法律，总统不得拒绝公布；否则原案便归消灭。美行三权分立之制，行政机关对于议会所通过的法律案，事前本毫无参加表决及参加意见的机会，故容纳制衡的原则以资调剂；要求复议权的规定，即是制衡原则之一。但是凡经要求复议的法律案，既须议会两院各有三分之二的多数主张维持原案，始获成为法律，则是行政机关的反抗，如得一院三分之一以上的赞助，便可发生效力。换句话说，行政机关得倚赖议会极少数的赞助，以贯彻其主张。

在采用三权分立和制衡原则的总统制的美国，此种规定在理论上虽尚说得过去，但在采用责任内阁制的国家，此种规定即不能适用；因为在责任内阁制之下，内阁政策即是议会多数（即过半数）的政策；如内阁不能赞同议会多数的政策，即应自行辞职，或解散议会，诉诸选民；初不能倚赖议会少数的赞助以贯彻其主张。所以法国宪法，虽亦承认行政机关享有要求议会复议法律案之权，然复议之时，只消议会上下两院各有过半数的多数，主张维持原案，原案便成法律，行政机关便不得拒绝公布。且按诸事实，法国行政机关虽享有此权，亦从未行使此权；大凡内阁所不赞同的法律案，内阁必在议会中竭力反抗，使之不能通过；如竟通过，则是内阁政策已不得议会多数的赞助，内阁只有出于辞职的一途；因为法国行政机关虽亦享有解散议会权，但解散权的限制甚大，殊不易行使。

行政机关如果享有要求复议权，则凡议会所通过的法律案，行政机关如认为形式上有欠缺（例如程序不完备），或实质上有欠缺（法律案内含有违反宪法的条文，或法律案内所采纳的政策不当）

时，便得促令议会重加考虑。此即各国设置此权的理由，然复议时所需要的多数，如系一个特别高额的多数（例如三分之二），则与责任内阁制的精神不无矛盾；如仅系一个过半数，实际上又或无甚效力。所以1919年的德国《宪法》，便不设置要求复议之权，而授行政机关以对抗议会法律案的他种手段；即行政元首对于议会所通过的法律案，如不能赞同时，得于一月内交付公民复决。[①]

《临时约法》本系采用责任内阁制，然该法第二十三条"临时大总统对于参议院议决事件，如否认时，得于咨达后十日内，声明理由，咨院复议。但参议院对于复议事件，如有到会参议员三分二以上仍执前议时，仍照第二十二条办理"的规定，却又摹仿美制。所以论者间亦有认《临时约法》为采用总统制者。民国十二年《中华民国宪法》虽亦设置此项要求复议之权，却未设定三分之二的多数。此盖与法宪相同。

第四目　任免权

在有些国家，一部分的行政或司法官吏，依法须由人民直接选举，并得由人民直接罢免；在一般国家，行政及司法官吏的任免权，在原则上俱属于行政元首或其所属的官吏。但是各国行政元首，虽享有一般的任免权，而依各国宪法及法律，其任免权的行使，亦大率受有若干限制。

一　国务员的任免

在采用责任内阁制的国家，行政元首之任用国务员，实际上虽不能不以议会多数的意志为标准，而形式上却无提经议会征求同

---

① 1919年德宪第七条。参看本书第三编，第二章，第一节。

意的手续。在采用总统制的美国,行政元首虽有自由解免国务员及其他一切官吏的职务之权(但法院的法官仅得由议会弹劾去职),而元首之任用国务员、使领官以及最高法院法官,依宪法却须取得参议院的同意。美制之设定此项同意权,只在防止行政元首之滥用私人,初非欲藉此以求内阁政策与议会政策的一致:盖欲求议会与内阁的政策之趋于一致,则免职权较任用权,实际上尤为重要;仅恃任用的同意权,固不能永远保持议会与内阁政策的一致。所以在采用责任内阁制的英、法、德等国,议会对于国务员的任用,虽无同意权,而其对于国务员政策的失当,在习惯上却得行使不信任投票权使之去职。

中国民元《临时约法》第三十四条"临时大总统任免文武职员。但任命国务员及外交大使、公使,须得参议院之同意"的规定,显系摹仿美宪。该《约法》虽亦承认议会得以弹劾手续解免国务员之职,然弹劾权的性质与不信任投票权不同;即美宪亦承认议会得以弹劾手续解免总统、国务员及其他官吏之职。民国十二年《中华民国宪法》则一面仅定国务总理的任命须得众议院同意(国务员则由总统及国务总理自由任用),一面并承认众议院对于一切国务员得投不信任票以解其职(该宪第九十四及六十二条*)。

二　一般公务员的任免

依各国宪法或法律,国务员以外的一般公务员大都由行政元首或其他行政长官行使任免权,但自考试制度推行以来,一般公务员(包括司法人员在内,但不包括武职官吏)的任免权,实际上已非元首或其他行政长官所能享有。至于法官的解职、转职,及停职,

* 原文此处为"该宪第六十二及九十四条",疑误。具体请参见本书附录六《中华民国宪法》第九十四、六十二条相关内容。——编者注

则各国为维持司法的独立起见，尤往往设有特殊的限制（详见本编第三章）。

复次，各国行政机关尚有保有以命令增减机关及官职之权者（例如法国）；因之，行政机关任免官吏权的范围，尚得随行政机关自己的意志而伸缩。但是行政机关纵能独自以命令增减机关及官职，实际上行政机关的此项职权，固仍不能不受议会财政权的限制；因为议会于预算案内如拒绝各项增设的机关及官职所需要的经费，该项机关及官职自仍不能存立。

三　考试制度

当行政长官享有自由任免公务员之权的时候，任用以私、不问才力的现象几为举世各国所通有的弊害。在美国有所谓"俘获制度"（Spoils System）者，其意即谓公务员的位置是选举胜利的政党的一种俘获品；政权每易一次手，则公务员亦必有一次大批的更换。

19 世纪中叶时，英人首倡改革之议，欲革除从前自由任免公务员的办法，而代以考试制度。到了 1885 年，遂有公务员任用委员会（Civil Service Commission）的设立，以司考选公务员之职。此外，更令财政衙门（Treasury Department）负保障考试制度的实行之责，除考选由公务员任用委员会办理，惩戒由各部分别办理外，其余如公务员的分类，各级公务员的资格，以及升降、迁调、俸给等事，俱由财政衙门主持。美国于 1883 年，亦有公务员任用委员会的设立。其他如德法等国虽不特设公务员的任用机关，但考试亦成为任用公务员的正常方法，由各部分别办理考试事宜。

考试制度的优点在能防止徇私的弊病，屏除请托的恶习，并得以由考试得来的客观标准代替行政长官个人的好恶。而且任用既凭考试，则免职亦可较少自私之弊。美国"俘获制度"存在时，所以常有大批公务员的更易者，其目的本在位置私人；如果任意易人而后，长官仍不能位置私人，则任意易人的目的便不能达到。自考试制度成立后，公务员任期之得有保障者，盖亦以此。

不过考试制度亦不能遍及于公务员的全体。一个负责的行政长官总有若干机密的事务，有待于亲信人员的处理。所以机要秘书或私人秘书等职，势不能经由考试。更有若干种极高级的行政员及极专门的技术人员，亦难以考试来测验其能力。各国法律每规定前者可由长官自由任免，而后者则可由长官自由任用；但后者既经任用而后，则其保障亦一如考试及格的公务员。

中国旧时的科举制度本为一种以考试取士的制度，考试的科目虽多不切实用，考试后任官程序虽亦诸多不当，而立制精神则无可非议。英国于 19 世纪采用考试任官制度之时，其倡议者，即为中国制度的崇拜者。孙中山先生有鉴于此，因列考试权为五权之一，与行政、立法、司法及监察四权并列；并主张专设考试院，以司公务人员的考试铨叙事宜。

第五目　军事权

陆海空军的调遣运用，自系行政机关的职务。各共和国的宪法，大率亦授总统以统率陆海空军之权，或授总统以陆海空军总司令或大元帅的名称。在美国，“总统为联邦陆海军的总司令”（美宪第二条第二节）；在法国，总统“统率军队”（1875 年 2 月 25 日《宪法》第三条）；德国 1919 年的《宪法》规定“总统统率德国一切军队”（第四十七条）；中国民元《临时约法》有“临时大总统统率全国海陆军队”的规定（第三十二条），十二年《中华民国宪法》则有“大总统为民国陆海军大元帅”的规定（第八十二条）。共和国宪法中仅 1931 年西班牙的《宪法》未明白规定总统为大元帅，或有统帅权。

但是行政元首虽常有陆海空军大元帅或总司令之称，而依法美等国宪法学者的意见，元首却不因是而能躬自指挥军队；换句话说，即元首不能置身行伍而为将领，以命令军队。[①] 此种意见亦有数层理由。一则元首的基本职务究在处理普通行政事项；倘使他躬自指挥军队，他便有不能兼顾普通行政事项之虞。二则共和国的元首，初非如旧日君主国家的君主，率系曾受军事教育与军事训练之人；置身行伍以指挥军队，亦往往非元首之所能胜任。所以各国宪法有一面承认元首得统率一切军队，一面复明白禁止元首躬任指挥军队之役者。[②] 但是元首既为全国陆海空军的大元帅或总司令，而又不能躬自指挥军队，则当内乱外患之际，于势不能不有一个躬自指挥全国军队的大元帅或总司令之人时，又将如何？征诸各国近例，元首常有委派另一人代行其统率全国军队之权者。法国在欧战期内即尝一度采用此种办法，但论者多斥为违宪。[③] 德国在希特勒当国以前，即在平时，总统的统率权亦由总统委托国防部长代行。[④]

复次，在一般自由国家，元首虽享有统率陆海空军之权，而军队编制以及军队额数等事，固莫不由议会决定。元首之兼有决定军队编制与军队额数等权者，惟少数的君主国家而已。[⑤] 民国十二年《中华民国宪法》第八十二条亦有"陆海军之编制，以法律定之"的规定。

---

① 见 Esmein，*Éléments de droit constitutionnel*（1928），Ⅱ，157-162；及 Watson，*The Constitution of the United States：Its History，Application and Construction*（1910），Ⅱ，919。

② 例如波兰 1921 年《宪法》第四十六条即有此规定。

③ 详见 Esmein，前书，Ⅱ，159-162。

④ 1919 年 8 月 20 日"陆海军统率令"。

⑤ 例如日本《宪法》第十一及第十二条。

第六目 外交权

所谓外交权,系指对外事务的处理权而言。外交权可分为三类:一为使节权,二为缔约权,三为宣战权。

一 使节权

所谓使节权即接受外国使节,与对外国遣派使节之权。接受使节之权,当然以属诸行政元首为宜。依照国际法上的惯习,凡甲国向乙国遣派使节之时,甲国须将充任使务之人,预征乙国的同意;所以各国行政元首的接受使节权,亦不仅为一种外交仪节。遣派使节之权,各国亦大都完全畀诸行政元首,而不令其他机关干预;但依美国宪法,则元首于遣派使节之时,尚须将充任使务之人,提出于参议院征求同意。美宪之设定此种限制,无非因使节人选的良否,足以影响国家的荣誉与利益之故。然采用此制或不免令使官的性质类于政务官;驻外使官的地位,亦因之易随国内元首或内阁的变更而生摇动。此种情形亦殊多不利于外交行政。

民元《临时约法》第三十七条*承认元首有代表全国接受外国大使、公使之权,但依该《约法》第三十四条**的规定,则元首遣派"外交大使、公使"时,尚须得参议院的同意。十二年《中华民国宪法》已不复设有此层限制。

二 缔约权

条约是国与国间的契约,其缔结必须经过外交手续;所以条约

---

* 原文此处为"第三十五条",疑误。具体请参见本书附录四《中华民国临时约法》第三十七条。——编者注

** 原文此处为"第三十七条",疑误。具体请参见本书附录四《中华民国临时约法》第三十四条。——编者注

的缔结总不得不由行政机关参预。但是各国行政机关缔约权的范围，彼此间亦多异同；从以下所述的三种制度，便可窥见其互异的情状：

其一，行政机关缔结任何条约，依宪法俱须征求议会同意。采用此制之国，率以行政机关人员当条约谈判之任，并以行政元首行使最后批准条约之权；但条约批准以前，却须先得议会的同意。议会的同意为条约生效的条件。[①] 代表此制者为美国及瑞士。依照美国《宪法》第二条第二节，总统缔结任何条约，须得参议院出席议员三分之二的同意。在此项条文之下，总统虽仍保有缔约的发意权、缔约的谈判权及条约的最终批准权，然条约批准以前，却不能不得议会中一院——参议院——极大多数的同意。瑞士现行宪法则更规定一切条约的成立，须预经议会上下两院的同意（该宪第八五条）。

民元《临时约法》第三十五条亦规定临时大总统缔结任何条约，须经参议院的同意。现行《国民政府组织法》第二十七条仅规定“立法院有议决法律案、预算案、大赦案、宣战案、媾和案及其他重要国际事项之职权”。究竟条约是否在内，法文并未明言。但按近年的实例，则条约率先经由立法院的议决，然后国民政府予以批准。

其二，行政机关缔结特种条约，依宪法须征求议会同意。代表此种制度者为法国。依法国现行宪法，法国总统有谈判并批准条约之权；但媾和条约、通商条约、关系国家财政负担的条约及关系法国侨民的财产与身分的条约，非经议会两院通过，不生效力；凡

① 依一般国际法学者的意见，条约的批准，如依当事国的宪法，须预征议会同意，则凡未经此种宪法所定程序而缔立的条约，在国际法上不具有拘束力。看 Oppenheim, *International Law*（1928），Ⅱ，709 及以下；及 Fauchille, *Traité de droit International Public*（1926），Ⅰ, Pt. Ⅲ，323 及以下。

土地的割让、交换及合并，亦均须经由议会以法律决定行之（法国1875年7月16日《宪法》第八条）。此项列举的范围虽广，细案之却亦尚有多种重要性质的条约，如军事同盟条约等，不在此项列举之内。此类未经列举的条约，便完全不受议会的监督。此为法制之异于美国及瑞士之制者。复次，上列法国宪法条文，并将缔约权之含有谈判、议决及批准三个程序，明白表示出来：谈判及批准之权俱属于总统；但对于特种条约的缔结，则谈判与批准两程序之间，尚有一个请求议会同意的程序。

其三，行政机关缔结任何条约，依宪法俱不必征求议会同意。凡君权独大的国家自皆行使此项制度；日本《宪法》第十一条，便承认天皇得独立的宣战、媾和并缔结条约。即在英国，国王亦得不经议会同意，而缔结一切条约；甚至变更国家领土的条约，亦得由国王独立缔结。此为英国一般宪法学者向来公认的原则。[①] 惟是英人对于条约的法律性质，向来仅视为一种国际契约，而不视为国内法的一部（他国则有径认条约效力同于国内法者，例如美国）；所以行政机关所缔结的条约，在国际法上尽管有受拘束的义务，而在国内法上却不即具有拘束法院及人民的效力。凡条约之所规定，如果涉及议会立法权限以内的事项，如增加国民财政负担，或变更现行法律之类，则非经议会另以法律承认条约内的规定，该项规定实际上便不能执行。所以在英国制度之下，行政机关之缔结条约，虽无宪法的限制，而在条约内容涉及议会立法事项时，政府亦常须于条约批准后要求议会的协赞；有时并于批准前预征议会的同意；有时并取一个更慎重的手段，即在条约内加入一个条文，声明条约的生效，以得议会同意，或经议会通过执行的法律为条件。

---

① Anson, *The Law and Custom of the Constitution* (1908), Ⅱ, 103-110.

民国十二年《中华民国宪法》第八十五条规定："大总统缔结条约。但媾和及关系立法事项之条约，非经国会同意，不生效力。"此项规定，表面上虽微似上述的英制，实则仍是上述的第二种制度（法国制）。因在英国制度之下，行政机关所缔结的一切条约，在国际法上尚属有效，不过关涉立法事项的条约，非得议会协赞，实际上不能执行。依十二年《中华民国宪法》的规定，则未经国会协赞的特种条约（和约及关系立法事项的条约），不独不能在国内执行，即在国际法上亦不生拘束力量。

欧战发生以后，欧洲各国人士，鉴于官僚外交与秘密外交的危险，乃相率主张外交公开与民众外交。所谓公开的民众的外交，即人民或其代议机关，对于缔约宣战等事，必须参预之意。所以，欧战后的新宪法，群授议会以参预缔约之权；1919 年德宪，并承认议会得于闭会期间内，设置外交委员会以监督政府的外交。瑞士于 1920 年承受《国际联盟公约》，加入国际联盟时，并曾以此事预付全国公民投票表决。即在英国，内阁亦常以条约案交议会议决通过。

三　宣战权

各国宪法关于对外宣战权的规定，亦如缔约权，有以之完全授诸行政元首者（例如日本宪法之所定），亦有令行政机关于宣战前预征议会同意者（例如美法宪法之所定）。如行政机关能独立的对外宣战，则议会便只能间接的节制其宣战权；换言之，即仅能以拒绝通过战费，与对政府投不信任票等手段，牵制行政机关。惟是此类手段，实际上既未必常能防止行政机关之滥用其宣战权，而既经宣战以后，事实上尤或不容议会行使此种手段。所以近今民治国家类皆对于行政机关的宣战权，设为须经议会同意的条件。但预征议会同意的条件，自亦只能适用于本国先行宣战的场合；如遇他国首先宣战，或不公然宣战而遽向本国攻击时，行政机关为执行正当防卫的手段，自可不征议会同意，而径以武力抵抗。各国中有经宪法以明文作此种规定者；即无明文规定，而在解释上势亦不能不承认行政机关保有此种正当防卫权。元年《临时约法》仅规定宣战、媾和须得参议院同意。十二年《中华民国宪法》第八十四条则设为“大总统经国会之同意，得宣战。但防御外国攻击时，得于宣战后请求国会追认”的规定。现行《国民政府组织法》亦仅规定宣战须由立法院议决。

第七目　荣赏权

颁给荣赏权显然为君主制度的一种流传。君主国家君主所颁给的荣赏虽有种种，而亦可大别为二：一为爵位，一为其他荣典。爵位常为世袭性质，其荣赏不仅及于本身；爵位且常含有特权，得有此种荣赏者，往往享有普通人民所不能享有的权利，或被豁免普通人民所应尽的义务。爵位之异于其他荣典，如中国之所谓勋章、勋位（勋位亦即勋章的一种）、褒章之类者，亦即以此。爵位既具如此的性质，自与人民平等的原则相抵触，而为共和国家的法律所不能容。为使一般人民精神上能感觉彼此完全平等起见，为使一般人民崇尚朴素而弁髦虚荣起见，则即爵位以外的其他一切荣典，亦殊非共和国家之所宜颁予。孟德斯鸠谓专制之国尚恐怖，君主之国尚荣誉，共和之国尚道德。其所谓荣誉，即指爵位及其他荣誉而言；其所谓道德，则含有爱国家、爱平等、爱俭约的三要素，盖指国民的公德而言。孟德斯鸠以为在共和政体之下，人民之为国家及社会宣力，全赖人民爱国心理为之驱使；而人民之能否爱国，则须视人民爱平等爱俭约的心理是否发达；倘无爱平等爱俭约的心理，以激发人民爱国的情绪，而须如专制或君主国家，借助于恐怖或荣誉，以督促人民为国家及社会宣力，则共和政体势亦不能持久。①

就实例言，一般共和国家的宪法大都禁止国家任何机关得以颁给爵位（例如美国、瑞士及德国宪法）。其对于既存的爵位，亦尚有以宪文削夺其特权者（例如德国宪法）。有些国家，即对于爵位以外的名位勋章，亦禁止颁给；国家机关之所可授予者，惟表示一种职业或公共职务的名称，与一种学术资格的学位而已。德国1919年《宪法》便作如此规定。不但如此，共和国家的宪法，并且往往禁止本国文武官吏，甚或本国任何人民，承受外国政府的任何爵位或勋章（例如瑞士及德国宪法）。

中国素以“名器”为鼓舞群伦之具；历来君主对于臣民所颁给的荣赏，种类甚多；清代，除却授爵而外，亦尚有旌表、封赠、崇祀、功牌、宝星种种名目。民元的《临时约法》，虽未承认元首有颁给爵位之权，却亦规定“临时大总统得颁给勋章并其他荣典”（第三十九条）。所以当民国元二年袁世凯当政时期，仍有“勋章令”、“勋位令”等等条例的颁布；一时号称“有勋劳于国家或社会”之人，相率取得此种虚荣，俨类新贵。此后勋章、勋位、褒章等物的颁给尤形滥杂。② 袁世凯既死，社会乃稍现反动；民国二年《天坛宪法草案》中所设“大总统颁予荣典”的条文，于六年二读会时卒被删去；十二年十月十日的《中华民国宪法》因是亦无承认元首颁给荣典的条文。但《训政时期约法》又有“国民政府授与荣典”的规定（第六十九条）；最近且常有授勋之举。

① Montesquieu, *Esprit des lois*, liv. Ⅲ, Ⅴ, Ⅷ.

② 民国三年袁世凯尚颁有“褒扬条例”，规定元首得以章、匾额褒扬孝行卓绝、节烈贞操、耆年硕德、急公好义或有学术技艺上发明之生死人士。

第八目　赦免权

一　赦免权的意义

敕免云者，对于刑事犯宥免刑罚执行或刑事诉追之谓。各国法律大率分赦免为大赦(amnesty)与特赦(pardon)两种。然大赦特赦间的分别，各国法律却不一致。我们倘参酌多数国家的法律而立一理论的标准，则大赦与特赦间的不同，可说含有三点。大赦系将一类的罪犯(通常为政治犯、军事犯)全赦，其赦免时，往往仅声明某某事件或某某时期的全体罪犯，而不声明被赦免者的个别姓名；特赦则系对于特定的个人所行的赦免；此其一。大赦不仅可行于法院判决确定之后，抑且可行于法院判决以前；所以大赦不独可以免除刑罚的执行，抑且可以免除刑事的诉追；特赦则仅行于法院判决确定以后；此其二。大赦的效力可以使犯罪者的犯罪行为在法律上完全销毁；所以被赦免者不独可以完全免刑，即再犯时亦不以累犯论；而恢复公权，亦为当然的结果；特赦虽得随特赦的明令而免除其刑罚的一部或全部，甚或恢复公权，然其犯罪行为，法律上并未销毁，再犯时则仍视为累犯；此其三。

然以上差别究不过折衷多数国家的实例，而成立的一个理论标准，各国法律之分赦免为特赦与大赦者，事实上初不尽与上述差别相符。中国历来君主之行使赦免，亦有大赦特赦之分。民元《临时约法》第四十条“临时大总统得宣告大赦、特赦、减刑、复权。但大赦须经参议院之同意”的规定，虽未明定大赦特赦之所由异，而赦免之有大赦特赦之分，固已承认。减刑权原可受大赦或特赦权的包孕，初无特别规定的必要；复权之权，各国却有划诸特赦权之外，而认为除大赦外惟法院得行使此种职权者(例如法国现制)，约法上之特予规定，或即以此。[①]《天坛宪法草案》第八十七条规定“大总统经最高法院之同意，得宣告免刑、减刑及复权，但对于弹劾事件之判决，非经国会同意，不得为复权之宣告”；十二年《中华民国宪法》亦即如是规定，惟易原文中“国会”二字为“参议院”。由此可见《天坛宪法草案》及十二年《中华民国宪法》初无大赦的名称；当时制宪者的意旨盖在否认大赦而仅承认特赦；所谓特赦，并以减刑、免刑、复权三目表示之。[②]《训政时期约法》又恢复《临时约法》的条文，因有“国民政府行使大赦、特赦及减刑、复权”的规定（第六十八条）。

二　关于赦免权的理论

赦免权为君主政体的一种流传，显然与荣赏权同其旨趣。君主国家中，赦免制度之所以存立，其原因亦至显然；盖君主既出于世袭，民众之与君主，初不必有天然的情感，为君主者，为谋人民的爱戴，乃往往趋于市恩鬻惠的一途。故吾国历来行使大赦，率于皇帝登极、皇帝寿庆以及册立皇后太子等大典时期举行，而称大赦为“恩赦”。但许多论者，却以为赦免制度，虽在共和国家，亦有存留的必要。主要理由如下：其一，以为赦免制度可以救济法律之穷。主此说者以为法律的条文，无论如何，总难达到精审详备的境地，举凡一切应行从轻议刑的场合，亦决难期其一一规定而无缺欠；倘没有赦免机关的设立，以行所谓大赦、特赦之权，则法律之穷将无从补救；盖法官的职务，只在执行法律，倘遇有在理虽宜未减或免刑之人，而在法则罪无可逭，他也只能执法相衡，而不能为法外的

① 日本宪法亦以大赦、特赦、减刑、复权并列，而有“天皇命大赦、特赦、减刑及复权”的规定；《临时约法》的规定，显系直接仿自日本宪文，而另依一般国家的宪法增入大赦须经议会同意的条件。

② 看吴宗慈：《中华民国宪法史》（民国十二年），前编，118—119页。

补救。此层理论亦自有其真理;然果设为赦免权以济法律之穷,并以此权委诸行政元首,毕竟有任人而不任法之嫌;盖所谓赦免,原即一种免除刑法适用的权宜行为,以免除法律适用之权付诸元首,自然逃不脱以人治代法治之嫌。其二,以为赦免制度可正法院之误。主此说者,以为法官的审判,无论如何审慎,事实上终不敢必其无错误,所以不能不设赦免机关,以资矫正。惟是法院的错误虽属难免,而因近代刑事诉讼法的进步,法院错误之无可补救者,究已大减:各国刑事诉讼法上所设定的普通上诉程序、非常上诉程序、申请再审程序等等,其用意盖俱在补救法院的错误。其三,以为赦免制度可以鼓励犯人的迁善。主此说者,以为国家如保存赦免制度、则赦免机关,可于法院宣告刑罚之后,以赦免为鼓励犯人自新的手段,或于刑罚已经执行若干时期之后,对于犯人之有悛悔实据者,以可有赦免而益坚其悛悔的倾向。此层见解自亦尽人所承认。惟是近今各国的刑法及其监狱法,固已日趋于感化政策;其所采纳的感化方法,固尚有较赦免为更有效而且流弊较少者;如各国刑法及中国刑律所采用的"缓刑"及"假释"等制皆是。

综之,赦免制度,在今日刑事诉讼法及刑法进步的时代,重要既已减少;其在法治根基薄弱之国,赦免权如属诸行政元首,尤有损及司法独立与法律权威的危险。即欲设置此权,亦宜分赦免为大赦、特赦;大赦的关系较巨,宜以其同意权付诸议会,藉以保持法律的权威;特赦容或因案件过繁,不能尽由议会议决;然亦宜约略仿民国十二年《中华民国宪法》之所定,以其同意权付诸法院,俾法院的审判权,不致完全为行政机关的赦免权所破坏。至于弹劾案件,虽不能如英美等国制度,完全划诸赦免权以外,亦当一律以议会同意为条件，以防行政元首假借其赦免权以庇护属僚，而使议会的弹劾权实际上失其效力；至少亦当如十二年《中华民国宪法》，对于复权一层，设有议会同意的条件。

第九目　关于议会的集会、开会、停会、闭会及解散之权

欲说明各国行政机关对于议会的集会、开会、停会、闭会及解散诸问题的职权之如何互异，须先说明这几个名词的意义。集会系指议会议员的集合而言；开会系指议会的开始会议而言；停会或休会（adjournment）系指议会中的一院或两院，在集会期内，中止若干时间的会议而言；闭会（prorogation）系指议会某一次会期告终而言；解散（dissolution）系指某一届议会的终结而言。①

第一款　关于议会的集会、开会、停会及闭会

关于议会的集会、开会、停会与闭会的手续等问题，各国实例颇不一律；然综括说来，可说有下列三种不同的制度：

其一，议会无一定的会期，其集会、开会、停会及闭会，由议会自行决定。此种制度，往往含下列三个特点：（一）议会在原则上为常存机关，于其任期之内，每年初无一定的会期，惟依议会自己的决定，得宣布停会若干时期；（二）议会于停会期内往往设置一种委员会，俾于紧急时期，得临时召集会议；（三）此种制度，虽亦往往承认行政机关得因紧急事故召集会议，然不承认行政机关享有宣告停会或宣告闭会之权。此种制度，在维持议会对于行政机关的独

① 德国在1919年以后的情形极为特殊，每一个议会只有一届的会期，只有停会及解散，而无闭会。

立。最足代表此制者，为1848年法国第二次共和宪法。[①]

民元《临时约法》大体上亦系采用上项制度：该《约法》仅规定“参议院得自行集会、开会、闭会”（第二十条）；既未规定一定的会期，亦未明定行政元首享有召集开会之权；尤未承认元首得行使停会或闭会之权。

其二，议会无一定的会期，其集会、开会、闭会，纯由行政元首决定。此为英制。英国议会，在法律上初无一定会期，亦无自行集会、开会或闭会之权；惟集会期内的停会权，则完全属诸议会。[②] 其集会、开会及闭会，概依国王的命令行之。在法律上，国王除至少每三年必须召集一回议会而外，其召集、开会及宣布停会、闭会之权，并不受何种其他限制。[③] 英国此制，只是一种历史的产物，并非基于任何政治理论；盖英国议会原只因为国王对于课税事宜，欲得各种阶级的代表的协赞而始产生；所以议会集会、开会与闭会之全由国王决定，在当时本属自然的手续。到了今日，英国议会的集会、开会、闭会，在法律上虽仍由国王自由决定；实际上，英国议会固已与常年集会的常设机关相去不远，其每岁休会的时期，实极短促。其所以然，则因预算法、兵变法等法律，依英国法律，每年俱须经由议会议决之故；且在责任内阁制之下，政府亦实不能长期的独

① 该《宪法》的规定如下：

第三十二条　国会为常存机关。但依国会自己的决定，得以停会。在休会期内，国会委员会遇紧急事故，得召集会议；此项委员会，由国会主席团及国会依《秘密投票法》与过半数当选法特别选出的委员25人组织之。总统亦得召集国会。

第六十八条　凡总统解散国会，宣布国会闭会，以及其他妨害国会行使职权的行为，均为内乱罪。

② Anson, *The Law and Custom of the Constitution* (1922), Ⅰ, 72.

③ 此项三年必须召集议会一次的限制，亦尚系从查理斯二世时代遗传下来的一种规定；此项规定，虽见诸律文，然律文对于此项规定亦未设有任何直接制裁。

立行动，而置议会于不顾。

其三，议会有一定的会期，在会期内，得由议会或行政机关酌量停会；在会期外，得由议会或行政机关酌量延长会期，或召集特别会议。此种制度，可以说是前述两种制度的折衷，法国现制即为此种制度之一。[①] 西班牙新宪法亦采此制。此制于宪法上设有一个每年集会的时期，名为会期；因是议会在原则上并不是常年集会的常设机关。盖议会如为常年集会的机关，则行政机关便须日日与议会周旋，便须日日为立法事务所缠绕而不能注其全力于行政。此种制度之所以容许行政机关或议会，得于议会会期内，酌量宣告停会若干时日者，因暂时停会的宣告，往往可以缓和议会上下两院间的剧烈冲突，或议会与行政机关间的剧烈冲突。但对于每一会期中停会的次数，与每次停会的时日，各国宪法与法律，却亦往往设为相当的限制，以期议会的工作不致因是而感太重大的停滞。至若会期已届，而会议的工作仍未及完毕，则各国宪法或法律，亦往往承认议会或行政机关得延长会期至特定的限度。会期以外的特别会议，系备非常事变而设；其要求召集之权，在理论上自亦以令议会及行政机关俱得享有为宜；盖行政机关如不享有此权，事实上固有种种不便；议会如不享有此权，则议会亦无从于此类时期防止行政机关的专擅。

民元《国会组织法》第十一条"民国议会之会期，为四个月。但

① 法国1875年7月16日《宪法》的规定如下：

第一条　参议院及众议院于每年1月第二个星期二日集会。但总统得于此项日期以前召集之。

第二条　两院每年继续开会至少五个月。两院会期同时终始。

第三条　总统宣告会期之终止，总统得召集两院开特别会议；如两院各有过半数议员的要求，总统亦应召集两院开特别会议。总统得停止两院会议。但每次停会不得过一月；每一会期并不得停会至二次以上。

依情事之必要得延长之”的规定，形式上亦系采用上述第三种制度；但延长的期限既无限制，议会固尚易成为常设机关。十二年《中华民国宪法》则系完全采用上述第三种制度。①

复次，议会虽有两院，而两院要当认为一体；所以各国成例大都限定议会的开会闭会，概须两院同时举行；议会中如有一院被解散，另一院亦不得开议。惟美国的参议院则因有同意于总统所任命的高级官吏及所缔结条约的权责，故有单独开所谓“行政会”（Executive Session）之权。又对于停会问题，各国尚有承认一院得单独停会者，例如英国。② 民元《国会组织法》亦规定两院的开会及闭会须同时行之（该法第十条）；十二年《中华民国宪法》除承认两院开会、闭会须同时举行而外，并规定（一）一院停会，他院便须同时休会；（二）众议院解散，参议院便须同时休会（该法第五十四条）。

第二款　关于议会的解散

议会的解散，系指议会的终结而言。议会解散的原因，概括言之，不外两种：一为议会任期届满；一为议会任期虽未届满，而行政机关或其他依宪法享有议会解散权的机关，宣告议会解散。行政

---

① 该《宪法》的规定如下：

第五十一条　国会自行集会、开会、闭会。但临时会于有下列情事之一时行之：

一　两院议员各有三分一以上之联名通告；

二　大总统之牒集。

第五十二条　国会常会于每年八月一日开会。

第五十三条　国会常会，会期为四个月；得延长之。但不得逾常会会期。

第八十八条　大总统得停止众议院或参议院之会议。但每一会期，停会不得逾二次；每次期间，不得逾十日。

② Anson, *The Law and Custom of the Constitution* (1922), Ⅰ, 72.

机关之享有议会解散权者,大率限于采行责任内阁制的国家,然亦不无例外。今分别言之:

一　议会解散权与责任内阁制

在采用责任内阁制的国家,行政机关通例得于议会任期届满以前,使之解散。责任内阁制国家之设有此种职权,其理由盖甚明显:在责任内阁制之下,内阁是必须得议会多数的信任始能存立,内阁如不得议会多数的信任,议会便得以否决内阁所主张的法律案或预算案为手段,或以投不信任票为手段,促其去职。议会既有此种间接及直接强迫内阁去职的手段,便难免不滥用此种手段。假使内阁对于议会此种手段,毫不具有对抗的权能,则凡遇议会违反民意,而行使此种手段之时,便无从制止。所以采用责任内阁制的国家,大都设有解散议会权以为行政机关对抗议会的手段。但是解散议会权的设置,其目的只在给予行政机关以一个诉诸选民的机会,并非承认行政机关得违反议会多数的政见,而自行其政见,得不依议会多数的信任而继续存立。所以在采用责任内阁制的国家,行政机关于与议会多数政见相反,及不得议会多数信任时,虽得行使解散议会权,然解散议会后,行政机关不独须及时举行新议会的选举,并且非得新议会多数的信任,决不能继续在职;行政机关决不能因新议会的不信任,而继续行使其解散权。此种限制,或则存诸各国习惯(例如英国);甚者且以宪法明文规定;例如 1919 年德国《宪法》第二十六条便云:“总统得解散众议院,但对于同一事因,仅得解散一次。”西班牙 1931 年《宪法》第八十一条则规定:“总统在其任期内,解散国会不得逾二次以上;如有第二次的解散,则新议会第一任务,便为审查第二次的解散是否必要,如果议会以绝对多数表示反对之意,则总统便算罢免。”凡此限制,其目的俱在令总统不轻于解散议会;即内阁有解散的要求,总统亦当加以审慎的考虑。有此限制后，内阁必得议会多数信任始能存立的原则，乃可保全。

但是行政机关之享有议会解散权，其目的既在直接地求内阁与议会间意见的一致，间接地求内阁与选民间意见的一致，则行政机关行使解散权的场合，自亦不必以内阁与议会发生冲突的场合为限。近百年来英国议会之被解散，除了因众议院不信任内阁外，尚有多种其他原因[①]：有因旧内阁辞职，新内阁于就任后，冀以改选众议院手段，取得选民的信托者；有因议会任期将满，政府在迭次补选竞争中常常失败，因而提前改选众议院以侦知民意的真相者；更有因众议院任期将满，政府思利用特殊机会，而提前宣告改选者。然解散的场合虽各不同，要亦有其共同之点：即解散议会权的行使，俱在谋内阁与选民间意见的一致。

复次，在一般采用责任内阁制的国家，内阁之对议会负责，实际上系仅对议会中的下议院负责；所以行政机关纵享有解散议会权，亦只对下议院享有此权，上议院初不在解散权范围以内。[②] 不过下院既经解散，则自下院解散之日，至新下院集会的期间内，上院亦不能单独集会。解散议会权，既仅能对下院实施，于是各国为防杜行政机关滥用此权起见，乃更有授上院以解散议会的同意权者；例如法国现行宪法，即承认行政元首解散众议院时，须预征参议院的同意。但此项同意权的设置，几使法国宪法上的解散议会权成为具文。法国自其现行《宪法》于1875年成立以来，仅于1877年曾有一度解散议会之事。但该年总统之解散议会，终致政府的

① Emden, *Principles of British Constitutional Law* (1925), 83-84.

② 1900年澳大利亚《宪法》，殆为惟一的例外：该宪承认凡议会上下两院对于某种法律案不能妥洽时，得由行政机关解散两院。但除此种场合而外，行政机关，却亦只能解散下议院（参看该宪第五条及五十七条）。

失败;自后法国一般社会对于政府,益存疑忌之念,因之政府亦极不敢轻于尝试其解散权;且法国上院的地位,既较下院低弱,其于解散下院之事,亦不免流于畏怯;因之政府的主张,亦难望得其同意。

民国十二年《中华民国宪法》第八十九条明白规定,行政机关只有解散众议院之权,而更仿法国宪法,设为上议院同意的条件。

二　议会解散权与非责任内阁制

求诸各国实例,亦有不采责任内阁制而授行政机关以议会解散权者,例如旧德意志帝国的宪法。此种国家,议会既无不信任投票等权以促内阁去职,以使内阁依议会多数的意志而存立,则其授行政机关以议会解散权,其用意盖只在令议会受行政机关的支配;与一般责任内阁制国家之设置此权,以求议会与行政机关之得以互相对抗者,其用意固大不相同。反之,在采用责任内阁制的国家,为防止行政机关滥用解散权起见,亦尚有不授行政机关以议会解散权者,例如1920年的奥国《宪法》。所以论者乃有谓奥制在实际上与所谓瑞士制的精神,较为相类者。中国民元《临时约法》,虽采用责任内阁制,亦未给予行政机关以议会解散权——民国二年及民国六年国会之两遭解散,盖俱为约法所不许。在仿行美国总统制的国家,议会既无投不信任票等权,以支配国务员的命运,行政机关亦无解散议会权以支配议会的命运;所以美制可以看做介乎旧德意志制与瑞士制之间的一种政制。

第三章　法院

第一节　法院职务的性质

普通称法院为司法机关，称法院的职权为司法权。我们如欲研究法院职务的性质，第一自应研究何为司法权；第二便应研究法院的职务，是否仅以行使司法权为限。

自孟德斯鸠创三权分立之说而后，论者大率认司法权的性质与行政立法两权的性质截然不同。然晚近论者，对于此种见解，却不无深持异议之人。他们以为国家的职务，严格地讲，只有两类：一为制定法律，即所谓立法权；一为执行法律，即所谓行政权。司法权亦只在执行法律，其根本性质，固与行政权相同。此种见解虽亦不无见地，但司法与行政即令同具执行法律的性质，亦初非毫无差异：司法权为对于诉讼事件的审判权，审判权的行使虽在执行使法律，然依现代一般国家所承认的"不告不理"的原则，则法院之行使司法权，固只是被动的执行法律。而行政机关之行使行政权，却常是自动的执行法律。所以行政与司法两种职权，纵同具执行法律的性质，固仍不失为相异的两职权。

但是司法权虽与行政权及立法权显然有别，而现代各国法院的职务，却非绝对的仅以行使司法权为其范围。各国法院，除处理诉讼事件而外,亦尚有兼理若干种"非讼事件"者;如遗嘱的执行、婚姻及不动产等的登记等等。这里,法院的职务不免涉及单纯的行政事务。复次,法院于受理诉讼案件时,如法律对于该项案件并无明文规定,各国法律或习惯,往往承认法官得依据公理或常识以行使裁判。此种裁判,已不免近于立法。假使法院的判例,对于未来案件能如英美等国法院的判例,享有与法律相同的效力,则法院的审判权直显然含有立法性质。所以各国法院在实际上往往不纯是一个司法机关。

第二节　法院的独立

司法权与行政权虽不免有相同之点,法院于行使司法权时,虽有时不免近于立法,而法院之必须离行政机关与立法机关而独立,却又为孟德斯鸠以至今日一般学者之所主张。盖不如是,则人民的自由将无充分的保障,行政机关或立法机关的专断,将难以免除。苏联法院之缺乏独立性,可为佐证。所谓法院的独立,即法院法官的审判,应不受行政机关或立法机关干涉的意思就是:某一个法院对于另一个法院的审判,亦只能于判决后,依上诉程序而变更其判决,在审判之时,任何法院,亦不受任何其他法院的干涉;至于行政机关或立法机关,则即在法院判决以后,亦不享有变更法院的判决之权。此项"法官独立审判"的原则,亦为中国历次约法及宪法所恒设的条文。

但欲求法院精神上的独立,除非仅仅规定法官独立审判所能济事。这种规定,至多不过能令法院以外的机关,不能公然地干涉法院的审判,却不能保障法院法官,实际上不仰承其他机关(尤其是行政机关)的意旨,而行使其审判权。换句话说,徒有此种规定,只能使法院保有形式的独立,而未必能使法院享有实际的或精神的独立。欲令法院在实际上亦不为其他机关的势力所左右，则法官之如何任用与法官身分之如何保障，极关重要。所以各国宪法，对于这两项问题，亦往往设有规定。

一　法官的任用

任用法官之权，各国大都授诸行政机关；其意盖谓法院法官，如果对于任期、转职、解职等事，享有特殊的保障，精神上已不难于独立，由是法官的任用，尽可与普通官吏一样，完全由行政机关行使；且充任法官的人，依各国法律，既须具备法定的特殊资格，则即以任用之权完全授诸行政机关，亦不必虑其有滥于行使之弊。所以英法等国任用法官之权完全操于行政机关。中国自民国十七年政府分设五院以来，行政院与司法院成为并行机关；但法官的任用权则向操于司法行政部，与前之操于司法部并无分别。惟司法行政部前曾隶属于行政院，现又隶属于司法院。

有些国家，为增加法官对于行政机关的独立起见，对于法官的任用，却亦有不采上述制度，而采其他任用方法者。所谓其他方法，约言之不外两种：一为选举；一为限制行政机关的任用权。

以选举制度，适用于法官的任用，就各国实例而言，亦有数种。一为议会选举，此法瑞士及美国若干邦行之。瑞士联邦法院的法官，系由议会选举，瑞士各邦的法官亦往往由各邦议会选举；美国四十八邦中，则仅有四邦采用此法。二为人民选举。此法法国第一次大革命时代曾经采用；今则美国各邦，对于法官的任用，大都采用直接民选之制；瑞士各邦亦间有行之者。[①] 三为法院自选。此

---

① 苏联1936年新《宪法》规定，苏联最高法院及各邦的各高级法院由苏联最高苏维埃及各邦的各高级苏维埃选举；人民法院（即初级法院）则由人民直接选举（第一〇五—一〇九条）。

制在令法院法官的缺额，由法院自行选举，以补充之。此法虽有古例可举（法国在15世纪时即曾采用此法），现代国家，殆绝无纯采此种方法者。

议会选举与人民选举，在原则上虽或可以增加法官对于行政机关的独立，然采行此类选举制度，却不易获得适当的司法人才；盖一般选举人，对于司法专门人才，既常会缺乏充分的鉴别能力；真正的专门人才，又每因不愿从事于选举运动，而缺少当选希望。且在议会选举或人民选举制度之下，凡希冀当选之人，事实上既往往非与政党发生关系不可，则当选者政党色彩的浓厚，亦大足影响法院精神上的独立，以及法院在社会上的权威与信用。法院自选之制虽足免除这些流弊，但是一个机关的组成，如果完全长受该机关内部的支配，而不受外力的影响，实际上亦或不免流于极端保守，甚或流于腐败。

限制行政机关任用权的方法亦有数种。一为议会同意的限制，此可以美国联邦为例。美制，联邦最高法院的一切法官，虽系由行政机关任用，但任用之前，却须征求参议院同意。民国十二年《中华民国宪法》对于最高法院院长的任用，设有须经参议院同意的条件（第九十八条），亦可为一例。二为令非行政机关保有推荐法官之权。依照比国宪法，凡最高法院的法官，俱系由比国上议院与最高法院各推荐一个名单，由行政元首，就该名单择一任用；其他法院的法官，亦有须经地方议会与相关法院各自提出名单，而由行政元首抉择任用者。三为考试制度的推行。法德等国的法官固仍由行政机关任命，但其所任命之人只限于考试及格的人员。以上各种办法，其用意盖俱在防止行政机关之滥用任命权。

二 法官的保障

欲保持法官精神上的独立，则法官身分的保障，实较法官任用的手续,尤为重要。此项保障包含着法官的任期、法官的免职及停职、法官的转职及法官的薪俸等等问题。

其一,法官的任期。法官之应为终身职,已为现代一般国家所承认。盖法官如果仅有一定的任期,则为谋继续维持其地位起见,于执行职务之时,对于享有法官任用权的机关,或不免有所阿附。美国各邦,其采法官民选制者,法官因非终身官职,故其冀图于任满后继续当选者,于其任期之中,常有曲徇人民情感与政党意见的意向。

各国固大都认法官为终身职,但法官因年老、精神衰弱或发生重大疾病等等故障者,自得令其退职。关于年老一层,各国法律大都定有强制退职的年龄。此外,法官服务,如有重大过失,亦自不能不令其解职;不过此项解职的宣告,须经繁重的手续,行政机关并不能自由决定。

其二,法官的免职及停职。在一般国家,法官如有重大过失,必须经过繁重的手续始能免职,非如普通行政官吏,依行政长官的自由裁量即得免职。在英美等国,高级法院法官的免职,必须经由议会之一种参预。依据英国法律,法院法官须经议会两院向国王提出免职的请求时,始得免职;但英国此制亦只适用于高级法院的法官,其地方法院的法官亦尚无此种保障。美国联邦法律,最高法院法官,亦限定须经议会弹劾,始能免职。欧洲大陆各国虽未采用此种繁重手续,但亦大率限定法官的免职,须经法院的裁决:例如法比两国,以最高法院为各级法院法官的惩戒机关,凡法官的免职,俱须预经最高法院的裁决。波兰 1935 年《宪法》亦规定,法官非依法律所规定的手续与免职理由,并经法院裁决,不得免职(该宪第六十六条)。

复次,行政机关如保有自由停止法官职务之权,则法院的法官,在事实上仍或不免为行政机关的势力所左右;行政机关,对于特种诉讼案件,如欲排除异己的法官,或不免有利用行使停职权之举。所以在一般国家,不独法官的免职须经法院的裁决,即法官停职的宣告,亦须经同样的手续。比波等国宪法盖俱设有此种规定。

其三,法官的转职　转职这个名词,可有广狭二义:从狭义的说,转职当指转任同级的职务而言;但从广义的说,则任低级或高级的职务亦得称为转职。行政机关对于法官,如果有自由令其转任同级、低级或高级职务之权,其结果亦大足影响法官的独立。盖法官的升职,如出自行政机关的自由决定,则希冀升职的法官,或不免时有阿附行政机关的情事。如果行政机关对于法官的降职或调任同级的职务,亦享有自由决定之权,则行政机关的转职处分,实际上或不免同于免职;因为所转之职有时或为当事法官之所大不愿者。所以各国宪法对于法官转职手续,大都设有须得本人同意的条件;即法官的升职处分,亦往往不完全付诸行政机关,而付诸行政机关与法院所合组的机关。法国现制便系如此。①

其四,法官的薪俸。欲保持法官的廉洁,自不能不顾及法官的生活问题;所以各国对于法官的薪俸,往往从丰规定。不但如此,有些国家,为防止行政机关或立法机关,凭藉罚俸减薪等权以妨害法官的独立起见,有于宪法内明定法官薪俸不得由行政机关变更者,例如比国宪法;甚或规定法官在任期中,无论何项机关(包括立法机关)俱不得减少其薪俸者,美国宪法即有此种规定。

民国元年《临时约法》第五十二条规定:"法官在任中不得减俸或转职;非依法律受刑罚宣告或应免职之惩戒处分,不得解职。惩

① 法制,法官的升迁,由司法部与最高法院所合组的委员会决定之。Esmein, *Éléments de droit constitutionnel* (1927), I,562.

戒条规，以法律定之。”三年《约法》及十二年《宪法》有类似的规定。准此规定，则免职应以经由刑事法庭宣告，或经由法官惩戒机关依法官惩戒法宣告者为限；至于减俸或转职，则在绝对禁止之列，即刑事法庭或法官惩戒机关亦不得宣告此项处分。就理论言，减俸诚当绝对禁止，而不宜采为惩戒方法；但转职之宜否用为惩戒处分（此系指由高级官职转任低级官职而言），或尚不无讨论余地；且转职如果兼指转任同级或高级的官职而言，无论如何固不能绝对禁止，而只能以设立须经本人同意的条件为限。二十年《训政时期约法》条文简短，对于法官的保障，并无明文规定。如依现行《法院组织法》的规定，则法官的停职、免职、转调或减俸固俱可采为惩戒的方法（该法第四十条）。

三　法院独立的其他条件

从以上所述的两项问题——法官的任用与法官的保障——已可概见各国宪法或法律，对于法院的独立，如何设法保持。实则各国宪法或法律之所恃以保障法院的独立者往往尚不止此。如禁止对于任何一个特殊案件，设置一个特别法院，以行使审判（西班牙及其他若干国家的宪法俱有此种禁止）；禁止议会以决议方式判决普通犯罪案件（美国宪法）；禁止法官兼任任何行政机关的职务等等条件，盖亦俱以保障法院的独立为目的。

第三节　法院司法权的范围

法院的司法权，应否涉及宪法的解释？普通法院的司法权，应否于普通诉讼而外涉及行政诉讼？这是关系法院职权的两个首要问题，各国宪法往往有所规定。今约略说明关于这两个问题的理论与实例于后。

第一目　宪法解释权

各国实例,有承认法院享有宪法解释权者,有不承认者。如承认法院享有解释宪法之权,即须承认法院对于违宪的法律或命令享有"否认"或"撤销"之权。然则(一)何谓违宪的法律或命令?(二)何谓"否认"与"撤销"?两者的分别又何在?(三)违宪的法律与违宪的命令是否应同受法院的制裁?法律是否亦应受法院宪法解释权的支配?要明瞭法院宪法解释权的内容,实不能不先说明以上诸点。

一　何谓违宪

要决定一种法律或命令是否违反宪法,所应注意者不外两点:一为法律或命令的成立,曾否具备宪法上所规定的条件;例如法律通过议会时,曾否依照宪法所规定的程序与票数;命令的颁布,曾否依照宪法所规定的手续。这是法律或命令的形式问题。一为法律或命令的条文,有无违反宪法条文的规定。这是法律或命令的实质问题。形式的违宪与实质的违宪同为违宪,倘认法院应享有宪法解释权,则形式上或实质上违宪的法律或命令,俱须受法院的制裁。但是许多德国学者以为法院就令享有宪法解释权,亦只能审查法令的实质是否违宪。至于形式上的违宪问题,则非法院所当过问;因为法律或命令,在议会或行政机关中所经过的程序,是否具备宪法所规定的条件,事实上往往非法院所能熟知,亦非法院所易依法侦查。许多德国学者以为凡经行政元首正式公布的法律命令,其形式问题便应认为已经确定,法院不当再行过问。但一部分德国学者对于此种意见,亦不无异议。征诸各国实例,亦从无以明文区分违宪的法令为形式的违宪与实质的违宪者。

二　否认与撤销的区别

倘承认法院享有宪法解释权，则法律或命令经由法院判决，认为违反宪法时，其结果究当何若？将认法院的判决，仅能否认该项法律或命令的有效？抑认法院的判决，可以撤销该项法律或命令？如为否认，则该项法令依旧存在，仅法院拒绝执行；如为撤销，则该项法令完全消灭。

美国是承认法院享有宪法解释权最著的一国。但美制承认法院的判决，仅能否认违宪的法令，而不能撤销。人民亦不得径请法院将法令宣告无效；法院必待有诉讼事件发生，才考虑法令之是否违宪。在此种制度之下，法院判决的效力，将仅及于其所判决的本案，而不能影响于违宪法令之继续存在。换言之，美国法院于受理诉讼案件时，虽能否认违宪的法律或命令，然此种否认，只能使该项法律或命令，对于本案不发生效力，并不能使该项法律或命令，从此永不能执行；因为该项法律或命令，在法律上并未消灭。但美国法院对于同一性质的案件率作同样的判决，所以曾被美国法院否认的法令，或法令中被否认的一部分，在事实上仍等于撤销。

反之，如承认法院的判决，足以撤销违宪的法令，则法院的判决简直使该项法令不能继续存在或继续执行；判决的效力，盖不仅影响及于判决的本案而已。凡认某法或某令为违宪者亦尽可请求法院加以裁决，初不必待诉讼案件发生。征诸各国宪法，此种办法亦有实例：法国大革命第八年（即1799年）《宪法》即承认“护法元老院”（Sénat Conservateur）的决定，得以撤销违宪的法律或命令。①

① “护法元老院”虽非一种普通法院，亦可目为一种解释宪法的特殊法院（第八年《宪法》第十五—二十四条）。见 Duguit et Monnier, *Les constitutions de la France depuis 1789*（1925），120-121。

1920 年奥国《宪法》（经 1925 年 7 月 30 日修正）第一四〇条规定，凡联邦法律或各邦法律，“宪法法院”（Verfassungsgerichtshof）如认为违反宪法时，得以判决撤销其全部或一部；联邦国务总理或各邦行政长官并应即将该判决公布，或俟法院所规定的延缓期限（不得过六个月）满期后公布；而撤销的时期，亦自此项公布的日期起算。[①]

以上为美奥两制之别，亦即所谓“否认”与“撤销”之别。至于两制的优劣，却不易为概括的论断。赞赏美制者，以为美制在理论上，在实际上，俱有一种特长。就理论上讲，法院的判决，既仅能否认违宪的法令对于本案的适用，并不能撤销该项法令，则法院之行使宪法解释权，便可避去一个重大的攻击——即司法权侵犯立法权之嫌。就实际上讲，法院的判决，既不能撤销法令，则法院于行使宪法解释权时，亦不至诱起议会或其他机关的激烈反抗。但就另一方面看去，美制亦自有其弱点：盖法令之被法院认为违反宪法者既获继续存在，则政府方面，便或不免蔑视法院的判决，而继续执行其法令。自然，凡受该项法令的损害者，仍可随时提起诉讼，以对抗该项法令；然提起诉讼，已是一件耗费时间的事；而且诉讼的结果，亦殊难预计，因为法院的解释，前后或不尽一致。

三　法院应否有否认或撤销违宪的法律之权

有些国家的宪法，对于法院宪法解释权的问题，全未规定；因之法院对于违宪法律或命令，俱不敢根据宪法条文加以制裁。有些国家则承认法院仅能否认行政机关的违宪命令，至于议会的法律则无论违宪与否，法院但当执行而不能闻问；例如瑞士《宪法》

① 1929 年的修正宪法及 1934 年的《宪法》并未修改此点。见 1934 年《宪法》第一七〇条。

（第一一三条）及波兰1935年新《宪法》（第六十四条）[①]即有此规定。其他国家之承认法院享有宪法解释权者，却大都承认违宪的法律与违宪的命令，俱应受法院宪法解释权的制裁，例如挪威、捷克、爱尔兰、罗马尼亚、希腊以及许多联邦国家，[②]历来反对法院享有宪法解释权之人，实际上亦只反对法院享有否认或撤销违宪的法律之权；因为违宪的命令常可与违法的命令同样处理，而违法的命令，大多数国家的法院固俱有权制裁者。至于反对法院有权否认或撤销违宪的法律之人，其所持理由不外两种：

其一，以为承认法院得以否认或撤销违宪的法律，便承认法院得以侵犯立法机关的立法权，因与三权分立原则不无矛盾。但主张法院应享有否认或撤销违宪的法律之人，却并不为此层理论所折服。盖三权分立的原则本不能严格实行；就令有严格实行的可能，然授法院以否认违宪的法律之权，甚或授法院以撤销违宪的法律之权，亦只是授权法院，使制止立法机关的违宪行为而已，除非授权法院参预立法权之谓，安得谓三权分立的原则因是而遭破坏？反之，如纯以三权分立的原则为论据，则主张法院应有宪法解释权者的议论，转似无可非议。盖法院既为解释法律的机关，则依三权分立的原则，法院的解释权，自须涉及一切性质的法律——普通法律与宪法——自不应将宪法解释权除外，而以之授诸议会或其他机关。

其二，以为议会为民意机关，法院为官吏机关，如授法院以否认或撤销违宪的法律之权，便无异以官吏机关制裁民意机关，以官

---

① 波兰1921年《宪法》已有此规定。见该宪第八十一条。

② 挪威见诸习惯；捷克，1924年2月29日《根本法》第二条；爱尔兰，1922年《宪法》第六十五条；罗马尼亚，1923年《宪法》第一〇三条；希腊，1927年《宪法》第五条；各联邦国家见下面357页注②③④。

吏的意志，对抗人民的意志。此层理论亦并不难于反驳。盖议会的法律如为民意的表示，则宪法更是民意的表示，民意之表现于宪法者，其权威固应高于法律。若然，则法院的行使宪法解释权，仍只是以最高民意机关的意志对抗普通民意机关的意志，与以法院本身的意志对抗民意机关的意志者，固有分别。

反对法院享有否认或撤销违宪法律权之人，亦有撇开以上各种抽象的讨论，而纯从实际上立论者。此派以为法院权威，倘未大立，则法院对于宪法的解释，将不能折服议会与其他方面的人心，甚或惹起议会的积极反抗，以致无可收拾。依着此派的意见，解释宪法之权，与其授诸法院，毋宁畀诸议会；因为议会既为民选的机关，其权威与信用，自应较法院为雄厚，而其解释，亦当可较能折服一般的人心。但此种理论，纵能适用于法院威信薄弱的国家，亦不能适用于法院威信已立的国家；纵能适用于单一国家，亦难以适用于联邦国家。前者即主张此种理论者自己亦常承认；后者则尚有待于说明。

在单一制的国家，中央与地方的权限，原只由普通法律规定，而不由宪法规定；所以即授中央议会以解释宪法之权，亦不会因中央议会之解释宪法，而引起中央与地方权限之争。但在联邦国家，则中央与各邦的事权，皆由宪法划定；授联邦议会以解释宪法权，亦即授联邦议会以侵犯各邦权限的重大机会，在原则上既与宪文划分中央与各邦权限的精神相矛盾，在事实上亦极易引起中央与各邦间权限上的冲突。联邦法院虽亦为中央机关，但联邦宪法所划分的事权，最重要而最易引起纠纷者，究为立法权与行政权，而非司法权。所以宪法解释权之属于联邦法院，纵不能认为必然的解决，殆亦不能不认为比较适当的解决；联邦国家的其他机关——立法机关与行政机关——既均为宪法解释问题中的重大关系人，自均不宜负解释之责。

但一般论者，又尝援引瑞士制度，以为反辩的口实。他们以为瑞士与美国，在现代国家中，殆俱为采用联邦制度成效较著之国，然对于宪法解释权问题的解决，美瑞却背道而驰：美以此权授诸法院，法院得根据宪法以否认联邦议会的法律；瑞士则以此权授诸联邦议会，而不许法院根据宪法，以否认联邦议会的任何法律。美瑞的解决方法虽不同，而联邦制的成效则同样的显著；由此足见宪法解释权，即在联邦制之下，亦无授诸法院的必要。

此种议论，骤看起来，似乎有力。但是，我们如将瑞士制度的整个，仔细加以分析，便知瑞士之不授法院以否认联邦法律权，实有其不必授法院以此权，与不宜授法院以此权的特殊原因。此则许多论者，常不免轻易看过，而有特别说明的必要。

瑞士联邦议会所通过的法律，依瑞宪第一一三条的规定，虽不受法院的制裁，但仍受他种外力的制裁；瑞士公民与瑞士各邦政府仍得要求公民复决。按照瑞士《联邦宪法》第八十九条的规定，联邦议会所通过的普通法律，如经三万公民的要求，或经八邦政府的要求，便须提交公民复决。在此种条文之下，联邦议会的法律，如有违反宪法之嫌，普通人民或各邦政府自可诉诸全国公民团体；宪法的权威与各邦的权限，初不必因联邦议会之保有宪法解释权而遽遭侵犯。所以，瑞士宪法并无授法院以否认联邦法律之权的必要。

其次，瑞士联邦宪法，对于联邦法律既经采用复决制，则授法院以否认联邦法律之权，事实上或不免发生一个重大困难；盖联邦法律之经由公民复决者，亦或不免与宪法条文发生抵触，倘法院享有否认联邦法律之权，则于此类法律，又将何以自处？如容认之，则是放弃其宪法解释之权。如否认之，则将与当时人民所直接表示的意志宣战。故一面采用复决制，一面又授法院以解释宪法权，实际上将令法院难于自处，将令法院的独立与尊严，无由自全。所以瑞士宪法，不特无授法院以否认联邦法律权的必要，抑且有不宜授法院以此权之势。

由上所述，可知瑞士宪法实以公民团体为其最终的解释人与监护人；其法院实不必享有，亦不宜享有解释宪法之权。但公民复决制除非可行于一般的国家；即在能采用此制的国家，亦不见得能以此制适用于普通法律。所以现时联邦国家，除瑞士外，[①]关于宪法解释权问题的解决，几无不采纳美制，几无不授法院以宪法解释之权，凡违宪的法律，法院得为否认或撤销的处分。中美、南美各联邦，[②]及坎拿大、澳大利亚、南非三联邦[③]摹仿美制，固不待言；即年前的德、奥两联邦，[④]其法院于欧战后，亦尝有解释宪法之权。

至于中国，则历来的约法、宪法，皆未授予法院以解释宪法之权。元年《临时约法》对于宪法解释权问题毫未规定。十二年《中华民国宪法》，则以解释宪法之权付给由国会议员组成的宪法会议（第一三九及一四〇条）。依现行《训政时期约法》，则中国国民党中央执行委员会享有解释《约法》之权（第八十五条）。

---

① 但瑞士联邦法院，对于各邦法令之违反联邦或各该邦的宪法者，仍得否认。

② 阿根廷、巴西与墨西哥三国事实上俱仿美制，但宪法无明文规定；委内瑞拉 1931 年《宪法》第一二〇条，则明文规定法院享有此权。

③ 坎拿大、澳大利亚及南非径仿美制，但宪法亦无规定。在此处我们姑认南非为联邦。

④ 1919 年德宪关于此点无明文规定，但事实土，则联邦法院尝行使此权。参阅钱端升：《德国的政府》，267—270 页。奥国 1920 年《宪法》（第一四〇条）则明文规定“宪法法院”有解释宪法之权；1929 年《宪法》（第一四〇条）及 1934 年《宪法》（第一七〇条）亦是如此。

第二目　行政诉讼审判权

一　行政诉讼的意义

行政诉讼的审判权,应属于普通法院,抑应划归普通法院以外的其他机关,是一个颇费争辩的问题。欲了解各国制度对于这个问题的各种不同解决,自须预先了解行政诉讼这个名词的意义。

在行政诉讼与普通诉讼一概划归普通法院管辖的国家,其法律上便无行政诉讼这个专门名词。行政诉讼这个名词,只存在于行政诉讼审判权脱离普通法院而独立的国家。但即在这些国家内,行政诉讼这个名词的范围,亦不完全一致;因为这些国家的行政诉讼审判机关所能受理的诉讼,其范围并不完全一致。但就大体而言,我们可以说,行政诉讼系对于公务员违法的行政行为而提起的诉讼。所谓行政行为,即公的行为,即公务员依其公务员资格而发生的行为;例如公务员对于人民或其他公务员所下的命令或处分。此等命令或处分,如果违法,即得构成行政诉讼。行政诉讼可以发生于公务员与公务员之间,亦可以发生于公务员与普通人民之间;因为此等处分或命令,有时可以侵犯其他公务员的权利,有时可以侵犯私人的权利。

二　英美制与欧洲大陆制

按英美制度,行政诉讼与普通诉讼,概归普通法院管辖;普通法院之外,不另设特殊行政法院以行使行政诉讼的审判权。欧洲大陆各国——如法、德、奥、意等国,但比国为例外——大都采用行政诉讼审判权独立的制度。此制肇始于法兰西大革命时,至19世纪中叶后,始流传于德奥等国。盖法国在大革命前,行政机关向受法院的干涉,为保持行政的独立起见,不能不使行政诉讼的审判机关与普通法院分离。但在初时，行政诉讼审判权并未脱离行政机关；经长时期的演进，法国的行政法院始成为独立机关，与普通法院同样不受行政机关的干涉。行政法院与普通法院不同的地方，即后者的法官通常全为法律专家，而前者的法官则每兼含法律专家及行政人员；但法官之受保障，与审判的独立，则两者间几无分别。

主张英美制者，大率不外两种理由。第一，公务员的违法行为，如果不与私人的违法行为，受同一种法院的管辖，则与法律平等的原则，不无相背。第二，普通法院实际上较能保障人民的权利。主张行政审判权独立者，则以为行政诉讼的审判权，如果属于普通法院，在原则上及实际上均有未当。在原则上讲，公务员的行为如果要受普通法院的制裁，不免犯违反三权分立的嫌疑。在实际上讲，行政诉讼的性质至为复杂，审理之人，不仅需要法律知识，抑且需要行政经验；普通法院的法官大都缺乏行政的经验，由他们处理行政诉讼，殊难胜任愉快。倘使他们于审判时一味泥守律文，则行政机关的行政政策尤难免遭受不利的阻害。

关于上述三权分立方面的立论或非一般人所能赞同，但普通法院之不善处理行政诉讼殆为一种无可否认的事实，而在晚近更为显著。近年以来，各国行政机关所处理的事务日趋繁复，益非普通法院的法官所能理解；而且普通法院的诉讼程序迂缓繁重，对于日增无已的行政事件，亦实无暇处理。所以即在英美等国，近来亦不能不于各行政机关中附设各种行政审判或类似的机关，以分别处理各种行政的争讼事件。英美的学者日渐承认大陆制度的合理，英美的制度亦日渐趋近大陆的制度。英美的制度不同于大陆的制度者，约有三点。第一，英美的行政审判机关仍附设于各行政机关，而在大陆则成为独立的行政法院。第二，大陆的行政法院其审判程序采公开言词辩论主义，略同普通法院。英美则尚未采用此种方式。第三，大陆的行政法院及普通法院各成系统，但在英美则对于行政诉讼审判机关如有不服，仍可上诉于普通法院。除此而外，裁判的原则与裁判的效果，两者间亦尚有若干不同之点；但此为行政法范围以内之事，故不具论。

中国的行政诉讼审判机关，若依元年《临时约法》，则为仿大陆制度，故设平政院以受理行政诉讼（第十条）。但十二年《中华民国宪法》第九十九条则规定“法院依法律受理民事、刑事、行政及其他一切诉讼”。此为英美制。十七年五院制的国民政府成立后，行政法院与普通法院对立，但同隶于司法院（十七年《司法院组织法》第一条）。这个行政法院，既非普通法院，又非行政机关所能左右，其独立诚无问题。但中国制度的主要缺点有二：一则行政法院为一级一审制，所以讼案拥挤不堪，行政法院不能迅速处理；二则行政法院与行政机关间缺乏正当的联系，法院的评事甚少具有实际的行政经验者。这两个缺点颇违行政法院设立的本意，而使行政法院的效用不著。

第四章　联邦制度

本编以上各章所述，只是中央各机关的组织及其相互关系。至于各国中央与其所属区域间的关系则未论及。本章特取联邦制加以解释，用以阐明各国中央与其所属区域间的关系。

联邦制的历史甚为久远。在耶稣纪元前第四世纪期内，希腊各城市国家间已有一种与近世联邦制类似的联合组织，古罗马的各城市国亦尝有同样的联合。① 这是联邦制的原始。至于近代联邦制的风行，则北美合众国实开其端。

就史实上观察，联邦大都由几个独立的国家联合而成。几个独立的国家，往往为了共同的利益而求联合，但又常有使之不能合成单一国家的情事（例如地理上的障碍，或独立国地位之不肯完全放弃等），于是乃成立联邦。此为由分而合的联邦。但亦有单一国家，或因版图的扩充，行政上发生地理的障碍，或因国内各地方团体，因种族、宗教或其他问题，发生情感上利害上的冲突，遂不得不改组联邦，冀以增加行政效率，或避免完全分裂者。巴西与墨西哥等联邦国家，便系这样产生的。此为由合而分的联邦。

---

① 希腊的 Achæan League 及 Ætolian League 为最著之例。详见 E. A. Freeman, *History of Federal Goverment in Greece and Italy*, 2nd ed. (1893)。

第一节 联邦制的特性

然则联邦制的特性,究竟何在?

要推究联邦制的特性,只须推究联邦制所独有的条件。换句话说,我们所要推究的,只是联邦制对于非联邦制的异点。人类联治组织原可有种种形式,非联邦制的制度诚然甚多;然联邦实为介于所谓邦联及单一国间的一种制度;邦联的联合程度不如联邦;而联合性高至某种程度,超过联邦制时,则成为单一国。所以我们如将联邦与邦联,及联邦与单一国分别加以比较,我们便能明瞭联邦制的特性。

第一目 联邦与邦联的区别

"邦联"(Staatenbund, confederation, confédération d'États)或"联邦"(Bundesstaat, federal state, État fédéral)只是政治制度上的一种名词。凡采用邦联制或联邦制者,初不尽名其组织曰邦联或联邦。自16世纪以至今日,联治组织之为一般所公认为邦联或联邦者为数甚多。邦联则有现今荷兰境内的尼德兰联省(1580—1795);1848年以前的瑞士邦联;1866年以前的德意志邦联;北美十三州初独立时的美洲合众国(1778—1787);美国南北之战时南部各邦所树立的美洲邦联(1861—1865)。联邦之例更多;今之瑞士、奥地利、美国、墨西哥、巴西、阿根廷、委内瑞拉及坎拿大、澳大利亚,皆是联邦。[①]

邦联与联邦的先例既如此其众，彼此差异自然很多。然则二者间区别的标准究竟如何？今取各种学说之较具势力者简单评论如下：

其一，以为联合国之为邦联或联邦，当视中央政府的权力，能否直接及于各邦人民而定。凡中央政府的命令，仅能及于各邦邦政府，而不能及于各邦人民者为邦联；凡中央政府不仅能向各邦邦政府发布命令，并能直接向各邦人民发布命令而强制其服从者，谓之联邦。

上述议论，我们殊不敢苟同。固然，在邦联的组织之下，因中央政府各机关常欠完整，而各邦政府，对于中央，又每怀疑惧，所以邦联的宪法常不令中央政府有广大的直接命令各邦人民之权。但此亦不过说邦联中央政府的直接命令权，比联邦中央政府的直接命令权较为狭隘而已；如谓在邦联制之下，中央政府毫无直接命令各邦人民之权，则与事实大背。盖就一般学者所公认为邦联的先例考之，其中央政府的军事长官，固皆享有直接命令各邦人民之权。而且有的邦联，于军权之外，尚承认中央政府的权力，对于其他若干事件，亦得直接及于人民；例如北美十三州初独立时所组织的邦联，承认中央政府关于货币、邮政、度量衡等事件，得向人民直接行使职权；[②]又如从前德意志邦联，承认中央议会得直接受理人

① 德意志在1919年的《宪法》之下自然也是联邦，但是1933年希特勒当政后，即陆续改联邦为单一国。1933年4月7日的法律(Reichsstaathaltergesetz)给中央政府以指派摄政官，主持各邦政府之权；1934年1月30日的法律废除了各邦的议会，并将各邦的主权移让于中央；1934年2月14日的法律更废除了代表各邦的参议院。自是而后，德意志已不复能认为联邦。

② Hamilton, *Madison and Jay*, *The Federalist*, No. 40.

民的诉讼。[①]

由此看来，如以中央得向人民直接行使职权与否，为联邦与邦联区别的标准，则此两制的差异，实亦不过是一个程度问题。所以直接向人民行使职权的条件，不得认为联邦制的基性。

其二，以为联合国之为邦联或联邦，当视中央政府有否完全的外交权以为断。凡以一切外交权——即宣战、缔约及使节权——完全归中央者，谓之联邦，凡中央政府对外无完全的权力者，谓之邦联。

但外交权之未能完全统一，固不独邦联为然；在大多数的联邦国家，各邦政府亦常保留着一部分的外交权；例如 1871 年后的德意志帝国，其各邦政府，除以宣战权完全交给中央而外，仍保留着遣派公使及若干分缔结条约之权。反之，北美十三州初独立时所组织的邦联，及美国南北之战期内，南部各邦所组织的邦联，其各邦政府所保留的外交权，转远不及德之各邦。所以外交事权的统一，实不能为联邦的特征；如必以此为言，则联邦与邦联间的差别，充其量亦不过是一个程度的差别。

其三，以为联合国之为邦联或联邦，当视中央政府的组织而定。瑞士学者柏伦知理（Bluntschli）即为持这种见解的一人。本此见解，则凡中央政府的机关殆不外一种议会，一种"外交代表会议"（Gesandtencongress）者，谓之邦联；而联邦国家的中央政府，则无不备具立法、行政、司法三种组织。

在许多的邦联组织之下，中央机关的简单，诚属事实。但在法律上，邦联中各邦的地位，与联邦中各邦的地位，初不必因中央机关的繁简而发生根本上的差异。且此犹仅就理论而言。征诸成例，柏伦知理等之说，更与事实不尽一致；在美国南北之战期内，南

---

① Le Fur, *État fédéral et confédération d'États* (1896), 508.

部各邦所组织的邦联，固显然备具立法、行政、司法三种组织，与美国今之组织宛然相类；但不闻论者称之为联邦。尼德兰联省亦有完备的立法与行政两机关，所缺者不过一种中央法院而已。但中央法院的不存在，又岂独邦联为然？德国自 1871 年起即被认为联邦，但在 1877 年以前，却无联邦法院。瑞士自 1848 年起一般人亦认为联邦，但瑞士直至 1874 年宪法修正而后，始有一个严格的联邦法院存在。如以中央机关组织的完备或不完备，为联邦或邦联区别的标准，则又何以解于以上所述的各例？

其四，以为邦联及联邦的区别，存于宪法修改的手续。依据此项议论，凡属联邦，其宪法的修改，无须各邦全体的一致，而邦联的宪法，则非各邦全体同意，不能修改。

上说较以前各说，较近真理，其势力亦似远在第二、第三两说之上；但就实例言，邦联之中，亦有采取多数取决的手续者。美国南北之战期内南部各邦的邦联组织法，即仅采用多数取决，以为修改的条件。今之国际联盟，更无人称为联邦，但《国际联盟公约》第二十六条，对于该公约的修改，亦只采用多数取决的原则。反之，联邦国家中亦非绝无采纳全体一致的原则的先例。德国 1871 年《宪法》第七十八条，规定宪法的修改，如涉及某某数邦的特种权利时，非得各该邦的同意，不能成立。此种规定，其精神与全体一致的原则，并无二致。就理论言，论者之注重全体一致与多数表决的规定，无非因采用全体一致的原则，则各邦尚保有完整的独立与自由，而采用多数表决制，则各邦的独立与自由便受限制。我们亦承认联邦与邦联的分别，确在各邦之是否保有完全的独立，故认第四说为较近真理。但各邦独立的保持，在实际上，不恃全体一致的原则，而赖一种较重要的条件：就是各邦“脱离权”（right of secession）的保存，就是各邦有自由脱离联合体之权。

我们以为各邦之有无脱离权，为分别邦联与联邦的惟一标准。各邦如享有此权，即令其联合组织的宪法的修改仍采用多数表决的原则，其联合体仍是一种邦联。美国南部各邦所组织的邦联，虽采多数表决的原则，而仍不克为联邦者，亦正因各邦保有脱离之权。如各邦无此脱离之权，纵令采用全体一致的原则，其独立与自由，仍不得谓为完整。盖中央虽不能违反任何邦的意志以变更原来的宪法，但各邦对于原来宪法所规定的义务，却亦没有任何合法手段可以自行解除。

征诸过去及现在各个邦联及联邦的实际法律，脱离权亦确为邦联与联邦根本区别之所在。凡是邦联，其中央组织法，或则对于各邦脱离权的保留，以明文为之规定，如 1861 年美国南部各邦所组织的邦联，及 1885 年英属澳大利亚各殖民地所组织的邦联；或则对于脱离权问题，虽不以明文规定，而仍存在于各邦默认之中。反之，凡是联邦，其中央宪法，便无一能承认各邦之保有脱离权者。不特不以明文承认此权，并常以明文承认中央政府，有以实力强制执行中央法令之权。凡中央法令，如系经过合法手续而成立者，即可不问邦之同意与否，而责其执行。各邦既无脱离权，即无从脱离联合体，如有擅自宣告独立者，中央政府即得以实力强制其执行。这种原则，实存于近代一切联邦国家的宪法中，尤以德国 1871 年《宪法》与 1919 年《宪法》及美国联邦宪法之所规定，最为剀切著明。[1] 故

---

① 德国 1871 年《宪法》第十九条规定，中央政府对于不履行宪法上义务的各邦得施以“强制执行”（Exekution）；其 1919 年《宪法》第四十八条，亦设有相似的规定。美国《宪法》第一条第八节第十五段承认联邦有决定召集国民军以执行中央法律、消灭革命或抵抗袭击之权。此项规定的意义，本极显明。然 1861 年美之南部各邦仍自认彼等在宪法上保有脱离权，宣布脱离中央；中央政府乃以武力平之；嗣是而后，各邦之不能分立，遂为全国人士所公认。

以脱离权的存在与否，为联邦与邦联区别的标准，在实例上殆无所不通。

多数联邦论者，认联邦与邦联之分，全视各邦之是否完全独立：换言之，即是否保有主权。所以，主权之属于各邦抑或属于联合组织，为多数联邦论者用以划分邦联与联邦的标准。不过主权这个名词，含义过多。脱离权者即各邦所藉以保持其完整与独立的工具，亦即主权的特征。所以我们于此不复牵入主权之说，以省却许多对于主权本性的讨论。

对于以上所述，今可总结如下：联邦与邦联比较，联邦的特性，消极言之，则为各邦脱离权之不存在；积极言之，则为中央对于各邦之享有强制执行权。

第二目　联邦与单一国的区别

由上所述，联邦的各邦，初非独立国家；但亦不因缺乏独立性，而与单一国（unitary state）的地方团体无别。至于联邦制与单一制根本差别之所在，我们以为应全在国家事权划分的手续。凡属联邦国家，其中央政府与各邦政府的事权，全由宪法划定，所以各邦政府的事权，有宪法为保障；其在单一国家，无论分权至如何程度，其地方团体的事权，总系经由中央政府以普通的法律或命令规定，所以地方团体的事权，初无宪法的保障。许多学者对于联邦制与单一制的讨论，往往因忽视或误解这个异点而发生重大的错误。今取诸说加以说明，以证其误。

其一，许多联邦论者，以为联邦国的各邦，享有“固有权”，而单一国的地方团体则否；遂群以固有权问题，为联邦单一两制差别之所在。

德国学者首创固有权之说，嗣后美人亦有附和之者。但是采用固有权之说者对于固有权这个名词，解释却不一致。有谓固有权为原始权者；依据此说，则联邦国家各邦的权利，并非基于联邦的给予，而实存在于联邦成立以前。德国学者拉庞（Laband）首创此说；[①]其他学者亦有附和此说者。但此说之欠完满，实极显然。如谓各邦的权利先联邦而存在，因是其合组的国家便为联邦，则欧洲各国中，其下级地方团体如市集（Commune）与省（Province）之类，在历史上先国家而存在，且享有若干固有权者，正复不少，此等国家岂不一概可称联邦？不特如此，联邦国家中，亦有国之存在先于各邦者；巴西与墨西哥即其明例。此等国家，俱系由单一制而改为联邦制；各邦职权固纯由联邦给予，而非固有可言。但此等国家之为联邦又安能否认？

实则拉庞的解释固有权为原始权，亦只是其早年著作中的意见。拉庞晚年解释固有权为"固有统治权"（Eigenes Herrtschaftsrecht）；所谓统治权是"对于自由人民，或自由人民所组合的团体，命令其行为及不行为与强制执行之权"；所谓固有，则是不由其他机关给予之意。[②] 盖拉庞原不认主权为可分之物，而认统治权为可分之物；故认主权属于联邦全体，而认各邦仅享有固有统治权。但拉庞所谓统治权，如具原始的独立的性质，则其性质与主权究有何异？如为由其他机关给予的权力，而不具原始的独立的性质，则单一国家的地方团体，又何尝不享有此类统治权？

---

① 见所著 *Das Staatsrecht des Deutschen Reiches*（1876），106 及以下。这是该书的首版。关于联邦制的讨论，以美国南北之战以前的美国学者，及德国 1871 年新帝国成立以后的德国学者，及瑞士学者，为最热烈亦最繁多。本章常引用德、美、瑞学者之说者，即以此故。

② 见前书第五版第一册。此册出版于 1911 年。

实则联邦国的各邦，与单一国的地方团体，虽俱有其统治权，而俱非固有；他们盖俱基于外方的给予。所不同者，各邦的邦权，基于中央宪法的给予，而地方团体的权力，则基于中央政府普通法律或命令的给予。拉庞关于固有权的先后两种解释，盖俱昧于此义。此外对于固有权，固尚有给以其他解释者；但亦昧于此义，可勿深论。

其二，有些德国学者，于承认宪法上划分中央与各邦的事权，为联邦制的特性外，更认联邦各邦之保有“自组织权”，亦为联邦制特性之一。梅叶（Mayer）即为主张此说的一人。梅叶所谓“自组织权”，即各邦“以邦的法律规定自身组织之权”。梅叶此说，似未免过为当时德意志联邦制度的形相所拘束；盖按当时德制，各邦内部的组织完全由各邦自行规定，所以各邦组织上的差异甚大，君主制与共和制（当时三自由市即系共和制）且并行于各邦之间。但此种极端现象，在政理上讲，既为不良现象，若就一般联邦的宪法而言，更非普通现象。各联邦国为预防种种互相矛盾的组织发现于各邦之间，大率于联邦宪法中设相当的规定，以限制各邦的自组织权；例如美国宪法规定各邦必采共和政体，瑞士宪法不独规定各邦须采代议式或全民政治式的共和政体，且规定邦宪法的制定及修改手续。坎拿大宪法并将各省省宪完全规定于联邦宪法之中，各邦完全失去其自组织权。即1919年以后的德国联邦，其各邦政体之须为共和，亦为联邦宪法所明白规定。所以自组织权这个条件，实非联邦制度的基性。

除以上诸说而外，历来学者尚有以联邦与各邦分割主权，为联邦制不同于邦联及单一两制的特征者。但近人对于此说，俱加否认。且此说所谓联邦与各邦之分割主权，实按之，盖即我们所谓中央与各邦事权的划分。所以此说无评论的必要。

由上所述，足见以上各说之欠完满，俱由于忽视或误解联邦宪法上的分权问题而生。我们以为关于中央与各邦事权的划分，一切联邦国家的宪法既均有规定，则我们便不能不认此项划分为联邦制不同于单一制的基性。且此项划分的重要，亦至为明显；各邦的事权既有宪法为之保障，自不受中央机关之任意侵犯与变更。兼之，联邦国家率采刚性宪法，宪法在实际上异于普通法律，因之，各邦事权所享的宪法保障，亦确有其实在性。

第二节 联邦制的派别

用宪法来划分中央与各邦的事权，为联邦制不同于单一制的特性，既如上述；而各种联邦制彼此的根本差别，亦即存于这个重要的宪法分权问题上。

就宪法划定中央与各邦事权的形式而言，联邦有美制与坎拿大制之别；就宪法所划定的中央与各邦事权的实质而言，则联邦有美制与欧洲大陆制之别。今分别说明各制的精要与其差异。

第一目 美制与坎拿大制的区别

就宪法上划定中央与各邦事权的形式而言，美制与坎拿大制间实有两大异点：

第一，美制系单独列举中央事权，而以未经列举的残余权归诸各邦；坎拿大制则双方列举，而以不及列举的残余权归诸中央。残余权之属于中央或各邦，为两制间的第一异点。本来，在制定一种联邦宪法之时，第一难题，便是如何能将中央与各邦事权划清，使彼此权限上的冲突与争执，可以减至极小限度。美国1789年《宪法》的草拟者以为国家事务，至为繁杂，如求一一于宪法上明白规定，殆不可能；于是仅于宪法上明白列举中央事权，而以未经明白列举者，认为由各邦保留。因之，普通称美国中央事权为列举，各邦事权为概括。美之此制，联邦国家大都采用之。[①] 坎拿大的制宪者，却因美国宪法间尚不免诱起中央与各邦权限上的冲突，遂于宪法上将中央与各省的事权，俱明白列举。但所列举者终究不能包括一切事权，于是复以未及规定的残余权归诸中央；盖坎拿大宪法的成立，恰在美国内战之后（1867年），制宪者颇倾向集权，自不愿更以残余权归诸各省。坎拿大的双方列举制，原想补美制之所不逮；但双方列举亦自有其困难；因甲方列举的事权，其性质与其词义，常不免与乙方列举的事权，有互相掩映之处；双方的冲突因亦极难免去。征诸事实，坎拿大的法院亦常遇关于中央与各省权限的争讼；所以坎拿大的成绩，似亦未尝优于美制。

第二，美制，中央政府的事权，兼具特有权（exelusive powers）与共有权（concurrent powers）两类；而坎拿大制则令中央与各省的事权均为特有。这个异点亦因坎拿大的制宪者想补救美制的缺陷而产生。美国的制宪者于列举中央事权时，初不认此项事权概为中央所独有。他们以为中央的事权实含有两类：其一为特有权，即中央独能行使，而为各邦所绝对不能行使者；其二为共有权，即各邦在未经中央行使以前亦得行使的事权；但中央行使该项事权之后，如各邦法律与中央法律冲突，各邦法律便失其效力。至于中央的

① 1919年的德意志《宪法》，与1920及1934年的奥地利《宪法》，对于中央之权，加以列举，凡未经列举，而中央又未行使之权则属于各邦。所以在形式上德奥之制也可说是美制。不过从实际而言，德奥中央可有之权比美国及坎拿大均大。

列举事权中，孰为特有权，则或经宪法明白声明；或虽未经宪法明白声明，然该种事权的本性，实不能由各邦行使者；例如美国宪法上承认中央有颁布一种全国一致的国籍法之权，既云全国一致，当然不能由各邦制定，所以此权亦属中央特权的一种。美之所以兼采特有权与共有权两种原则者，亦有种种理由：第一，宪法所给予中央的事权，中央有时不免放弃，有时因事实上的障碍，甚或宜于暂时放弃；倘将中央的一切列举事权，概认为特有权，则法律上的缺陷既所不免，而各邦先为局部试验的可能，亦将不存。此亦诚非良法。第二，于共有事权，中央法律既有打消各邦法律之权，则共有权的存在，实际上亦无妨于中央的职权。所以美国此制，虽事实上不必已臻尽善尽美之域，亦实已尽人力的能事。坎拿大的制宪者，以为美制终究不能令中央与各邦的权限绝无纠纷发生，乃于中央与各省事权双方列举之外，并明白声明除外人移住与农业两问题外，所有中央事权与各省事权，均为特有；换言之，凡中央事权，无论中央行使与否，各省不得行使；反之，各省事权中央亦绝不能行使。此制在形式上虽似较美制为进步，实际上双方列举，彼此既难免于互相掩映，则认双方职权之为特有，将令法院的解释，益陷于困难之境；所以澳大利亚虽与坎拿大同为不列颠的自治殖民地，然澳大利亚鉴于坎拿大制成绩的不良，其 1900 年的《联邦宪法》，关于中央与各邦事权划分的形式，亦采取美制。

第二目　美制与欧洲大陆制的区别

就宪法上所定中央与各邦的事权的实质而言，美制与欧洲大陆各联邦制之间，亦有一极重大的异点：欧洲大陆制，概以中央立法事件的一部分，付诸各邦代为执行；而美制，则中央立法事件概由中央政府固有的行政机关与官吏自为执行，而不假手于各邦。今详细说明如下：

欧洲大陆各联邦国——瑞士、德意志、奥地利——其宪法所划定的中央立法事件，实分两类：其一，由中央政府的机关与官吏直接执行，例如邮政、电报等等；其二，由各邦政府的机关与官吏代为执行，而中央政府仅保有一种监督权，例如瑞士宪法对于渔猎事件即作这样的规定。欧战以后，德奥等国的新宪法更添设一类中央得以制定立法原则，而由各邦自定细则，并代执行的事件。① 反之，美制（实际上坎拿大制与澳大利亚制亦略仿美制，故可称为英美制）则令中央与各邦完全分离：中央立法事件，概由中央政府及其在各邦所设置的中央行政官吏自行执行，而不假手于各邦；例如中央法律所定的关税与其他租税，概由中央官吏征收。

美制与欧洲大陆制相较，美制的弱点，在行政经费的扩张；盖美之中央立法事件既由中央的机关与官吏执行，而不由各邦的机关与官吏执行，各邦之内，遂有两种行政机关与执行官吏存在，全国行政经费因之甚为扩大。但就另一方面看去，欧洲大陆制的流弊更大。盖此制不易使中央法律收完全的效果；中央制定的法律有时不能尽得各邦的热心赞成；如各邦中有一反对，则责其执行，便难免阳奉阴违。固然，中央仍享有监督该项事件执行之权，但各邦司执行中央法律的官吏，原为各邦的官吏，由各邦任免；中央既无任免权，则监督权之设，终或成为虚设。此所以德国自1919年而后，中央对于其所特有的事权，其行政皆直接设官办理，而不再委托各邦的官吏代办。

---

① 例如奥国1920年《宪法》第十条至第十七条将中央立法事件分为三类：（一）立法与执行全属中央者；（二）立法属诸中央而执行委诸各邦者；及（三）中央仅标示立法原则，而令各邦自定细则并代执行者。1934年奥国新《宪法》对于此种分类方法，并无变更。

第三节 几个特殊的联合组织

下述几个联合组织，都是欧战后的产物。不列颠帝国固有极长久的历史，但本节所述的“不列颠国协”，其成熟期亦在欧战以后。这几种联合组织，不但均为现代重要组织，且其性质亦往往为治宪法学者所不易了解，故特略为说明如后：

一 苏联[①]

“苏联”为“苏维埃社会主义共和国联合”的简称；原以（一）俄罗斯苏维埃联邦社会主义共和国（简称苏俄），（二）乌克兰苏维埃社会主义共和国（简称乌克兰），（三）白俄罗斯苏维埃社会主义共和国（简称白俄），及（四）外高加索联邦苏维埃社会主义共和国（简称高加索）为分子国。嗣后（五）土谷曼苏维埃社会主义共和国（简称土谷曼），（六）乌士柏克苏维埃社会主义共和国（简称乌士柏克），及（七）塔德济克苏维埃社会主义共和国（简称塔德济克），（八）坎柴克苏维埃社会主义共和国（简称坎柴克），（九）克吉什苏维埃社会主义共和国（简称克吉什）五个新分子陆续加入，总共遂有九个分子国家。[②] 这九个分子国家中，苏俄与外高加索又各

---

① 关于苏联，参看：B. Mirkine-Guetzevitch, *La théorie générale de l'État soviétique* (1928); N. Timaschew, *Grundzüge des Sovietrussischen Staatsrechts* (1925); Zastovt Sukiennicka, *Le fédéralisime en Europe orientale* (1926)。

② 根据1936年苏联新《宪法》，外高加索的三个分子国（即亚柴贝强、乔治亚及亚米尼亚）已正式列为组成苏联的分子国，故苏联共有11分子国。就中除亚米尼亚、白俄、土谷曼及克吉什四个苏维埃社会主义共和国外，其余7个均含有自治共和国、自治领地或自治区域。

为联邦国,所以苏联的组织的复杂乃远在任何国家之上。

苏联究竟是邦联,是联邦,抑是另一种联合?单就形式而言,苏联诚可说是一个邦联。苏联 1924 年 1 月 31 日的《宪法》本以 1922 年 12 月 30 日苏俄乌克兰等四独立国家所订立的一种条约为根据;而纯正的联邦,则初不能以条约为根据。而且依照该宪法前文及其第四条所宣示,各邦可以自由脱离苏联;这第四条宪法,不得各邦全体的同意,并且不能修改(《宪法》第六条)。根据本章第一节所述各邦保留脱离权者,其联合便为邦联的理论,苏联当然只是一种邦联而非联邦。此外,该宪第三条更明白规定各邦的主权由苏联保障;是则各邦固明明保有主权。因此,单从形式上观察,苏联不得认为联邦。

但以上所举究只是形式上的观察。征诸实际,各邦在法律上,虽保有自由脱离之权,而苏联的最高权力机关既保有撤销各邦苏维埃代表大会(或其执行委员会)的违宪决议之权(第一条),则各邦有不利于苏联的行动时,苏联的最高权力机关当可先事预防,而不使脱离见诸事实。且就现时苏联的政治状况而言,各邦脱离权之不易行使,在事实上甚为显然。至于苏联保障各邦的主权云云,亦只是一种形式的宣示;因为所谓主权,只是宪法所留给各邦之权,而宪法所留给各邦的权早已不是完全的主权。

所以,我们如以脱离权的存在,为联邦制*的特征,则在形式上苏联只是邦联;但就实际而言,则苏联又可视为一个联邦。这种矛盾乃由于苏联宪法与事实之不相应而发生,初与脱离权的重要性无关。任何一种联合组织,如其构成分子能自由脱离该组织,即不得视为真正的联邦。

---

* 此处"联邦制"疑作"邦联制"。——编者注

二　不列颠国协[①]

"不列颠国协"(British Commonwealth of Nations)这个名词[②]于1926年首次见于官文书;[③]自此而后,渐成为一个通用而且正式的名词,到了1931年且为国协的分子国所共同通过的法律[④]所承认。

不列颠国协包含大不列颠本身及五个[⑤]所谓自治领地(Dominions)在内。这五个自治领地对内均完全自主,对外则均为国联的会员国,且均可与各国交换使领官。他们与不列颠之间只有共戴一个君主,每四年开一次帝国会议,及遇事协商的关系。

像不列颠国协这样一个联合,究竟属于何种样的联合,诚是一个不易答复的问题。就现有的分类方法而言,我们以为不列颠国协最近似国际法上之所谓身合国(personal union);[⑥]因为分子国之间除共戴一个君主外,并无其他的共同组织或共同宪法,足以束缚他们的自由及自主。如果我们说不列颠国协与身合国不近似,则与他种联合更不近似。无疑的,不列颠国协不是联邦;因为分子国的脱离权,从未闻正式的放弃或被否认。不列颠国协也不是邦联,

① 关于不列颠国协,可参看:A. B. Kieth, *Responsible Goverment in the Dominions*, 2nd ed.(1928);A. B. Kieth, *The Constitutional Law of the British Dominions*(1933);W. Y. Elliott, *New British Empire*(1932)。

② 这个名词极不易译。Cammonwealth 通译"共和国",但此地势不能作如此译法。今取 League of Nations 译做国联之意,而译为国协;盖 Commonwealth 一字本亦含协和之意在内。

③ 见有名的 Balfour Report(即1926年帝国会议的主要报告)。

④ 即1931年首先通过不列颠国会的 Statute of Westminster。

⑤ Newfoundland 原亦为自治领地之一,但已于1933年自动的取销其自治领地的地位,故今只有坎拿大、澳大利亚、纽西兰、南非洲及爱尔兰自由邦五个。此外,澳大利亚及纽西兰亦有废除 Statute of Westminster,而取销自治领预的地位之权。

⑥ 爱尔兰的学者大都主张此说。Alfred Zimmem(*The Third British Empire*(1927))亦谓大不列颠与自治领地间的关系如昔日英之与汉诺威。

因为邦联需要一个共同的政府。不列颠国协更不是保护者与被保护者间的一类联合，因为在好多的法令及官文书中，明明白白规定各分子国是平等独立的。有人说不列颠国协是物合国（real union）；[①]帝国会议是物合国的共同机关，而帝国会议所讨论的事件，则为物合国的共同事权。但这也颇牵强，因为帝国会议不是常设机关，其所讨论的事件，更缺乏一定的性质。

说不列颠国协是纯正的身合国，当然也有问题。纯正的身合国的分子国间，除共戴一个君主外，毫无别种的关系。但不列颠国协的分子国之间，不特有极浓厚的感情，不特有四年一次的帝国会议，而且关于国籍[②]及国防的问题，自治领地至今与大不列颠不能划分清楚；而且如一个分子国向国协以外的国家作战，其他分子势难宣告中立；而且自治领地的诉讼案件至今仍有向（虽则可不向）伦敦枢密院的司法委员会上诉者；而且各分子国之间亦至今尚未有正常的使节往来。即关于共戴君主的问题一节，有一部分学者也以为不列颠国协的情形与一般的身合国不同，因为身合国各国的君主是偶然地合于一人之身，而不列颠国协各分子国之共戴一君，则绝不是一件偶然之事。[③]

因之，不列颠国协应视为一种特殊的联合。[④] 但如必须将不列颠国协归纳于向所习知的各类国家联合之一，则称之为身合国似

---

① 参看 K. Heck, *Der Aufbau des Britischen Reiches* (1927)。

② 根据1930年的帝国会议，国籍在原则上是各个的、不同的；但同时又协议维持向有的不列颠共同国籍。至今仅爱尔兰自由邦坚持爱尔兰人民有爱尔兰国籍；但一般国家仍认爱尔兰人民仅具不列颠国籍。

③ 参看 L. Oppenheim, *International Law*(1928)，Ⅰ，200。

④ 英人 Keith 于 *The Constitutional Law of the British Dominions* (1933) 中，及 Noel Baker 于 *The Present Juridical States of the British Dominions in International Law* (1929) 中均作此说。

较为近理。

三　国际联盟

国际联盟——简称为国联——的性质，也是各方所争论的一个问题。其英、法、德三种文字的名词的涵义也不甚相同；如照法文（Société des Nations），国联似乎是一种特殊的联合，不同于任何习见的形式；如照德文（Völkerbund），国联似乎不是联邦，便是邦联；如照英文（League of Nations），则国联类于一种同盟。然则国联究竟是什么一种联合？

有些德国学者认国联为一个联邦。[①] 他们以为国联是一个高于会员国家的联合，而同时又有会员国家所不能有的法律领域；如果国联只是一个邦联，则断不能有这种特殊的领域。这种见解我们不敢附和；因为国联会员国，依照国联公约，固明明保有脱离权；此种脱离权，实际上各国亦尽可自由行使。

有些学者认国联为一个邦联。[②] 如果国家的联合根据一种公约，而又有共同的机关者，便得称为邦联，则国联当然可称为邦联。且国联的会员国既保有自由脱离国联之权，其与历史上种种邦联，亦极相似。

但是，我们不可忽视了国联的特殊目的与任务。国联是一个囊括五十余个国家的联合，其最后的目的在罗致全世界的国家。历来的联邦或邦联，则不论如何强大，总不过是许多国家中的一个。换言之，一个很大的联邦或邦联不过是国际社会的一分子，国联则自己即是整个国际社会——至少其最终的目的是如此。

---

① 例如 Schücking and Wehberg, *Die Satzung des Völkerbundes*（1924），及 Kraus, *Vom Wesen des Völkerbundes*（1920）等。

② 例如 Robert Redslob, *Théorie de la Société des Nations*（1927）等。

所以单从法律的见地说，国联只是一个邦联；但若更从政治方面考究国联的目的，则人类历史尚无前例。有些论者因认国联为一种特殊性质的组合。[①]

① Oppenhiem 于 *International Law*（1928）中即作此说。其他主张此说之人亦甚多。

第五编　宪法的修改

关于各国宪法的制定与修改，我们于第一编第一章第二节论述宪法的种类时，已经概括地讨论过。在本编内，我们对于宪法的修改问题，将从实例上及原理上为较详的讨论。

第一章　宪法修改的可能性

第一节　宪法的固定性

从法律上说，十七八世纪的人往往将宪法看做一种国家成立的契约，认其成立系由于人民的相互承诺。如以此种见解为根据，则宪法固不必含有不可变性，因为契约并不含有不可变性。不过宪法既为一种契约，而依18世纪许多人的观念，缔约者又为全体人民，则变更宪法，势亦必如瑞士18世纪公法学者华特尔（Vattel）所云，有取得人民全体同意的必要。果然，宪法在形式上纵然不具有不可变性，实际上势必永远不能变易；因为人民全体的同意是一个不可实现的条件。华特尔鉴于此种困难，遂亦承认宪法可由多数决定修改；但对于宪法修改不能表示同意的少数人民，仍认为应许其脱离国家，以解除契约上的一切束缚。实际上，这自然也是不易见诸实施的一种办法。今人观念，不认宪法为契约，而认宪法为法律；不认制宪为立约行为，而认制宪为立法行为；不认国家的产生基于宪法的创造；而只认国家的机关及其职权基于宪法的创造。依着这种见解，宪法便和普通法律一样：普通法律可由普通立法者决定其变更的程序，宪法也可以由制宪者决定其变更的程序。因此，宪法无论在形式上或在实际上，都不含有不可变性。

以上所述,还不过是纯从法律上的立场而言。从政治上的立场而言,社会的情状既随时代而不断地变更,规定社会组织的任何法律自亦不能不随时代而变更。如果我们坚认宪法为一成不易之法,积时既久,宪文终必徒成具文;甚或因宪文无从修改之故,而酿成剧烈的革命。革命的事实一经发生,宪法的权威自然堕地。故在政治上讲,宪法之不能含有永久不变性,尤属显然。

第二节　宪法修改的限制

第一目　程序上的限制

上述华特尔的意见本未为 18 世纪美法革命时代的人士所赞同,但是 18 世纪的人所制定的宪法,对于宪法修改的程序,却作高度刚性的规定。我们从 1789 年美国《联邦宪法》与 1791 年法国《宪法》关于宪法修改的规定,便可灼见当时的人如何的不愿见宪法条文之轻易变更。

依照 1789 年美宪的规定,宪法修改案,只有两种机关可以提出。一是联邦议会。但联邦议会提出宪法修改案时,必须上下两院各有三分之二的议员赞同该案。二是依各邦邦议会的要求,而由联邦议会所召集的宪法议会。但此项要求,亦须全国有三分之二的邦的议会表示赞同,始能提出。宪法修改案提出之后,尚须依联邦议会的决定,交付下列两种机关之一,行使复决之权:一是各邦邦议会,二是各邦特别召集的宪法议会。如果全国邦议会之批准该案者,占全国邦议会四分之三,或各邦宪法议会之批准该案者，占各邦宪法议会四分之三，该案乃能成立。[①]在这种规定之下，提案与决定既不属于同一机关，又均需要一个高额的多数；于是宪法的变更乃异常艰难。所以从1789年至19世纪之终，历时虽一百余年，美宪之修改总共不过6次。从1804年至1864年，历时虽60年，美宪却毫无修改；1865年宪法修改案（关于黑奴解放事件）的成立，还是因为南北之战的结果。

第二目　时间上的限制

法兰西1791年《宪法》明白宣示，国民永远保有变更宪法之权；但该宪所设的宪法修改程序，却亦严酷达于极点：依该宪所定，必须有三个*议会，各于其任期内，继续的提议修改宪法某某条项，乃能成立修改宪法的动议。第一个及第二个议会的提议并且必须于各该议会任期之末始得提出；第三个议会则须于其任期的第一年内提出。动议既经成立，乃更召集第四个议会，并扩充其议员名额，以组成一个“修改宪法议会”。依“修改宪法议会”的议定，宪法修改案乃能成立。这种规定，较诸美宪的规定尤为严酷，在实际上宪法修改殆无实现的可能。但是，关于修改程序的规定尽管这样严酷，该宪的寿命仍然不满一年；而夭亡的原因，则不是法定的修改，而是法外的革命。[②]

---

① 美宪关于提案与复决两层，虽各规定了两种机关，但就该宪修改的实例而言，在1933年以前提案者俱是联邦议会，复决机关俱是各邦议会。宪法修正第二十一条的批准始由联邦国会规定由各邦特别召集的宪法议会办理。

* 此处“三个”疑作“三届”。——编者注

② 就法国18世纪的宪法史而言，变更宪法的方法，可以说是以革命为原则，而以依法修改为例外。

美法革命时代的宪法，尚不仅严定宪法修改程序；有时并且规定宪法的某部分或全部分，非经过一定的期间，绝对不容修改。譬如1789年美国《联邦宪法》，对于该宪中的几种特殊条款，便声明非迟至1808年以后不得修改。1791年法国《宪法》，并且声明该宪的任何部分，于该宪成立后第一个议会及第二个议会的任期内（每一议会的任期为2年），概不得由议会提议修改。这都是对于修改宪法的期间设定限制。法国其他宪法，尚有设立性质相似，而年期更长的限制者。19世纪以来，其他国家的宪法，亦有明定宪法非经过若干年不得修改者，如1864年的希腊《宪法》，便明定该宪公布以后10年之内，不得修改。各国之设立这类时间上的限制，无非欲假借时日，以巩固宪法所设立的秩序，无非欲给宪法以相当试验的机会。然而事变之来，往往出人意外；假使意外事变发生于宪法尚不能修改的限期以内，事实上便难免发生重大纠纷，甚或使政治秩序完全破坏。

第三目　范围上的限制

以宪法明文声明宪法全部永远不可更变，在实例上，各国宪法尚无其例。以宪法明文规定宪法一部分永久不可变更，史实上却不无先例可举。法国现行宪法，依1884年的修正，便设有“共和政体不得为修改的议题”的规定。这便是说，宪法上承认共和政体的条文必须永远保存。葡萄牙1911年《宪法》（第八十二条）及民国十二年《中华民国宪法》（第一三八条）亦有相同的规定。巴西1891年《宪法》第九条并且明认共和政体与联邦政体俱永远不能改易。1814年挪威《宪法》虽然没有明认何项条文不能修改，却声明任何修改,俱不能变更宪法的“原则与精神”;1864 年希腊《宪法》亦声明宪法的修改不得影响于宪法的“根本规定”。这些都是对于修改的范围所设定的限制。制宪者之设为此种规定,无非欲假借宪文的权威,以维持某种制度的存在。这种方法,在特种场合之下,也许可以得到预期的效果。但在法律上讲,此种规定,究无重大的意味:盖修改宪法机关,在法律上常为国家最高机关,如果他不遵守此种规定,在法律上就没有任何救济方法。不但如此,此种规定,其本身亦不过是宪法条文的一项;修改宪法的机关,如果依照宪法所规定的修改程序,修改此项条文,在形式上固亦不能不认为合法。果然,则宪法原文所认为不可变更者,固仍有变更的可能。所以一切限制宪法修改范围的条文,实际上仍只是与道义上的条律相似;那些限制,都不过是一种道义上的限制。

总之,为提高宪法权威以巩固政治秩序起见,宪法的修改容或不宜与普通法律视同一律;但宪法的修改,亦不宜因是而过于艰难。十八九世纪期内的宪法,往往严定宪法修改的程序,甚或限制修改宪法的范围或期间,但其结果亦往往徒供政治革命的牺牲。此类刚性程度过高的宪法,即或幸而久存,亦必是除了正式修改的程序而外,尚有他种变更宪法的程序,以资调节。例如美国联邦宪法,虽因正式修改的程序太难,罕有修改,而美国法院的宪法解释,以及美国的宪法习惯,无形有形之中,改变美宪原来的精神,与补充美宪原来的缺点者,却亦不少。① 晚近以来,社会情状的变化尤为迅速,为使社会的改革不致过受宪文束缚起见,新近宪法不独无

① 参看 Bryce, *The American Commonwealth* (1914), chs. xxxiii, xxxiv (论“The Interpretation of the Constitution”及“The Development of the Constitution by Usage”)。

限制修改范围或修改期间的规定,[①]即修改的程序亦已群趋简易。

第三节 未规定修改问题的宪法

在19世纪期内,各国宪法,对于宪法修改问题,尚有完全不以明文规定者,例如1814年的法国《宪法》,1830年的法国《宪法》,及1848年的意大利《宪法》等。当时论者,因为宪文的缄默,往往主张那些宪法,在法律上是不可变更的。这自然不是必然的或适当的解释;因为从法律上讲,宪法并不含有永久不可变性,而且从政理上讲,宪法尤有因时而变的必要。但是此种宪法究应由谁修改,与如何修改,则尚不无讨论余地。纯从形式上讲,我们或者应认原来制宪机关为修改机关,原来制定宪法的程序为修改程序。但从实际上讲,这种解决虽然可以适用于人民所制定的宪法,却难适用于君主所颁布的宪法。因为后者在形式上虽然只是君主独自颁布的宪法,在事实上差不多都是君主受人民或舆论的压迫而颁布的。宪法颁布后,必有议会存在;所以修改宪法时,也必须容纳议会的意见。日本1889年《宪法》也是君主颁布的宪法,宪法的修改权在理论上,亦应操于君主;但该宪第七十三条规定如遇有修改的必要时,当由天皇将提案交议会审议。日宪的办法正可说明凡

① 本世纪宪法,甚至有一面承认宪法可以随时修改,一面尚规定宪法凡满若干年期,必须修改一次者;例如葡萄牙1911年《宪法》第八十二条规定,宪法每十年修改一次,1921年波兰《宪法》第一二五条规定,宪法每二十五年修改一次。此类强制修改的规定,在法理上诚然可以成立;但在此种规定之下,每届一定期间,无论宪法有无修改的必要,社会上概须经受一番重大的纷扰,事实上自亦有各种不利。

由君主颁布的宪法，其修改时亦须由议会参加，而不能纯由原先的颁布的机关办理。

民国二十年《训政时期约法》亦未规定修改的方法。在实际上，四五年来，与《约法》抵触的法律虽已数见不鲜，《约法》本文却从未有过修正。但制定《约法》者既为中国国民党所召集的国民会议，则中国国民党于保有《约法》解释权之外，似亦同时保有约法修改权。

第二章　宪法修改的程序

各国宪法有刚性与柔性两类;柔性宪法,其修改与普通法律相同,用不着说明。下面所述自以刚性宪法的修改为限。各国刚性宪法关于修改程序的规定,彼此仍多歧异。为说明的便利起见,我们可以把这个程序,分作三层讨论:(一)提案程序;(二)议决程序;(三)公布程序。

第一节　提案程序

一　提案权

有些宪法,为增加宪法修改的困难起见,即对于提出修改案之权,亦设有严重的限制;因之,享有普通法律提案权的机关,却不享有修改宪法的提案权。日本宪法之所规定,即最著的一例:依照该宪的规定,法律案虽可由政府或议会议员提出,宪法修改案,则惟天皇始得提出于议会。① 但是此类限制究属例外,一般宪法,大率

① 日本《帝国宪法》第七十三条云:"本宪法的条款,将来有改正必要时,以敕令将议案付帝国议会议决之。"日宪为钦定宪法,其制定出自天皇独裁,故当时制宪者,认为宪法修改的动议,亦必纯由天皇保留。参看伊藤博文:《日本宪法义解》(商务印书馆译本),33 页。

承认凡享有普通法律提案权之人，也就享有宪法修改的提案权。有些采用创制的国家，甚且承认公民享有宪法修改的提案权——即所谓制宪的创制——而不承认公民享有普通法律的提案权——即所谓立法的创制。[①]

二 原则的决定

有些国家，于宪法修改案交付议决机关讨论以前，尚设有一种中间程序；设立这种程序的目的，不在决定宪法应如何修改，只在决定宪法条文究竟应否修改。这便是我们所谓原则的决定。宪法修改问题，经过了这个程序，乃提付议决机关，使从事于宪法修改的讨论与决定。各国采取这种程序的原因，无非欲郑重修宪的讨论，兼以减少最终的制宪机关的麻烦。除采用公民直接立法的国家而外，凡采用这种中间程序的国家，无不以这种原则的决定，付诸议会。但是这种决定的效力究竟有多大，则有两种不同的解答。第一，最终议决宪法修改案的机关，对于未经认为应行修改的宪文，不得修改。换言之，制宪机关的制宪权，应受限制。这是比国宪法所采取的一种解决。比宪规定，关于宪法修改问题，须经议会两院决定某某条文应否修改；议会两院如果议定某某条文应该修改，该议会应即自行解散，随即召集新议会以议定修改案的内容；但新议会之所议决，应以旧议会所认为应行修改的条文为限。[②] 第二，最终议决宪法修改案的机关，其议决的范围，并不以曾经认为应行修改的条文为限。按照法国现行宪法，关于宪法修改问题，于经议会议员或总统提出修改案后，亦须经议会上下两院各自决定宪法应否修改；如果上下两院，各以过半数的同意议决宪法应该修

① 参看本书第三编，第二章，第二节。

② 比宪第一三一条。1921 年南斯拉夫《宪法》第一二六条亦有相似的规定。

改，乃由议会上下两院联合开制宪议会，以议决宪法修改案的内容。[1] 在这种规定之下，制宪议会的议决，是否应受原来两院议决的限制，宪文初未明白宣示；法国宪法学者因是亦有相异的解释。[2] 惟在理论上讲，制宪机关既为最高造法机关，则除宪法明定的限制外，在法律上，自不能认为应受其他机关任何决议的限制。

三 草案的决定

有些宪法，对于宪法修改问题，特设一种复决机关；其职权在对于业经决定的宪法修改草案，为可决或否决的表示。复决机关大率为地方议会或公民团体；草案议定机关则为中央议会。在这种制度之下，复决机关只是一个决而不议的机关；草案议定机关的议决，则只是一个草案。严格地说，在这种制度之下，议决权实为草案议定机关与复决机关所共有；而宪法的修改，实含有提案、议定草案、复决与公布四个程序。这种制度与联邦制度显有连带关系；所以美国、瑞士以及澳大利亚等俱行此制。

第二节 议决程序

概括地说，各刚性宪法，对于宪法修改案议决程序的规定，不外下列四种方式。我们现在先说明这四种方式的内容，然后再比较其利弊：

---

① 1875 年 2 月 25 日法国《宪法》第八条。

② 爱斯曼便认制宪议会的议决应受原来两院议决的限制；狄骥则力反此说。见 Esmein, *Éléments de droit constitutionnel* (1927), Ⅱ, 543-554; Duguit, *Traité de droit constitutionnel* (1924), Ⅳ, 539 及以下。

一　由议会议决

这种方式，在以宪法的最终议决权付诸享有普通立法权的议会，但议会议决宪法案时，须经特别程序，与议决普通法律案时所经程序不同。此类特别程序，亦有种种：或则对于宪法修改案的议决，设为高额的法定出席人数；例如比宪定为议会两院人数各三分之二（第一三一条）。或则对于宪法修改案的成立，设为高额的赞成人数，如赞成者不满法定的多数，该案即不能成立；例如 1933 年奥国宪法限定赞成者必须满出席人数三分之二（第六十条）。这些手续，俱在增加宪法修改的困难，使议会中的少数，对于宪法的变更，保有对抗的能力。或则限定宪法修改案的成立，必须经过一度或数度的议会改选，使选民对于宪法修改案获有表示意见的机会；例如比宪第一三一条即规定，议会于决定宪法应行修改之后，便应立即解散，由政府召集新议会，以议决宪法的修改。南斯拉夫宪法亦设有与此相似的规定；1791 年法国《宪法》以及 1864 年希腊《宪法》，对于宪法修改问题，并且规定须经过二度或三度的议会解散。或则限定须由议会两院联合开会，才能议决宪法的修改。法国现行宪法便是一个最著之例。依照该宪，议会上下两院，如果各以过半数的同意，决定宪法应行修改，即由两院联合开会，依该联合会会员过半数的同意，议决宪法的修改。这种规定，初不在增加宪法修改的困难，而在给议会中较能代表民意的下院，以比较优越的地位；因下院人数，在一般国家俱较上院为多。

各国宪法，对于上述各种特别程序，往往兼采数种。例如德国 1919 年《宪法》便规定须有国会议员三分之二的出席，与出席议员三分之二的同意（第七十六条）。

二　由特别制宪议会议决

这种方式，在令人民临时选出一种特设的制宪议会（constitutional convention，assemblée constituante）以议决宪法的修改。这种方式，盛行于美国各邦；但美国各邦之采用此制者，亦仍设有两种限制：第一，此种制宪议会，仅于修改宪法全部时召集之，至于局部的修改，则仍由邦议会议定；第二，此种制宪会议之所议决，仍不过是一个修改的草案，至于草案的成立，则尚须交付公民复决。其他国家之采用此制者，却不一定设有此种限制；如欧战前塞尔维亚宪法（第二〇〇条）的规定，即无此限制。

三　由地方团体复决

这种方式，在将中央议会议定的修改草案，交付各地方团体复决。采用联邦制的国家，大都采用这种程序。[①] 复决的机关则或为各邦代议机关，如美国与墨西哥；[②]或为各邦公民团体；如瑞士与澳大利亚。[③] 至于复决案的成立，或则仅定全国各邦的赞同该案者须超过全国邦数之半，如墨西哥；或则更设定较高的多数，如美宪便限定须占全国邦数四分之三；瑞士与澳大利亚，则一面限定全国各邦的可决该案者须超过全国邦数之半，一面尚限定全国公民之可决该案者，亦须超过全国公民人数之半。

四　由公民复决

这种方式在将宪法修改案，交付全国公民复决。这便是所

① 1871年的《德意志帝国宪法》，以及现行阿根廷与巴西宪法俱为例外。1919年德国《宪法》，对于宪法修改虽亦设有公民复决的程序；然该项复决初不以邦为计算结果的单位；与一般联邦国之采用制宪的复决者仍不相同。

② 美宪第五条；墨宪第一三五条。

③ 瑞士《宪法》第一一八—一二三条；澳大利亚《宪法》第一二八条。

谓“制宪的复决”；其形式有强制与任意之别，我们前已解释，兹不赘述。[①] 联邦国家之采用此种程序者，往往以一邦为一单位，以多数邦的可决，为修改案成立的惟一要件（或要件之一），这点已见前段。但联邦国之采用此种程序者，亦有不以邦为计算投票结果的单位，而仅认修改案的成立，须得全国公民投票过半数或投票公民过半数的赞同者；德奥宪法的规定，便俱如此。[②] 其以邦为单位者，重在征求地方区域的意见，属于前段所述的程序；其不以邦为单位者，重在征求全国公民多数的意见，属于本段所述的程序。

右述四种程序之中，第四种程序的利弊，我们于论述公民复决制度时已经加以讨论。第三种程序之应否采用，差不多纯是一个实际问题。如果宪法的修改，实际上非征求地方团体的意见，不足以增加修改案的权威，及减少修改案施行的困难，则此种程序，自应采用。所以采用这种程序的国家，几纯以联邦国家为限。至于第一、第二两种程序，两相比较，其利弊亦显而易见。第一种程序系以议会为议决机关；因议会为现成机关，所以这种程序能令宪法修改问题，较易解决，不至过于迟缓。但议会既为现成机关，而非国民特别选出的制宪机关，其对于宪法修改问题所持的意见，不必即为国民多数的意见。这就是这种制度的弱点；同时也就是第二种程序——召集特别制宪议会——的优点之所在。为补救这个弱点起见，比利时等国乃采取改选议会，诉诸公民的程序。实则改选议会程序，与召集特别制宪议会，在原则上并无不同。现时社会情

① 参看本书第三编，第二章，第一节。

② 1919 年德宪第七十六条规定，须过半数公民投票，而过半数的投票公民赞成；1933 年奥宪第六十五条规定，须得有效票的过半数赞同。

状变更极速，倘一切宪法修改问题，俱须取决于一种临时召集的制宪议会，或诉诸议会改选的手段，有时或不免徒耗时日，增加纷扰，而于事实无甚裨益；在非常事变时期，此种程序，尤不免发生重大的困难与危险。所以召集特别制宪议会与改选议会等程序，我们以为只应适用于修改宪法全部的场合，或修改宪法上特定条文的场合；至于其他修改，则仍以采取第一种程序为宜。

第三节　公布程序

宪法修改案，于依法议决后，究应由何种机关公布？公布机关究有多大权限？

这两个问题，对于君主国家的钦定宪法，在法理上，殆很少辩论的余地：那些宪法既系由元首独自制定，或君主与人民代议机关共同制定，则宪法的修改，在法理上，自亦不能撇开元首的同意。所以在一般行用钦定宪法的君主国家，宪法修改案的公布，依宪法明文或宪法习惯，概属诸元首。元首对于修改案并且往往保有“裁可”权；换言之，元首对于业经议决的宪法修改案，尚保有公布与不公布的自由。

波兰虽非君主国家，但其总统享有比君主更大的裁可权。国会两院所议决的宪法修改案，总统可以交还复议。如果后一期的国会将原案再予通过，总统除公布外，还可采取解散两院的手段。①

① 见1935年波兰《宪法》第八十五条。按照同条，总统的提案权亦较大于内阁及两院的提案权。总统提出者，经两院出席的多数的赞成，便可通过；而内阁及两院提出者，则须有两院全体议员的多数的赞成。

在现代各立宪国家中(法西斯蒂国家除外),元首裁可宪法修正案的权之大如波兰总统者,诚不再见。

在采行民治制度的国家,行政元首应否有公布宪法修正案之权;如果有之,范围应该如何,亦是一个常常引起争辩的问题。各国实例,于此亦颇不一致,今取数例比较如下:

法国现行宪法,对于制宪议会(即议会两院联合会)所议决的宪法修改案,初未明定应由何项机关公布;但该宪于1879年、1884年及1926年曾三度修改;修改案俱曾由行政元首公布。是以依照宪法的习惯,法国行政元首固已取得公布宪法之权。但法国宪法学者对于此项公布权的解释,则尚不甚一致。爱斯曼认公布纯为一种行政行为,故属于行政权的范围。爱斯曼以为三权分立的基本原则不应为宪法修改问题所破坏;公布应为行政元首当然之权利。至于元首的公布权究有多大,则爱斯曼的解释颇为牵强:爱斯曼一方不承认行政元首对于制宪机关所议决的宪法修改案,得因其违背宪法所定程序而绝对地拒绝公布;但他又以为行政元省,倘遇这种场合,却能无期限地延缓公布。① 这种意见,深为狄骥所驳斥。狄骥虽亦承认公布之权属诸法国行政元首,却以为元首必须于极短时间内公布。狄骥不承认行政元首对于宪法修改案,有要求制宪机关复议之权;狄骥以为法国宪法对于普通法律案之所以给予元首以要求议会复议之权者,其目的只在维持行政机关与普通立法机关间权力的平衡;倘使行政元首对于宪法修改案亦享有要求复议之权,则行政机关将得与制宪机关相对抗。② 实际上,法

① Esmein, *Éléments de droit constitutionnel* (1928), Ⅱ, 531-532.

② Duguit, *Traité de droit constitutionnel* (1924), Ⅳ, 544-545.

国行政元首对于宪法修改案,亦从无要求复议或延缓公布之例。

美国联邦宪法,对于宪法的修改,亦未规定公布程序。依照美国宪法习惯,则凡宪法修改案,于经联邦议会议决,复经全国四分之三的邦议会批准以后,即由联邦行政机关公布其结果,于是修改案即告成立。行政元首对于普通法律案,虽享有要求议会复议之权,其于联邦议会所议定的宪法修改草案,及各邦邦议会所批准的宪法修改案,却不享有任何同意权。这是美国法院的解释、美国参议院的宣言以及美国宪法修改的习惯所一致承认的。①

1919 年德国《宪法》,将宪法修改案的公布,与普通法律案的公布,视同一律,而概以行政元首为公布机关。该宪虽明认行政元首必须公布;但行政元首,对于一切违反宪法所定程序而设定的法案,固不负有公布的义务。② 这就是说,行政元首亦得审查宪法修改案在形式上有无欠缺;行政元首亦尚得拒绝制宪机关所议定的宪法修改案。

我们以为从原则上说,制宪机关既立于一切其他机关之上,其决定便不应受其他机关的限制,并不应倚赖其他机关的公布,始能发生效力;所以,宪法修改案不但不能由行政机关拒绝公布,而且不应以公布手续付诸制宪机关以外的行政机关。但是这个原则,对于采用制宪的复决的国家,实际上却不能不酌予变通:凡宪法修改案的成立,如须经过地方议会的复决或公民团体的复决,则公布的任务,固以授诸行政机关为宜;因为那些复决团体,初无现存的

① 参看 Willoughby, *The Constitutional Law of the United States*(1929), I,593。

② 德宪第七十条及第七十六条第二段。参看 F. Giese, *Die Verfassung des deutscheu Reiches* (1926)关于以上二条的注释。

共同机关可以执行公布的任务。德宪既已采用制宪的复决,其以此权授诸行政元首,固亦不能谓无理由。

中国辛亥年《中华民国临时政府组织大纲》,系由各省代表会议,于辛亥年旧历十月十三日在汉口议决后,自行公布。[①] 民元《临时约法》则于议决之日曾经南京参议院自行宣布,随后复由临时大总统另行公布(三月十一日)。[②] 民国二年的《大总统选举法》(原定为中华民国宪法的一部分),则纯由宪法会议自行公布。盖《临时约法》第五十四条原仅有"中华民国之宪法,由国会制定"之文,并未明认政府享有公布宪法之权。但当时论者,以为普通法律,虽非经公布不生效力,宪法却不必如此;即令必须经过一种公布的形式,亦必由制宪机关自行公布;因他们认为民主共和国家的宪法,决不能以公布权付诸其他机关。且求诸事实,他们以为宪法之经由制宪机关自行公布者,亦有先例;如巴西1891年《宪法》(第九十一条),葡萄牙1911年《宪法》(第八十一条),俱明定各该宪法须由议会自行公布。因此,该《选举法》的公布,系用宪法会议名义;该法之首,并著有"中华民国宪法会议制定此《大总统选举法》并宣布之"的前文。[③] 袁世凯政府于该法公布后,尚以咨文向宪法会议争公布之权。[④] 民国三年袁政府制定的《中华民国约法》之明认宪法公布权属于总统者,亦即以此。民国十二年十月十日的《中华民国宪法》亦系由宪法会议公布;宪文之首,亦著有前文,以示宪法会议自行公布之意。民国二十年的《训政时期约法》则由国民政府公布。

---

① 吴宗慈:《中华民国宪法史》,前编,3页。

② 同上书,前编,9页。

③ 同上书,前编,270—271页。

④ 参看本书第六编,第二章,第二节。

第六编

中国制宪史略及现行政制

第一章　清季之预备立宪

第一节　立宪运动的发轫

宪法的特性含有形式与实质两种意义。从其形式而言，近代一般宪法大率含有下述一种或两种特性：第一，就是宪法的效力高于普通法律；第二，宪法的变更异于普通法律。如以以上的条件为宪法的定义，则中国在日俄之战（光绪三十年）以前，尚无真正的立宪运动可言。从其实质而言，宪法是规定国家根本组织的法律。这一类的法律，是一切国家都有的；中国历来亦有此类法律，并且久具成文法典的形式。[①] 但是近代宪法，即仅就其实质方面而言，亦尚有一个特点：近代宪法于规定国家根本组织之时，每予人民以直接或间接参政之权，因之，元首的权力须受人民或其代议机关的限制。如就这个特点而言，中国之有立宪运动，严格地讲，亦仅始于日俄之战以后。

中国自清代道咸以后，虽屡受列强欺凌，但仍拒绝欧化。社会的心理与政府的政策，对于政治改革问题，变更极其迟钝，而且不得要领。直至同治年间，乃有革新的设施。当时的革新领袖，只是

---

① 参看本书第一编，第一章，第三节。

疆臣曾国藩、左宗棠、李鸿章与枢臣文祥、宝鋆诸人。他们认“形而下”的学术,势不能不取诸泰西,而轮船军械的制造为尤甚。于是同文馆成立于京师,招生学习外国语言与天文算数之学(同治二年);船政局成立于福建(同治五年);制造局成立于上海(同治六年);官办的招商局亦于是时成立(同治九年)。当时所开始派遣出洋留学的幼年子弟(同治十三年),亦只注重工艺。所以当时所谓改革只是轮船军械的改革。国人对于欧美政制尚盲然未加省察;立宪思想或立宪运动尚全不存在。这是从同治初元以至甲午中日之战(光绪二十四年)时的状况。

甲午中日之战以后,乃有所谓“变法”运动。倡始于下者为康有为、谭嗣同、梁启超诸人;赞成于上者为杨深秀、徐致靖等。光绪二十四年四月,清帝遂颁确定国是之谕,主张“变法”;[1]随即擢用康有为、梁启超、杨锐、刘光第、林旭、谭嗣同等,责以辅助新政的设施。此即所谓“戊戌政变”。当时主张“变法”之人,亦未必俱无立宪的思想。[2] 但是当时人士之所注重者,只在废时文、立学校与改革官制;戊戌政变期内的新政,大致亦不外此数端。立宪的重要纵已为当时极少数人所见及,当时的“变法”运动,究尚不能视为立宪运动。戊戌政变的前后,除却康梁“变法”运动外,诚然尚有孙中山先生的革命运动。孙先生的兴中会已于光绪二十四年成立。但该会当时之所注重,只在种族革命;该会当时的宣言,亦尚未提出立

① 谕文见《东华续录》,光绪一百四十四。

② 日本宪法的颁布,在明治二十二年(即光绪十五年),距戊戌政变已有十年之久。康有为于“进呈日本明治政变考序”(丁酉十二月)中,既有请清帝仿明治维新的规划,改革国政之议,自不得谓无立宪观念。原文见《康有为文集》(群学社,民国四年)卷八。

宪主义。[①] 依孙先生自述，自光绪二十年至二十六年，兴中会虽然成立，会员固甚稀少，士林之入会者尤少；士林入党之众盖在日俄之战以后；其三民主义与五权宪法的主张，亦于日俄之战后始立为党义，宣诸大众。[②]

戊戌政变失败而后，政府入于反动，国内清议深受压迫。康梁亡命海外，始有《清议报》的刊行，其所注重，亦只是攻击西太后宣传“保皇”。庚子拳乱发生以后，西太后迫于内外情势，复布告决行新政；但朝命虽下，内外诸臣，依然泄沓。于是社会方面抨击政府之声，日趋发展。章炳麟、章士钊、邹容等主张共和的《苏报》，梁启超主张君主立宪的《新民丛报》，亦于此时先后诞生。到了光绪三十年俄败于日后，中国一般知识阶级乃群信专制政体国之不能自强。日本之以小国战胜大国，一般人俱认为立宪的结果。由是颁布宪法，召集国会，成为社会热烈的呼声。[③] 从前极少数人的立宪思想，至是乃为多数人的要求。中国之有立宪运动，当以此时纪元。但当时的立宪运动，亦分两派。其一，为孙中山先生所领导的民主立宪运动。依照孙先生的自述，先生于光绪三十一年重至欧洲时，始揭橥其生平所怀抱的三民主义，五权宪法，以号召留欧学生，而组织革命团体；在此时期以前，先生的运动仅限于联络下级社会所组织的各种秘密会党，以及少数华侨；因之，除向他们宣传种族革命的思想外，亦无从宣传其他主义。同年夏间，先生转至日本，秋间则空前的同盟会大会出现于东京。光绪三十二年同盟会

① 《兴中会宣言》全文见《总理全集》（民智书局，民国十九年）第二集，1 页。

② 见《中国革命史》（《总理全集》第一集，920 页）。

③ 张謇即为呼号最烈的一人。参看《张季子九录》（中华书局，民国二十年）第二十四册，“年谱”中光绪二十九年及三十年的行动。

在其所草的《军政府宣言》中，已将制定中华民国宪法，建立民主政体，郑重地列为党纲四项之一。[①] 汪精卫、胡汉民等所办的《民报》亦于是年出世；同盟会的主义赖以流播于内地。其二为康有为、梁启超所领导的君主立宪运动。实际上当时一般人所称的“立宪党”或“宪政党”，即指此派而言。康有为初主张日本式的君主立宪，辛亥革命以后，则主张“虚君共和”，即英国式的君主立宪。梁启超初亦主张日本式的君主立宪；继则主张英国式的君主立宪；及辛亥革命发生，则现进退失据之状。辛亥九月（旧历）梁启超于所著“新中国建设问题”中，颇徘徊于民主共和与虚君共和两制之间而不能决。[②] 民国四年袁世凯企图称帝，梁启超于其所著“异哉所谓国体问题者”一文中，固反对变更民主国体甚力，然言词支离，仍隐示帝制稍缓亦可恢复之意。[③]

---

① 该《宣言》系预备于革命发生后向民众宣示者。其内容一则曰：“前代革命如有明及太平天国，只以驱除光复自任，此外无可转移。我等今日与前代殊。于驱除鞑虏，恢复中华之外，国体民生，尚当变更。”再则曰：“今者由平民革命，以建立民国政府。凡为国民皆平等，皆有参政权。大总统由国民共举。议会以国民公举之议员构成之。制定中华民国宪法，人人共守。敢有帝制自为者，天下共击之。”《宣言》全文见《总理全集》第一集，288—291 页。

② 梁启超于“新中国建设问题”中，仅列举虚君共和制与民主立宪制两方面的利害。而自认不能决其孰宜采择。梁仅谓如采虚君共和制，则惟有仿比利时、挪威等国迎立异邦人为君主的故事，拥戴清帝为君主，使宣示入籍然后即位，或则另立孔子后裔为君主。两法相较，梁以为前法较后法为适当。见《饮冰室丛著》（商务印书馆，民国十三年）卷三。

③ 在“异哉所谓国体问题者”那篇论文中，梁启超虽极力反对袁世凯立即恢复帝制，却又附有“吾以为若天佑中国，今大总统能更为我国尽瘁至十年以外，而于其间整饬纪纲，培养元气，固结人心，消除隐患，自兹以往君主可也，共和可也”等语。见《饮冰室丛著》卷三。

第二节　清廷的措施①

日俄之战以后，清廷受上述两种立宪运动的恐吓或压迫，乃不得不有预备立宪的表示。以下所述，便是自光绪三十一年至清亡时，清廷对于立宪问题的几种措施。

一　考察宪政大臣的派遣及宪政编查馆的成立

光绪三十一年夏历六七月，清廷仿日本明治十五年派伊藤博文赴欧考察宪政的先例，先后派载泽、戴鸿慈、徐世昌、端方、绍英出洋考察政治。盖日俄之战既终，不独多数士子纷纷主张立宪，即驻法使臣孙宝琦以及二三疆吏亦先后以立宪为请；清廷迫于众议，乃有此举。载泽等临行时，遇革命党人投以炸弹，载泽、绍英均受微伤，余亦中止出发。后徐世昌绍英因事留国，清廷遂改派尚其亨与李盛铎为代。同年十月，复令政务处王大臣筹定立宪大纲；并仿明治十六年设宪政调查所先例，诏设考察政治馆，并以该王大臣等为大臣。这是清廷正式承认立宪主义之始。

五大臣于光绪三十一年夏历十二月至日本，旋由日本至美洲，而达英德诸国。次年夏历正月，载泽等即自日本奏请宣布立宪，期以五年实行。是年夏，载泽等先后返国，复条陈仿行宪政。端方以为宜仿日本维新之例，先宣布六条誓文。载泽亦以为欲防革命，舍立宪无他道。于是清廷意思稍动；是年夏历七月，乃颁布明谕，宣

① 政学社印行的《大清法规大全》，第一册至第四册为“宪政部”，详载关于立宪的各种谕奏及法令。

示预备立宪之旨；命先将官制分别议定，俟数年后再行宣布立宪实行期限。[1] 光绪三十三年夏历七月，并将政治考察馆改为宪政编查馆。

二　定期实行立宪及《宪法大纲》的拟定

前述光绪三十二年七月之谕，虽已承认预备立宪，尚未明定实行立宪之期。因此，当时之要求立宪者仍表示不满。光绪三十三年夏历八月，清政府乃更派达寿、于式枚、汪大燮，赴日、英、德三国，考察宪政。及达寿等先后奏陈立宪，清廷乃饬宪政编查馆会同资政院议定召集议院与实行立宪的期限。宪政编查馆等仰承清廷意旨，草就《宪法大纲》，并附"臣民权利义务"、"议院法要领"、"选举法要领"，及九年立宪计划；以之入奏。光绪三十四年夏历八月，该折所奏，均经上谕裁可公布。[2]

就其起草机关而言，《宪法大纲》纯然是官僚的产物，毫无人民代表的参预。《大纲》起草之时，虽曾经宪政编查馆会商资政院，实则正式的资政院当时尚未召集，当时的资政院只是清政府特派的正副总裁及其他帮办协理等官员所组成。就其法律的效力而言《宪法大纲》虽经上谕公布，仍然不过是一种草案，并且是一种仅有原则，而无细目的草案。《大纲》的目的，只在为将来制定宪法时的准则；在正式宪法未颁以前，该《大纲》固无任何效力。[3]

---

① 谕文见《大清光绪新法令》（商务印书馆，宣统元年）第一册，16—17 页。

② 宪政编查馆等原奏及附件均见《大清光绪新法令》第 3 册，25—32 页。

③ 颁发该《大纲》的上谕有云："该王大臣，所拟宪法暨议院选举各纲要，条理详密，权限分明。……将来编纂宪法暨议院选举各法，即以此作为准则；所有权限悉应固守，勿得稍有侵越。其宪法未颁，议院未开以前，悉遵现行制度，静候朝廷次第筹办，如期施行。"谕文见《大清光绪新法令》第一册，32—33 页；《宪法大纲》（附"臣民权利义务"）原文并见本书附录一。

《宪法大纲》只列君上大权，纯为日本宪法的副本，无一不与之相同。大清皇帝统治大清帝国，万世一系；君上的神圣尊严，不可侵犯；继承及其他涉及皇室之事，由君上全权处理——凡此者固均仿照日宪；即君上的外交、军事及行政组织之权，否决法律权，紧急命令权及解散议院权，亦无一非日皇之权。至于附于《宪法大纲》的"臣民权利义务"则与一般宪法约略相似，无足深述。

颁发上述《宪法大纲》的上谕并准宪政编查馆等奏请，以九年为筹备立宪期间（即光绪三十四年至光绪四十二年）；其各年应行筹备事宜，亦经原奏简单胪列：其始为筹备各省咨议局与调查户口等事；继为召集资政院，与试办预算等事；终为宣布宪法，与召集正式国会等事。但一般社会，因时局日亟，仍主缩短立宪期限，以加速政治的改良。宣统元年夏历十二月各省咨议局议员孙洪伊等，即联合20万人，上书政府请愿；但清廷仍坚持九年的期限，驳斥不准。宣统二年五月，孙洪伊及其他团体的代表复继续联名要求；同年十月各省督抚及资政院亦以缩短期限为请。于是清廷始颁明谕，允将筹备立宪的期间减去三年，而于宣统五年召开国会。

三　咨议局及资政院的召集

中国人民之有选举权及被选举权，始于光绪三十四年夏历六月清廷颁行《咨议局章程》，并令各省召集咨议局之日。咨议局为各省代议机关，且为将来产生资政院议员的机关。《咨议局章程》计共六十余条，[①]其重要之点有三：即（一）选举权资格限制极严，除地方士绅、中学毕业生、举贡生员、曾任实缺的文武官吏与资产

① 见《大清光绪新法令》第二册，2页及以下。

在5,000元以上者外,概不能享有选举权;(二)咨议局与督抚间,如意见有冲突,须以中央的资政院为仲裁机关;(三)督抚仍得奏请皇帝,解散咨议局。至宣统元年夏历十二月孙洪伊等奏请缩短筹备立宪期限时,成立咨议局者已有十省之多。

资政院的筹设,始于光绪三十二年,但自光绪三十二年以至宣统元年,仍不过拟议章程,委派正副总裁,与其他帮同筹办的官吏而已。宣统元年夏历七月始正式颁布《资政院章程》,以规定该院的职权与议事规则;①同年九月,始颁资政院各种议员选举章程,以规定各种议员产生的方法。② 宣统二年夏历九月资政院始得为首次的集会。资政院的设立,只是为未来议院立一试验机关;其组织方式极为奇特。全院议员,分为钦选与民选两大类,其人数各为100。此外,该院的正副总裁亦由政府特旨简充。钦选议员,共分七种:即(一)宗室王公世爵16人,(二)满汉世爵12人,(三)外藩王公世爵14人,(四)宗室觉罗6人,(五)各部院衙门官吏32人,(六)硕学通儒10人,及(七)纳税多额者10人。这七种议员,俱由皇帝选定;其提供皇帝选择的名单,大率双倍于应出议员名额;此项名单的拟定,其方法亦至不一律,有出自各该团体互选者,有纯粹出自各官署的推荐者,有采用其他标准者。民选议员则概由各省咨议局议员互选。各省咨议局原系采用间接选举法而产生,所以资政院民选议员的民选成分,亦甚微小。这些民选议员,并且都含有几分指派性质;因为各省咨议局的互选,仅系按照各该省应出

① 《资政院章程》,见《大清宣统新法令》(商务印书馆,宣统元年)第七册,108页以下。该章程于宣统三年夏历六月尚有一度修改。

② 资政院各种议员选举章程,见《大清宣统新法令》第九册,13页及以下。

议员名额,加倍选出候补当选人;最终被选为议员之人,仍系各该省督抚所从中抉择之人。资政院所以有如此奇特的组织,一则因其仅为过渡机关,而非正式议会;再则因为清廷的目的在令未来的议会,摹仿日本式的两院制。资政院的钦选议员,在编制资政院院章者的意想中,即日本贵族院的缩影;而民选议员则为日本众议院的缩影。

就其职权而论,资政院诚亦有议决国家预算、决算、税法与公债,以及新定法典与法典修改等权;但该院的议决,俱须"请旨裁夺",始能见诸实施。实际上,该院第一次集会仅三四月;其所议决,政府几无不弁髦视之。以言法律,则该院可决的法律,政府不予施行如故;该院所否决者,政府施行之如故。以言预算,该院所议决的预算案,收支不相偿者数千万;政府对于议决削减者,任意不削减;于议决充甲项之用者,任意挪用于乙项;且政府不预交院议而拟借1万万元的外债,该院亦不敢抗议。这都是大受当时舆论攻击之点。宣统三年夏,该院开第二次常会;亦无何等建树。直至是年秋间,革命发生,该院地位,在清政府心目中始形重要;而所谓《十九信条》者,亦即由该院产生。

四 十九信条的颁布

宣统三年武汉革命发生后,清廷为收拾人心,挽救危局起见,乃急召集资政院开临时会议,筹议方法。该院多数主张:(一)宗室亲贵须不问政治;(二)制定宪法须求人民协赞;(三)须立解党禁。这些主张,旬日之间,均经清廷明令裁可。但此种举措,仍未能稍遏革命的潮流。是时,滦州统制张绍曾、协统蓝天蔚,暗联军人吴禄贞等,草拟十二条的宪法草案,要求清廷立予容纳。资政院基于这个提案,议决《十九信条》。此项《信条》于夏历九月十三日由清帝公布；十月六日复由清帝与摄政王宣告太庙，誓与国民永远遵守。[①] 虽则此种举措，实际上并无何等实效，而《十九信条》这一件文书，究有不容漠视之处：一因从此项文书，我们可以窥见宣统末年君主立宪党人的"虚君共和"思想；[②]再因此项文书为清代所曾颁布的惟一宪法，且为中国历史上的第一个宪法。

在形式上，《十九信条》与上述的《宪法大纲》固同为一种大纲，而非完全的法律；但就皇室与议会间权力的消长而言，则两者绝不相同。按照《十九信条》，内阁总理大臣须由国会公选，且皇族不得任总理大臣；皇帝之权大为减削，而国会议决权的范围，则大有增加。总言之，如果《十九信条》真能遵行，则议会政府制已不难树立。这决非《宪法大纲》之所能容许。且就其效力而言，《十九信条》已成为一种临时宪法，第十九条的规定，即已显然表示此种性质。这也是他不同于《宪法大纲》的一点。

《十九信条》公布后，资政院即依第八条，举袁世凯为内阁总理大臣。袁世凯组织内阁后，派唐绍仪与民军代表在上海议和。旋因南北议和代表所主张的国体不同，清廷又降上谕，命开临时国会，声明愿以国体问题，付诸国会公决。此种办法亦为民军所不能容纳。最后，因双方代表议定清帝退位后的优待条件，清帝遂于夏历十二月二十五日（民国元年二月十二日）下退位之谕。谕文有

---

① 吴禄贞与蓝天蔚本为革命党人。他们促张绍曾提出这种信条，当有原因。有人谓这种要求，他们预料清廷必不能容纳；若不能容纳，将再以清廷拒绝为名，而率兵进攻北京。清廷之加以容纳，实出他们预计之外。见郭孝成：《中国革命纪事本末》（商务印书馆，民国元年）第二编，205 页；并参看李剑农：《最近三十年中国政治史》（太平洋书店，民国十九年），193—194 页。

② 《十九信条》见本书附录二。

云：兹特外观大势，内审舆论，将皇帝统治权公之大众，定全国为立宪共和政体；近治内乱，远协古政，天下之公议也。袁世凯曩经资政院之选举，为总理大臣。方当新旧代谢之际，宜为南北统一之计，即以袁世凯全权组织临时共和政府，与民军协商统一办法；以期人民之安堵，海内之泰平；即令满、汉、蒙、回、藏五族，保全领土，成一大中华民国。联既退隐，悠游岁月，永受国民之优礼，亲见良政之恢兴，岂不懿与！[①] 据此谕文，则未来中华民国的政府，将不独为清廷的延续，抑且出自清廷的创造；民主立宪之政制，亦为清廷所给予。但这只是清廷方面的见解。实则清帝退位以前，民军的共和政府已经成立于南京；清帝退位以后，袁世凯之继孙中山先生任总统，亦系出自南京参议院的选举。当孙中山先生向南京参议院推荐袁世凯为总统之前，并严电袁世凯不能以清帝的委任，为组织统一共和政府的根据；他的复电亦有“来电所论共和政府不能由清帝委任组织，极为正确；现在北方各省军队暨全蒙代表，皆以函电推举为临时大总统，清帝委任一层，无足深论”等语。[②] 此虽形式问题，但因此后企图清室再活，恢复帝制之人，尝有以清帝退位上谕所称为论据者，所以附述当时经过的事实于此。

① 谕文见《政府公报》，民国元年一月。

② 孙、袁电报见郭孝成：《中国革命纪事本末》，第三编，291—292 页。

第二章　辛亥革命及北京政府时代的制宪

第一节　辛亥革命至国会成立

一　辛亥十月十三日《临时政府组织大纲》[①]

这是中华民国首次的临时宪法，成立于辛亥夏历十月十三日，后于清廷宣布《十九信条》仅有一月。我们现在略述其成立经过及其内容的特点。

辛亥夏历八月十九日武昌发难后，刚满一月，各省之宣告离清廷而独立者，已逾全国行省之半。于是江苏都督程德全、浙江都督汤寿潜，于夏历九月二十一日联名电达沪军都督陈其美，倡议各省公举代表，集议于上海，以谋组织一个联合进行的机关。关于此项会议的组成及集议方法，程等提议，由各省旧谘议局各举代表一人，各省都督府亦各派代表一人，两省以上代表到会即行开议，续到者，随到随与议。[②] 次日（二十二日），江苏都督府代表雷奋、沈恩孚，与浙江都督府代表姚桐豫、高尔登，即以相似的旨趣，联名通

---

① 全文见本书附录三。

② 电文详见谷钟秀：《中华民国开国史》（泰东书局，民国三年），第二编，第七章。

电各省,遣送代表赴沪集议。这是各省民军动议组织临时中央政府之始。同月二十五日,代表会开第一次会议,议决定名为"各省都督府代表联合会";三十日复议决承认武昌政府为民国中央军政府,以鄂军都督执行中央政务。当时鄂军都督黎元洪已有通电,请各省派全权委员到武昌组织临时政府。十月初四日联合会遂议决各省代表到武昌集会。但适因汉阳失守,武昌全城陷于清军炮火之下,代表等乃于汉口英租界设会址,于十月初十日开第一次会议,推谭人凤为议长;十二日议决先制定一种临时政府组织大纲,选举雷奋马君武王正廷为组织大纲起草员;十三日遂议决《临时政府组织大纲》二十一条,即日由各省代表全体签名宣布。说者谓此项《大纲》,在表面上虽为雷奋等 3 人所起草,实则出自宋教仁之手。《大纲》自起草以至议决,历时不过两日,其经过程序的简略可以想见。签名于《大纲》者计 22 人(各省人数不等,而表决权则俱为一票);其所代表的省分为湖北、山东、福建、湖南、安徽、广西、浙江、江苏、直隶、河南十省。当时直隶河南两省,尚在清廷统治之下,未有革命政府;直隶代表(谷钟秀)与河南代表(黄可权)系以旧咨议局议员代表的资格,加入会议;其他各省的代表则俱为各省都督府所选派之人。所以这个《组织大纲》,就其产生的程序而言,自尚缺乏民主的基础。①

《临时政府组织大纲》,只是一种临时宪法;当各省代表在汉口会议的时候,不独全国尚未统一,武昌南京的军事,亦正在猛烈的进行中。因之,《组织大纲》不独在形式上不及具备民主的条件,即

① 以上参观吴宗慈:《中华民国宪法史》,前编,3—4 页;及吉野作造:《支那革命史》(大正十一年),第三十五章。

其内容亦复如此。该《大纲》所表现的民治几乎纯以采取共和国体一事为限。共和国体的采取,在当时盖为必然的结果;因为清政府势力的瓦解,既系由于革命党人的发难,而《大纲》的制定,又完全出自赞同革命者之手。但除国体一层而外,《大纲》的内容,却很少民主的色彩。第一,《大纲》对于国民的基本权利与义务,毫无规定。第二,《大纲》所设置的立法机关——参议院——纯由各省都督府遣派的代表组成。第三,《大纲》所设置的临时大总统由参议院选出;参议院既是各省都督的代表,总统自然也不过是各省都督所拥戴之人。

各省都督府代表在汉口议决《临时政府组织大纲》后,因闻南京克复,随即议决以南京为临时政府所在地;于辛亥夏历十一月间复集会于南京;并按《大纲》第十六条"参议院未成立以前,暂由各省都督府代表会代行其职权"的规定,代行参议院职权。孙中山先生的临时大总统,即由该院于十一月初十日选出。民国元年一月二日(夏历十一月十四日)该院对于《组织大纲》尚有所修正;其最要者,则为临时副总统的增设。次日该院并选出黎元洪为临时副总统。由是,南京临时政府成立。

二　民国元年三月十一日《中华民国临时约法》[①]

这是代替《临时政府组织大纲》的又一种临时宪法。南京临时政府成立之始,一因《组织大纲》无国民基本权利义务的规定,二因《组织大纲》所定召集正式国会的期限太促(临时政府成立后六个月以内),即有人主张大加修改。元年一月二十八日,各省代表莅宁列席参议院者已达十七省,占全国省份大多数;因之,参议院遂

① 全文见本书附录四。

于是日宣告正式成立。该院正式成立后，即进行制定《临时约法》，以为《组织大纲》的代替。该《约法》于三月八日经参议院议决。除由参议院即日自行宣布外，并于三月十一日经临时大总统公布。

就其制定的机关而言，《临时约法》亦缺乏一个民主的形式；因为南京参议院只能代表多数省分，而未能代表全国，该院的代表只是各省都督遣派的代表，而不是国民选举的代表。后此反抗"护法"的人，间亦以此为言。但在中华民国过去二十余年的政治史上，《临时约法》所曾获得的权威，仍然在一切其他宪法之上。这却有其他原因。一则南京参议院在形式上虽然不是一个国民代表机关，事实上却确确实实可以代表当时的一切革命势力。《临时约法》最终通过该院的时候，并且曾经出席议员全体一致表示同意。[①]二则威胁利诱之事，虽然迭见于后来的国会及其他制宪机关，南京参议院的工作，则幸无此类情事，损其威信。

《临时约法》系由南京参议院的一个委员会，名为编辑委员会者，起草。在草案成立以前，南京临时政府已另外草就一种草案，名为《中华民国临时组织法草案》，并曾致送参议院，请求作为讨论基础。所提政府《草案》与《临时约法》有两个主要的异点[②]：第一，政府《草案》虽亦采取责任内阁制，而总统的权限则较大于《临时约

① 南京《参议院议事录》，民国元年一月八日记录。此《议事录》系参议院的官文书，共三册，自该院正式成立（民国元年正月二十八日），至正式国会开会（民国二年四月八日），该院逐日所议事项，俱见于该《议事录》，惟记录极其简略。北京大学图书馆有存本。

② 南京《参议院议事录》仅述及《中华民国临时组织法草案》名称，与议场中对于该案的讨论，但未载入该案正文。郭孝成的《中国革命纪事本末》载有南京政府时代《中华民国临时政府组织法草案》一件（第三编，185—190页），当即该项草案。以下所述，即以郭书所载为据。

法》之所规定；所以《草案》虽承认总统于紧急时得以命令代法律，虽承认总统得不经参议院的同意，而宣战、媾和，在《临时约法》中，则总统便无此等权力。第二，《临时约法》并未容纳孙中山先生“五权宪法”之说，而政府《草案》则有“临时大总统，除典试院、察吏院、审计院、平政院之官职及考试惩戒事项外，得制定文武官职官规”的规定，盖于承认行政、立法、司法诸权独立之外，尚含有考试监察等权独立行使之意。政府《草案》致送于参议院后，该院仍主张自行起草；一月三十一日该院并议决将《草案》退回政府。① 自元年二月七日起，该院即讨论编辑委员会拟定的《临时约法草案》；至三月八日即已完成审议，第二读会及第三读会的顺序；所费时间，综计不过三十二日，以视后来正式宪法的难产，亦有天壤之别。

《临时约法》内容之异于《临时政府组织大纲》者计有两点：第一，《约法》新增“人民”一章，规定人民的权利义务。但实际上因人民章的规定极形简略，此项增添的重要亦至微弱。且该章末条既云“本章所载人民之权利，有认为增进公益、维持治安或非常紧急必要时，得依法律限制之”，则该章所列举的一切权利，至多固亦只能限制行政司法两机关，而不能限制立法机关。第二，《组织大纲》采总统制，而《约法》则采责任内阁制。这是一个较为重要的异点。这个异点的发生，乃由于《约法》制定时的政象。当编辑委员会拟制草案时，南北和议已有眉目，当二月七日草案提付参议院讨论时，清帝退位的优待条件已经参议院议决（二月五日），而未来总统之必须畀诸袁世凯，已为该院同人所熟审。基于此种事实，《临时约法》乃设有国务员负责的规定，以及任命国务员、公使、特使、

① 南京《参议院议事录》民国元年一月三十一日记录。

宣战、媾和、缔约、制定官职官规，须经参议院同意等条文。[①] 至于国体问题，在上海南北和议中，诚然曾经成为争点；然《临时约法》草案交付院议之时，清帝退位的条件业经议妥。当时君主立宪党人，诚亦尚有以"虚君共和"之议提供社会考虑者（当时梁启超所发表的"新中国建设问题"即倡此议），但其声浪已十分微弱。所以国体问题，在南京参议院讨论《临时约法》案的时期，几乎全不存在。

三 关于制宪机关的法律

南京参议院，于《临时约法》公布及袁世凯依该法当选为临时大总统后，即议决移往北京。元年四月二十九日参议院在北京开始集会；统一的立法机关，由是成立。参议院议员系依《临时约法》第十八条之所定，由各地方"选派"而来；选派方法则由各地方自定。开院时，议员人数已达百人，较诸南京时代盖已三倍；俨然像一全国代表机关。依照《临时约法》的附则所定，参议院负有议定国会（即未来的制宪机关）组织法与选举法的使命。该院根据该项规定，陆续议决了三种重要法律：即（一）《国会组织法》，（二）《众议院议员选举法》，及（三）《参议院议员选举法》。以上三种法律，俱于元年八月十日经总统公布。民国二年四月八日正式成立的国会，即依据该三种法律产生。中华民国之有民选制宪机关亦自此始。国会成立的前一日，原来的参议院遂宣告解散。

《国会组织法》，对于国会的组成，采用两院制，与《临时政府组织大纲》及《临时约法》之采用一院制者相异。两院的职权，几乎完全平等；但依该法第二十一条的规定，宪法既须经参众两院联合议

① 《临时政府组织大纲》虽已规定宣战、媾和、缔约及委任各部部长与公使、专使，须得参议院同意；但未设置国务总理，亦未明定各部部长应代元首负责。

定，则两院对于制宪之事初不立于平等地位；因依该法所定，众院人数（556人）将超过参院人数（264人）二倍。参众两院议员选举法，俱系采用间接选举制、大选举区制、减记投票制与限制选权制；但所定的选权资格，以与清代《咨议局选举章程》及后来袁世凯时代的《立法院议员选举法》（民国三年），与段祺瑞内阁时代改订的《参众两院议员选举法》（民国七年）相较，固甚形宽大。

第二节　国会成立至国会解散

这个时期，自民国二年四月八日起，至民国三年一月十日止。在这个时期内，国会的制宪工作，只完成了一个《大总统选举法》及一个《中华民国宪法草案》。关于这两种法案的各种事实，今略述如下：

一　国会中的政党

依《临时约法》，国会原应在《约法》公布后10个月以内召集。实际上则至民国二年四月八日，国会始获集会，距《约法》的公布盖已将满14个月。五月一日，参议院选出国民党党员张继、王正廷为正副议长；众议院选出进步党党员汤化龙、陈国祥为正副议长。元年八月间，同盟会与统一共和党已合为国民党；因之，国民党于参众两院选举告终时，在两院约共占四百席，为绝对多数。其他各党慑于国民党势力的雄厚，乃亦共谋联合。当时共和党在两院不过二百余人，为抵抗国民党起见，遂与民主党及统一党（与袁政府极接近）两党议员合并而成进步党。就政治的信仰而言，进步党倾向于中央集权，倾向于扩充元首的权力；国民党则倾向于地方分权，倾向于限制总统的权力。就政治的势力而言，两党的人数，在众议院约略相当，在参议院则国民党的人数远在进步党之上。不久，国民党党员景耀月等出组政友会；此外又有超然社等小团体成立，于是国民党的势力稍减。但自民社派张伯烈等脱离进步党，而仍拥共和党旧号以独立后，进步党的势力亦大减。此外，更有进步党党员李庆芳等拥梁士诒为党魁，组织公民党，以攻击进步党，而进步党的势力益削。及赣宁革命事败，国民党一部分党员，为谋保存其政治势力起见，复与进步及共和两党中的一部分人出而组织民宪党；于是进步党在国会及宪法起草委员会中，更无贯彻其宪法主张的实力。袁世凯之决意摧残国会，此盖其要因。

二　宪法起草委员会的组织及程序

当民国二年一月，国会尚未成立以前，各政团对于宪法起草问题，意见颇不一致。一派主张由政府组织宪法起草机关，而以总统府、各省都督、临时参议院及各政党所派的委员为其组成分子。倡此说者为梁启超等，附和者为当时 18 省都督，共和、统一、民主各党，及迎合袁世凯的官僚策士。一派主张依元年《国会组织法》的规定（下详），由国会组织宪法起草机关。这是国民党的主张。国会成立后，前一派主张自然消灭。但国会虽于四月即已成立，直至七月始获成立一个宪法起草机关。依照元年《国会组织法》第二十条所定，民国宪法的起草须由两院各于议员内选出同数的委员行之。参众两院依据该项条文，各选出起草员 30 人，于七月十二日成立宪法起草委员会。该委员会成立后，复议定以北京外城的天坛祈年殿为会所；约两周后该会即由众议院迁往该处。

就其组成的分子而言，宪法起草委员会的委员，以国民党党员为最多（28 名），进步党党员次之（19 名），其他小政团，因各院选举采用减记投票的结果,亦各占数人不等。进步党自始即无贯彻其主张的实力。赣宁事败,国民党一部分委员张耀曾、谷钟秀等,与进步共和两党的一部分委员李国珍、刘崇佑等,联合组成民宪党后;进步党委员汪荣宝等在委员会中的势力益减。但该会委员总共60人,赣宁革命失败之后,当八月间,委员之被系与被枪毙者已有数人,其常到会者不过四十余人;依《宪法起草委员会规则》,每次却非40人列席不能开议,非30人同意,不能议决;于是委员会的议决,实际上非容纳多方面的意思,不能通过。① 所以凡该委员会所议决,实际上决非一党或一部分人的产物。此则从该委员会所议决草案的内容不难看出。

至于宪法起草委员会起草的程序,则有下列各点值得注意:第一,表决案的成立,仅须委员会委员半数(30人)的一致;但后来因委员会未能出席之人数颇多,即此层限制已够严酷。第二,委员会的工作并非完全秘密,但亦仅许两院议员旁听,而不许外人旁听;所以袁世凯派委员赴该会陈述意见时,亦被拒绝。第三,委员会所定起草方法,系分大纲起草与条文起草两项程序。关于前者则指定大纲起草员,将宪法内最重要问题提出作为议题,使委员会就各该议题,表示一个概括的意见。关于后者,则指定条文起草员,根据委员会对于上项议题所议决的原则,分别章节,系以条文,制成完整的宪法草案;此项起草,系于一切议题俱经全委员会讨论终结后举行。条文起草完毕后,再将全案提交委员会开二读会逐条议决;议决后由委员会开三读会表决全案。大纲起草者为孙钟(政友)、张耀曾(国民)、李庆芳(公民)及汪荣宝(进步)4人;条文起

① 看吴宗慈:《中华民国宪法史》,前编,第三章,第十八节及第二十节。

草者为孙钟、张耀曾、李庆芳、汪荣宝、黄云鹏(共和)5人。[①]

三　二年十月四日《大总统选举法》[②]

当国会成立之初,国会议员多持先定宪法,后选正式总统之议。赣宁讨袁之役既经失败,进步党议员遂纷纷向国会提出先选总统,后定宪法的议案。盖袁世凯获胜以后,国中总统的候选者,除袁以外已无第二人;且临时政府忽忽已延二年,宪法起草委员会,自二年七月间开始,已逾两月,而竣事无期;即获竣事,宪法会议又不知须经若干时日的讨论,始克完成大法。所以主张先选总统,后定宪法者,颇振振有词。国民党议员因恐袁世凯断行非常手段,解散国会,遂亦赞成先选总统,冀以缓和空气,而保持该党一部分的势力。二年九月五日,众议院遂以213对126的多数,为先选总统的决议;但总统选举问题牵涉未来宪法,非一院所能决定,因更咨请参议院请求同意。参议院于九月八日亦议决表示同意。九月十二日参众两院,乃依元年《国会组织法》关于制宪的规定,开两院联合会,讨论总统选举方法。联合会旋即议定,将关于宪法中选举总统的部分,委托宪法起草委员会起草,并限五日内完成该项草案。联合会并自行议定《宪法会议规则》五十八条,[③]以为讨论总统选举法草案的准备。宪法起草委员会的《大总统选举法草案》[④]亦依期完竣。宪法会议(即两院联合会)乃于九月二十九日开始讨

① 以上看吴宗慈:《中华民国宪法史》,前编,第三章,第七节,第十一节及第十四节;及《宪法起草委员会会议录》,第二次会议记录。

② 见《政府公报》,民国二年十月十五日。

③ 全文见《宪法会议公报》,民国五年,第一册。

④ 《大总统选举法草案》原文,见吴宗慈:《中华民国宪法史》,前编,第五章,第三十九节。

论,至十月四日即完成审议、二读会及三读会各种程序。因此项《大总统选举法》将为未来宪法的一部分(民国十二年十月十日北京国会所颁布的《中华民国宪法》第七章,关于总统选举各条文,与此全同),该会议于十月四日议决后,遂径以该会议的名义公布,而不送请总统公布。

《大总统选举法》的几个要点如下:第一,总统的产生采用国会选举制,不采人民选举制。第二,总统的继续当选以一次为限。第三,设置副总统,以补总统之缺;于正副总统同时缺位的场合,则以国务院摄行总统职务。第四,当选为正副总统者,必须获有高额票数;第一次及第二次投票,非得票满出席人数四分之三,不能当选;第三次投票则为决选,但非得票过出席人数之半不能当选。该法成立后,袁世凯即依该法于十月六日当选为正式大总统。[①]

自《大总统选举法》成立而后,中国制宪事业,倘仅从形式上说,或可告一结束;因为《临时约法》、《国会组织法》与《大总统选举法》三种法律,相互补足,实已构成一种与现代一般宪法相似的正式宪法。盖就规定的事项而言,《临时约法》之不得成为正式宪法者,不外两点:一则该法尚未设有国民代表机关(该法所设的参议院系由各地方自由"选派"的代表组成);再则该法尚未规定总统的任期。自《国会组织法》成立,前一个缺点已经改正;自《大总统

① 十月六日最初两次投票,袁世凯得票虽比较最多,但皆不满法定四分之三的多数。第三次投票,就第二次得票较多的袁世凯、黎元洪二人举行决选,袁世凯始以得票过投票人数之半当选为大总统。是日自晨八时开始选举,至晚十时始毕事。有自号"公民"者数万人,整齐严肃如军伍,包围选举场数十匝,迫即日选出他们所属望的总统,否则不令议员出议院一步。议员遂不得不忍饿终日,以行选举。直至袁世凯当选之声传出,各"公民"始高呼大总统万岁,振旅而去。翌日选举副总统,初无"公民"之迫,但第一次投票,黎元洪即以得票满四分之三数而当选。

选举法》成立，后一个缺点亦已补足。所以并此三法观之，已属应有尽有。但此究系仅从形式而言。从《临时约法》所规定的各种原则而言，当时人士固尚多深致不满者。且即就形式而言，《临时约法》既非产自国民代表机关，亦非产自统一政府，固亦不无弱点可举。因此，一般国人始终不认《临时约法》可以看做正式宪法或正式宪法的一部分。

四 《中华民国宪法草案》的完成

宪法起草委员会的大纲起草员提出议题共计十二则。议题提出后，委员会自二年八月二日至九月二十三日，已就各议题完成其原则上的讨论。于是条文起草员即着手起草全部宪法的条文。起草完毕，委员会即于十月四日起开始二读会；至十月三十一日全案的三读会即已完成；是为《中华民国宪法草案》（一般称为《天坛宪法草案》）。[①] 盖袁世凯破坏国会与宪法会议的决心，当时已极明显，委员会为使其工作有相当的结果，不得不急为收束之计。所以全部草案的三读会，仅于一日中完成。袁世凯下令撤销国民党议员的议员资格，距草案三读会的完成不过三日；当时国会地位的危迫，可以想见。

在《草案》起草及讨论时期，国会内外所最注重的宪法问题，似乎不外三项。其一，为地方机关的权限与组织问题。这个问题，在委员会内虽然已有人提起，而因宪法起草委员会急于收束，遂完全未及纳入草案，亦未细加讨论。仅《草案》第一条有“中华民国永远为统一民主国”的规定，以表示该《草案》为一种单一国宪法，而非

---

① 全文见吴宗慈：《中华民国宪法史》，前编，“中华民国宪法案会议经过对照表”。

联邦宪法。[1] 其二，为孔教问题。当时舆论及各教教民，对于这个问题，议论蜂起，文电交驰；在委员会中，国民党委员张耀曾、谷钟秀等反对以孔教为国教，进步党议员汪荣宝等则主张之；最后各方互相迁就，乃于规定国民义务教育条款之下，增入“国民教育以孔子之道为修身之大本”一项。其三，为行政机关的权力问题。委员会中各派委员对于行政机关的权力，虽不抱一致的见解，而总统制则几为全体所一致拒绝。[2] 但是《草案》虽然采取了责任内阁制，却又给予行政机关以颁布紧急命令，与财政紧急处分两种重大职权。因国民党议员的提议，《草案》始设有国会委员会，以限制总统紧急、命令权的行使。以上三项问题，在民国五六年宪法会议审议会及二读会程序中，俱曾引起多方的争辩。

五　袁世凯干预制宪及国会解散

赣宁讨袁之役既归失败，袁世凯的势焰益高。但袁世凯仍欲借国会选为正式总统，以正对内对外的名义，故于国会初尚虚与委蛇。及二年十月十日就正式大总统职后，始对于制宪机关，不惜一再干涉，一再威逼。

袁世凯干涉的初步，在向国会提出增修《临时约法》案。[3] 十月十六日，袁世凯因不堪《临时约法》的束缚，乃咨请国会于宪法成立以前立即增修《临时约法》。盖袁世凯虽依《大总统选举法》当选为正式总统，而正式大总统的职权，依该法附则之所规定，暂时固仍须以《临时约法》关于临时大总统的规定为准。在这个增修案

① 《宪法起草委员会会议录》，第二十四次会议记录。

② 同上书，第六次会议记录。

③ 袁世凯要求增修《临时约法》咨文（附增修案），见吴宗慈：《中华民国宪法史》，前编，第三章，第二十二节。

内，袁世凯要求：（一）总统制定官制官规，不征参议院的同意；（二）总统任免国务员、外交大使以及一切文武职员，不征参议院的同意；（三）总统宣战、媾和及缔约，不征参议院的同意；（四）总统享有紧急命令权；（五）总统享有财政紧急处分权。袁世凯提出这些增修条款，一方面固在抨击《临时约法》，同时也就是表示其对于正式宪法的主张。但当时的国会则认宪法行将议定，《约法》无增修的必要。

袁世凯干涉的又一步，为咨宪法会议，要求宪法公布权。[①] 二年十月四日的《大总统选举法》，系由宪法会议自行公布。袁世凯以宪法全由宪法会议制定，行政机关并公布权而亦无之，无从考虑其短长，深致不满。但袁世凯拟于十月十日就正式总统职，若与国会争持，总统选举便或不能先期完成；所以起先尚能忍受。既就职后，则于十月十八日即咨宪法会议，争宪法公布权。宪法会议以宪法草案尚未完成，无开议的机会，亦置而未复。

袁世凯干预制宪的第三步，为要求派遣委员，列席宪法会议及宪法起草委员会，陈述意见。袁世凯一面提出增修《约法》案于国会，以表示其关于宪法的主张，一面又派遣施愚、顾鳌、饶孟任、黎渊、方枢、程树德、孔昭焱、余棨昌等八个委员，列席宪法会议及宪法起草委员会，陈述意见。十月二十四日，宪法起草委员会开会时，八委员突至，声言有大总统委任，来会陈述意见。委员会以依照该会规则，仅许国会议员旁听，其他无论何人，不特无发言权，抑且无旁听权，因予拒绝。其实当时委员会已将宪法草案的条文，大部议毕，大旨尤早经决定；即令八委员得以陈述，亦不能更易大旨。

① 此项咨文见吴宗慈：《中华民国宪法史》，前编，第三章，第二十三节。

袁世凯干涉的第四步，为通电各省都督民政长，攻击宪法草案，并嗾使反对。袁世凯以干宪着着失败，乃断然为毁坏国会之计。八委员被拒的次日（十月二十五日），即通电各省都督及民政长，指摘宪法草案内容的不良；十一月四日（时宪法草案已经完成），复赓续发布指摘草案之电，嗾使各督军等出而反抗。[①] 于是各省都督民政长以及其他文武官吏，皆攘臂瞋目而议宪法；其凶黠者更力倡解散国民党，撤销国民党议员，撤销草案，解散宪法起草委员会及解散国会之议。

袁世凯干宪的最终步骤，为取销国民党议员，与解散国会。十一月四日，袁世凯下令解散国民党，取销国民党国会议员；凡自湖口革命之日起，籍隶国民党者，皆追缴议员证书徽章。[②] 是日下午四时军警开始执行，彻夜不息，至翌晨八时始毕，被追缴的议员凡438人；初仅追缴三百五十余人，因计两院犹足法定人数，仍有开会希望，遂又补行追缴八十余人，即湖口起事以前已经脱党者，亦无一幸免。于是参众两院遂以不足法定人数，不能开会。不久，各省都督民政长黎元洪等，复联名电请袁世凯，遣散国会残留议员。袁世凯则据以交政治会议审议具复。[③] 政治会议原系一种行政会议，为熊希龄内阁所召集；其目的原在讨论地方行政事宜；其构成分子，纯由各省行政长官派遣；于二年十一月五日经国务院通电召集，盖适逢撤销国会议员的政变。召集之后，政府因利乘便，改名为政治会议，冀令稍分政府蹂躏法律、摧残国会的责任。此项政治

---

① 两电电文见吴宗慈：《中华民国宪法史》，前编，第三章，第二十六节。

② 全文见《政府公报》，民国二年十一月五日。

③ 袁令及黎等原电见《政府公报》，民国二年十二月十九日。

会议果于三年一月十日议复，认黎元洪等原电所请为正当办法。袁世凯遂于是日以熊希龄、梁启超等全体阁员的副署，下令停止国会残留议员的职务；国会亦遂完全解散。

第三节 国会解散至袁世凯之死

这个时期自民国三年一月十日起，至民国五年六月六日止。在这个时期内，袁世凯先后挟其政治会议、约法会议及参政院三个御用机关，成立了各种具备宪法形式以及关系制宪问题的法律。这是中华民国制宪史上的第一黑暗时期。

一 民国三年五月一日《中华民国约法》[①]

袁世凯于二年十一月四日取销国民党议员的资格后，复于二年十一月二十六日，将熊内阁通电召集的行政会议，以大总统命令，改为政治会议；其构成分子，除各省派来委员外，并有总统、国务总理与中央各部所派委员及各部总长。政治会议于二年十二月十五日开始集会，至三年五月二十六日参政院成立，始消灭。在这五个月的期间内，该会议曾经议决多数法案，其最重要者则为《约法会议组织条例》。

政治会议一经成立，袁世凯即向之咨询修改民国元年《临时约法》程序（二年十二月十八日）。该会议迎合袁世凯意旨，于三年一月十日，除呈袁容纳黎元洪等请求，解散国会外，复称《约法》有修改必要；主张"特设造法机关，以造民国国家之根本法"。该会议旋

① 全文见本书附录五。

即议定《约法会议组织条例》，由袁世凯于三年一月二十六日以教令公布。所谓约法会议，即由是而产生。依该《条例》之所定，约法会议系以“议决增修《约法》案及附属于《约法》重要之法案为其职权”。约法会议议员，依该《条例》规定，应由（一）京师选举会选出四人；（二）各省选举会各选出四人；（三）蒙、藏、青海选举联合会选出八人；及（四）全国商会联合会选举会选出四人。凡充任选举人者，必须具备下列四种资格之一：即（一）曾任或现任高等官吏而通达治术者；（二）由举人以上出身而夙著闻望者；（三）在高等专门以上学校三年以上毕业而研精科学者；及（四）有万元以上的财产，而热心公益者。选举权资格之严，为任何国家选举法之所无；而“通达治术”、“夙著闻望”、“研精科学”、“热心公益”云云，尤无一不授政府以操纵选举名册之柄。被选举人资格较此更严；凡当选为约法会议议员者，须以列名于政府所制定的被选举人名册者为限。其尤奇者，关于选举人的调查，选举监督“得因便宜以现住于该选举监督驻在地方者为限”；当选人于当选后仍须经政府所组织的审查会审定合格，始能充任议员！所以约法会议议员，在形式上虽亦略具选举的形式，实则所谓选举，仍无异于指派；其所产生的议员，殆无一非政府的工具。

约法会议于三年三月十八日举行开会式；孙毓筠当选为议长，施愚当选为副议长。袁世凯当即提出增修《临时约法》大纲七项：（一）外交大权应归诸总统，凡宣战、媾和及缔结条约，无庸经参议院的同意；（二）总统制定官制官规及任用国务员与外交大使公使，无庸经参议院的同意；（三）采用总统制；（四）正式宪法应由国会以外的国民会议制定，由总统公布；正式宪法的起草权亦应归于总统及参政院；（五）关于人民公权的褫夺回复，总统应自由行之；

（六）总统应有紧急命令权；及（七）总统应有财政紧急处分权。约法会议不久即议决《中华民国约法》，于三年五月一日由总统公布（即所谓“新约法”）。该《约法》对于总统制，官制官规制定权与职官任用权，紧急命令权，财政紧急处分权等事项的规定，无不完全依据前述大纲；对于其他事项的规定，大体上亦皆容纳袁世凯的提议。此外，该《约法》对于立法权，系采用一院制，设立法院；对于行政权，另设参政院以为大总统的咨询机关。此项《约法》成立后，元年《临时约法》、元年《国会组织法》、二年《众议院议员选举法》与《参议院议员选举法》，遂俱被毁灭。

二　民国三年十二月二十九日《修正大总统选举法》及其他

依照《中华民国约法》的规定，参政院及立法院的组织，亦须由约法会议议决。因是约法会议复议定《参政院组织法》（三年五月二十四日公布）、《立法院组织法》及《立法院议员选举法》（均于三年十月二十七日公布）。参政院参政，纯由总统委任；《立法院议员选举法》所设定的选举权资格，则与《约法会议组织条例》同样严酷。参政院于三年六月二十日首次开会，隐然为政治会议之续。隔数日，袁世凯又以总统命令（三年六月二十九日）宣布参政院依照《中华民国约法》，代行立法院职权。立法院始终没有成立；所以参政院始终为立法院的代替者（参政院至五年六月二十九日始被裁撤）。

三年八月十八日，代行立法院职权的参政院，迎合袁世凯意旨，向袁建议修改二年十月四日的《大总统选举法》。约法会议于三年十二月二十八日议决修正《大总统选举法》，由袁于十二月二十九日公布，并经袁另以告令，布告修正理由。此项《选举法》亦为一种空前的文书，其内容要点：一为总统任期改为10年，连任亦无限制；而且凡届大总统选举之年，参政院参政（即总统所任命的官员）如果“认为政治上有必要”时，得为现任大总统连任的决议；二为总统继任人应由现任总统推荐于总统选举会*“由参政院及立法院各选50人组织”；其名额以3人为限；而现任总统则当然的得以继续当选。所以此法颁布之后，袁世凯的地位，实际上已与终身总统无异；而二年十月四日的《大总统选举法》，也被毁灭。但不久君宪运动又起。这个承认终身总统制的选举法，于民国四年十二月十二日袁世凯下令承认称帝之时，亦遭唾弃。

《中华民国约法》并规定将来正式宪法案（该《约法》虽无临时字样，但约法会议不认之为正式宪法），应由参政院推定起草员10人起草，其草案应由参政院审定，由国民会议复决（国民会议仅有可决或否决之权，而不能自行修正，倘欲修正，须将意见提付宪法起草员使依起草程序为之）。国民会议的组织，依《约法》之所定，亦应由约法会议议决。旋约法会议议定《国民会议组织法》，由袁世凯于四年三月十二日公布。参政院亦依《约法》于四月初推举李家驹等10人为宪法起草委员，且于八月由宪法起草委员会提出所谓《宪法纲领》六项。[①]但国民会议始终没有成立，正式宪法问题亦因君宪运动发生而被搁置。

三　*君宪运动*

自国会解散，在事实上袁世凯已成为独裁元首；自《中华民国约法》宣布，在形式上，袁世凯亦成为独裁元首；自《修正大总统选举法》宣布，袁世凯更俨然将为终身总统。于是一般先意承旨、攀

---

* 此处疑应断句，后句句首疑缺“总统选举会”五字。——编者注

① 见国宪起草委员会编：《草宪便览》（民国十四年），附录中，5页。

权附势的政客官僚，更倡君主立宪主义，以为袁世凯称帝张本。民国三年夏，清室遗老刘廷琛劳乃宣等，目睹袁有帝制自为之心，曾倡宣统复辟之论，以作抵制。他们俱劝袁奉还大政于清帝。袁世凯对于此种复辟运动，曾于三年十一月二十三日特以明令严加禁止。乃方过一年，又有以拥袁为目的的君宪运动出现。四年八月上旬，总统府顾问美人古德诺（F. J. Goodnow）于《亚细亚日报》（政府机关报）发表“共和与君主论”一文，倡为君主立宪优于民主立宪，以及中国不宜采用民主国体之说。古德诺的言论是否含有劝进意思虽不可知，但其为袁政府所利用固极显然。八月十五日，杨度、孙毓筠、严复、刘师培、李燮和、胡瑛诸人，遂有筹安会之设。在表面上该会虽声称仅从学理上研究君主立宪与民主立宪的得失，实则“函电交驰，号召各省军政两界、各派代表，加入讨论”，远出研究学理的范围以外。肃政厅虽亦曾上书政府，请予取销，但政府则庇护如故；内务部虽曾三度下令取缔，亦纯属表面文章。不久，筹安会以君主立宪应当采行，复改称宪政协进会，俨然以主张立宪的政党自居。但一种政党固无权可以变更国体，袁世凯本人，在形式上亦不便负变更国体之责。于是，始则有变更国体的请愿书出现于代行立法院职权的参政院，继复有参政院请求召集国民会议，以解决国体问题的建议书送达于政府。不久，该院复议决《国民代表大会组织法》，于四年十月六日经袁世凯公布。该《组织法》规定以国民会议的初选人为选出国民代表的基础；国体问题由国民代表大会投票表决。后参政院复接准各省区国民代表大会文电，致送表决国体问题票数，并委托该院为国民代表大会总代表。该院于四年十二月十一日开会，汇查全国国民代表共 1,993 人，得主张君主立宪票 1,993 张；并接准各省区国民代表大会文电，一致推戴袁世凯为皇帝。此次投票结果，完全出于中央及各省官吏的作伪；此为全国所通晓，无须申叙。四年十二月十二日袁世凯遂下令承认帝制，更于同月三十一日下令改明年为洪宪元年。然承认帝制之令方颁，而云南宣告独立之电即至（四年十二月二十三日）。此后各省纷纷响应，袁世凯的地位转瞬便陷于极端危殆的情境。五年三月二十二日，袁世凯为挽救自己地位计，遂又下令取销承认帝位案。但各省仍相继宣告独立，最后且一致要求袁世凯去位。五年六月六日，袁世凯遂愤死于新华宫。

第四节　国会恢复至宣统复辟

自五年八月国会第一次复活，至民国六年六月复辟乱作，为制宪问题在国会里面争辩最烈的时期；但在这一年期间内，正式宪法仍未完成，《中华民国宪法草案》仍有一部分未及通过二读会。段祺瑞与督军团的作乱，固为国会制宪工作失败的主因；国会议员目击环境的危殆，而仍竞尚意气，玩视职责，自亦不能逃免失败的责任。

一　《中华民国宪法草案》的续议

袁世凯既死，副总统黎元洪依二年《大总统选举法》，于五年六月七日，就大总统职。于是各省相继取销独立，承认中央，全国又呈统一现象。六月二十九日，黎遂下令申明《临时约法》及二年《大总统选举法》为有效，并申明民国三年解散的国会，应继续召集，以完成宪法。该令云："共和政体首重民意；民意所寄厥惟宪法；宪法之成专待国会。我中华民国国会，自三年一月十日停止以后，时越两载，迄未召复，以致开国五年，宪法未定，大本不立，庶政无由进行。亟应召集国会，速定宪法，以协民志而固国本。宪法未定以前，仍遵行中华民国元年三月十一日公布之《临时约法》，至宪法成立为止。其二年十月五日宣布之《大总统选举法》，系宪法之一部，应仍有效。此令。"这个命令颇含以命令恢复宪法的口气；当时论法统者，于此亦不无指摘。但这不过是形式问题。黎元洪的就职既系以《约法》与《大总统选举法》为根据，则其承认该法继续有效，固事之所必至。同日，黎并下令，以五年八月一日为旧国会开始集会之期。届期，国会在众议院行开会式；两院议员到者五百余人。是为国会第一次恢复，称为国会第二次常会。国会集会后，即决定继续民国二年的制宪工作，而以民国二年宪法起草委员会所议定的《中华民国宪法草案》（即《天坛宪法草案》），为两院宪法会议讨论的基础。

《中华民国宪法草案》自五年九月五日至十三日，在宪法会议完成初读程序，即宪法起草委员会委员说明《草案》旨趣的程序。自五年九月十五日至六年一月十日，《草案》已完成审议程序，即宪法会议全体议员就《草案》内已有（或未有而应加入）的重大问题，共同议决其原则的程序。在这个期间内，审议会总共开会 24 次；大部分问题审议会已经讨论得有结果，但也有一部分问题，虽经审议而仍无结果。自六年一月二十六日起，宪法会议，对于《中华民国宪法草案》开始二读会程序，即逐条议决的程序；直至六年六月国会第二次解散之日，该《草案》仍有一部分问题，未及完成二读会。

在这个期间内，《中华民国宪法草案》之曾经二读会议决修正者，以下述诸项为最重要。[1] 第一为关于孔教的规定。尊孔问题发

① 见吴宗慈：《中华民国宪法史》，前编，第四章，第三十三、三十四节。

端于民国元年。[①] 民国二年袁世凯倾向专制，尊孔之说益盛；是年六月二十二日袁世凯并曾以明令恢复祀孔之礼。所以，进步党党员，在民国二年天坛宪法起草委员会中，极力主张以孔教为国教。该会所成立的《宪法草案》虽未完全容纳该项提议，然亦设有“国民教育以孔子之道为修身大本”之文（《草案》第十九条）。袁世凯死后，帝制已归失败，尊孔问题因亦随而沉寂；但在民国五六年宪法审议会与二读会时期，此问题依然引起许多辩论，反对者既欲打消《草案》的规定，而倡尊孔说者则尚以《草案》所规定者为不满足。最后，则依双方的协议，废去《草案》的规定，而代以承认“中华民国人民有尊崇孔子及信仰宗教之自由，非依法律不受限制”的条文；此项条文之漫无意义，显而易见，无待申说。第二，为关于国会委员会的规定。《草案》关于此项的规定，其目的在于议会闭会期内，留一监督政府的机关；但在民国五六年审议会及二读会中，此项规定，却为极大多数议员所反对；他们以为寥寥四十委员，难免不为政府所利用；且国会会期每年既有五个月之久，亦殊无设置此项委员会的必要。因之，《草案》内关于国会委员会条文，在审议会及二读会时，俱被极大多数否决。第三，为关于紧急命令权的规定。《草案》原定“大总统为维持公共治安，防御非常灾患，时机紧急，不能牒集国会时”，得经国会委员会的同意，发布与法律有同等效力的命令。此项规定，在二读会时，曾受严重的攻击。攻击者以此项规定不独危险，且无必要；盖《草案》对于一般变乱已经授予总统以

---

① 民国元年七月间，在北京集会的临时教育会，于其所编的学校管理规则中，因受国民党的影响，毫无关于尊孔的规定。当时一部分人士对之颇形愤慨；遂有孔道会，孔教会等组织出现；是为尊孔问题的滥觞。

依法宣告戒严之权，其于外国加兵中国的场合，并已承认总统得以径自宣战；至于天灾的场合，如大地震、大水灾之类，行政机关所需要的权力，不外财政一端而《草案》于此亦已设有财政紧急处分的规定。[①] 因是，《草案》中该项条文卒以主张维持者不满法定人数，被二读会废弃。此项条文的废弃，与国会委员会条文的废弃，恰相对峙；行政机关的自由，虽因国会委员会的废除而增加，却又因紧急命令权的废除而缩小。第四，为关于议员兼任国务员的规定。《草案》规定"两院议员不得兼任文武官吏。但国务员不在此限"；盖《草案》既系采用议院内阁制，则就理论言或各国实例言，议员之兼任国务员，当然不应遭受禁止。但二读会竟议决删去但书。第五，为关于国会集会的规定。《草案》虽承认国会自行集会、开会及闭会，而常会以外的临时会，则必须由总统牒集。此项规定曾经引起各方剧烈的争辩。最后通过二读时，该项规定，改为依总统的牒集或两院议员各三分之一的联名通告，国会俱得开临时会。

凡上所述俱为民国六年二读会通过案中，与《草案》原文相异的要点。《草案》中其他的重要规定，如关于两院组织的规定，与关于不信任投票的规定，当时虽亦引起许多争辩，但《草案》原文卒被通过。在民六二读会中讨论无结果的问题，最要者，一为解散国会权问题，二为省制问题。关于解散国会一层，《草案》虽赋予总统以解散众议院之权，却亦设有（一）须经参议院列席议员三分之二的同意，与（二）同一会期不得为第二次解散的两大限制。当时不满于该项规定者，或则主张全然不设解散权，或则尚认《草案》所设的

① 吴宗慈：《中华民国宪法史》，前编，附编，117页。

限制太严。[1] 因为议论太杂，此项条文在民六二读会中未及议决。至于省制问题，其引起当时国会议员的争执，尤远在一切其他问题之上；国会之遭受二次解散，此项争执亦一要因。

《中华民国宪法草案》，因完成时国会情势危殆，不及规定省制问题。民国五年宪法会议审议会中，国民党议员多主省制入宪，而宪法研究会（旧进步党党员梁启超、汤化龙、蓝公武、刘崇佑、林长民等所组织）及宪法讨论会（克希克图、夏同龢、乌泽声等所组织）则竭力反对。五年十二月八日审议会中，双方辩论时，竟至发生轰动一时的大斗殴案。事后宪法研究会并通电各省督军省长，致启督军干宪之渐；而主张省制入宪者亦通电全国，以相抵抗。扰攘一月，各党为至再至三的协商，始成立一个十六条的地方制度草案，[2] 交付宪法起草委员会使标列章条次序，提出宪法会议。及该草案付大会审议时，汤漪、秦广礼、骆继汉、吕复等又各提出修正案。[3] 于是各方的意见又见分裂。从前反对地方制度加入宪法的政团，如研究会讨论会等分子，复纷纷提出辞职书，以表示反对之意。当时在京集会的督军团（下详）之联名訾议宪法，呈请大总统解散国会，亦系反对派运动而来。直至六年六月国会解散之日，地方制度案在宪法会议中，虽曾经过审议程序，却完全不及通过二读会。

当时各方争论的要点，一在省制应否入宪，一在省长应否民选。急进者主张省制入宪并主张省长民选。反对者不特主张省长应由中央任命，并且反对以任何省制列入宪文。折衷派则主张省

① 吴宗慈：《中华民国宪法史》前编，附编，78—102 页。

② 同上书，前编，279—281 页。

③ 汤案、骆案、秦案、吕案见同书，前编，297—299 页，301—303 页。

制入宪，而不主张省长民选。各党协定的地方制度草案，以及汤漪的修正案与骆继汉的修正案内，俱已承认省长应由总统任命；在吕复修正案中，省长的产生，应由议会分次选举二人，由总统择一任命；惟秦广礼修正案则仍主张省长由人民选任。至于省制入宪问题，反对者所注重的固然是实际的障碍；主张者亦未始非鉴于当时实际的混乱，而思有所补救。所谓实际的障碍，便是当时各省督军的跋扈；督军既极跋扈，则即以宪文规定一种地方制度，他们亦未必能就范围；果然，则宪法的权威将不旋踵而堕地。这便是反对省制入宪者的理由。所谓实际的混乱，就是中央与地方权限不分，而其所以致此，督军制度实为主因。主张以省制入宪的人注重在矫正这种混乱状态。但严格地说来，各党协定的地方制度草案，以及各修正案，其内容俱未尝采取联邦主义：各案虽俱列举了若干应认为地方机关可以立法或执行的事项，但各案俱不曾明认中央立法权应受该项列举的限制。换句话说，地方事权初不因有规定而不能受中央立法机关的剥夺。[①] 此与南非洲宪法的规定约略相似，而不能与联邦宪法相提并论。[②]

二　国会的解散及复辟

段祺瑞内阁因解决军务及对德宣战问题，特召集各省督军及

① 各党协定的地方制度草案第四条云："省议会以不抵触中央法律为限，有左列各职权。……"骆案第八条云："……省议会之职权以不抵触国家法令及省长所执行者为限，议决省内行政事务。" 吕案第二条云："该议会限于不违背国家法律，得制定行于该省内之法律。"秦案第五条云："省议会议定本省一切法律条例。但不得抵触国家法令。"汤案第三条云："省之法令与国家法令相抵触时，大总统依国会议决得取销或变更之。"凡此规定，似俱认宪法上所列举的地方事权，不能限制国会的立法权；各党协商案尤显然如此。

② 参看本书第四编，第四章，第一节。

各特别区都统在北京举行军事会议，于六年四月二十五日开会；督军都统亲自到会者甚众；关于外交问题，一致主张对德宣战，冀以威胁国会中反对宣战的民党*，而为段内阁对德政策的声援。但国会终不通过对德宣战案。国会中宪法研究会党员乘机搆煽，于是始则督军团联名訾议宪法，呈请总统解散国会；继则各省督军相继宣布脱离中央。黎元洪目睹形势的危殆，乃拟假外援以自保。当时别树一帜，能与段派相抗者只有张勋。黎乃召张勋入京；名为共商国是，实则借以自保。六月七日张勋由徐州率兵北上，途次电陈调停条件，请限日解散国会。黎元洪于是于六月十二日，径纳张勋之请，下解散参众两院之令。该项命令当然须国务总理副署；然当时段祺瑞已免职，新总理李经羲复未履任；乃临时任命步军统领江朝宗兼代国务总理，使副署解散令。盖《临时约法》以及当时其他任何法律，俱无关于解散议会权的规定，其他国务员如伍廷芳等，为避违法之嫌，俱不愿副署此项非法命令。黎元洪于解散令发表之日，又另电各省，述其受迫的情形，与甘冒违法的苦衷。①

国会既经解散，张勋遂于六年六月十四日入京；其参谋万绳栻等已先密电康有为等来京。康既入京，即与张计划复辟。六月三十日晚，张勋邀集北京军警长官王士珍（陆军总长）、江朝宗（步军统领）、吴炳湘（警察总监）等告以复辟之谋，王等不敢反对，议遂定。七月一日晨三时，张勋偕王士珍、江朝宗、吴炳湘、陈光远、劳乃宣、刘廷琛等数十人，同入清宫，奏请清帝复辟。清帝当即发布

* 即指国民党。——编者注

① 解散令见《政府公报》，民国六年六月十三日；通电见《政府公报》，民国六年六月十四日。

上谕，宣言“临朝听政，收回大权，与民更始”；其意以为民国政府原系受诸清廷，此次复辟，系因共和试验失败而收回大政。[①] 同日清帝并任命内阁议政大臣、各部尚书、弼德院正副院长、南洋大臣、北洋大臣等若干人。黎元洪于复辟祸作后，即致电副总统冯国璋，请其依法代行总统职权；一面复任段祺瑞为国务总理；并声明于副总统未经正式代理以前，即由段负责处理一切事宜。黎本人则避居使馆区域。嗣因段及多数督军出而反抗复辟，张勋军队于六年七月十二日即被摧毁；张亦逃避荷兰使署。复辟之乱，至此结束。

第五节　西南护法至国会二次恢复

这个时期自民国六年夏起，至十一年夏止，约历五年之久。在这个时期内，国会制宪事业，在北京方面已完全停顿；但在南方各省，却产生了风靡一时的省宪运动。

一　西南国会之议宪

国会第二次解散后，国民党一派议员，纷纷赴沪，作恢复国会的运动。后因复辟乱作，大家注意于国体的恢复，遂未暇及此。复辟乱平后，冯国璋、段祺瑞分为总统总理，不召集旧国会。于是旅沪议员及孙中山先生等倡议护法；不久孙先生赴粤，国会议员亦纷纷南行，谋在粤自行集会；只以不足法定人数，遂于六年八月三十一日，成立国会非常会议，并制定《军政府组织大纲》，举孙先生为

① 清帝复辟上谕全文见《东方杂志》第十四卷第八号（民国六年八月），203—204 页。

大元帅。七年五月十八日，非常国会议决取销大元帅制，通过《中华民国联合政府组织大纲》，设政务总裁7人（由国会选举），组织政务会议，共同决定最高行政事务；二十日岑春煊、孙文、伍廷芳、唐绍仪、陆荣廷、唐继尧及林葆怿当选为总裁；是为中华民国采用行政合议制之始。七年六月十二日，在粤的国会议员，依同年三月十八日两院议员谈话会的决议，宣告继续第二届常会的会期，开正式国会于广州。惟此时到会议员仍未到过半数的法定人数，实际上正式会议仍未获成立。一部分人固提议将未到会的议员除名，而以候补议员递补；但除名亦须经过半数议员的议决，除名的规定亦无法适用。后因急于凑足法定人数，故虽已经声明此次集会为继续第二届常会的会期，但仍借用民国二年《议院法》第七条开会后满一个月尚未到院者应解其职的规定，先后解除参众两院议员数百余人之职，而以候补议员递补。至七年九月，法定人数已经凑足，正式会议，遂获成立。九月二十八日宪法会议的审议会，乃又开始集会；至十二月十三日，已将北京所审议未完的地方制度，继续审议竣事。是时议员应召而集者两院已各有三分之二以上的人数；于是宪法会议得以续开二读会。第一次二读会议决以审议完毕的地方制度案大纲，交宪法起草委员会起草。起初，议员们本拟一面由委员会起草地方制度条文，一面由宪法会议续开二读会，以讨论从前北京悬而未决的条文。乃因民国八年初，南北政府开对等和议于上海，议员又多离粤；故地方制度条文虽经委员会草定，仍不克报告于大会。和议经年，毫无结果；八年冬乃复有召集国会议宪之举。自八年十一月十八日起，至九年一月十二日止，又开了二读会暨审议会各若干次；卒因各政党间主张不同，协商无效，会议又致停顿。其间各方争执最烈的问题，为国会解散权问题，及地方制度章的省长职权问题。争执的结果，为政学会一部分议员之拒绝出席与宪法会议的流会。九年一月二十四日，宪法会议议长遂不得不宣告暂时停止议宪。西南议宪至是终局。

民国九年国会中“护法”议员的一部，因反对政务总裁岑春煊将与北京政府妥协，纷纷离粤，群赴云南，于九年八月在云南省城复开非常会议。这些议员本拟在云南组织政府；但因唐继尧不表赞同，遂又议决移国会及军政府于重庆。九年九月，抵达重庆后；复因川省内讧不已，于九年十月发布宣言，告别川省父老。直至桂系军阀被逐于广州后，“护法”议员方得于十年一月十二日复在广州开两院联合会议，至四月七日复开国会非常会议，并议决《中华民国政府组织大纲》，举孙中山先生为大总统。

二　新国会之议宪

复辟乱平，冯段执政之后，北方政府虽未推翻《临时约法》，却不召集旧国会。梁启超等谓：“中华民国已因复辟而灭亡；今国家新造，应仿第一次革命先例，召集临时参议院以议国家大计。”因是，六年九月二十九日，段内阁特以总统命令，令各省及蒙、藏、青海各长官遣派参议员，另组参议院，以补充约法上的机关。此项机关于六年十一月十日成立。

参议院成立后，即进行修改民国元年《国会组织法》、《参议院议员选举法》及《众议院议员选举法》；修改案议决后均于七年二月十七日经政府公布。修正之最要者不外三点：第一为议员名额的减少。参议院议员名额原定为 264 名，今则改为 168 名；众议院议员名额原定为 556 名（系假定以每人口 80 万出议员 1 名），今则改为 378 名（系假定以每人口 100 万出议员 1 名）。第二为选举权资格的提高。各省参议院议员，原定由各省省议会选举，今则改由

“地方选举会”选举；“地方选举会”系由“初选当选人”构成的复选机关；选举“初选当选人”的选举人，亦必须曾受高等教育，或曾充特种官吏，或具有高额财产资格。众议院的初选选举人资格，亦较元年选举法为高。第三为变更参议院的选举机关。依照元年选举法，各省参议院*系以省议会为选举机关；今则各省参众两院议员，俱由初选选举人选出的初选当选人选举。以上新选举法颁布后，政府一面命令内务部依新法筹备国会的选举，一面组织安福俱乐部操纵选举；至七年八月十二日国会遂宣告成立（即所谓“新国会”或“安福国会”者）。

新国会成立后，迟至十二月中旬，参众两院始依据《修正国会组织法》第二十条所规定，各举30人组成宪法起草委员会，从事制宪工作。委员会于十二月二十七日首次开会时，即议决废弃旧国会的宪法案，从新作成草案；卒于八年八月十二日第二十五次会议完成了一部新的《中华民国宪法草案》。①但这个草案，无论就实质或就条文而言，与《天坛草案》很少分别；值得注意者只有三点：第一，在《天坛草案》中，国会开会期**内尚有国会委员会之设，今则无存。第二，在《天坛草案》中，总统解散众议院时，须得参议院列席议员三分之二的同意，今无此项限制。第三，《天坛草案》以国会两院的联合会议为解释宪法的机关，今则以国会两院议长及大理、平政、审计三院院长为宪法解释者。所以这个草案虽仍采用责任

* 此处疑缺“议员”二字。——编者注

① 见国宪起草委员会事务处编：《草宪便览》（民国十四年），附录中，29—39页。

** 此处“开会期”有误，依《天坛宪法草案》第五章“国会委员会”之相关条款，应为“闭会期”。——编者注

内阁制度，但总统的权位已比在《天坛草案》中者略有提高。

惟当宪法新草案成立时，南北两政府正在进行对等和议，新旧两国会的运命俱在不可知之数，所以两者俱无心制宪。及八年冬和议决裂，则北方直皖两派军阀间的嫌隙已深，北京政府及其国会因仍不克讨论上述宪法草案。

至九年五月，直皖战起，安福派失败。政府于是年八月解散安福俱乐部，拟以元年旧法重组新国会。九年十月三十日徐世昌乃以大总统命令，宣布参众两院应从新选举；并令依照元年《国会组织法》及元年参众两院议员选举法办理选举，于是前述的《修正国会组织法》及参众两院议员选举法完全失效。嗣后各省遵徐世昌命令举行选举者不过11省；已经选出的议员遂始终未及集会。十一年六月，奉直战争告终，徐世昌被逼出京，黎元洪复入京摄行总统职务；民国六年遭受解散的旧国会，遂于是年八月一日复在北京继续集会。

三　省宪运动

当民国九年夏秋间，南方护法政府解体后，西南各省鉴于护法工作的无望，与一时统一的难能，乃转而为各省实行自治的主张；而所谓“联省自治”运动于以脱胎。细言之，倡导联省自治的人，抱有两种理想。第一，关于统一的方法，他们主张先由各省自行制定宪法（或称省自治法）；待各省（或若干省）省宪成立，实行自治后，再由各省遣送代表组织联省会议，制定国宪，因以完成统一事业。最初倡导联省自治主义者，其用意似偏重这一方面。第二，关于未来的政制，他们主张采取联邦制度。倡联省自治主义的人，固然也有不认联省自治主义为联邦主义者，然而那不过是名词上的争辩。实则倡导联省自治者，无不主张于国宪中划定中央与各省的权限。

而倡导联省自治最力的湖南省长赵恒惕，于其致曹锟、吴佩孚的“商榷国是书”中，尤明白地说：“在联邦制之下，则于宪法上将国家各项事权，一部畀与中央，一部畀与地方，是即流俗之所谓联省自治。”联邦主义的提倡，在民国元二年间，已露萌芽；民国三四年间，经章士钊等在《甲寅杂志》上的鼓吹，渐占势力。然而民国五六年间国会中所提出的地方制度各案，仍未尝充分的采取联邦主义，已如前节所述。自联省自治运动发生而后，联邦思想，一时几为多数舆论所赞同。

民国九年以后的省宪运动，就是根据联省自治的理想而产生的。各省之首倡自行制宪者为湖南。湖南省政府于民国九年十一月二日宣言自治后，即着手于省宪的制定；至民国十年十二月十一日，省宪草案始经全省公民投票公决，民国十一年一月一日《湖南省宪法》[1]遂公布施行。这个省宪，其制定的程序及内容，在民国十年至十五年间，影响于他省宪法运动者至为显著，今因述其梗概如下：

就制宪的程序言，《湖南省宪法》的制定，经过了（一）起草，（二）审查，及（三）公民复决三种程序。这个程序是经湖南省政府提经湖南省议会议决的；其议决案名为《湖南制定省自治根本法筹备章程》。起草的任务，由政府特聘的起草委员13人组织起草委员会担任；其意盖欲以起草之事畀诸具有专门法政学识与经验之人。审查的任务，由湖南各县民选的审查委员一百五十余人，组织审查会担任。审查会对于起草委员所议决的草案，有修改之权。复决之权，属于全省公民；复决后由省长公布。当时湖南议会，于

① 见《第一回中国年鉴》（商务印书馆，民国十三年），82—92页。

起草与复决两种程序之间，更设立审查程序者，无非以为公民复决，事实上不过一种形式；假使无此中间程序，则最终成立的省宪，实际上将成为几个政府委员的产物。

就宪法的内容而言，《湖南省宪法》的规定，有两点值得我们注意：第一，就是列举省的事权于宪文之中。盖联省自治运动的一个理想，原即联邦主义，已如上述；所以省权与国权的划分，势不能不于国宪中规定。但在国宪尚未成立以前，省之事权，自然只得在省宪中规定；如此，省机关的活动既可有一定范围，而未来制定国宪者亦可得一划分国省事权的准则。第二，就是民权的扩张。选举权之普及于男女两性；省长产出之须经全省公民决选（候补当选人4人由议会提出）；公民或法团之享有创制权、复决权与直接罢免权等等规定；俱即此种扩张的表现。但是《湖南省宪法》，在形式上虽然继续存在了4年有余；在实际上，却有许多条文从未严格施行；湖南的军阀政治，初未尝因省宪的存在而发生显著的变更。

自湖南宣布自行制宪而后，南方其他各省亦多以自行制宪相号召；其所采的制宪程序及宪文内容，亦多与以上所述的湖南省宪制定程序及湖南省宪特点相似。

浙江省督军卢永祥于民国十年六月四日即通电主张自行制宪；浙江省宪起草委员会于同月十六日亦着手起草浙江宪法；旋经浙江省宪法会议议决，而《中华民国浙江省宪法》158条，遂于十年九月九日宣布；当时称为《九九宪法》；同日尚宣布施行法二十三条。[①] 但二法宣布之后迄未实行。民国十一年，浙江省议会以《九九宪法》未经全民投票复决，遂议决再由省民自行提出宪法草案，

① 《九九宪法》及其施行法，俱见《第一回中国年鉴》，92—102页。

而将《九九宪法》作为草案之一。草案的审查,即由各草案提案人票举宪法审查员,组织省宪审查会行之。不久,省政府收受省民提出的宪法草案100部;各县提案人票举的审查员110人,于民国十一年十一月四日,开省宪审查会于杭州,于十二年一月二十六日闭会。各宪草归并审查的结果,计议决宪法草案三种,即所谓红色、黄色、白色三种宪法草案。① 三色草案原定于十二年八月一日交付全省公民复决,由各县镇乡届时一齐投票,投票人赞成何种颜色所印的宪法,即投何种颜色的复决票,而以得票比较最多数的宪法草案,为浙江省宪法;但此项投票届时亦未举行:三色宪法之未及发生效力,与《九九宪法》无异。至民国十五年一月一日,浙江省自治法会议,又议决公布了一种省宪,名为《浙江省自治法》;②但不久亦成泡影。

在民国九年至十五年间,除了湖南、浙江而外,广东、四川等省亦俱曾正式起草省宪,并曾成立省宪草案。③

综之,自民国九年以后省宪运动一时虽甚蓬勃,但各省军阀的势力,却未尝因是而减杀。

第六节　国会二次恢复至临时执政制度消灭

自民国十一年八月旧国会二次恢复至民国十五年四月临时执

① 此三种宪法草案,见《第一回中国年鉴》,102—129页。

② 见《东方杂志》第二十三卷第二号(民国十五年一月),附录。

③ 广东、四川省宪草案,见《第一回中国年鉴》,120—145页。

政制度消灭，在这个时期内，广州政府先因基础不固、国会议员不足法定人数，无力制宪；后因转移目标，放弃法统，不谈制宪；北京的国会或政府，虽仍以制宪相号召，一般社会，一因横暴的军阀，有非一纸宪法所能制裁，再因堕落的议员政客，亦不足以代表人民，却不复重视他们的制宪工作。但十年未成的中华民国宪法，在形式上竟在这个期间公布。即在临时执政制存在的期间内，亦尚成立了一种制宪会议的条例与一种宪法草案。我们现在略述这几种文书成立的经过。

一　民国十二年十月十日《中华民国宪法》

民国十一年四月，直奉战争的结果为直胜奉败。直系军阀吴佩孚等，因“安福国会”所选出的大总统徐世昌有接近奉系军阀张作霖的嫌疑，有去之之意，因倡恢复“法统”之说。所谓“法统”恢复，要不外恢复黎元洪的总统职务，与恢复旧国会二事。于是，旧国会一部分议员于民国十一年五月二十四日，在天津设立“第一届国会继续开会筹备处”，以恢复旧国会相号召。直系将领当即通电表示赞成。六月二日徐世昌即因直系将领的压迫，自行宣告解职；六月十一日，黎元洪则因直系将领的拥戴，回京执行总统职务。在津旧国会议员，亦于六月十二日，移京集会。黎氏复职后，并下令撤销民国六年六月十二日解散国会之令。参众两院，于六月十六日，亦咨达大总统，声明定于八月一日正式开会。以护法为号召的广州政府适于此时发生陈炯明叛离孙中山先生的事实；于是一部分留粤议员事实上亦不克继续留粤；北京国会，遂于八月一日，得有过半数议员的报到而集会。是为旧国会的二次恢复。

但是国会虽然恢复，而议员的资格问题仍待解决。盖自民国六年国会解散后，议员中有南下参预护法，列席于民八广州国会者；有未南下参预护法而被民八广州国会除名者；此项除名议员的议席，并经民八广州国会，以他人补充；以是旧国会集会后，关于议员资格问题，即发生民六、民八之争。民六者，即民国六年六月十二日国会解散时的议员。民八者，即民国八年在广州集会的议员。民八议员，如在民六国会解散时已为议员，自无问题。至于其他民八议员之能否列席，则视此次所恢复的国会，究系民六国会，抑系民八国会以为断；如为民六国会，他们便不能列席；如为民八国会，他们自可列席，而民六议员之未经列席于民八国会者，便不能列席。此事在国会中曾惹起激烈的与长期的争执。但国会终于主张继续民六国会的工作；民八补充的议员，终于丧失列席资格。

中央制宪之业，既历十年而未成，国会二次恢复后，自仍以制宪为最重要的职务；但集会后，宪法会议仍往往以不足法定人数而流会。于是国会议员乃提议修改元年《国会组织法》，以减少宪法会议出席人数的限制。《国会组织法》第二十一条本规定："民国宪法之议定，由两院会合行之：前项会合时，以参议院议长为议长，众议院议长为副议长；非两院各有总议员三分二以上之出席，不得开议，非出席议员四分三以上之同意，不得议决。"根据此项条文，凡开宪法会议时，参议员总额274 人，必须有183 人列席，众议员总额596 人，必须有398 人列席。当时众议院法定人数不虞不足，参议院则常差数人。于是参众两院，于十二年四月，对于《国会组织法》第二十一条第二项，议决下列修正案，送经政府公布："前项会合时，以参议院议长为议长，众议院议长为副议长，正副议长均有事故时，以两院副议长临时代理；非两院有总议员五分三以上之出席，不得开议，非出席议员三分二以上之同意，不得议决；但关于议宪程序，以两院议员总数过半数之出席开议，出席议员过半数之同意议决”。于是，出席人数的限制大减，宪法会议亦较易成会。然而国会议员犹以此为未足，他们更修改《宪法会议规则》，增设宪法会议出席费，议员出席宪法会议者，每次得支出席费20元。两院议员，依法原已享有优厚的岁费（5,000元）及旅费，[①]今复增设出席费，以引诱议员出席宪法会议；当时舆论，对于议会，于是益形鄙视。

民国六年国会解散时，《中华民国宪法案》尚有一部分未经过二读会，其最要者则为地方制度案。恢复的国会既自认为民六国会的继续，而非民八广州国会的继续，自须继续讨论民六悬而未决的地方制度及其他问题。于是宪法会议的宪法起草委员会，依宪法会议自十一年八月十日至十一年十一月二十日迭次审议会的议决，先后草定“地方制度”及“国权”各一章，于十一年十二月提出于宪法会议；后更草定“生计”及“教育”各一章（大都模拟1919年德宪的规定），于十二年四月提出于宪法会议。但“地方制度”章及“国权”章提出后，议员间对于省宪问题，争辩甚烈，扰攘竟历数月。直至十二年六月十二日，各派始将“地方制度”章及“国权”章协商完妥；然仍未及经过宪法会议的二读会。六月十三日，黎元洪被直系军阀逼迫离京，政变复起，两院议员纷纷赴沪集会，北京宪法会议遂至流会至数十次之多。八月间，赴沪议员几足开会人数；但此类议员中，一部分不久即被北京方面为曹锟办理总统选举之人，用重利诱回北京。至九月下旬，北京参众两院居然又可成会。但第一届众院即将满任，众参两院因于九月七日及二十六日分别通过一案，于元年《国会组织法》中增加“议员之职务，应俟次届选举完

① 民国二年九月二十七日《议院法》，第九十二条。

成,依法开会之前一日,解除之"一条,藉使众议员任期得以暂时延长。该案当由两院咨请摄阁(黎去后即由内阁摄行总统职务)公布。至十月一日,出席宪法会议的人数,仍未足总统选举会所需要的法定人数——586人。于是,为曹锟办理选举的军阀、阁员及议员等,除公然发给各议员5,000元的贿选费外,复于十月四日,公布《修正国会组织法》。十月五日总统选举会缘是而获成会;成会后,曹锟即当选为总统。

当北方筹办总统选举的人以金钱诱引南下议员返京时,口头上原以促成宪法为词;返京议员,表面上亦大都以完成制宪事业为口实。十月四日,宪法会议遂以一次会议,将"地方制度"全章,完全通过二读会;十月六日又将"国权"章及民六悬案全数通过二读会;并推定蓝公武、籍忠寅等整理宪法案全部文字。十月八日,宪法全案遂通过三读会。"教育"、"生计"两章,则因两院议员急于完成宪法,以图掩盖他们贿选的罪恶,致被完全委弃,不及付议。①十月十日,宪法会议即将宪法全案正式公布。当时舆论,则称之为"贿选宪法"或"曹锟宪法"。②

宪法会议最后通过的宪法案与民六二读会时代《中华民国宪法案》相异的要点,即在"国权"与"地方制度"两章。依照"国权"章的规定,中央事权与地方事权俱经宪法明白列举,地方事权的范围,初非中央的普通法律或命令所能增减;所以十二年十月十日的《中华民国宪法》实是一种联邦宪法,与民六二读会时代的《中华民国宪法案》显然不同;虽则民六二读会时代所通过的"中华民国永

① 该两章草案全文,载吴宗慈:《中华民国宪法史》,后编,451—453页。
② 该宪全文见本书附录六。

远为统一民主国”的条文，仍被十二年十月十日的《中华民国宪法》保存。依照“地方制度”章的规定，省得自行制定省自治法，但是省的地方区划，则已经该章划定（全国地方分为省县二级）；省机关及县机关的组织以及省县关系，亦经该章规定了一个大纲；关于省自治法制定的机关，该章亦有所规定。盖当时省宪派与反省宪派争执甚烈，此种规定，乃属一种调和。

十二年十月十日《中华民国宪法》，为十三年十一月二十四日段祺瑞颁布《临时政府制》时所推翻。但即在该宪存续的期间内，该宪条文亦大都未及实施；盖当时直系军阀虽假藉此宪以相号召，初无实行此宪的诚意；且该宪本文既无施行细则的规定——该宪公布后，国会亦从未另颁宪法施行细则——该宪中一部分条文，实际上或亦无从实施。

二　民国十四年《国民代表会议条例》及《中华民国宪法案》

民国十三年直奉二次战争的结果，直系势力为奉系及冯玉祥所推翻；总统曹锟亦被冯拘禁。是年十一月二十四日段祺瑞因受奉系军阀的拥护，入京主持中枢，颁一《中华民国临时政府制》[①]以革命政府自居，自号“临时执政”；既不承认《临时约法》，亦不承认

① 《中华民国临时政府制》如下：

第一条　中华民国临时政府以临时执政总揽军民政务，统率海陆军。

第二条　临时执政对于外国为中华民国之代表。

第三条　临时政府设置国务员，赞襄临时执政，处理国务。临时政府之命令及关于国务之文书由国务员副署。

第四条　临时执政命国务员分长外交、内务、财政、陆军、海军、司法、教育、农商、交通各部。

第五条　临时执政召集国务员，开国务会议。

第六条　本制自公布之日施行，俟正式政府成立即行废止。

十二年十月十日的《中华民国宪法》。临时执政制度，系一种独裁制度；一切大权，俱集中于临时执政。旧国会亦因此次政变而消灭。十三年十二月二十四日，段祺瑞复颁布一种《善后会议条例》，其目的在召集各地方军民长官的代表，以及政府所认为具有“特殊资望学术经验”之人，开一种善后会议，以“解决时局纠纷，筹议建设方案”。嗣后段政府又草定一个《国民代表会议条例草案》，咨送善后会议讨论。该《草案》于十四年四月十八日经善后会议修正议决，于同月二十四日经政府公布。依照这个《国民代表会议条例》，政府应召集一个国民代表会议，其职务纯以“制定宪法及其施行细则”为限。换句话说，国民代表会议将为一种特殊制宪会议。至于国民代表会议的选举方法，在大体上仍与民国元年的《众议院议员选举法》无大差别：各省区代表的产生，系用间接选举；蒙、藏、青海及华侨代表的选举，则适用直接选举法。当段政府以国民代表会议组织问题提付善后会议讨论时，孙中山先生及中国国民党颇不赞同；因为善后会议，实际上只是一个军阀代表机关，而依孙先生意见，国民代表会议组织法，应由农、工、商、学各法团自行召集的国民会议筹备会议定。所以《国民代表会议条例》虽然成立，有些省份却不执行选举；国民代表会议亦始终未能成立。

但段政府于其势力完全瓦解以前，亦制定了一种宪法草案，名为《中华民国宪法案》。盖依《国民代表会议条例》的规定，宪法案的议决权虽属于国民代表会议，宪法案的起草权却另属于一个纯由各省区军民长官及“临时执政”所指派的国宪起草委员会。国宪起草委员会于十四年八月三日成立，其委员长则为林长民。历四个月时期的起草工作后，至十四年十二月，执政政府势力行将瓦解时,该委员会始匆遽的议决了上述的《中华民国宪法案》。[1] 但是该草案始终只是一个草案,因为国民代表会议始终未及集会。就其内容的大要而言,该草案颇与十二年十月十日的《中华民国宪法》相似;即其所增加的"生计"、"教育"两章,大体上亦与民国十二年旧国会未及议决的"生计"、"教育"两章相似。但该草案与十二年十月十日《中华民国宪法》亦有相异之点:例如草案中对于国土问题之采取列举主义;对于众议院选举之采用直接选举制;对于众议院议员之适用直接罢免制;对于总统选举之采用人民间接选举制;对于宪法修正问题之采用特殊制宪会议制;以及参议院职权的缩减、颁给荣典制度的恢复等。

临时执政制,于十四年十二月尚经过了一番修改。修改的要点,系于执政之下,添置国务院及国务总理,并规定执政的命令须经总理及各部总长副署。这是因为段祺瑞受各方武人的压迫,不得不采用一种类似内阁的组织,以为缓冲的地步。但行之未久,段祺瑞的势力已至无可维持的境地。十五年四月二十日,段因不见容于吴佩孚、张作霖各军阀,被迫出京,临时执政制遂完全消灭。

---

① 关于本案起草的经过,见十四年国宪起草委员会所刊的《国宪起草委员会公报》(共五册)。《草案》全文,亦见立法院编译处编:《各国宪法汇编》第一辑,95—116页。

第三章　国民政府时代之制宪

自十五年四月段祺瑞被迫去职，北京一时陷于紊乱状态。不久，因吴佩孚的主张，曹锟正式宣布解职，由颜惠庆出而摄阁，在形式上北京政府演成一种“护宪”（即拥护十二年十月十日的《宪法》）之局。嗣后陆续由杜锡珪继颜摄阁；由顾维钧继杜摄阁。直至十六年六月十八日，奉系军阀张作霖始正式推翻“摄阁”制，施行所谓“军政府大元帅”制，设立军政府，自为大元帅，并置国务总理及国务员。此种独裁制度，至十七年六月间，因国民革命军占领北京，张作霖逃死奉天，方告消灭，而北京政府亦随以俱灭。

广州自十年四月七日非常国会议决《中华民国政府组织大纲》，并依《大纲》第二条选举孙中山先生为大总统后，孙先生即于五月五日在广州就任，并即组织政府。但广州政府的实力在陈炯明手中，而陈则主行联省自治，反对孙先生的北伐。孙陈失和，于是先有孙免陈的兼职，陈率军退惠州之举（十一年四月九日），继有陈叛孙（六月十六日）、孙离粤（八月九日）之事，而广州的政府，亦于无形中消灭。

但孙中山先生本人虽离粤至沪，而在粤桂及福建的武力则依旧存在。这些武力于十二年一月终于逼陈炯明重退惠州。孙先生于一月二十一日重入广州，毅然放弃法统，而以裁兵建设为号召；

并自任大元帅,大元帅的大本营即是政府,也即是后来国民政府的远祖。

孙中山先生于十二年重返广州后,党政军三事并重。中国国民党的改组,到了十三年一月已告完成。同年十月,北方曹吴的势力被推倒,孙先生亦即经日本北上。不幸抵津即病,于十四年三月病殁北京。大元帅既殁,广州政府于七月一日亦改组为国民政府,采用委员制。国民政府成立后,即从事于广东的整理。到了十五年七月一日,国民政府已能出师北伐。

自民国十五年夏至十七年夏间,为中国国民党所领导的国民革命的最严重时期。在此时期内,政治的中心已逐渐移到国民革命军统治的区域以内;到了十七年十月,中国国民党在其新定首都改组国民政府的时候,全国统一在大体上已算完成。惟此后又因种种问题,发生破裂及纷扰,约法问题即是此中的问题之一。以下我们分节说明(一)中国国民党的宪法观念,(二)国民政府组织法的变迁,及(三)约法运动与立宪运动。

第一节　中国国民党的宪法观念

关于宪法问题,中国国民党的主张,概以其领袖孙中山先生的政治理想为根据。孙先生对于宪法问题的主张,可以分作三部说明如下[①]:

① 参看钱端升:“孙中山先生的宪法观念”,《民族杂志》第四卷第一期(民国二十五年一月)。

一　中国未来宪法的内容

孙中山先生对于中国未来的宪法（即其所谓宪政时期的宪法），揭有两大主义：

第一为民权主义。这就是对于近代代议制度，表示不满，而冀以“直接民权”制度，匡救其失。孙先生在《民权主义》的讲演录中，主张一切人民，除享有间接民权（选举权）外，尚应享有创制权、复决权及罢免权，以为制裁政府的手段。但欲使全国人民对于中央政府行使此种直接民权，在版图辽阔的中国，实际上自有重大困难；所以在孙先生的理想中，创制、复决及罢免三权，在训政时期固只能由各县人民行之于各县；即在宪政时期，人民亦仅能对于本县的政治，行使此种职权，其在全国，则仅能行使选举权，而应以创制、复决、罢免三权，付托于国民代表组成的“国民大会”行使之。①

第二为五权分立主义。立法、行政与司法三权的分立，为18世纪以来欧美政治学者的传统思想。孙先生认为此种三权分立主义，尚不足以防止政府的专制，而增进政府的效率。因是，孙先生对于政府机关的组成及其职权的划分，主张五权分立制度。所谓五权，就是立法权、行政权、司法权、考试权及监察权。孙先生所以提倡此种主张，系因考试与监察两权，在中国法制史上，早已略具

---

① 孙中山《中国革命史》“革命之方略”篇中有云：“……第三为建设完成时期。在此时期，施以宪政。此外一县之自治团体当实行直接民权：人民对于本县之政治，当有普通选举之权、创制之权、复决之权、罢免之权；而对于一国之政治，除选举权之外，其余之同等权，则付托于国民大会之代表以行之。”同篇中又云：“国民大会职权，专司宪法之修改，及制裁公仆之失职。”果然，则国民大会将不能尽有一切创制、复决及罢免之权。但《国民政府建国大纲》第二十四条的规定，与前者吻合，所以我们从前者而不采后者。《中国革命史》，见《总理全集》第一集，914—929页；《建国大纲》，见同书，第一集，852—854页。

独立的形式，而在理论上讲，欧美各国以考试权并于行政，以监察权并于立法或司法，亦缺乏健全的理由。至于将来行使五权的五院应各如何组成，五院职权的限界应各如何规定，孙先生初未发表具体的主张，或细密的方案；其所表示者不过以下荦荦数端。（一）行政院的总统与立法院的议员，均应由“各县人民投票选举”。[①]（二）司法、考试、监察三院的院长，应各“由总统得立法院之同意而委任之；但不对总统及立法院负责”。[②]（三）“五院皆对国民大会负责；各院人员失职，由监察院向国民大会弹劾之；而监察院人员失职，则国民大会自行弹劾而罢黜之”。[③]（四）关于考试权的范围，孙先生的著作及讲演中虽未详细讨论，但有一事，则孙先生曾反复主张，值得我们的特别注意，即考试制度的适用，将不仅以任官为限，即被选为议员的资格的取得，亦必经过考试。中国国民党政纲所谓“厘订各种考试制度，以救选举制度之穷”，便即此意。[④]（五）关于监察权的范围，孙先生亦从未详论；惟监察院弹劾之不仅可以涉及行政、司法、考试各院的人员，并且可以涉及立法院的民选议员，则如上方所述，孙先生已明白主张；不过受监察院弹劾之人，不能由监察院自行罢黜，而须移付国民大会决定罢黜。

第三为国民大会的设置。由上所述，足见孙先生理想中的宪法，于民选的行政元首及民选的立法院而外，尚有一民选的国民大

---

① 《中国革命史》，“革命之方略”篇。但依《建国大纲》第十九条及第二十一条的涵意，则在宪政开始时期，五院长之外必另有总统。若然，则在宪政开始时期似亦可另设总统。

② 《中国革命史》，“革命之方略”篇。

③ 同上。

④ 参看《五权宪法》讲演及《国民政府建国大纲》第十五条。《五权宪法》讲演见《总理全集》第一集，830—847页。

会。就其组成而言，这个国民大会，将由全国各县各选代表一人组成。此层，孙先生于其《五权宪法》及其他讲演中已一再言及，至为肯定。就其职权而言，这个国民大会将“专司宪法之修改及制裁公仆之失职”。“宪法之修改”，即对于宪法行使复决及创制之权；“制裁公仆之失职”，即裁决监察院的弹劾案，或更自动行使罢免之权。凡此，俱显然见于民国十二年孙先生所撰《中国革命史》中“革命之方略”篇。但依其民国十三年所撰的《国民政府建国大纲》第二十四条，则“国民大会，对于中央政府官员，有选举权，有罢免权；对于中央法律、有创制权，有复决权”。似此，国民大会的职权固不限于复决、创制与罢免，而涉及“中央官员”的选举；即其复决权与创制权，亦将不仅涉及“宪法之修改”，而可涉及“中央法律”。若然，则行政院的总统，其他各院的院长，以及立法院的议员，岂不亦将由国民大会产生？立法院所制定的普通法律，岂不亦将由国民大会行使所谓“立法的复决”与“立法的创制？”若然，则与“革命之方略”所示，显有出入；因依“革命之方略”，总统及立法院将由各县人民选举；司法、监察、考试各院的院长，将由总统得立法院的同意而委任；国民大会，将以修改宪法及制裁公仆两事为其专责。《国民政府建国大纲》与“革命之方略”间的冲突，究应如何调和，或何取何舍，论者亦不一其说。但一因《国民政府建国大纲》的撰著在后，再因关于国民大会的职权一层，“革命之方略”篇本身亦有冲突，①故一般以为应从《国民政府建国大纲》之所定。

①　“革命之方略”既云：“国民大会职权，专司宪法之修改及制裁公仆之失职”；又云：“人民对于本县之政治，当有普通选举之权、创制之权、复决之权、罢官之权；而对于一国之政治，除选举权之外，其余之同等权，则付托于国民大会之代表以行之”。这两点显有出入。

二　宪法颁布前的准备

上面所述,是孙中山先生理想中的宪法;就中国情形而言,这自然不能即时实施。因此,孙先生认为实行此种宪法以前,尚须经过两个时期:一为军政时期。在此期内,革命政府的工作在“一面用兵力扫除国内之障碍;一面宣传主义以开化全国之人心,而促进国家之统一”。凡一省完全底定之日,即为该省军政时期终止之时。二为训政时期。任何一省,军政时期终了,即应开始训政。训政的根本方法,则为分县自治。所谓分县自治,在以县为试行民生主义及民权主义的基本区域。所谓试行民生主义,即定地价、征地税、修道路、垦荒地、设学校之类。所谓试行民权主义,即全县人民对于本县的政务,逐渐行使选举、创制、复决、罢免各权。① 任何一县,如其政府,于上述关于民生诸事办理完竣,其人民于上述四种民权,曾受适当训练,即成为完全自治的县。任何一省,如其所辖各县均成为完全自治的县,该省的训政工作即为完成;中央即应容许该省的国民代表,选举省长,而认该省为已达“宪政开始时期”。全国之中,如有过半数省份,已达“宪政开始时期”,全国训政工作乃认为完成,上述理想的宪法,应即于此时颁行,②至于各县自治的完成,与全国训政工作的完成,究竟各需多少年期,孙先生于其晚年手撰的《国民政府建国大纲》中,初未拟议。但其早年所订的《军政府宣言》,则有三年完成县自治,与全国平定后六年实施其理想宪法的假定。③

---

① 以上详见孙先生所撰《地方自治开始实行法》及《国民政府建国大纲》。《地方自治开始实行法》见《总理全集》第一集,859—865 页。

② 《国民政府建国大纲》,第二十三条。

③ 《军政府宣言》见《总理全集》第一集,288—299 页。

于此尚有连带而起的几个问题。第一,在训政期内,中央政府是否应有一种临时性质的成文宪法?第二,这个临时宪法的内容应该如何?第三,在这个时期,中央应否成立一个人民代表机关?对于第一个问题,孙先生于其"革命之方略"篇中,固显然承认训政时期亦应颁布"约法",以"规定人民之权利义务与革命政府之统治权"。这自然就是一种临时的成文宪法。但《国民政府建国大纲》却未提及此层。对于第二个问题,孙先生未尝为任何具体的讨论;不过五权分立之制,《国民政府建国大纲》中已明定在"宪政开始时期"必须试行。所谓"宪政开始时期",实即任何一省于分县自治的工作已告完成的时期;就全国言,固尚在训政时期。关于第三个问题,《国民政府建国大纲》并无明显的规定。《大纲》第十四条说:"每县地方自治政府成立之后,得选国民代表一员,以组织代表会参预中央政事";第二十六条则说:"宪政开始时期,国民代表会得选举省长,为本省自治之监督;至于该省内之国家行政,则省长受中央之指挥。"以上两条所指的国民代表,其性质究竟有何差别,颇不明确。

三　未来宪法制定的程序

依《国民政府建国大纲》之所定,未来的宪法草案,以宪政开始时期的立法院为起草机关,以《国民政府建国大纲》及训政开始以来的成绩为根据。[①] 等到全国有过半数之省达到宪政开始(即地方自治完成)时,则召集国民大会,加以讨论,而颁布之。

---

① 《建国大纲》第二十二条原文为:"宪法草案当本于《建国大纲》及训政宪政两时期的成绩。"此句颇不易解,意者训政时期即指宪政开始前的训政时期;宪政时期,系指自宪政开始至宪法公布的时期。

以上为孙中山先生的宪法思想，也就是中国国民党的政治主张；但政治的理论与实行，往往难于完全一致，中国国民党的行为自然也不是例外。

第二节　国民政府组织法的变迁

自民国十四年七月一日广州政府改组以后，国民政府为革命时代的中央政府；因之，《国民政府组织法》亦成了中国的根本法或根本法的一部分。但中国国民党自十三年改组以后，励行“党治”，国民政府不独在实际上由党产生，随时受党的指挥监督，即在形式上，党的决议与命令，亦常常见诸国民政府的公文法令。所以我们于研究国民政府的组织或地位的时候，绝对不可忘却这个“党治”的事实。这是我们应该首先申说的。至于国民政府的组织，自其成立至今，亦曾经多次的更易。今分别述明如下：

一　民国十四年七月一日《中华民国国民政府组织法》①

广州政府自民国六年孙中山先生护法以来，几与北京政府永立于敌对地位。民国十四年，因孙先生的病故，与广东内部反对势力之渐被毁灭，中国国民党中央执行委员会遂决定废弃孙先生在日所行的大元帅府制，而改设国民政府，并于七月一日议决《中华民国国民政府组织法》，推汪兆铭、胡汉民等16人为委员，以汪为主席。这个《组织法》极其简单，全文不过十条，其内容要点有三。

---

①　全文见本书附录七。

一为合议制的采用。据该法第二、第三、第五等条的规定,国民政府以委员若干人组成,以其中的1人为主席,5人为常务委员;但政务的处理,以委员会议行之,出席委员会议的委员如果不足半数,即得由常务委员决行。国民政府因此成为一种合议机关。合议制的采用,系因孙先生亡故后,中国国民党党内尚分派别,一时尚无一个可以继起领袖全党的人物。二为一权主义的采用。这个《组织法》,对于国民政府的权限,毫无明确的规定,亦无一语涉及司法、立法等权的分立。所以,国民政府在形式上俨成一个立法、行政、司法等权的综合体。三为"党治"原则的著明。该《组织法》第一条明定"国民政府受中国国民党之指导及监督,掌理全国政务"。基于此项规定,国民政府在实际上往往只是执行党的决议的机关,或党与政府各机关间的承转机关。

二 民国十六年三月十日《修正中华民国国民政府组织法》①

国民政府于十五年六月任命蒋中正为国民革命军总司令,进行北伐。至十五年十月国民革命军已由广东出发,陆续占领长沙及武汉;十一月二十八日,国民政府遂决定由广州迁往武汉。旋因中国国民党内部意见的分歧,一部分领袖于南昌既下之后,复主张暂将首都设于南昌;各方争执颇历时日。十六年三月十日,中国国民党中央执行委员会在汉口开第三次全体会议,遂定首都设于武汉,并通过《修正中华民国国民政府组织法》,选出汪兆铭等28人为国民政府委员。此项修正法,与十四年七月一日的原组织法,大致相同,惟修正法废去主席,仅设常务委员5人,并明定国民政府

---

① 见国民政府法制局编:《国民政府现行法规》(民国十七年三月),2—3页。

委员会会议只需“国民政府所在地委员过半数之出席”。[①] 此项规定，均反映当时政情：主席制的废除，系因当时领袖间不能互相信任；出席会议法定人数的缩减，则半因全体委员的过半数向难召集，半亦因当时党的势力已露分裂的趋势。

《修正中华民国国民政府组织法》成立未久，中国国民党因容共（共产党）反共之争，裂而为二；自十六年四月十六日至十六年九月二十日，武汉与南京各设有国民政府及中国国民党党部，彼此成一对峙形势。在这个宁汉分立时期，南京政府并未另颁国民政府组织法；但实际上，国民政府下所设的机关，与十四年七月一日及十六年三月十日的法规，俱不一致；即如当时南京政府所设立的教育行政委员会、中央法制委员会及法制局等机关，便为十四年及十六年《组织法》之所无，或且与各该《组织法》不无冲突。自十六年九月二十日，国民党各方领袖重行妥协，成立代行党部职权之“中央特别委员会”，并由该委员会推定国民政府委员 43 人，组成国民政府；于是宁汉分立之局告终。在“中央特别委员会”时期（十六年九月二十日至同年十二月二十八日），国民政府的组织系以十六年三月十日的《组织法》为根据，亦并未另颁国民政府组织法；但实际上当时所颁的许多单行法，如《大学院组织法》之类，与十六年三月十日的《组织法》亦不相容。

三　民国十七年二月十三日《中华民国国民政府组织法》[②]

代行中国国民党党部职权的“中央特别委员会”，因党中领袖

① 案国民政府委员会会议须国民政府所在地委员过半数之出席一项，民国十四年七月二十日《国民政府委员会会议规则》中本已有此规定（见民国十四年七月《国民政府公报》，第三号）；但今始正式见诸《组织法》。

② 见《国民政府公报》，民国十七年二月，第三十二期。

于该会成立之后,多表不满,遂于十六年十二月二十八日自行宣告结束;同时各方领袖亦正努力于中国国民党中央执行委员会之续开全体会议。此项全体会议,延至十七年二月三日始获开幕;集会结果,除改组党部外,并于二月四日重新议定《国民政府组织法》,计十一条,交由国民政府公布,同时推定国民政府委员46人,以谭延闿为主席。此次《组织法》与十六年三月十日的《组织法》初无重大差异。但常务委员(5人至7人)之外,仍设有主席1人;且国民政府直辖机关,经前此《国民政府组织法》规定者,只有行政各部,今则增置最高法院、监察院、考试院、审计院、法制局等机关。但实际上,考试、监察两院在此项《组织法》存在的期间内(十七年二月十三日至十七年十月八日),并未成立。

四　民国十七年十月八日《中华民国国民政府组织法》①

自十七年二月中国国民党中央执行委员会四次全体会议闭幕后,国民政府即赓续责成国民革命军总司令蒋中正完成北伐。至是年六月初间,奉军退回奉天,国民革命军遂占有北京。七月一日,奉军首领张学良亦向国民政府表示,愿意停战,徐商和平统一办法;北伐军事,从此告终。于是党的领袖复主召集中央执行委员会第五次全体会议,以期解决统一后的军事、财政及政府组织等问题。此项会议,于十七年八月举行。但五次会议闭幕后,胡汉民等适自海外回国,力主开始试行五权制度;旋由胡汉民、戴传贤、王宠惠等拟就试行五权制度的《中华民国国民政府组织法草案》,提出于中国国民党中央执行委员会政治会议。此项草案,曾经政治会议组织审查会修正;该修正案于十月三日由政治会议议决通过,而

---

①　见本书附录八。

由中央执行委员会公布，并于八日经国民政府公布。

这个《国民政府组织法》，计共四十八条；其所规定限于（一）国民政府的组织与职权，及（二）行政、立法、司法、考试、监察各院的组织与职权。

关于国民政府的组织，该《组织法》设置主席委员 1 人及委员 12 人至 16 人；并明定国民政府处理国务，应由国民政府委员组织“国务会议”行之。由此看去，国民政府仍显然为一种合议制度。但就军事而言，国民政府主席，依该法第九条的规定，既为“中华民国陆海空军总司令”，则该法第二条所定“国民政府统率海陆空军”的职权，自应由主席单独行使；若然，国民政府的组织便不得视为单纯的合议制。但以上犹仅就法文而言。若就事实而言，则十七年十月以后的国民政府主席，其权力之大，远非前此的主席所可比拟；所以国民政府的组织更不能视为合议制，而应视为总统制。

关于国民政府的职权，该《组织法》之所定，究为五权主义抑为一权主义，亦颇成疑问。在真正的五权分立制度之下，五院之外，自不容有任何机关，对于五院的决定，享有变更或否决的权力，否则便为一权主义而非五权主义。该《组织法》第十三条似乎隐示“国务会议”可以支配五院的一切决定；论者因谓当时立法者仍未能抛弃民国十四年七月一日以来国民政府的组织原则——即一权主义。

关于五院的组织及职权，该《组织法》有五点值得我们特殊的注意。一为立法院的职权，不仅涉及立法，并且涉及行政的监督；因条约案、宣战案、媾和案、预算案、大赦案均须经立法院议决。二为立法院委员应由院长提请国民政府任命。三为司法院的职权不仅涉及司法审判，并且兼理司法行政、公务员惩戒及行政审判等事宜。四为考试院的职权兼及铨叙，不仅以考试为限。五为监察院的职权兼及审计，不仅以弹劾为限。①

上述《国民政府组织法》，在历次的国民政府组织法中，实最为重要：一因该法是试行孙中山先生五权制度的第一种具体方案；再因自十七年十月以来，中央的政制，除了因所谓责任内阁制的问题而起的变化以外，大体上尚始终未脱离该法所设立的规模。

上述《组织法》对于国民政府委员、主席及五院院长的产生方法，以及本法的修正程序，均无明文规定，惟与《组织法》同时通过的《训政纲领》第六条，则规定解释及修正之权由中国国民党中央执行委员会政治会议行之。实际上，国民政府委员等的产生，仍沿用从前的办法，由中央执行委员会或其常务委员会推定；而本法的修正，则向由中央执行委员会全体会议或政治会议行之。

五　民国十九年十一月二十四日《中华民国国民政府组织法》②

十七年十月的组织法实行后，即由蒋中正任国民政府主席，谭延闿任行政院院长。十九年九月，谭延闿病故，蒋中正兼任行政院长，于是原组织法中所规定的国务会议及行政院会议乃略有变更的必要。十九年十一月十七日中央执行委员会第三届第四次全体会议将原组织法为下述两种的修改：(一)原第十一条"以国务会议处理国务"一句删去，自本条以下的"国务会议"改称"国民政府会议"，而自二十一条以下的"行政院会议"则改称"国务会议"；

① 《国民政府组织法》颁行以后，国民政府尚颁有《行政院组织法》、《立法院组织法》、《司法院组织法》、《考试院组织法》、《监察院组织法》，详定各该院的组织。各该《组织法》见《国民政府公报》，民国十七年十月二十六日。

② 见《国民政府公报》，民国十九年十一月二十五日。

(二)原第十三条“公布法律,发布命令。经国务会议议决,由国民政府主席及五院院长署名行之”,则改为“公布法律,由国民政府主席署名,以立法院院长之副署行之;发布命令,由国民政府主席署名,以主管院院长之副署行之”。由第一项修正,国民政府主席及委员不复合议以处理国务;由第二项修正,五院院长对于国家的行为(法律及命令)不复负有共同的联带责任,而只对其所主管的事项分别负责。严格地说起来,经此修正而后,国民政府的组织,已自形式上的合议制成为行政院院长总揽行政权之制。

六 民国二十年六月十五日《中华民国国民政府组织法》[1]

民国二十年六月一日,国民政府公布《中华民国训政时期约法》,[2]国民政府组织法自须依照《约法》重加修正。于是中央执行委员会第三届第五次全体会议又议决了一个新的《中华民国国民政府组织法》,于十五日由国民政府公布。

这个《组织法》共分十章,计五十二条。以与十九年十一月十七日修正的《国民政府组织法》相较,则有下列三个重要的不同。第一,国民政府的组织在大体上放弃了合议制,而国民政府主席的权力则较前大有增高。在前,五院院长由中央执行委员会(或其常务委员会)选任,各部会的长官由主管院院长提请国民政府任免;在今,则各院院长既由国民政府主席直接提请国民政府依法任免(第十条),即属于各院的各部会的长官及立法监察两院委员,由主管院院长提出人选后,仍须由国民政府主席提请国民政府依法任免。而且在该《组织法》有效的时期内,国民政府主席事实上本兼

① 见《国民政府公报》,民国二十年六月十六日。

② 关于《训政时期约法》成立的经过,见后,478—480页。

行政院长；所以，就行政院各部会的长官而论，国民政府主席的任免权尤为完全。第二，国民政府委员在前次的《组织法》中，仅有12人至16人，其中的10人，兼为五院的正副院长；今则委员人数增至16人至32人，五院的正副院长则为此数以外的当然委员。委员人数既多，充任委员者事实上又多兼有京内外要职，不易参加国民政府会议，国民政府会议乃流为一种形式的机关。在前，国民政府会议对于公布法律及发布命令，尚有议决之权，今则径由国民政府主席署名，关系院院长副署行之，而不必经由会议（第十七条）。换言之，在新的《组织法》之下，国民政府会议的权力较前更小，而国民政府委员，则成为一种徒拥虚名，而无实权的职位。第三，新《组织法》添设陆海空军副司令一职；这不特为前次的组织法所无有，与《训政时期约法》亦不无抵触。

十七年十月而后，国民政府的组织事实上已趋近于总统制。二十年六月的《组织法》，则仿佛更予总统制的事实以一种法律上的根据。自十四年七月中国国民党制定首次的《国民政府组织法》以来，中央政府的组织向采合议制（即一般人所谓委员制），多年未肯放弃；二十年六月的《组织法》则显然表现一种新的动向。

新组织法成立后，中央执行委员会第三届第五次全体会议即选任蒋中正连任国民政府主席，而以张人杰等32人为国民政府委员。旋蒋以主席名义提请以蒋中正、林森等分任五院正副院长。于是主席仍兼行政院长，其权力较前更形扩大。

七　民国二十年十二月三十日《中华民国国民政府组织法》[①]

民国二十年六月一日的《训政时期约法》颁布之后，内乱仍未

① 全文见本书附录十。

能消弭，自五月二十七日起，于广州宣告成立的国民政府仍继续的作反对的运动。是年九月十八日，辽宁又有最严重的外患勃发，于是京粤始同意言和。两方代表十月底在上海会议的结果，决定京粤各召集中国国民党第四次全国代表大会，以共同推举第四届的中央执监委员，再由中央执行委员会举行全体会议以组织政府。根据这个协议，中央执行委员会第四届第一次全体会议于二十年十二月二十六日决议了一个修正的《中华民国国民政府组织法》。

这个修正的《组织法》共分九章，计五十四条。该法与二十年六月的《组织法》不同之点有五：第一，为国民政府主席权力的缩减，及所谓责任内阁制的树立。在旧法之下，国民政府主席的权力本极广大，实际上因主席兼为行政院院长，大权的行使自更自由。削减主席权力，代以负责的内阁，为当时粤方最热烈的要求。因此，新《组织法》规定国民政府主席"不负实际政治责任"（第十一条），亦"不得兼其他官职"（第十二条）。主席的任期限为二年，且仅得连任一次（第十三条）。主席无任免五院正副院长之权，院长与主席同由中国国民党中央执行委员会选任（第十条）。主席无指挥五院之权，五院院长各对中央执行委员会负责（第十五条），而不向主席负责。旧法中"主席因事故不能执行职务时，由五院院长依次代理之"一条，亦被删去，其意似亦在防止主席与行政院院长职务的混一。所谓树立责任内阁制，其实际的意义只是使主席成为无实权与无政治责任之人，并以行政权与行政责任移归行政院。这与英国式的典型责任内阁制自不易相提并论，因为在中国民选的议会初不存在。即以行政院拟内阁，以中央执行委员会（或其政治会议）拟议会，亦仍不妥，因为行政院既须完全受中央执行委员会或其政治会议的支配而服从其决定，则其性质与赋有相当对抗议会权力的英国式内阁亦显然不同。第二，国民政府委员额数规定为24人至36人（第十条）。议决这个《组织法》的中央执行委员会全体会议并定有各院部会长官及现役军人不兼任国民政府委员的标准，于是国民政府委员几尽以不兼重要官职（党职除外）的闲散人员充任。第三，旧法中的“国民政府会议”改称“国民政府委员会会议”，而行政院的会议则复称“行政院会议”。实际上此国民政府委员会会议从不涉及重大政策事项。一般政策，均决于“行政院会议”，或由行政院提请中央执行委员会政治会议决定。第四，立法委员及监察委员名额均加多一人，全部委员的半数，新《组织法》规定“由法定人民团体选举”（第三十条*）。此项规定系迁就当时一部分国人所倡还政于民的要求，但并未实行。第五，司法行政部旧隶司法院，今改隶行政院；但新《组织法》第三十七条更规定“司法院院长兼任最高法院院长；司法院副院长兼任公务员惩戒委员会委员长”，以免司法院之过于闲散。

新《组织法》成立后，中央执行委员会全体会议即推林森为国民政府主席，蒋中正等32人为国民政府委员，孙科等为五院正副院长。

二十年十二月的《国民政府组织法》，除下列若干条文曾经修改外，至今仍为现行法，盖为自来各个国民政府组织法中寿命最长者。修正条文分述如下：

---

* 原文此处为“第三十及四十八条”，疑误。——编者注

第一，二十一年三月十五日修正第三十七条。[①] 按原第三十七条"司法院院长兼任最高法院院长；司法院副院长兼任公务员惩戒委员会委员长"，但中央执行委员会第四届第二次全体会议曾加以修正，改为最高法院院长得由司法院院长兼任，公务员惩戒委员会委员长得由司法院副院长兼任。此项修正，在使条文的运用较富弹性。

第二，二十一年十二月二十六日修正第三十及第四十八条。[②] 按照原第三十条及第四十八条，立法及监察委员的半额本应民选，但中国国民党中央执行委员会第四届第三次全体会议既决于二十四年召集国民大会，并先期召集国民参政会，遂认立法及监察委员无须民选，而恢复从前委员完全由院长提请国民政府主席任命的办法。[③]

第三，二十三年十月十七日修正第二十四、第三十五及第三十六条。[④] 司法行政部在二十年十二月以前向隶司法院，此后则隶行政院，已如前述。二十三年十月三日，中央执行委员会的政治会议，本于人事的原因，又议决将《国民政府组织法》第二十四、第三十五及第三十六各条予以修改；于是司法行政部重隶司法院。自十七年十月以来，国民政府组织法不由中央执行委员会全体会议修改，而由政治会议发动修改者此为一例。

---

① 原文见《国民政府公报》，民国二十一年五月，洛字第二号。

② 原文见《国民政府公报》，民国二十一年十二月二十七日。

③ 关于此点，民国十七年十月八日《组织法》，民国二十年六月十五日《组织法》，与此次修正案，在条文上本各不相同，但在实质上则相同；故此次修正当然可社为旧办法的恢复。

④ 原文见《国民政府公报》，民国二十三年十月十八日。

第三节 约法运动与立宪运动

第一目 训政时期约法的制定

一 训政时期是否需要约法

这个问题为民国十七年北伐成功后多年未能解决的问题。我们在上面已经说过,如照中国国民党总理孙中山先生的遗教,则训政时期无疑的应有一个约法。[①] 十七年八月八日中国国民党中央执行委员会第二届第五次全体会议开会时,南京特别市党部法制局局长王世杰及中央执行委员朱霁青等,尝分别有请颁约法的建议案;法制局的提案并主张于约法中确定(一)人民的权利义务,(二)中央政府的组织及(三)中央与地方的关系;全体会议亦有"训政时期应遵总理遗教,颁布约法"的决议。似此,训政时期之应有约法,似再无争执的可能,而中国国民党权力机关的第一义务应即为约法的制定与颁布。但是全体会议尽管申说依总理遗教,训政时期应有约法,而党中有力的及对于这问题有主张的领袖,则对于孙先生的遗教并不作同样的解释。依照胡汉民的意思,孙先生的全部遗教即是训政时期的根本大法,所以用不到另订约法。胡汉民为当时党的有力领袖之一,胡既反对约法,约法遂不易产生。所以胡汉民同孙科等自欧返国后,全体会议关于约法的决议案并无下文,而五院制的《国民政府组织法》及所谓

---

① 见上,462 页。

“训政纲领”[①]则于十月三日通过于中央执行委员会的常务会议。依胡汉民诸人的见解，在训政期内，孙中山先生的全部遗教即是中华民国的根本大法，所以有了《国民政府组织法》及《训政纲领》以分别规定政府的组织及政权治权的行使后，中华民国便无须成立约法。

胡汉民诸人的见解于十八年三月一日更得中国国民党第三次全国代表大会的拥护。代表大会于三月十九日追认上述的《训政纲领》，二十一日更通过中央执行委员会常务委员所提的“确定总理主要遗教为训政时期中华民国最高根本法案”，[②]所谓重要遗教则指《三民主义》、《五权宪法》、《建国方略》、《建国大纲》及《地方自治开始实行法》。大会对于上项决议更附以极长的说明，其中有云：“总理遗教不特已成为中华民国所由创造之先天的宪法，且应以此为中华民国由训政时期达于宪政时期根本法之原则，其效力实较中国以前所见之约法为更大也。”决议案中既云以主要遗教为最高根本法，说明中又云应以此为根本法之原则，足见代表大会系认遗教为根本法之原则，并非径捐遗教为根本法。除了上述的议决案，代表大会同日并通过“确定训政时期党政府人民行使政权治权之分际及方略案”，[③]以补充《训政纲领》之所不足。十八年六月十日，中央执行委员会第三届第二次全体会议更议决“治权行使之规律案”，[④]以防止政府各机关之侵害人权或越权或废职。这两个决议案的成立，其用意即在弥补因没有约法而存在的缺陷。

---

① 全文见立法院编：《中华民国法规汇编》第一编，45页。

② 原案及说明见《中央党务月刊》第十期（民国十八年五月），19—20页。

③ 全文见《中央党务月刊》第十期（民国十八年五月），22—24页。

④ 同上，第十二期（民国十八年七月），7页。

自上述各决议案通过而后,在中国国民党一部分领袖的眼光中,约法已无必要,约法问题遂告结束。但自十八年三月起,至十九年九月,阎锡山、汪兆铭等在北平所组的国民政府解体时止,全国几不断地在分裂及内战的状态中;在此时期中反对南京的各派的一种口实,仍为约法问题。同时,中国国民党以外,主张先立约法者亦不乏人。所以自十九年夏季以后,训政时期应有约法的主张又渐渐有力。

二 太原《中华民国约法草案》[①]

自中国国民党于十八年三月在南京召集第三次全国代表大会后,汪兆铭及其所领导的党员,与南京的党部及政府处于敌对的地位。十九年八月七日,汪兆铭等成立中国国民党中央党部扩大会议于北平;于九月一日通过《国民政府组织大纲》;[②]同日推定阎锡山为国民政府主席,汪兆铭等7人为国民政府委员;九月二日议决即时起草约法,并互推汪兆铭等7人为约法起草委员。此为扩大会议起草约法的开始。所谓扩大会议,即国民党第一、第二、第三届中央执监委员均得参加的会议。

当扩大会议推出约法起草委员会时,各地军事已现不利于北平的组织的形势,所以起草委员会于九月十五日起,即会同专家,赶为起草的工作,希冀于政府动摇以前完成草案。但张学良于九月十八日即派兵入关,十九日北平党部与约法起草委员会均迁往太原。到太原后,委员会仍继续工作;卒于十月二十七日完成《中华民国约法草案》,即一般人所称为《太原约法草案》者。

---

① 全文见立法院编:《各国宪法汇编》第一辑,139—163页。

② 原文见《大公报》,民国十九年九月二日。

这个《草案》共分八章，计二百十一条，其要点如下。（一）前文中声明这个约法，系根据《国民政府建国大纲》而制定，所以起草者仿法国1791年宪法，以《人权宣言》列入宪法之首的办法，将全部《建国大纲》列为第一章。（二）第二章规定人民的权利义务，并采用所谓直接保障主义；即约法本身的条文，纵无法律的补充，亦能发生保障的实效。（三）第三章关于国权的规定，对于国家（即中央）的事权采列举主义，而以不归于国家的事权，划归地方。虽则列举的事权极为广泛，国家对于各省的课税又得以法律限制或禁止，但在形式上该约法颇类似一种联邦约法。第五章中关于省可自制省宪的规定更增强了联邦制的色彩。（四）第四章规定中央制度。该章规定国民政府为一严格的委员制，设委员7人至11人，以其中1人为主席；大体上与十四年十月以前的国民政府相似，只未设常务委员。但到了宪政开始时期，则国民政府应以总统督率五院，处理国务。五院的组织与十七年十月《国民政府组织法》所定的组织大致相似，惟立法委员的全体及监察委员的过半数由人民间接选举，而不由国民政府任命。（五）中央有全国国民代表会的设立，其代表由已达自治各县的人民直接选举。在宪政开始以前，全国国民代表会为国民政府的咨询机关，并有建议之权；在宪政开始时期，则更有创制、复决、弹劾及监督国民政府之权。这一点是《太原草案》与以后的《训政时期约法》最不相同之点。（六）第五章规定省与县两种地方制度。省设省国民代表会及省监察分院，前者由县民公选，后者由县监察委员会互选，所以直接间接均为民选机关。在宪政开始以前，省国民代表会仅为咨询及建议机关，在宪政开始时期，则为省的制宪、选官、立法及监督机关。但省宪的内容须受约法上所规定的种种限制。（七）县设县长、县议会及县监察委员会(3 人至 5 人),俱由县民选举。(八)第六章为"教育",第七章为"生计",条文颇多,大抵摹仿 1919 年德宪。更有经济委员会之设,其组织及权力亦与德国的临时经济院近似。(九)第八章规定约法的解释及修改:解释之权操于中央监察院(5 人)及最高法院(4 人)所合组的约法解释委员会;修改之权操于中央党部及国民会议。这两点俱为约法所应规定,而为次年的《训政时期约法》所未及规定者。

十九年十月二十七日扩大会议于发表上述的《约法草案》时,并发有宣言,[①]请求民众于三月内尽量为修正的建议,以供党部的采择,并声明"三月以后中央当以此草案预备提交国民会议;如认为时势必要,或即以此草案颁布施行,庶几训政时期,政府与人民有共遵守之根本大法"。但事实上扩大会议不久即无形解散,此项草案只成陈迹。

三　民国二十年六月一日《中华民国训政时期约法》[②]

《太原约法草案》的本身虽未成为法律,但扩大会议的约法运动却有促成南京国民政府颁布约法的功能。蒋中正于十九年十月三日在开封军次曾电请中央执行委员会,"提前召集第四次全国代表大会,确定召集国民会议之议案、颁布宪法之时期及制定在宪法未颁布以前训政时期所适用之约法","并请于最短期间,召集本届中央执行委员会第四次全体会议,以便决定此重要之问题"。[③] 电中并谓经此次战事(冯阎战事)之后,恶势力已经扫除,"纪纲既振,

① 全文见《大公报》,民国十九年十一月二十九日。

② 全文见本书附录九。

③ 电文见《中央党务月刊》第二十七期(民国十九年十月),38—39 页。

风尚一新,思想已有统一之望,社会亦得安定之机,于是国民会议乃有召集之可能与必要”。

中央执行委员会常务委员会依上述的呈请,于十一月十二日召集全体会议;全体会议则议决于民国二十年五月五日召开国民会议,议定约法。胡汉民仍持向来主张,并谓:“第三次全国代表大会已决议将总理所著的主要遗教,定为效力等于约法的根本大法,现在又谈约法,岂非将总理遗教搁开而另寻别径?”①此为引起当时党内政潮的一大原因。

二十年三月二日蒋中正等复于中央执行委员会临时常务会议提议,国民会议应“于三民主义的训政范围以内,确定本党与全国人民共同遵守之约法……以树长治久安之宏规”。该议案旋即通过。同时常务会议推吴敬恒、王宠惠等11人为约法起草委员。起草委员于三月九日初次开会时,又推王宠惠、邵元冲、邵力子为初步起草委员;实际上则由王宠惠担任起草初稿。草案经起草委员会六次讨论后,于四月二十二日全部通过;于二十四日经中央执行委员会常务会议通过;于五月二日经中央执(执行委员会)监(监察委员会)临时全体会议通过,而提交国民会议。

《国民会议代表选举法》则于二十年一月一日公布。代表共520名,由各省市选出472名,蒙、藏及华侨选出48名。各省市的代表由(一)农会,(二)工会,(三)商会及实业团体,(四)教育会,大学及自由职业团体,及(五)中国国民党五类职业团体选举。

国民会议于五月五日开会,出席者除代表外,尚有中国国民党

① 见“国家统一与国民会议之召集”演词,《中央日报》,民国十九年十月十日及十三日。

的执监委员及国民政府委员;中国国民党的候补执监委员,五院所属部会的长官及国民会议主席团特许的人员则可以列席;因之,中国国民党对于该会议可说有绝对的支配能力。该会于第一次大会即开始讨论约法草案,经全体大会四次的讨论后,于五月十二日即全部三读通过。最后通过的约法案,如与中央执监临时全体会议通过的草案相较,则仅有下列三项的不同:(一)《约法》"序言",及第二十九、四十一、五十一、五十二、五十六、六十二、七十四、八十及八十二等条,曾经文字上的修正;(二)《约法》第三十五、三十六、五十三、五十四、七十、八十四及八十八等七条是国民会议新增的;(三)《约法》第八十五条"本约法之解释权,由中国国民党中央执行委员会行使之",原为"本约法解释权,由约法解释委员会行使之。约法解释委员会组织以法律定之"。第一项与第二项的修正,实际上无关闳要;第三项则确定了党治的继续。

《训政时期约法》共分八章,计八十九条。今将其内容解析如下:

"前文"述明本约法系遵照中国国民党孙总理的遗嘱,由国民会议制定的;其目的则在促成宪政。

第一章为"总纲",规定领土、主权、国民、国体、国旗、国都等事。

第二章为"人民之权利义务"。本章对于人民的权利未采直接保障主义,而采法律保障主义。换言之,人权的保障有赖于法律,而法律亦可限制人权。

第三章为"训政纲领",系照录十七年十月三日的《训政纲领》。《太原约法草案》照录《建国大纲》的全部,列为第一章,《训政时期约法》一面将《建国大纲》中可以适用的条文照录在内,一面将《训政纲领》的全部列为第三章，后先相映，且用意亦同。

第四章为“国民生计”。该章所昭示的两大原则，为奖励生产及劳资协调。

第五章为“国民教育”。该章规定学龄儿童俱应受义务教育，失学成年人应受补习教育。

第六章为“中央与地方之权限”。关于这个问题，《约法》采均权主义，而以详细规定之权界诸法律，显然不可拟于联邦制度。

第七章为“政府之组织”，又分中央制度与地方制度两节。关于中央制度，《约法》完全以当时在行使中的（即十九年十一月二十四日的）《国民政府组织法》为根据。关于地方制度，《约法》除规定县设县自治筹备会，及省于宪政开始时期国民代表会得选举省长外，并无详细的规定，一切均留待法律的规定。

第八章为“附则”，规定《约法》解释的方法，及宪法制定的程序。依《约法》第八十五条，《约法》的解释权由中国国民党中央执行委员会行使。党既有解释《约法》之权，则基于党权而颁布的法令，即显与《约法》相抵触，当仍可有效；只有党认为与《约法》抵触的法律，才是无效；《约法》第八十四条“凡法律与本《约法》抵触者无效”的规定，亦只能在此场合下发生效力。这不特是当然的解释，数年来事实的表现正亦如此。

关于宪法制定的程序，《约法》完全依照《建国大纲》之所定，已见上文，今不重述。①

至于《约法》是否可以修改，修改的程序又应如何，则《约法》本身概无规定。如按一般的解释，则修改自是可能，而程序则应如

① 见本书462页及注。

《约法》制定的程序。[①]

以上所言，乃仅就《约法》的条文，而略为分析其内容。如就实行而言，则《约法》未获全部实行的机会。不特"生计"等章的实行需要充实的经济力量，"人权"章的实行需要善良的法院及上下共尊法律的精神，即关于政府的组织，《约法》条文亦往往未及遵守。自二十年十二月的《国民政府组织法》实行以来，中央政府的重心在行政院院长，国民政府主席则无提请任命五院院长及各部会长官之权；然而《约法》第七十四条固依旧存在。自二十一年十二月中央执行委员会第四届第三次全体会议议决令立法院起草宪法以来，宪法制定的程序，固已与《约法》所规定者大相径庭，但"附则"亦从未有所修改。我们须知《约法》虽已颁布，而党治的制度初未动摇，统治之权仍在中国国民党的手中。在党治主义之下，党权高于一切；党的决定，纵与《约法》有所出入，人亦莫得而非之。以此之故，民国二十年六月的《约法》，并未尝为中国政制划一新的时期。

第二目　颁行宪法的预备

依照《国民政府建国大纲》第二十二条及第二十三条所定，全国半数的省份完成地方自治时，国民政府便应召集国民大会，以决定立法院所议订的宪法草案，予以颁布，而中华民国亦即入于有宪的时期。至于立法院应于何时开始议订宪法草案，则细译《建国大

① 参看本书389页。

纲》第十九条及第二十二条之所定，当不能早于宪政开始以前，因为立法院于宪政开始时始获成立，而草案亦应以训政及宪政两时期的成绩为根据。约法中关于制宪程序的规定，与《建国大纲》的条文全同；关于五院的成立，却比《建国大纲》之所规定者为早。这是引起争议的一因。又十六年六月十日，中国国民党中央执行委员会第三届第二次全体会议，规定训政以六年为期，至民国二十四年完成，而实际上各省县训政工作，以种种原因，绝不能克期告成。这是争议所由起的又一原因。盖立法院既成立于宪政开始以前，则立法院是否即可草宪，便成问题。训政既不能如期结束，则宪法应于何时颁布，亦成问题。如颁布于训政未成以前，则违反《建国大纲》，如历六年而仍不颁布，则为失信于国民。

在二十二年以前，中国国民党对于制宪的程序，尚不欲变通《建国大纲》之所规定。惟孙科则于二十一年四月屡次于报纸发表意见，主张从速立宪，并主张即由立法院草拟宪法。[①] 当时于右任等尚以放弃训政将危及国家为忧。[②] 但因时势的推移，二十一年十二月举行的中央执行委员会第四届第三次全体会议，终于通过孙科等的提案，而有“拟二十四年三月开国民大会，议决宪法，立法院应速起草宪法草案发表之，以备国民之研究”的决议。[③] 不久，孙科就立法院院长职（二十二年一月），草拟宪法的工作亦即进行。

① 参看《申报》民国二十一年四月二十六日，孙科招待报界谈话。

② 参看于右任：“放弃训政与中国革命之危机”，《中央日报》，民国二十一年五月五日。

③ 《中央党务月刊》第五十三期（民国二十一年十二月），889—990页。

一　宪法草案的议订[①]

立法院于二十二年一月二十日组宪法草案起草委员会，由院长孙科自兼委员长，并令派立法委员张知本、吴经熊等42人为起草委员，张、吴并兼副委员长。该会于二月九日开第一次会议，于二十三年二月二十四日成立初稿。先后共开会24次。初稿的主稿人本为张知本；张辞后，改由吴经熊继任。吴于二十二年六月八日即在报纸上发表其所拟的初稿[②]，同时立法院更呈国民政府令各级政府及各学校、各法团等组会加以研究。立法院于二十三年三月一日正式发表的《中华民国宪法草案初稿，》则与吴稿已大异，只能视为起草委员会新拟的草案，而不能视为吴稿的修正。

《中华民国宪法草案初稿》[③]共分十章，计一百六十条。就政制而言，该《草案初稿》以国民大会所推选的国民委员会为中枢的重心，而行政院院长为行政的实际首领，总统则不负实际政治之责。

立法院于发表《草案初稿》时，曾定以三月一日至三月三十一日（后展至四月三十日）为公开详论时期，籍此广征各方意见，以为审查草案的根据。[④] 该院旋于三月二十二日派立法委员傅秉常等36人为宪法案初稿审查委员，并以傅为召集人。经17次的审查会议后，傅等拟成一个《中华民国宪法草案初稿审查修正案》。该案经立法院于七月九日正式发表。

---

① 参看孙科："立法院议订宪法草案之经过"（民国二十三年）。

② 全文见《时事新报》，民国二十二年六月八日—十一日。

③ 全文见《立法院公报》第六十二期（民国二十年九月）。参读周鲠生："宪法草案评"，《东方杂志》第三十一卷第八号（民国二十三年四月）。

④ 参看立法院宪法初稿审查委员会编：《宪法草案初稿意见书摘要汇编》（民国二十三年六月）。

《中华民国宪法草案初稿审查修正案》[①]共分十二章，计一百八十八条，比初稿增“军事”、“财政”两章。初稿中的国民委员会今改为国民大会委员会，权限亦缩小甚多。初稿在大体上本采责任内阁制，今则大体上改采总统制。

立法院于二十三年九月十四日至十月十二日间共开七次会议，以讨论审查修正的宪法草案初稿，至十月十二日则完成二读。该院后于十月十六日开会将该稿三读通过，《中华民国宪法草案》遂成立。

《中华民国宪法草案》[②]共分十二章，计一百七十八条。草案初稿设国民委员会，初稿修正案设国民大会委员会，草案则取销此项委员会。以前分隶于国民大会本身及其委员会的权限，今大部分划归国民大会本身，小部分移于总统、立法院及监察院，又一小部分则取销无存。草案中立法院的地位已近似欧美民主国家的议会，其职权并不限于治权，而且涉及政权。照初稿修正案，民主国家的议会所享的立法权由立法院及国民大会（及委员会）分掌；照草案则大致划归立法院。至于立法院二、三读通过的草案之所以大异于初稿及初稿修正案者，则由于王宠惠所主张的政权治权应厘分清楚之说；因为欲分清政权治权，所以特将兼有二者的国民大会委员会取销。这层意思，孙科院长于九月二十八日向立法院大

① 全文及审查委员会报告见《立法院公报》第六十二期（民国二十三年九月）。参读钱端升：“评立宪运动及宪草修正案”，《东方杂志》第三十卷第十九号（民国二十三年十月）。

② 全文见《立法院公报》，第六十二期（民国二十三年十月）。参读金鸣盛：《宪法草案释义》（民国二十四年）；及钱端升：“评中华民国宪法草案”，《东方杂志》第三十卷第二十一号（民国二十三年十一月）。

会报告时亦加以说明。但国民大会委员会取销后。立法院自己转成为一个兼有政权治权的机关。

立法院于通过宪法草案后,即呈国民政府转送中国国民党中央执行委员会政治会议。二十三年十二月十四日,中央执行委员会第四届第五次全体会议议决:“《中华民国宪法草案》,应遵奉总理之三民主义,以期建立民有民治民享之国家,同时应审察中华民族目前所处之环境及其危险,斟酌实际政治经验,以造成运用灵敏、能集中国力之制度。本草案应交常会依此原则郑重核议。”但常务会议直到二十四年十月十七日始决定原则五项,交付立法院,作为修正草案的标准。五项原则的原文如下:

(一)为尊重革命之历史基础,应以《三民主义》、《建国大纲》及《训政时期约法》之精神,为草案之所本。

(二)政府之基础应斟酌实际政治经验,以造成运用灵敏、能集中国力之制度;行政权行使之限制不宜有刚性之规定。

(三)中央政府及地方制度在宪法草案内应于职权上为大体规定,其组织以法律规定之。

(四)宪法草案中有必须规定之条文,而事实有不能即时施行,或不能同时施行于全国者,其实施程序应以法律定之。

(五)宪法条款不宜繁多,文字务求简明。

上述五项原则中,自以第二及第四项为最富意义。常务会议于交下五项原则时,并附交若干未经发表的“修正宪法草案条文要点”,但亦大多与该两项原则有关。立法院依常务会议之所指示,于十月二十四日及二十五日重行审议宪法草案;于二十五日通过修正草案,仍名《中华民国宪法草案》。

立法院修正的《中华民国宪法草案》[①]共分八章，计一百五十条。原《草案》本有十二章，今则“军事”、“财政”两章全删，而“省”、“县”、“市”三章则合并为一章，故修正草案只有八章。在原《草案》中，立法院的权力颇大，但修正案则将总统之权更增大，而将立法院之权大为缩减。修正案中的总统，较诸行使总统制的美国的总统，其地位与权力亦尚优越。

对于立法院所通过的修正草案，中国国民党中央执行委员会第四届第六次全体会议亦曾组织“中华民国宪法草案审查委员会”，而命之审查；但以草案条文繁多，大会时期又促，该审查会遂建议请六中全会转请第五次全国代表大会“对于本草案加以大体审查，指示纲领，再行授权于下届中央执行委员会为较长时期之精密讨论后，提请国民大会议决颁布之”。[②] 此项审查意见随即为第六次全体会议所采纳，并经提出第五次代表大会讨论；讨论结果仍为授权中央执行委员会审议。[③] 中央执行委员会第五届第一次全体会议，则除决定于二十五年五月五日宣布宪法草案，于十一月十二日开国民大会外，[④]并指定叶楚伧等19个中央委员组织宪法草案审议委员会，以审查立法院所修正的宪法草案。审议委员会于四月十八日审议完毕，拟定修正之点23项，呈请中央执行委员会常务会议核定。常务会议于四月二十三日决议“审议意见通

① 全文见《立法院公报》第七十四期（民国二十四年十月）。参看周鲠生：“宪法草案的修正与实施”，《武汉大学社会科学季刊》第六卷第一号（民国二十五年一月）。

② 见《中央党务月刊》第八十八期（民国二十四年十一月），991页。

③ 见《大公报》，民国二十四年十一月二十二日。

④ 见《中央党务月刊》第八十九期（民国二十四年十二月），1420页。

过”,[①]并即交立法院复议。立法院于四月二十五日交傅秉常等八委员为条文的整理,卒于五月一、二两日将修正草案通过。[②] 此项草案并经国民政府,依中国国民党中央执行委员会第五届第一次全体会议的决议,于五月五日正式宣布。

国民政府宣布的《中华民国宪法草案》[③]共分八章,计一百四十八条。该《草案》与二十四年十月的《草案》间有三项重要的不同:第一,国民大会的任期虽自四年增至六年,但常会的召集则自每二年一次改为每三年一次,临时会的自动召集,由代表四分之一的同意,增至五分之二的同意;换言之,国民借选举以行使政权,及国民大会借开会以行使政权的机会,比前愈见稀少而困难。第二,总统的权力及地位更有增加:总统任期自四年增至六年;总统有权召集临时国民大会;总统可以召集五院院长,会商关于二院以上的事项及总统所咨询事项;总统得发布紧急命令,并为经济上的紧急处置,且可于三个月内不即提交立法院追认。第三,为所谓“过渡条文”的增设,其重要者更可归纳为三点:(一)宪法的施行日期以法律另定,不起自公布之日,亦不必全部分同日施行;(二)在地方自治未完成的县市,县市长由中央政府任免;及(三)在全国完成地方自治的省区未达半数以上时,立法委员及监察委员的半数,不由国民大会选举,而由立法及监察两院院长分别提请总统任命。

上项《草案》第一四六条原规定,第一届国民大会的职权由制

---

① 见《中央党务月刊》第九十三期(民国二十五年四月),358—361 页。

② 见《立法院公报》第八十期(民国二十五年五月),354—379 页。

③ 全文见本书附录十一。参读周鲠生:“中华民国宪法草案评”,《武汉大学社会科学学刊》第六卷第四号(民国二十五年八月)。

宪国民大会行使。中央执行委员会常务会议，基于种种考虑，于二十六年四月二十二日决议将此条删除，[①]于是制宪国民大会的职权仍限于制宪。

以上所述为宪法草案拟成及修正的经过。二十八年九月，国民参政会有促成宪政的运动，并有宪政期成会的设置。[②] 宪政期成会于二十九年三月三十日草就一个《中华民国宪法草案（“五五宪草”）修正草案》[③]，对于“五五宪草”颇为增损的建议。

宪政期成会《修正草案》，共分八章，计一百三十八条。此《草案》与“五五宪草”间颇有出入；其最要之点，则为于国民大会闭会期间，设置国民大会议政会。议政员数额为150人至200人，由国民大会互选，任期三年。议政会握有完全的创制与复决权、部分的罢免权；对行政院及所属各部会的长官且得行使不信任投票权；并对戒严案、大赦案、宣战案、媾和案及条约案有议决权。总统对于议政会所提对行政院正副院长的不信任案有异议时，则召集临时国民大会为最后的决定，不是院长、副院长去职，便是议政会改选。议政会之设置，自然要使立法院的地位与职权降低，且使宪法中整个的重心转移。

在“五五宪草”中，国民大会固为国家最高权力机关，但在其闭会期内，则总统实为此最高权力之所寄托。议政会设立后，总统徒居元首之名，而议政会与行政院阴握的大权，则与英国议会及内阁所联合运用者相同。

---

① 民国二十六年五月十八日国民政府公布。

② 详见下文。

③ 《修正草案》及说明书见《国民参政会第五次大会纪录》，63—75页。

《修正草案》提出于二十九年四月国民参政会第一届第五次大会。提出后,大会即因议政会的问题,产生重大的争论。赞成设置者,以维持民权行使的继续性为主要理由。

按"五五宪草",国民大会每三年只召集一次;有了议政会之设,民权的表现,才不至有一暴十寒之概。反对者则认为议政会居五院之上,有违"五权宪法"的精神;孙中山先生的全部遗教中亦从未主张设置类似的机关。最后参政会于二十九年四月六日乃决议将期成会的《修正草案》,以及反对设置国民大会议政会的意见并送政府考虑。[①] 但不久中央执行委员会常务会议又议决国民大会延期召集。[②] 国民大会的召集,既又无定的延期,政府对于参政会的各种主张,亦遂延置未作任何切实决定,二十六年五月十八日修正的"五五宪草",至今仍为正式确定的宪法草案。

二　国民大会召集日期

宪法草案未经国民大会决定以前,只是草案,不能成为宪法。然则国民大会究于何时可以召开呢?上面已经说过,照中央执行委员会第四届第三次全体会议(二十一年十二月)的议决,则国民大会应于二十四年三月召开。但欲结束训政,召开国民大会,则事实上不能不先得党的代表大会的讨论及决议;欲变通孙中山先生遗教之所指示,于训政完成以前,即开国民大会,更不能不得党的代表大会的同意。所以二十二年三月十五日中央执行委员会常务会议议决于是年七月一日召集全国临时代表大会,以决定国民大

① 见《国民参政会第五次大会纪录》,73 页。

② 民国二十九年九月十八日第一五七次会议。见《中央党务公报》第二卷第三十八期(民国二十九年九月二十八日),16 页。

会应否提前召集的问题；盖是时国难严重，地方自治决难于二十四年以前完成，训政亦决难如期结束，国民大会即延至二十四年召集，仍将有违背孙先生的遗教之嫌；既然如此，一部分人乃有提前召集国民会议，以副人民期望的主张。但临时全国代表大会，因党内纠纷，未能召集；即二十二年十一月应行召集的第五次全国代表大会亦尝延期一年。代表大会既未召集，于是中国国民党于二十三年十二月十日召开中央执行委员会第四届第五次全体会议时，议决第五次全国代表大会日期定为二十四年十一月十二日，国民大会问题则由该代表大会决定。[①] 第五次全国代表大会于二十四年十一月如期举行，并议决于民国二十五年内召开国民大会，制定宪法。[②] 根据是项决议，同年十二月二日，中央执行委员会第五届第一次全体会议更确定以二十五年十一月十二日为国民大会开会日期。[③]

《国民大会组织法》及《国民大会代表选举法》于二十五年五月十四日俱经国民政府公布；后者并于七月一日施行，自是而后，政府办理国民大会的选举，一时颇见积极。但若干省市，或因中央政府权力未能完全行使，或因对外关系，其选举延未办理；同时中国国民党对于在训政完成以前实行宪政一事，亦不免有所疑虑。因此种种，中央执行委员会常务会议复于二十五年十月十五日决议将国民大会延期召集，[④]二十六年二月二十日中央执行委

① 见《中央党务月刊》第七十七期（民国二十三年十二月），985—986 页。

② 见《大公报》，民国二十四年十一月二十二日。

③ 见《中央党务月刊》第八十九期（民国二十四年十二月），1020 页。

④ 见《中央党务月刊》第九十九期（民国二十五年十月），此项决议曾经国民政府于民国二十五年十月二十二日明令宣布。

员会第五届第三次全体会议，并明定延至二十六年十一月十二日召集，[1]二十六年夏抗战军兴后，应行补办的选举无从办理，而其他困难复多增加，中国国民党的中枢遂又决议延期召集国民大会。[2]

经以上的决定后，似乎在抗战期内，国民大会召集问题，将完全搁置。惟对日战争，历时既久，政府既以抗战建国兼行并进为号召，国民参政会中的各党派亦不断有从速实现宪政的要求。此项要求，至二十八年九月国民参政会第一届第四次大会时。益为有力，当时国民党以外的党派既有结束党治等提案，[3]中国国民党党员孔庚等 59 人在大会中，亦提出"召集国民大会，制定宪法，开始宪政"的议案。[4] 最后大会通过之决议，为"请政府明令定期召集国民大会，制定宪法，实行宪政"。[5] 二十八年十一月中央执行委员会第五届第六次全体会议因再决定以二十九年十一月十二日为国民大会召集日期。[6]

但此项决议仍未能如期实行，盖召集国民大会的困难，存在于战事初起之时，更存在于战事发动三年以后。事实上的困难，非愿望所可克服。故中国国民党常务会议于二十九年九月十八日又议

① 见民国二十年九月中国国民党中央执行委员会训练委员会编印：《中国国民党历次会议宣言及重要决议案汇编》，805 页。

② 此项决议经国民政府于民国二十六年十月四日明令宣布。

③ 当时中国青年党左舜生等及中国国家社会党张君劢等，各有结束党治，实行宪政的提案；中国共产党陈绍禹等则有确定各党派"合法权利"的提案。见国民参政会第四次大会纪录，92—95 页。

④ 见《国民参政会第四次大会纪录》，91 页。

⑤ 见同上，95 页。

⑥ 见《中央党务公报》第一卷第二十期（民国二十八年十二月二日），31 页。

决，一面将召集日期再行延缓，一面仍另设国民大会筹备委员会。[①]国民政府于十月二十二日公布《国民大会筹备委员会组织条例》。但这不过表示党及政府召集国民大会之决意，并不是说国民大会于战事期内有召集可能。

三　国民大会的选举

《国民大会组织法》及《国民大会代表选举法》为关于国民大会的基本法律。这两个法律原经立法院于二十五年四月三十日及五月一日二日先后通过，国民政府于五月十四日公布；复于二十六年四月三十日经立法院为重要的修正，于同年五月二十一日经国民政府公布。[②]

依照上述两个法律，国民大会代表由人民选出者共1,200名，由国民政府指定者240名；中国国民党的中央执行委员、中央监察委员及候补执监委员为当然代表；国民政府主席及委员、各院部会长官及国民大会主席团特许的人员尚得列席。换言之，代表总数约有1,800名，列席者则无定数。国会数额之大，可以概见。

中华民国人民年满20岁，经公民宣誓者，均有选举国民大会代表之权。民选的代表又分三类：665名依区域选举方法选出；384名依职业选举方法选出；155名则依特种选举方法选出。一般公民皆可参加区域选举。如为农会、工会、商会或律师、会计师、医药师、新闻记者、工程师、教育会及大学或独立学院等自由职业团体

① 见《中央党务公报》第二卷第三十八期（民国二十九年九月二十八日），16页。

② 《组织法》的修正点有二：按原法制宪国民大会兼行使第一届国民大会的职权，修正后此权取销。又按原法，中央候补执监委员仅得列席，修正后则为当然代表。《选举法》修正后，国民政府并得指定代表240名。

的会员者,则参加职业选举。隶属于东北四省及蒙藏的公民、华侨或军队及军校的人员则参加特种选举。每一公民仅有一个选举权;于特种选举及职业选举均有选举权者,应参加特种选举;于职业选举有二个以上的选举权者,应择定其一。选举用无记名单记法,且为直接选举;但候选人的推出则采用一种极复杂的方法。各选举人并无推选候选人之权,只各省市及蒙藏选举区内的乡长、镇长、坊长(或其相当人员),各职业团体及各华侨团体的机关职员,及各军队军校的长官,有推选候选人之权;关于东北四省、被占蒙古各盟及散居其他省区的藏民的选举,则其候选人且径由国民政府指定。候选人的人数,在各省市及蒙藏选举区内,应十倍于各区应出代表的名额;职业团体、东北四省、被占蒙古各盟及散居其他省区的藏民的候选人,则应三倍于应出代表的名额。如为十倍者,由国民政府指定三倍的人数为候选人;如为三倍者,则由国民政府指定二倍的人数为候选人。军队及军校所推的候选人中,则由国民政府共指定三倍于代表的名额为候选人。候选人须有选举权,且须年满25岁。如为职业团体或军队军校的候选人,则更须分别有三年或五年以上的会员或服务资格。

《国民大会代表选举法》于民国二十五年七月一日施行,施行后各省市、各职业团体及特种选举团体等即进行选举事宜。但迄二十六年七月战事开始,选举停顿时止,仍有若干省市对选举延未办理;即职业选举亦受此影响,未能办竣。中央执行委员会第五届第六次全体会议决议定期召集国民大会后,少数地方尝一度续办选举,但仍未能竣事。在战事未告终、和平未恢复以前,完成全国选举本无可能,故两度停办诚不足异。

国民大会的代表,迄今尚未完全选定,其已选定者,其绝大多数均在二十五年选出;至于充任当然代表的中国国民党中央执监委员及候补委员三百余人,则且当选于二十四年。战事如再延长数年,这些人员的代表资格,难免不引起重大争论。在事实上,当二十八九年国民大会即时召集之议颇为有力时,各方亦颇议及于二十五年当选代表应否继续有效这个问题。政府至今坚认其有效。

第四章　国民政府的机构

依照孙中山先生的《国民政府建国大纲》，中国在实行宪政以前本应由中国国民党训政，国民政府则仅为建设真正民国的一种工具；所以要阐明国民政府的机构及其实际的地位，我们不能不先阐明党治。

第一节　党治

所谓“党治”即由一党统治，由一党独裁之意。党治与普通所谓独裁政治，其惟一的不同，即前者是一党的独裁，而后者则是一人的独裁。党治与民治自然是不同的制度；在民治之下，政治取决于全体公民，在党治之下，则政治取决于一党的全体党员，换言之，党可以独裁，而不问党外人民的意见。党的决议，事实上，甚或形式上就等于法律；而且党更可以用决议的方式随时取销或变更法律。

以上所述，为采用党治国家通用的现象。

中国国民党执政以后，党治制度，不只是一种事实，并已一再著为法律。民国十四年七月一日首次的《中华民国国民政府组织法》本由中国国民党的政治委员会议定；该《组织法》的第一条并规定“国民政府受中国国民党之指导及监督，掌理全国政务。”国民政府组织法虽此后常有修正，但此类规定则从未或缺。到了民国十七年夏，国民革命军北伐，告成全国统一，中国国民党训政开始，于是更有《训政纲领》的制定及颁布（十七年十月三日）。该《纲领》第一条明定：“中华民国于训政期间，由中国国民党全体代表大会代表国民大会，领导国民，行使政权。”到了民国二十年六月初，《训政时期约法》成立后，《训政纲领》又成为《约法》的一部分，于是党治更取得约法上的根据。除了训政纲领以外，《约法》第七十二条（“国民政府设主席一人，委员若干人，由中国国民党中央执行委员会选任……”）及第八十五条（“本约法之解释权，由中国国民党中央执行委员会行使之。”）及现行《国民政府组织法》（二十年十二月三十日）第十条（“国民政府设主席一人，委员二十四人至三十六人。各院设院长、副院长各一人，由中国国民党中央执行委员会选任之。”）及第十五条（“宪法未颁布以前，行政、立法、司法、考试、监察各院各自对中国国民党中央执行委员会负责。”）均为党治的根据所在。

二十六年夏抗战军兴后，中国国民党以外的其他各党派，皆向中国国民党表示相与团结共赴国难之意。[①] 但所谓“团结”，是接受中国国民党的主义与中国国民党的领导，以参加抗战及建国的工作，并不含有共同执政之意。故中国国民党的党治迄今并未变质。

---

① 参看（一）民国二十六年九月二十二日中国共产党中央执行委员会所发表的宣言；（二）民国二十七年四月十三日中国国家社会党首领张君劢致中国国民党总裁、副总裁书；及（三）民国二十七年四月二十一日中国青年党首领左舜生致中国国民党总裁、副总裁书。各文件均见当时各大日报。

第一目　中国国民党的组织

中国国民党的组织以《中国国民党总章》为根据。《总章》由十三年一月二十八日第一次全国代表大会通过，曾经十五年一月十六日第二次全国代表大会及十八年三月二十七日第三次全国代表大会修正。二十年第四次全国代表大会及二十四年第五次全国代表大会对于《总章》未加修改。但二十七年四月一日临时全国代表大会则对《总章》颇有变更，并恢复了十三年时代的首领制。

依照《总章》[①]，党部共有中央、省、县、区及区分部五级。在中央设有全国代表大会、中央执行委员会及中央常务委员会，并设置总裁。全国代表大会的组织法及代表选举法由中央执行委员会规定。中央执行委员会由代表大会选举，其人数亦由代表大会决定。中央常务委员由中央执行委员会互选，其人数为9至15人。[②]总裁由全国代表大会选举。按总章之所定，党的最高权力机关为全国代表大会，在全国代表大会闭会期间，则为中央执行委员会；但中央常务委员会按《总章》既可在中央执行委员会闭会期间执行中央执行委员会的职权，[③]而在事实上又常能变更中央执行委员会全体会议的决议，我们自可视之为中央执行委员会闭会期间党的最高权力机关。因之，我们可说党的最高权力机关有下列三个：（一）全国代表大会，（二）中央执行委员会，及（三）中央执行委员会常务

① 见《中国国民党法规辑要》（民国三十年九月中央训练团编印），1—17页。

② 近年并时以五院院长为当然委员。

③ 《党章》第三十八条仅言“执行职务”，而未明言何种职务，但按通常的解释，自可称为中央执行委员会的职务。

委员会。在前一个机关不执行职权时，后一个机关便成为最高权力机关。惟理论虽然如此，事实上，下级机关——常务委员会，乃至中央执行委员会全体会议——行使职权时，究不能不受相当的限制：大凡重大问题发生，引起国内或党内剧烈争议时，下级机关依法虽因上级机关在闭会期内，而享有专决之权，实际上则常采保留方式，留待上级机关集会时议决。上级机关——全国代表大会，乃至中央执行委员会全体会议——的议决案，其内容大都富于弹性，所以下级机关，对于一切危难局势的应付，亦尚不至感觉重大的困难或拘束。

总裁①的地位，总章所及，颇为含混；我们须熟知中国国民党组织的演化，始能明瞭其性质。中国国民党在十三年第一次全国代表大会后，本以创立人孙中山先生为总理；总理为全国代表大会及中央执行委员会的主席，对前者的决议有交复议权，对后者的决议有最后决定权。故《总章》虽同时规定以全国代表大会及中央执行委员会为党的最高权力机关，而任何权力机关实均以总理为领导人。孙先生笃信民主主义，对于代表党员的机关的意见自然常能极力尊重。但总理的产生既不由于党员，则党的机关自亦不能不服从他的指导。孙先生逝世后，《党章》虽常保存总理之名而实际上则已废除领袖之制。但单纯的会议制，究有若干不便，而蒋介石先生于孙先生逝世后，实际上已逐渐取得了领袖地位。故二十四年中央执行委员会第五届第一次全体会议后，中央常务委员会即已有主席、副主席之设。② 由是而明文设置党的首领，本极顺理成

---

① 《党章》将总裁及副总裁并列，但事实上副总裁之设与领袖制不符。

② 主席为胡汉民，副主席为蒋中正；但事实上胡汉民未执行职务。及胡汉民于民国二十五年五月逝世后，又适逢两粤之变，为适应时势计，民国二十六年二月二十一日第五届中央执行委员会第三次全体会议议决恢复政治委员会常务委员制（见《中央党务月刊》）。

章之事。惟因“总理”的称谓欲留为孙先生所独有，遂改称党的领袖为“总裁”，由全国代表大会选举，“代行”总理的职权。因之，总裁对于全国代表大会之议决，虽不能变更或否决，却有交复议之权；总裁对于中央执行委员会之议决，则有最后决定之权（《总章》第四章第二十五条及第二十六条）。中央执行委员会须接受总裁的领导，盖与昔日服从总理者相似。总裁并且为中央执行委员会常务委员会之主席。①

各权力机关之外，按照《总章》，中国国民党更置有中央监察委员会：其组织同于中央执行委员会，而人数较少；其地位相当于中央执行委员会，而以行使党的监察权为其职责。但在实际上，执行委员会与监察委员之权，往往不免混同。中央执行委员会开全体会议时，或中央执行委员会常务委员会举行会议时，执行委员会与监察委员之列席，并得提案与发言，惟不参加表决耳。

中央执行委员会的直辖机关，其名称及组织历年来虽不免时有更易，但除近年创设三民主义青年团外，其结构大体上先后仍极相似。按现行《中央执行委员会组织大纲》②，委员会之下设党务委员会以规划党务；设训练委员会，以训练党政军干部人员；设组织宣传海外三部③以办理党务；设政治委员会，以“为政治之最高指

① 民国二十七年四月二十一日《中央执行委员会组织大纲》中（二）规定总裁为中央常务委员会主席。

② 民国二十七年四月二十一日《中央执行委员会组织大纲》，见《中国国民党历次会议宣言及重要决议案汇编》，913—917页。《大纲》系由民国二十七年四月八日第五届中央执行委员会第四次全体会议授权常务委员会修正者。

③ 原设的社会部经第五届中央执行委员会第六次全体会议于民国二十八年十一月四日决议改隶行政院。决议见《中国国民党历次宣言及重要决议案汇编》，1029—1030页。

导机关”。按诸实际,训练委员会及组织宣传等部,因其所掌者几全为党务,故常受中央常务委员会的严密节制。政治委员会所处理者为政务,故其地位较为独立,其所决定大都径送政府执行,不须中央常务委员会的复核。因此在中国国民党党治制度之下,一切政务通常实以政治委员会(或其代替机关——详后)为最高指导监督机关。

第二目 政治委员会及国防最高委员会

一 政治委员会的沿革

政治委员会成立于民国十三年七月十一日,盖尚在国民政府成立一年以前。最初的委员由孙中山先生以中国国民党总理的资格指派,不尽是中央执监委员。孙先生逝世后,政治委员会且尝自行增推委员,所增推者亦不尽是中央执监委员。所以在第一届中央执行委员会的时期,政治委员会的组织殊不固定,与中央执行委员会的关系亦甚含混。①

在第二届中央委员会时代,政治委员会的组织曾受过剧烈的变化。当时孙中山先生已逝世,党无总理,所以于第二次全国代表大会之后,政治委员会即成为中央执行委员会的一个委员会;委员9人(十五年五月加1人)及候补委员4人,亦均由中央执行委员会或其常务委员会提出通过。但至十五年七月四日,中央执行委员会临时全体会议决议,“政治委员会应于中央与常务委员同开一

① 民国十三年七月十四日中央执行委员会的议决固令政治委员会关于党事对中央执行委员会负责,但关于政治、外交则仍对总理或大元帅负责。

‘政治会议’,以代政治委员会之会议”后;“政治委员会”的名义暂时废除,而“政治会议”的名称则于以产生;该会议的委员则增至21人。嗣后政治会议本身又陆续增加委员多人,其中有非中央委员者。

国民政府迁武汉后,中央执行委员会第三次全体会议(十六年三月六日)又恢复政治委员会的名义,以常务委员9人及全体会议所推的中央执行委员或候补执行委员6人为委员,指定7人为主席团,并准国民政府各部长列席(但无表决权)。这次的组织与以前的组织有两点不同:第一,以前例由政治委员会自举主席,而今则由中央执行委员会指定主席团;第二,以前只鲍罗廷得以顾问名义列席,而今则国民政府各部长亦得列席,实开出席与列席人员不同的先例。

在十六年四月中,宁汉两党部分立,汉方依照第三次全体会议的决议,设政治委员会,宁方则继续第三次全体会议以前存在的政治会议。但宁方委员不多,故政治会议本身又沿成例,加推多人;四月十七日首次在宁开会时,所加推的13人,其中有7人非中央委员。

第二届中央执行委员会在十六年九月至十二月的期间内,因宁汉合并,有“中央特别委员会”的存立,其职权暂行中止。在此时期内,政治会议或政治委员会亦不存在。

第二届中央执行委员会第四次全体会议又恢复了政治会议。按十七年三月一日中央常务委员会所通过的政治会议暂行条例,政治会议应向中央执行委员会负责,而其委员则由中央执行委员会推定;但事实上则加添的委员辄由政治会议本身先行加推,再由常务委员会追认。十七年八月十四日中央执行委员会第二届第三次全体会议，又议决一个新的政治会议暂行条例，但其内容除加设秘书长并加入“政治会议得设专门委员会以供咨询”一条外，与三月一日的条例并无分别。至于政治会议的主席，则自十八年一月起又由政治会议互推。

十七年九月二十九日中央执行委员会常务会议又议决以全体中央执监委员为政治会议委员，而以全体候补中央执监委员为列席委员。至是政治会议乃成为较中央执行委员会本身更大的会议，而十三年设政治委员会以专理政治的原意尽失。

十七年十月，五院的国民政府成立，胡汉民遂于中央执行委员会常务会议提议修改政治会议的组织；其结果则为十月二十五日的《政治会议暂行条例》。按照该《条例》，中央执监委员及国民政府委员为政治会议当然委员，此外中央执行委员会更得就具有特殊资格的人中提出不超过中央执监委员的半数的人数为委员；关于主席、秘书长及列席人员的规定，新条例仍如八月十四日《条例》，但专门委员会则付缺如。

在第三届中央执行委员会时代，政治会议的组织常起变化。按照十八年四月十五日中央执行委员会常务会议通过的《政治会议条例》（经五月六日常务会议修正），委员名额不得超过中央执监委员总数之半，候补委员名额不得超过委员名额三分之一，非委员的中央执监委员则得列席政治会议，但非中央执监委员则既不得为委员，亦不得列席。又政治会议分组审查案件的习惯，在十八年以前，本已存在，今更明定政治会议之下设政治报告组经济组外交组等等。

十九年秋，因“扩大会议”解散，北方军事平定，遂有中央执行委员会第三届第四次全体会议的召集，及政治上、党务上的一番改革。十一月二十四日中央执行委员会常务会议复修改政治会议条例，准非中央执监委员的特任及选任官为委员，“但其名额不得超过中央委员之政治会议委员名额四分之一”。这个修正在制度上恢复了第三次代表大会以前准许特任官为政治会议委员的办法。①

二十年六月中央执行委员会开第三届第五次全体会议时，以政治会议委员的名额在实际上已超过法定之数，因改为委员名额不得超过中央执监委员总数三分之二（原为半数），候补委员名额不得超过中央执监委员（原为政治会议委员）总数三分之一。

第四次代表大会后，中央执监委员均为政治会议委员，候补中央执监委员，均得列席政治会议。不久，政治会议本身又陆续议决准许若干非中央委员的人员列席。这原是十九年九月二十九日的办法，并非新创，但政治会议的人数却因此而更多，更不固定，常务委员会之权遂不能不有所增加。

二十四年十一月第五次全国代表大会后，政治会议的名称取销，政治委员会的名称恢复。中央执行委员会第五届第一次全体会议于二十四年十二月六日所议决的《中央执行委员会组织大纲》②规定政治委员会设委员19人至25人、主席副主席各1人，均由中央执行委员会于中央执监委员中推定；又规定“政治委员会开

① 民国十九年三月四日中央执行委员会第三届第四次全体会议对于政治会议的条例亦曾有修正，但该议决案于《中央党务月刊》中遍觅不得。

② 见《中国国民党历次会议宣言及重要决议案汇编》，727—729页。又常务委员会民国二十四年十二月十二日根据此《大纲》而通过的《中央执行委员会政治委员会组织条例》见《中央党务月刊》第八十九期（民国二十四年十二月），1067—1069页，民国二十七年五月十二日续有修正。

会时，中央常务委员会主席、副主席，国民政府主席，五院正、副院长，军事委员会委员长、副委员长，均应出席，本会所属各专门委员会主任委员，及国民政府各部会长官于必要时得通知列席”。二十五年一月九日中央执行委员会常务会议又议决“中央执监委员会常务委员应一律出席于政治委员会”①。这里所谓出席，自与列席不同，即得参加表决之意。这里所谓必要时得通知列席，则列席不必为经常之事。惟按诸实际的情形，行政院各部部长与专门委员会各主任委员及其他各部会长官间不甚相同，前者每次开会均经通知列席，后者则仅逢议及有关案件时始通知其列席。

政治委员会（或政治会议）的首脑组织，或采主席制，或采主席团制，或采用常务委员制，十余年中，变化频繁，初无定制。简言之，自成立以迄二十年十一月第四次全国代表大会以前，大抵由委员互推主席②。主席之权，亦不大。第四届中央执行委员会时代采常务委员制，初为 3 人（蒋中正、汪兆铭及胡汉民）；二十一年十二月第三次全体会议后则为 9 人，即以中央执行委员会的常务委员 9 人兼充；会议时的主席则由常务委员轮任。二十四年十一月第五次全国代表大会后又采主席制，但主席、副主席俱由《中央执行委员会直接推定》，与首期之由政治委员会（或政治会议）委员互推者不同。政治会议于二十一年二月二日及六月二十五日两次会议本已授权常务委员，对紧急及军事外交重要事件得先行处理，再行报

① 见《中央党务月刊》第九十期（民国二十五年一月），56 页。

② 但中央执行委员会第二届第三次全体会议（民国十六年三月）尝指定委员 7 人为政治委员会的主席团；政治会议民国十六年四月十七日在宁赓续后，则尝推胡汉民、蒋中正及谭延闿三人，轮为主席；此均为例外。

告大会追认；二十四年十二月六日的《中央执行委员会组织大纲》更明予主席以此项大权。换言之，政治委员会的组织，在十余年中，颇有自合议制变成领袖制的趋势。这与中央常务委员组织的演变可称一致。

政治委员会设审查委员会，司审查之职。此项委员会亦无定制；自十八年八月二十一日起，政治会议始常设有若干"组"，但其数仍增减无定。① 其委员由政治会议委员分任（但特务秘书及其他临时特别指定人员亦常得参加各组审查会议）。二十四年十二月后，"组"改称"专门委员会"。政治委员会其初设有法制、内政、外交、财政、经济、教育、土地及交通等专门委员会，后来则颇有裁并，各专门委员会设主任委员及副主任委员，以较重要的中央执监委员或候补执监委员充任，设委员17人至21人，自中央执监委员候补执监委员及专门人员中选任。

政治委员会向来每周开会一次，但自二十四年十二月以后，或每二周开会一次。会议并无法定人数，一切决议亦不取表决形式。关于议案的提出以及临时提案的付议，政治委员会从未设有严密

① 民国十八年八月二十一日政治会议议决：分设政治报告、经济、外交、财政、军事、地方自治、法律及教育八组；后地方自治及法律合并为法制组，共成七组。后因各组召集人及委员常有离京他往者，民国二十二年五月十七日会议乃改设法制及财政两组以审查例案，而以其他案件付临时指定的审查委员审查。此外，政治会议并设有外交委员会，国际问题研究组及国防委员会，以处理外交上及国防上的问题。外交委员会为"九一八"事变后产物，初名"特种外交委员会"，曾为外交政策的指导中心，至民国二十一年一月二日结束；一月二十七日又恢复称"外交委员会"；自民国二十三年起则于无形中完全消灭。国际问题研究组由民国二十二年十一月二十日的会议设立，实际上从未具若何重要性。国防委员会的大多数委员，为负有实际政治及军事责任的要员，自民国二十二年初至二十四年十一月第五次全国代表大会开会时止，为实际上指导外交问题的机关。民国二十四年十一月后，以上各种组织均归消灭。

的规定；即或一时设为限制，亦从未严格遵守。议案于议决前，或先付审查，或不付审查，均临时由会决定，初无一定的程序。决议案在决议的当时，极少宣读，仅于次期会议时列入报告；所以决议案的文字，主席及秘书长实际上尚不无伸缩的余地。从以上情形体察，可知政治委员会的重要决议，实际上必多为主席及少数有特殊权威的委员的主张，与通常议会的决议自不尽同。

二 政治委员会的权力

政治委员会（或政治会议）的权力，十余年中，殊少变更。简言之，政治委员会为最高的政治指导机关；详言之，政治委员会，对于立法原则、行政政策及政务官的任免，皆有决定之权。固然，自孙中山先生逝世后，中央执行委员会（或其常务委员会）及政治委员会本身历年关于政治委员会职权的许多决议或条例，在文字上，前后不无多少差别，但在实际上却很少歧异。①

政治委员会除对于立法原则、行政政策及政务官的任免，行使最高决定权外，是否尚有权直接干涉司法、考试及监察三权的行使？就理论言，司法考试及监察三权，本以独立行使为当；否则，极不易达到公平的结果，因为政治委员会究属政治性质的集团。就实例言，政治委员会诚有直接干预司法及监察案件的事例，然此种干预最后数年颇见减少。政治委员会对于五院政务官的任免虽仍一律保有任免之权，对于具体的司法、考试或监察案件，却绝少干涉。

① 按组织条例，政治委员会讨论及议决的事项仍共有六种：即（一）立法原则；（二）施政方针；（三）军政大计；（四）财政计划；（五）特任特派官及政务官的人选；及（六）中央执行委员会交议事项。首四项均可归纳于行政及立法两权之中。

关于任免权，凡政务官的任免，除国民政府主席与委员及五院正、副院长，系由中央执行委员会（或其常务委员会）选任外，[1]皆须经过政治委员会通过。但实际上，较重要的政务官，如各部会长官，由主管院院长决定提出后，政治委员会例皆照予通过；惟立法院改组，大批立法委员名单提出时，间有被否决者。至行政院各部政务次长，各省市政府的长官以及各省省政府委员，其任免程序历年颇不一律。最后数年行政院大都先予议决任免，然后送交政治委员会"追认"。

关于行政政策（兼指一般行政与军事行政而言）及立法原则，政治委员会在制度上确为行政院、军事委员会及立法院的共同高级机关。政治委员会对于行政及立法，殆可为任何决议。政治委员会各委员的提案权亦无任何限制；不过提案是否列入议程，则主席有相当裁量之权。政治委员会所通过的"立法原则"，实际上往往不只是原则，而涉及许多细节。有时政治委员会甚且自行决议含有立法性质之条例，径送政府公布，并不经过立法程序。至行政院议决的案件，何者必须提送政治委员会核议，何者可不送核，初无详密的规定。最后数年，一切涉及预算的问题，依例均须经过政治委员会议决，预算制度亦因得逐渐确立。由以上各种情形观察，可知政治委员会的实际权威，确属不小。不过行政院的政策是否常受政治委员会的抨击，行政院提送政治委员会的议案，是否容易通过，则视行政院院长的权威而定；因之政治委员会对于行政院的

---

① 但有时政治会议，对于选任官亦有先予决定任免，然后函请中央执行委员会准予任免者；例如民国二十一年一月二十八日会议之对于张继辞立法院长及孙科继任之事，又如同年五月九日会议之对于覃振辞立法院副院长及邵元冲继任之事。

控制，实际常随行政院院长的人选而有不同。

总之，政治委员会人数既不甚多（二十四年十二月后委员及当然出席委员约共三四十人），其构成分子，又含有五院院长及党中其他领袖，其议事程序既甚简单而不甚确定，其职权既甚广泛（实际上即历来国民政府组织法，与现行《训政时期约法》的条文亦未能拘束或限制其权力）；而其高级机关——中国国民党全国代表大会与中央执行委员会全体会议——集会之时又甚稀少，且集会时又大率只为空泛而有伸缩性的决议案，中央执行委员会常务委员会则依历来惯例，又从未否决政治委员会的决议或以其他方法控制其权力①：基于以上种种情形，政治委员会当其在执行权力的期间，确是中国国民党及国民政府最有力的政治指导机关。

三　国防最高委员会的产生

二十六年夏抗战军兴，中央常务委员会立即议决设立国防最高会议，代行政治委员会的职权，于是中央最高政治指导机关的演变又入一新阶段。

先是政治会议于二十二年曾议决设立国防委员会，其性质略同于“九一八”事变后所设的外交委员会。国防委员会虽为政治会

① 民国二十七年三月临时全国代表大会所通过的《改进党务并调整党政关系案》本决定于中央执行委员会常务委员会之外，又设党务、政治两委员会。四月第五届中央执行委员会第四次全体会议，初则决定于常务委员之外，加设党务计划委员及政治计划委员各若干人，于常务委员会开党务或政治会议时分别列席；旋又经总裁提议改为于常务委员会之下设党务委员会，原有的政治委员会仍旧，惟须以决议案报告于常务委员会。根据这个决议，常务委员会乃于五月十二日将《政治委员会组织条例》加以修正。经此修正，政治委员会似成常务委员会的下属机关。惟政治委员会迄今并未恢复，日后两委员会间将成何种关系，自无从预测。全体会议，处理此案经过，见《中国国民党历次会议宣言及重要决案汇编》，911—913 页。

议的特种委员会，而不受政治会议若何拘束。盖政治会议本身出席列席人员甚众，有关国防的大计，每不便在会中讨论，国防委员会则人数较少，且大都为负有实际军事政治的要员，而又以行政院院长兼委员长，故其职权范围中的所谓军事及外交事件，每作最广义的解释。因之，国防委员会每周所作的决定，每由委员长择要向政治会议为口头的报告，政治会议未尝为任何有效的审核。国防委员会虽于二十四年十一月消灭，但其运用的灵活，则留有深刻的印象。故二十六年二月二十一日第五届中央执行委员会第三次全体会议又有交由政治委员会参考前例重设国防委员会的决议。故国防委员会与今日国防最高委员会的制度不可认为毫无关联。

"七七"事变发生，局面至为危急，而负最高政治指导的政治委员会，人数众多，召集保持机密俱不易，中央党务委员会乃于二十六年八月成立国防最高会议，以代行政治委员会的职权。自此以及二十八年二月中央执行委员会第五届第五次全体会议议决设立国防最高委员会时止，他承袭了政治委员会所享最高政治指导的权力。①

国防最高会议，设有常务委员，其名额甚少（但可被邀列席之委员仍然不少）；该会议职权通常均由常务委员会行使。国防最高会议的主席，由军事委员会委员长担任，但二十六七两年，适为军事紧急时期，主席常不能出席会议，会议事务乃多半由副主席汪兆铭主持。二十七年冬汪兆铭叛党离渝。二十八年一月二十八日中央执行委员会第五届第五次全体会议乃决议改组国防最高会议，并改其名称为"国防最高委员会"。于是，国防最高委员会乃成为

① 《国防最高会议组织条例》，从未正式公布。

代行政治委员会职权的机关。

四　国防最高委员会的组织及权力

按《国防最高委员会组织大纲》[①]，国防最高委员会设委员长（但不设副委员长），由中国国民党总裁担任；以中央执监两委员会的常务委员、五院正副院长、军事委员会委员及经委员长提出中央执行委员会常务委员会通过的若干人员为委员。故委员的人数仍然不少。委员长又就委员中指定十一人为常务委员；现有的常务委员均为党政军方面的负责人员。委员会的职权，通常均由常务会议行使。常务会议出席人，除常务委员外，为中央执监两委员会常务委员。常务会议每周或每两周例会一次，全体会议，则由委员长定期召集，极少公开。

国防最高委员会除委员之外，尚有所谓执行委员者，则以中央执行委员会的秘书长、中央党部各部部长、训练委员会主任委员、政治委员会秘书长；国民政府文官长；行政院秘书长及各部会长；军事委员会参谋总长、副参谋总长，及其所属各部部长军事参议院院长等等。执行委员经委员长的指定，得列席常务会议。

国防最高委员会常务会议除该委员会常务委员及中央执监两委员会常务委员得出席。委员长指定的执行委员得列席外，国防最高委员会所属各专门委员会主任委员，亦常被指定列席。故单就常务会议出席列席人员的数额与人选而言，其与历来之政治委员会并无重大的不同。所不同者几乎只是名称。设立国防最高委

① 民国二十八年一月二十八日第五届中央执行委员会第四次全体会议议决；见《中国国民党历次会议宣言及重要决议案汇编》，986—987页。该《大纲》亦从未正式公布。该《大纲》施行后，其委员名额之规定，间有修正，但整个制度无重大变更。

员会以代替政治委员会的原意，本在求决议之迅速及机密，实际上，此种意旨，似乎并未贯彻。

惟是常务会议的组织分子，虽与政治委员会无大区别，而国防最高委员会委员长地位，则非从前政治委员会的主席或常务委员所可比拟。依《大纲》所定，“委员长对于党政军一切事务，得不依平时程序，以命令为便宜的措施。”这便是说，委员长得不经过委员会的决议，而径行颁布效力高于一切的命令。这便是一般所称之“紧急处分权”。在事实上，委员长于行使此权以前，常于常务会议中征询常务委员意见，但在法律上，委员长初无必须征询的义务。此种授权制度之成立，基于战时之迫切需要，事至明显，无待说明。

至于国防最高委员会执行职务的实际情形，则与政治委员会并无多大分别，所不同者，一则前者的事务较繁于后者，二则前者的秘书厅比后者的秘书处更为庞大而有力。国防最高委员会虽有指挥政府各高级机关的权力，通常并不对于各机关颁发命令；其一切决议，均由秘书厅通知各机关执行。因此，秘书厅所须处理的事务颇繁，其组织规模亦颇庞大。秘书厅设有秘书长、副秘书长各一人，秘书长且常由委员兼任。民国三十年，国防最高委员会并且增设了两个机关：一为中央设计局，司各种设计之责；一为党政工作考核委员会，司各机关工作考核之责；均直隶国防最高委员会，与秘书厅相同。

第二节　国民政府

国民政府这个名称，在官文书中其含义颇不一致，而有广狭两用:广义的国民政府包括中央政府的全部;狭义的国民政府则仅指国民政府主席与国民政府委员会而言。本节所述,除狭义的国民政府外,更及其若干直属机关。

第一目　国民政府主席

在前一章中,我们已略述十余年来国民政府组织的变迁,及国民政府主席的地位与权力的变迁。

在现制之下,国民政府主席由中央执行委员会选任,任期两年,可以连任一次。到二十四年十二月,现任主席林森已满两任的任期,依法本不能再行连任,要连任便须修改《国民政府组织法》。但中央执行委员会第五届第一次全体会议,曾特将林主席第二任的任期延长至宪法颁布的日期为止。这个决议在实质上实等于组织法的修改,不过在形式上未经正常的立法的程序而已。

国民政府主席的权力依《训政时期约法》,本甚强大;但依现行《国民政府组织法》,则主席虽为国家对内对外的代表,却"不负实际政治责任"(第十一条)。盖二十年十二月的改制,其目的本在应付当时的特殊政治情势;所以除在行政组织方面,采行一种类似"责任内阁"制的制度外,并令各院院长直接向中央执行委员会负责(第十五条)。国民政府所有命令、处分,以及关于军事动员的命令,虽由国民政府主席署名行之,但须得关系院院长、部长的副署,始生效力(第十四条)。由于以上所述的条文,主席遂立于超然的地位,至多不过能向行政院及其他各院随时量予忠告,初不能决定,亦不能抵拒各院的政策。实际上自二十一年底以至今日,因充任国民政府主席之人恬静守法,对于各院的决定,亦从未采干涉态度。

第二目　国民政府委员会

国民政府委员会,依其现行制度,为一个自24至36个委员所组成的合议团体,国民政府主席则兼为委员会会议的主席。委员由中央执行委员会选任,无一定的任期;在事实上,自二十年十二月以来,国民政府委员会亦从未经过改组。二十年十二月中央执行委员会第四届第一次全体会议并议定五院院长、副院长,所属各部部长,及委员会委员长,及现役军人不兼任国民政府委员,[①]且因政治实权分寄于行政院及其他各院之故,国民政府委员一时恒为不负任何重要军政官职之人。委员如改就军政要职时,依例且须解职,但自二十五年起,此种惯例,似未严格遵守。

这样一个委员会,自然不能成为一个政治重心。按照现行《国民政府组织法》之所规定,委员会惟一的职务为解决院与院间不能解决的事项。就事实而言,委员会会议时所讨论的事项,初不限于院与院间不能解决的事项,亦似无绝对确定的范围。如特赦案,如国家总概算,如国民政府直属机关的组织规程与其长官的任免,及其所拟向立法院提出的立法案,均曾列入委员会会议的议程。国民政府直属各机关的组织法规及其主管的长官的任命,在民国二十一年尝为议程中最常见的事项;后此的四五年中则以财政案件为议程中最常见的事项。

但委员会的讨论,除了关于国民政府直属机关的组织规程可以自由发挥意见外,不免是一种形式;因为委员会初不能变更主计

① 见《中央党务月刊》第四十一期(民国二十年十二月),2630页。

处或行政院提送的概算书，亦从未驳复司法院关于特赦的呈请。

除了上述会议事项外，政务官（选任官除外）的惩戒，亦可视为国民政府委员会的职权；[①]但这种职权非由委员会全体执行，而由委员会所互推的国民政府政务官惩戒委员会执行。[②]

至于《国民政府委员会会议规程》的条文，则亦至为简略。[③] 会议由国民政府主席自行召集，或应三分之一以上的委员的请求而召集。法定人数则为在京委员的过半数。因为委员会会议实际上不关重要，所以召集虽极容易，开会次数却极稀少，出席人数则更少。计自二十年十二月起至抗战军兴，五年半中开会共只 22 次，到会人数最少仅 3 人，平均不满 7 人，虽则委员实在名额常在 30 以上。自抗战军兴以来，则仅于二十八年底尝召开临时会议一次，以讨论国史馆筹备委员会的设立事宜，出席者亦仅 8 人。按照会议规程，五院院长等固俱得列席，但事实上，则除直属国民政府的文官长、参军长等外，他人很少有列席者。

第三目　国民政府直属机关

国民政府直属机关原甚众多，约可分为七类：即（一）元首文武僚属机关；（二）主计处；（三）五院；（四）军事机关；（五）经济建设机关；（六）国立中央研究院；（七）总理陵园管理委员会等一类机关。经不断地调整，直属机关近年已大有减少。从前，军事委员

① 民国二十年六月八日《公务员惩戒法》，第十条第二款。

② 民国二十一年十二月二十六日《国民政府政务官惩戒委员会处务规程》第一条。

③ 民国二十一年一月二十三日《国民政府委员会议会规程》。

会、训练总监部、参谋本部、军事参议院等各机关，原均直属国民政府，今则除军事委员会直属于国民政府外，余均改隶军事委员会。从前，建设委员会、全国经济委员会及若干个水利委员会等原亦直属国民政府，但今则或裁或并或改隶，其所掌已均在行政院系统之下。故除五院及地位权力与行政院相埒的军事委员会当分目详述外，本目所指直属机关仅以（一）、（二）、（六）、（七）数类为限。

元首文武僚属机关有二：一为文官处，又一为参军处。文官处掌理文书及印铸等事，参军处掌理典礼及府中杂务，其性质均无详述必要。

主计处系于民国二十年四月设立，分岁计、会计及统计三局[①]在地位上，主计处与文官参军两处并行，组织亦颇相似；但其职务，则含有政治性质，显然较为重要。其所司岁计职务，为主办预算的编制；一切机关的预算，在依法成立前，均须经该处审核。其所司会计职务，在统一全国各机关的会计；全国各机关会计人员的进退与其职务，依现行法须受主计处的支配。此即所谓会计独立。至于统计局则自立法院的统计处移划而来，其任务在统一各机关统计方法，并掌理各机关统计人员的进退。预算的编制是否应离行政院财政部而独立，近来颇成问题。当主计处成立时，行政权尚未集中于行政院，所以主计处设于国民政府，尚无重大不便。自国民政府主席不负（实际政治责任）的原则采行以后，则以主计处主持预算的编制，于理自不甚可通。且按战前四五年的习惯，预算编制

① 见民国十九年十一月二十五日《国民政府主计处组织法》。主计处的组织根据法律，而文官、参军两处则根据于组织条例：这也是值得注意之点。

之时,大体上固仍以财政部部长及行政院院长的主张为最有力。惟主计处成立后,预算编制的精审较前确见进步;主计处对于财政部直辖部分的预算,且能时为种种严正的评核。因之,“超然主计”制,迄今似仍为多数人所拥护。

中央研究院为学术研究机关,为尊重其地位起见,遂划归国民政府直属,使不受行政院任何机关的干涉,或随行政院任何其他机关的变动而变动。但该院预算的编制,实际上隐然以教育部为主管机关。

第三节　五院及五权

第一目　行政院

一　行政院与责任内阁

行政院为国民政府最高行政机关,约略等于一般国家的内阁,行政院院长及行政院会议又类似内阁总理及内阁会议。自民国二十年十二月现行《国民政府组织法》成立以后,行政责任集中于行政院;因之,颇有以行政院与责任内阁相比拟者。就行政院与国民政府主席的关系而言,此种比拟固无不当。不过中国现行整个政制实甚特殊,以之与任何国家政制相比,都不免有重大出入。在典型式的责任内阁制(例如英制)之下,内阁必向议会负责;但中国则至今只有党的中央执行委员会及不具制裁力的国民参政会,而无议会。在典型式的责任内阁制之下,内阁与议会意见不一致时,内阁尚可诉诸选民;但在中国,则行政院依法只能服从中央执行委员会及其政治委员会(今为国防最高委员会)的决定,初不能以任何方式与之抵抗。又在典型式的责任内阁制之下，一切行政大权必寄于内阁，但在中国，则行政院之外，又有权力相埒的军事委员会存在。凡此数端，均使中国现行行政院制度与一般责任内阁制不相一致。

二　行政院院长

行政院院长，在行政院中，显然居于首领的地位。盖组成行政院会议的各部会长官，依法均由院长提请国民政府任命，故其支配各部会长官的实际力量甚大。若干重要事项，依法虽须经行政院会议议决；依照行政院的惯例，则亦往往可由院长单独裁决，于事后报告会议。但在整个政府中，行政院院长的威权，常因院长由何人担任，而有差别。又行政院院长如兼任军事委员会委员长与国防最高委员会委员长，因（一）军委会委员长能直接指挥军事，（二）国防最高委员会委员长有颁布紧急命令之权，其地位自更卓越而重要。

行政院副院长与院长同由中央执行委员会选任。副院长的惟一职务，为遇院长不能执行其职务时，代行其职务。

三　行政院会议

行政院会议为《国民政府组织法》所规定的会议，必须举行，且有法定的职权。依照《国民政府组织法》，行政院的各部会长官为出席行政院会议的人员；又按《行政院组织法》及《行政院会议规则》，[1]行政院的秘书长及政务处长得列席，部长、委员长因事不能出席时，得派次长、副委员长列席。现在行政院有十部、四

① 见民国二十五年五月十二日《修正行政院组织法》，及同年九月十八日《修正行政院会议规则》。

委员会、一署。[①] 其长官均得出席，再加上院长、副院长、秘书长及政务处长，总共出席列席者 19 人。[②] 法定人数则为院长、副院长、部长、委员长、署长的过半数。行政院会议在习惯上似无表决的先例，但《行政院会议规则》则明白向设有关于表决方法的专章。

第二目　军事委员会

军权应如何组织，军事行政机关与军力统率机关间应作如何关系，向为中外政治制度上不易解决的问题。[③] 在国民革命军北伐时期，国民政府的军事行政机关为军事委员会，军力统率机关为国民革命军总司令部，两者各有其最高权，大体上均只受中央执行委员会或政治委员会的指导。但总司令恒兼委员会主席，故两机关间事权上的冲突或不统一，常得因而避免。[④] 当时，党的监督不甚严密，指导亦不甚灵便，两机关颇享有独主行动之权。这本是军事时期恒有的现象，未足为异。

十七年夏北伐告成，十月间五院制成立，十一月后军事委员会

① 一、内政部；二、外交部；三、军政部；四、财政部；五、经济部；六、教育部；七、交通部；八、农林部；九、社会部；十、粮食部；十一、蒙藏委员会；十二、侨务委员会；十三、振济委员会；十四、水利委员会；十五、卫生署。贸易部经三十年四月二日中央执行委员会第五届第八次全体会议议决设立，但迄未成立。

② 在民国二十一年至二十四年期内，行政院所属部会署以外人员，如南京市市长、全国经济委员会秘书长及军事委员会代表等，亦常被指定列席，但此种指定，似无任何法律根据。

③ 参看本书 326—327 页。

④ 关于民国十四年至十七年间军事机关的组织，参看钱端升等：《民国政制史》（商务印书馆，民国二十八年）上册，214—217 页。

及总司令部相继取销。军事行政机关，当时大有统于行政院的可能。但十七年八月十四日中央执行委员会第二届第五次全体会议所通过的《整理军事案》[①]虽规定有军政部的设立，却并未予以统辖军事的全权。军政部之外复有训练总监部、参谋部、军事参议院三个机关；四者均直隶国民政府，不相统属。不久，五院制的国民政府成立，国民政府主席兼为陆海空军总司令，复设（十八年三月）陆海空军总司令部，直辖四个军事机关，但军政部同时又为行政院的一个部。[②] 在此制之下，军事行政机关与军力统率机关间的冲突，亦因总司令部可指挥一切军事机关而避免，但军事机关对于一般行政仍形成独立的组织。此制之采用，似不免日本制度之影响。数十年来，日本军部与内阁往往形成对峙现象，致宪政不易走上常轨，故近年以来，吾人亦屡闻军事委员会应划入行政院并改军政部为国防部之议。

一　军事委员会的组织

今日的军事委员会成立于民国二十一年。依其现行《组织大纲》[③]，委员会设委员长 1 人、委员 7 人至 9 人，参谋总长，副参谋总长，军令、军政、军训、政治四部部长，及军事参议院院长则为当然委员。为应实际的需要，委员会尝设副委员长，有时 1 人，有时 2 人；此职今已不复存在。二十七年一月十日以来增设的参谋总长

① 见《中国国民党历次会议宣言及重要决议案汇编》，250—252 页。

② 关于民国十七年至二十年间军事机关的组织，参看钱端升等：《民国政制史》上册，320—322 页。

③ 《军事委员会暂行组织大纲》经国民政府于民国二十一年三月十一日公布。嗣后此《大纲》曾经多次修正，现行者系由国民政府于民国二十九年六月十四日令行。

因其为委员长的幕僚长，得襄助委员长处理委员会一切职务，并得指导军委会所属各部会厅，故转为军委会实际上的副长。

军事委员会现时所属机关，颇为繁杂；而以军政部（兼为行政院所辖之一部）、军令部、军训部、政治部、航空委员会、海军司令部、战地党政的委员会、军法执行总监部、运输统制局、军事参议院等机构为主要。①

二　军事委员会委员长

自十四年七月军事委员会初次成立以来，委员会应采合议制抑独任制，久成争议不决的问题，虽在大部分时期，实际上的制度恒为首领制。即自二十一年初，委员长的地位初亦不甚确定。依二十年三月十一日的《暂行组织大纲》，关于军令事项，委员长可独予处理，以收敏捷之效，但委员会职权范围以内的其他事项，则须经常务委员会议或全体委员会议决定，决定后，由主管各部办理。换言之，委员长仅有统率权，至于军事行政则决定之权由委员会以合议的方式决定之，不由委员长单独裁决。

但自二十一年以迄二十六年夏抗战开始，一由于外患的严重；一由于任委员长者威望之增进，委员长的权力地位亦日渐提高。

① 在民国二十七年一月十七日《军事委员会组织大纲》修正以前，军事参议院参谋本部（今为军令部）及训练总监部（今为军训部）均直属国民政府。又“七七”事变后，军事委员会尝设七部，分掌军令、工业、宣传、政治工作及后方勤务等等工作。所以有此组织，乃因当时本有改组军事委员会为大本营，以之代替经常政府之议（民国二十七年八月十日中央执行委员会政治委员会本已通过《海陆空军大本营组织条例》，中央执行委员会常务委员会并已推定蒋委员长为海陆空军大元帅，但实际上，蒋委员长迄未接受此名义，故大本营名义亦迄未使用）。惟七部的职掌，与中央执行委员会及行政院所属各部会多所冲突重复，故经民国二十七年一月的大改组后，军事委员会所属各部会仍大体限于军事性质的职务。

到了二十三四年时，委员会实际上已成为委员长独任制，委员则居于僚属的地位。二十六年对日抗战开始，国防最高会议成立以后，军事委员会委员长兼为军事委员会及国防最高会议（后来改称国防最高委员会）之领袖，于是军事委员会之为独任制，更加确定。

三　军事委员会的职权

现行《军事委员会组织大纲》第一条规定："国民政府为巩固全国国防，统辖全国军民作战，特设军事委员会，直隶国民政府；授权委员长执行《国民政府组织法》第一条所规定之职权。"根据这个授权，大纲第四条又规定："委员长统率全国陆海空军，并指挥全国国民负国防之全责。"国防二字之意义，在战时自极广泛。故若干事项，在平时确属于一般行政之范围，在战时势必划归军事委员会主管。军事委员会现时组织之繁复庞大以此。

军事委员会的职权，均可由委员长行使，军事委员会委员，对于委员长只是赞襄人员。现行《组织大纲》第四条规定："各委员赞襄委员长，筹划国防用兵之大计。"

第三目　立法院

一　立法院的组织

立法院置院长及副院长，俱由中央执行委员会选任。事实上，副院长除于院长因故缺席时代理院长职务外，平时纵可出席立法院会议，亦不具任何权力。

立法委员的名额为49人至99人，由院长提请国民政府主席依法任免，任期二年。但国民大会原定于二十五年十一月召开，故中国国民党第五届第一次全体会议曾将第四届立法委员（二十三年十月任命)的任期延长至宪法颁布时为止。院长提出立法委员的人选时,在法律上,初不受任何原则的拘束;但依实例,则每不能不考虑到地域的分配以及党中各领袖的推荐。而且政治委员会虽不自提立法委员,院长所提的人选却亦间受其挑剔。即撤回改提亦不乏实例。立法院委员如欲保持相当独立精神,在理论上固无不可。不过一切委员既均须由院长提出,委员的任期复甚短促,实际上院长对于全院极大多数的委员,固永保有高度的支配力量。因之,论立法院的制度,首领制的成分实较合议制的成分为多。

立法院共分五个委员会,分司(一)法制,(二)外交,(三)财政,(四)经济,及(五)军事,各种案件的审议。立法委员得表示参加何种委员会的志愿,但仍由院长指定。委员长则由院长指定。除以上五个常设委员会外,立法委员并得特设委员会以审议特别案件。

二 立法院会议

立法院会议平时每周开会一次,以委员人数三分之一为法定人数;事实上,历年来出席于会议的平均人数约当于全体委员三分之二。战起后,立法院曾一度停止工作(二十六年十一月至次年四月)。自二十七年四月起,立法院会议重又举行,但只每二周开会一次,出席者约为实任委员三分之一。[①] 会议由院长主席;院长因

① 战起后,有一部分委员入于所谓留职停薪的状态中,立法院会员计算法定人数时,亦不将这些委员包括在内。至于委员会会议的法定人数,则按民国十七年十二月二十六日《立法院各委员会组织法》第六条,有“委员会会议须有委员过半数之出席方得开议”的规定;但法定人数虽较高,实际上则各委员会会议的出席人数,历年来平均仅及全体委员的半数。关于立法院会议及会员的出席人数,见《立法院五周年来立法工作统计》(民国二十三年)。

故不能出席时，由副院长代理；副院长亦因故不能出席时，由院长就各委员会委员长中指定一人为主席。院长在会议席上亦有极大之权，与普通会议的主席或议会的议长不同。第一，对于议事日程，院长有最后的决定或变更之权。[①] 第二，每案讨论的时间由主席配定，并得延长之。[②] 第三，会议否决或废弃的议案，院长认为有复议的必要时，得具意见提交政治委员会议决，再发院开会复议，立法院不得再予否决。[③] 即如纪律权及认可权等等，立法院院长所有者亦比一般议会议长所有者为完全。

立法院在举行会议时，向得请各院院长及行政院的各部会长官列席。[④] 自二十年年底《国民政府组织法》改采行政院负责制度之后，各院长、各长官且均有列席说明之权。[⑤] 但立法院各委员会开会时，各院长、各长官仍只有被请出席之权利，而无自行出院的权利。实际上二十年的改制，并未增加各院院长及行政院各部会长官出席立法院会议或其委员会会议的次数；不但没有增加，且有显著的减少。[⑥] 除了有几次因外交事件，外交长官尝出席立法院会议说明外，仅于法制委员会讨论各部会官制时，或财政委员会讨论

① 民国二十四年五月六日《立法院议事规则》，第二十四—二十六条。

② 同上，第五十五条。

③ 同上，第六十六、第六十七条。

④ 民国十七年十月二十日《立法院组织法》，第十五条。

⑤ 民国二十年十二月三十日《国民政府组织法》，第二十九条。

⑥ 在第一届立法院时，各院部会派人出席立法院会议的次数共20，第二届时共13，第三届的首年只一次。出席委员会会议的次数在第一届时共45（各委员会共开会223次），第二届时共43（各委员会共开会159次），第三届的首年共15（各委员会共开会58次）。见《立法院五周年来立法工作统计》。但该统计仅列“列席陈述意见”一项，而未说明列席者究为院部会长官，或为其他代表；据著者所知，则院部会长官亲自列席的次数甚少。

财政法案时，关系的各部会，间有派代表出席委员会会议之事。

三　立法院的职权

按照《国民政府组织法》第二十七条，立法院有议决（一）法律案，（二）预算案，（三）大赦案，（四）宣战案，（五）媾和案，及（六）其他重要国际事项的职权。既云“职权”，则立法院不但有议决上列事件之权，且有议决上列事件之责。[①] 大赦案、宣战案及媾和案，自立法院成立以来，尚未发生；而且这类案件富有政治性质，即令提付院议，政治委员会（或国防最高委员会）亦必预定原则，立法院的职务殆将仅为形式的通过。法律案及预算案的议决当另段详论。在此地，我们只讨论（一）所谓“其他重要国际事项”的意义，及（二）立法院所议决案件的分类情形。

所谓“其他重要国际事项”乃承“宣战案”与“媾和案”而来，宣战及媾和自是重要国际事项，但其他国际事项究如何才算重要，而必须经过立法院的议决，则至今缺乏一定的界说。就实例而言，条约案大都经立法院通过，因之国际公约如1930年的航海信号协定等，亦尝经由立法院的审议，但极重要的《上海停战协定》（民国二十一年）及《塘沽停战协定》（民国二十二年）均未经立法院审议。此种经审议与不经审议的差别，大率本于政治委员会（或政治会议）的决定。所以我们可凡正式条约，俱构成《国民政府组织法》第二十七条所称的“重要国际事项”；至其他事项应否视为须经立法

① 民国十八年六月十日中央执行委员会全体会员所通过的治权行使立规律案，更规定“一切法律案（包括条例及组织法案在内）及有关人民负担之财政案，与有关国权之条约案或其他国际协定案等属于立法范围者，非经立法院议决，不得成立；如未经立法院议决而公布施行者，立法院有提出质询之责；公布施行之机关以越权论，立法院不提出质询者以废职论”。

院审议的“重要国际事项”，则由政治委员会（或国防最高委员会）决定。换言之，立法院外交权的范围是不固定的，是由政治委员会（或国防最高委员会）随时规定的。

至于立法院所议决案件的分类，则以法律案为最多，在立法院开始的五年中，计占总数百分之八十强；预算案次之，计百分之十二强；条约案又次之，计百分之三强；其他事项亦占百分之三强。法律案中又以关于官制官规者为最多，约占法律案全数三分之一。①

除了《国民政府组织法》所给予的职权以外，《立法院组织法》第十四条另给该院以“向各府及行政院各部各委员会提出质询”之权。立法院所可质询之事，虽有以关于议决案的执行者为限，但如认真利用此权，则其所可质询的范围自亦甚广。而且按治权行使之规律案，各机关如有侵占立法权的行为，立法院更有质询的责任。但立法院纵有权质询，却无强被质询者以必答之权；对于不满意的答复，尤无制裁之权。②

第四目　立法程序

自国民政府成立以来，立法的程序亦已数易。最先几年最无规则，大概由国民政府称为法律或条例而公布者，即为法律，这种法律大都俱经过政治委员会（或政治会议）的通过或核准，但亦不

① 见《立法院五周年来立法工作统计》。

② 民国二十八年一月司法院曾公布《战区巡回审判办法》。立法院以事关变更法律，而未经立法院通过，对此提出质询。

无例外。民国十六年四月二十七日，南京政治会议议决设立中央法制委员会后，法律案本俱应经过法制委员会的审议；但事实上，国民政府所公布的法律及条例亦仍有未经此手续者。直到十七年三月一日《立法程序法》公布后，立法程序始较为确定。按照此法，法律由政治会议议决，国民政府公布；在议决前，除政治会议认为有紧急情形者外，须经法制局的审查。条例由国民政府议决公布；在议决前，除政治会议认为有紧急情形者外，亦须经法制局的审查；各部会及各省市政府的条例，须经国民政府核准，在这核准的过程中，依例国民政府亦交法制局审查。同年十二月立法院成立后，法制局取销，立法职权归立法院负担。二十一年六月二十三日中央执行委员会常务会议通过《立法程序纲领》，于是立法程序更有比较细密的规定。[①] 对日战事起后，国防最高会议及国防最高委员会先后代行政治委员会的职权，但大体上立法程序仍无大变。以下所说明的立法程序即根据于这个纲领，并参以战时若干变通办法。

一 法律与命令的区别

法律本有实质与形式的两种意义，已如上述。[②] 在一般国家，法律与命令在形式上极易分别；凡经过立法程序而制定者是法律，否则便是命令。但在中国，则这种分别至今不甚显著。按十八年五月十四日《法规制定标准法》，“凡法律案由立法院三读会之程序通过，经国民政府公布者定名为法”，而下列事项则为法律案，应经立法院三读会程序的通过，不得以条例、章程、规则等来规定：（一）

① 此项《纲领》曾经过多次的修正，但修正内容俱不甚重要。

② 见上，258 页。

关于现行法律的变更或废止者;(二)现行法律有明文规定,应以法律规定者;及(三)其他事项涉及国家各机关的组织或人民的权利义务关系,经立法院认为有以法律规定的必要者。如果这些条文能得到严格的遵守,则我们至少可说,凡经过政治委员会的议决及立法院三读会通过的程序者,皆为法律,其余则是命令,即条例亦只是命令。但事实上,这种条文并未获到严格的遵守。有极重要的法律,而没有经立法院依法通过者,例如二十三年六月十五日的《国民政府组织法》及同年十二月三十日的《国民政府组织法》;有行政机关径自颁布的条例,而其实际则变更法律,且无疑地涉及人民权利义务者,例如二十三年五月七日国民政府军事委员会所颁《严禁烈性毒品暂行条例》;更有性质重要、其成立程序一如上述"法"的成立程序而却以条例称者,例如二十年五月三日《全国经济委员会组织条例》。而且《法规制定标准法》(十八年五月十四日。第五条既云:"应以法律规定之事项,不得以条例、章程、规则等规定之。")则条例应不是法律而是命令,但治权行使之规律案(十八年六月十日)则又谓法律案包括条例在内。此种矛盾更难使法律与命令间有显明的区别。且在平时,政治委员会即不免常有议决法律案(或称法,或称条例,或称大纲等等)送交国民政府公布之举;自战事起后,国防最高会议及国防最高委员会更明白享有以命令变更法律之权。① 此种经最高政治指导机关议决,而经国民政府公布的文件,无疑地具有法律的效力,却又未经法定的或通常的立法程序。因此之故,法律与命令,自战事起后,愈形混一。

---

① 《国防最高委员会组织大纲》第八条规定:"委员长对于党政军一切事务得不依平时程序,以命令为便宜之措施。"

二　法律案的提议

法律案的提议权属于(一)政治委员会,(二)国民政府,(三)立法院以外的四院,及(四)立法委员(须5人以上的连署)。直属国民政府的各机关,隶属四院的各部会及行政院的各省市政府亦得提案,但须得国民政府或四院的核准,且须以核准机关的名义提出。因为政治委员会所交议之案于讨论时有种种的便利,而四院等各机关的负责人又常为政治委员会的委员,所以实际上,国民政府及四院所拟提之案大都先提政治委员会讨论,然后以政治委员会的名义交立法院审议。

三　法律案的议决

议决权分操于政治委员会及立法院。[①] 依常例,政治委员会决定原则,而立法院议决条文;但政治委员会如对于议案的条文先有所决定,则立法院自无权变更;政治委员会如先令立法院审议原则,立法院亦自可讨论原则问题。

关于原则,政治委员会所提之案,自然由该会自定原则。国民政府及四院所提之案,应先提请政治委员会决定原则,然后移送立法院讨论;但如总理遗教中已有确定的原则,或所提之案纯粹属于技术问题,而无原则可言,则亦可径送立法院讨论。立法委员所提之案,立法院或先定原则,再呈政治委员会讨论,或先请政治委员会决定原则均可。不论何方的提案,政治委员会亦可先交立法院

① 立法院于民国二十六年十一月至次年四月曾因政府西迁而停止工作。立法院恢复会议后,国防最高会员及国防最高委员会往往以该会议或该会所通过与国民政府所已公布的法律条例交立法院查照,或交其"追认"。此种手续自不甚合理。盖国防最高会议或国防最高委员会如系依法行使紧急处分权,便无须经过通常立法程序,否则,不能仅于事后命立法院"追认"。

审议原则。立法院对于政治委员会所定的原则不得变更;如有意见,仅得向政治委员会陈述。惟政治委员会所定的原则,其词义有时可作种种解释;因之,立法院所议决的条文,自难免与政治委员会制定原则时的本意有出入;此种情形,在立法院多数委员不同情于该项原则时尤易发生。为防杜此种情形起见,政治委员会往往将原则详予制定;原则一经详定,则立法院的职务几限于作文字上的整理,而不能对于实质稍有出入。有时,政治委员会,因为情形紧急,或为防止立法院变更其意旨起见,竟将一种法律案自行议定,径送政府公布。此虽非立法 程序纲领所许,然在平时已多此项事例。自国防最高会议及国防最高委员会先后代行政治委员会职权后,以其更享有便宜措施之权,此项事例自更常见。

立法院讨论各种提案时,以政治委员会所交议者为第一位,国民政府所交议者为第二位,四院所移送者为第三位,立法委员所提出者为第四位。序位的先后,颇似一般内阁制国家所设关于政府提案及议员私人提案的分别。法律案的讨论须经过三读会的程序,但院长得令省略三读之一或二(此为院长的一种重要权力),立法委员全数三分之一亦得要求省略。一读时提案人或读议题,或兼说明旨趣,当视案件的重要与否而分。一读后付委员会审查;如遇紧急情形,则亦可省略审查。委员会报告后,立法院便决定继续二读与否。二读较详尽,有逐条的讨论,且可提修正案。三读时仅能作文字上的修正;但如发现与其他议案或法律有冲突时,则仍可为根本修正。①

立法院所通过之案 ,政治委员会于国民政府未予公布以前,得

① 本段见立法院议事规则。

以议决案发交立法院据以修正。换句话说,政治委员会可以否决立法院所通过之案。[①] 立法院所否决或废弃之案,立法院院长亦可请求政治委员会令立法院复议。

由上以观,可知即在平时,政治委员会所享的立法权已远在立法院之上。政治委员会可于立法院讨论之先,以若干决议限制立法院,立法院通过之后,政治委员会仍保有否决及修正之权。至在战时,则除代行政治委员会的职权外,国防最高委员会(由其委员长代表)更享有便宜措施权;因之,享有与法律同等效力之决定,有时并无须经过立法院。

第五目　预算程序

议决预算在各国恒为立法权中重要项目,《训政时期约法》亦如此规定,故于讨论立法程序之后,讨论预算程序。

国民政府在广州的时期,即有预算委员会的设立,定都南京后,先后有财政监理委员会、预算委员会及财政委员会的设立,均为预算的决议机关。预算的编造,在二十年四月主计处成立以前,向由财政部会计司办理。至于预算程序,则自十九年起,即有《试办预算章程》;二十年十一月二日有《预算章程》[②]的公布;二十一年九月二十四日更有《预算法》的公布。然因施行细则未能及早成立,故《预算法》亦迟迟未获施行。至二十六年四月二十七日,《预

① 实际上,政治委员会仅于各关系院院长,对立法院所通过的法律案表示异议时,始复议立法院所议决的法律案;否则,立法院议决的法律案,概由国民政府径行公布,并不经过政治委员会复核。

② 民国二十二年四月二日及八月二十日曾有修正。

算法》有重大修正，二十七年九月二十三日《预算法施行细则》公布，《预算法》乃获于二十八年一月一日起施行。在此以前，预算的办理，大致均依《预算章程》。①

按《预算法》及《施行细则》之所规定，预算程序颇为繁复。预算每一会计年度（与历年一致）②办理一次。自各机关拟编收支计划，以及国民政府公布预算，其间约有五个阶段：自各级机关拟编岁出概算，由主计处汇编总概算，至送政治委员会止，为第一个阶段；政治委员会的核定为第二个阶段；自政治委员会核定后发交主计处，由主计处发交各级机关，按照核定数目编造预算，再送还主计处汇编总预算，末由主计处送行政院会议决定，为第三阶段；最后，由行政院会议决定复送立法院审议，则为第四个阶段，国民政府公布为最末一个阶段。依预算法所定，预算在第一、第二个阶段时称概算，在第三个阶段时称拟定预算，经第四个阶段后，称法定预算。今依《预算法》及其《施行细则》，将程序中各要点，分别说明如下：

一　概算的编造

在各机关编造岁出入概算之前，主计处审计部及财政部须将财务上增进效能的办法呈报政治委员会，以作决定施政方针的参考；中央政府则须将施政方针令知全国各机关，以作拟定计划并编造概算的准据。负拟编概算之责者为所谓第二级机关单位，即是直隶于国民政府及五院的各机关，及国民政府及五院本机关。这

① 《预算章程》的内容，见本书增订本第一版，686—690页。

② 在民国二十八年前，中国会计年度即自每年七月一日起至次年六月三十日止。

些机关编造其本身及所属机关的概算。当然，一个事业庞大所属机关林立的第二级机关单位，如交通部或经济部，决不能闭门造车，其附属机关的概算，实际上，非由附属机关自行编拟不可。但《预算法》所以明定第二级机关单位为概算的初步编造者，而不课第三级及以下各级机关单位以同样的责任者，其用意乃在集中编造预算的责任，并以增进行政的灵敏。概算经第二级机关单位编成后，则送第一级机关单位，由其汇编该机关单位的全部概算。各第一级机关单位各编概算既毕，则由行政院令财政部拟编岁入总概算。最后则由主计处汇集各第一级机关单位的概算及财政部所编的岁入总概算，而汇编为总概算。于是总概算的编造即算完成。依《预算法施行细则》所规定，第二级机关单位的主管机关应于三月十日以前，第一级机关单位的主管机关应于三月三十一日以前，财政部应于四月十五日以前，主计处应于五月十五日以前完成其各自所负的工作，并将概算送交更上一层的负责机关。在实际上，各阶层所负的工作，每均不能如限完成。

二　概算的核定

概算的编造犹如法律案的起草及提议，概算的核定犹如立法原则的决定。立法原则决定于政治委员会，概算的核定权亦操之于政治委员会。政治委员会向有财政专门委员会或类似的委员会①之设，国防最高会议代行政治委员会职权后，财政专门委员会依旧存在。依常理言，财政专门委员会应负初步审查之责。更依政治委员会的习惯，其专门委员会的审查报告，政治委员会大都照予通过，少作变更。就历年实例而言，财政专门委员会虽仍具有广

① 在民国二十四年以前政治会议时代，则称财政组。

大的审查概算之权，但以概算一则关系重大，再则常易引起各机关与财政部间的重大争执，故审核的工作，往往于交财政专门委员会初步审查之后，更由政治委员会特别指定若干重要委员或特别设立预算委员会，作第二步审查。[①] 概算经此项特别指定的人员或设立的委员会审查后，其审查结果恒为政治委员会所采纳，而不再有重大的变更。

三　预算的拟定

经政治委员会核定的概算数，主计处须于十五日内通知各第二级机关单位的主管机关据以编造拟定预算。于是，各第二及第三级机关单位的主管机关应即分别编造各单位预算，于八月十五日以前（换言之，约在一个半月以内），送达主计处。主计处应于九月二十日以前编成所谓“拟定总预算”以送行政院。行政院应于十月十日以前予以议决；送交立法院审议。但实际上，均不能照此时限完成。

四　预算的审议

概算的核定犹如立法原则的决定，所以其权在政治委员会；预算的审议犹如法律案的议决，所以其权在立法院。但审议预算案的程序与讨论法律案的程序微有不同。立法院接到预算案后，即径付财政委员会审查。财政委员会则每指定若干委员为初步的审查，审查时得请关系各院部会处代表列席说明。立法院会议的讨论，则先岁出案，后岁入案；对于岁出数字不得为增加的提议。依《预算法施行细则》，立法院应于十二月一日以前议决预算，呈请国民政府公布。如预算案的一部分未经通过，致全案不能如限完竣时，则立法院应就无争议的岁入岁出各款，编成假预算，于十二月

① 照例五院院长大概均在指定人员之列。

五日以前，送请国民政府公布。其未通过的部分，则由行政院于假预算公布后的一个月内，另提修正案送立法院审议。总预算案全部通过公布后，假预算即失其效力。

以上所述限于中央的年度预算。追加预算及非常预算成立的程序亦复与年度预算相若，惟追加预算限于法令及事实所不可免的场合；而非常预算且须由行政院提出，且限于国防紧急措施、国家经济上重大变故、重大灾变及紧急重大工程四项。非常预算，其概算经政治委员会核定后，不必待其他程序完成，即得执行。对日战事发生以后，即一般追加预算亦率于国防最高委员会议决后，径付实施，不送立法院审议。

省及直辖市预算成立的程序，按《预算法》之所定，亦与中央预算相若，不同之点有二：第一，中央主计处于审编省市总概算后，须先送行政院审定，然后由行政院送政治委员会核定，不若对于中央的总概算则由主计处径送政治委员会核定；第二，直辖市的拟定预算，其审议机关，在已有市议会的市为市议会，在未有市议会的市，方为立法院。这两点不同，第一点可说明中央监督省市之严，第二点则可说明直辖市的自治权大于省。然此种关于省市预算之规定，自三十年田赋改为中央收入、省市预算改归中央编造后，已不复有效，省市预算与中央预算的编造，就程序而言，已无可分。

综观预算程序，下列两点深值注意：第一，程序太繁复。各项法定程序如一一认真办理，时间势必无及；如一一依限办理，则势必无从步步认真。实际上，政治委员会或国防最高委员会每年每须制定一个编审或办理预算的变通办法[①]将程序稍予变通，将限期

① 见历年《主计法令汇编》（国民政府主计处编印）。

稍予宽假。但即此变通办法亦往往仍难遵守。由此可见欲求办理预算之必能依法，预算程序诚有大加简单化的必要。第二，权责不显明。依现行制度负责编造预算的总责者为主计处，但主计处直隶于国民政府并非负政治责任之机构，论理不能多所主张。财政部实际上负有平衡收支之责，但对支出概算的核减，初无法定权力。立法院在表面上似为预算最终决定之机关；实则该院的审议，只是一种形式，实际的决定，在政治委员会或代行政治委员会的国防最高委员会。论者以为欲求预算制度的确立及《预算法》之能实行，必须提高行政院（尤其是财政部）控制预算编造之权，初不可因五院独立行使职权之故，而剥夺行政院应有的财权。近年主计处在预算编造的技术方面诚有不少贡献，但主计处直属国民政府，势不能握有实权，令之负编造预算的总责，究非所宜。至政治委员会的权力，固在行政院之上，但行使对于预算的指导权时，宜在行政院核议之后，而不宜在其先。行政院所不能解决的问题，政治委员会应为之解决；行政院所为不妥的决定，政治委员会应予以纠正；但初步的审核不宜由政治委员会或其所设之专门委员会行使。近年财政专门委员会或特别指定人员于审核预算时，事实上固常有财政部部长或其代表参加，但此究不如直接予财政部以较大的控制权之为妥善。

第六目　司法院

司法院现共设有司法行政部、最高法院、行政法院及公务员惩戒委员会四个机关。但除司法行政部外，其余均系法院，均是独立行使职权的机关，严格地说，不能视为组织司法院的各部分，总之国立大学虽隶属于教育部，而不能视为组织教育部的各机关。因之，司法院与中国旧日的或一般国家的司法部并无重大分别；司法院对于所属法院的行政有管理之权，司法部对于独立法院的行政亦有管理之权；司法院与司法行政部的并存，固免不了若干不需要的重复。

当司法行政部隶属行政院时，《国民政府组织法》规定“司法者*为国民政府最高审判机关”，自移归司法院后，则规定司法院为“国民政府的最高司法机关”，其用意似以为兼有审判权、行政权者为司法机关，有审判权而不兼有行政权者为审判机关。但是司法院的审判权实在微而又微，或者可说是并不存在。司法院之得称为审判机关，其可能的根据不外下列三种：第一，司法院院长兼任最高法院院长、副院长兼任公务员惩戒委员长；第二，司法院院长对于行政法院及公务员惩戒委员会的审判，认为有必要时，得出庭审理；第三，司法院有统一解释法令及变更判例之权。[①]但第一、第二两种的根据甚为牵强，因为司法院院长、副院长纵有审判之权，亦仍为各法院的审判权，而不是司法院本身的审判权；而况关于第一种根据的法律条文今已因《国民政府组织法》的修改而不复存在，[②]关于第二种根据的法律条文似纵未见诸实施。至于第三种的职权，是否能称为审判权。学者间亦尚多争辩。

因为司法院本身非审判机关，而司法行政事宜又操之于司法

* 此处“司法者”疑误，当作“司法院”。——编者注

① 见民国十八年一月四日司法院统一解释法令及变更判例规则。

② 见本书472—473页。

行政部，所以司法院本身的事务实极清简；除了拟编机关本身的预算及核准所属机关的概算不计外，司法院仅有（一）向立法院提出关于司法院及所属机关的法律案，（二）向国民政府主席提请关于特赦、减刑及复权事件，及（三）统一法令的解释及判例的变更三种职权。

第七目　考试院

考试院设考选委员会及铨叙部两个机关，行使考试及铨叙两种职权。

考试分高等考试普通考试、公职候选人考试及各种特种考试。[①] 考选委员会为常设机关，办理关于考试行政事务。每逢考试时则更组织典试委员会及试务处，以分司命题、阅卷、决定取录及布置试场、管理试卷等事。[②] 自二十年七月考试院成立至三十年末，高等考试计共举行 10 次，共取 1,026 名；首都及各省市普通考试计共举行 26 次，共取 1,544 名；各省县长考试计共举行 6 次，共取 74 名；中央及省市各机关的特种考试计共举行 225 次，共取 14,973 名；公职候选人如县参议员及乡镇民代表候选人，于三十年下半年中，经试验或检核及格者亦已有 1,195 名。

铨叙由铨叙部办理。因考试取录的人员过少，所以公务员的任用，大体上非出于考试；凡具有法定资格（如学校毕业资格、服务资格、革命功勋等等），经铨叙部铨定属实者，亦得任用；无资格者，

① 参阅民国二十四年七月三十一日《修正考试法》。

② 参阅民国二十四年七月三十一日《典试法》。

依法不得任用。公务员在服务期内,则由铨叙部执行考绩。[①] 事实上,公务员的考核进退之权向操诸各机关主管长官之手,铨叙部的考绩只限于复核。

考铨两项职权既由考选委员会及铨叙部分别办理,考试院本身,除对于该两机关执行监督权外,并不径自执行他种重要职务。

第八目 监察院[②]

一 监察院的组织

监察院设院长、副院长,其下设有监察委员及审计部。监察院院长的任命及任期一如其他各院院长,副院长则如立法院副院长,例不过问院务。监察委员的名额为29人至49人,由院长提请国民政府主席依法任免。监察委员无任期的限制,且受保障。他们兼有一般议会议员的特权,及一般法院法官的保障。[③]

为在各地行使巡回监察起见,监察院院长并得提请国民政府特派监察使且得以监察委员兼任。

监察院有监察院会议,讨论(一)向立法院提出的法律案,(二)院长交议事项,及(三)其他事项,但不涉及弹劾权及审计权的行使。依法,监察院会议至少应每月举行一次,但事实上则近年来极少举行。[④]

---

① 参阅民国二十四年七月十六日《公务员考绩法》,及民国二十八年十二月八日《非常时期公务员考绩暂行条例》。

② 参阅监察院监察制度纲纂处编:《监察制度史略》(民国二十五年),第五章。

③ 参阅民国十八年九月三日《监察委员保障法》。

④ 详见民国二十一年十二月二十八日监察院修正公布的《监察院会议规则》。

二　弹劾权[①]

监察院有两种职权：一为弹劾，又一为审计。弹劾权由监察委员行使；地方的弹劾权亦可由监察使行使。

弹劾权的行使以公务员的违法及失职行为为对象。[②]《弹劾法》中所指的公务员包括国民政府的一切官吏，无阶级大小之分，亦无中央与地方之分。每个监察委员可以单独提出弹劾案，但须以书面为之，并应详叙事实，附列证据。提出后，由提案委员以外的监察委员 3 人审查；如多数认为应付惩戒，便移付惩戒；如多数认为不应交付惩戒，而提案委员有异议时，则付其他监察委员 5 人审查，并作最后的决定。《弹劾法》未规定此 5 人的审查意见是否须全体一致，抑亦取决于多数，但在实施上，则从后者的办法。与弹劾案有关的监察委员不得参加审查，监察院院长亦不得指挥或干涉，审查委员则由监察委员轮流担任。[③] 此即所谓"弹劾独立"，其意思与审判独立相似。但事实上，监察委员的任命既出自院长的推荐，院长的权威自然甚高，无形中常可影响弹劾案的成立或不成立。

弹劾案的提出，或基于监察委员本人的见闻，或基于人民的举发。监察院设有人民书状核阅室，专接受人民举发公务员违法或失职行为的书状但不得批答。此项书状，自二十年三月迄三十年十二月，监察院共接到 22,619 件，而经行文各地高级机关或法院查明者，有 7,469 件，自行派员查明者有 811 件。

---

① 参看陈之迈："监察院与监察权"，《清华大学社会科学》第一卷第一期（民国二十四年十月）。

② 以下见民国二十一年六月十四日《修正弹劾法》。

③ 民国十八年五月二十九日的旧《弹劾法》规定审查委员由院长指派。

公务员违法或失职的行为，其情节重大，有急速救济的必要者，监察院将弹劾案移付惩戒机关时，得通知主管长官为急速的救济处分。所谓急速救济处分，就是急行纠正被弹劾的行为，甚或暂撤被弹劾者之职，以阻止被弹劾的行为继续进行之意。如主管长官不为此种处分，则于被弹劾人受惩戒时应负责任。

抗战军兴，依据《非常时期监察权暂行办法》①，监察委员或监察使如发现公务员有违法或失职行为，并认为有急速处分的必要时，得用书面纠举，呈请监察院院长审议。院长认可后，监察院便将纠举案送交被纠举的主管长官，请其为撤职或他项急速处分。然纠举的性质究与弹劾不同；纠举纵可在道义上促使主管长官对于所属严施监督，却无法强之为撤职或他项急速处分。至于依据同办法而行使的所谓建议权及视察权，即监察委员或监察使关于公务执行所为的建议，以及对于各级机关及各公立团体所为的视察，虽其用意均在促进政治效率以利抗战，究对行政权的运用不无干涉之嫌；将来可否垂为常制，不无讨论之余地。

监察院虽可弹劾一切公务人员，而惩戒机关却因被弹劾者地位的不同，而有分别。如被弹劾者为中央执行委员会所选任之官或监察院监察委员，则惩戒机关为中央监察委员会；其他政务官归“国民政府政务官惩戒委员会”惩戒；中央的其他公务员及各地方荐任职以上的公务员，归“中央公务员惩戒委员会”惩戒；各地方其他公务员归各省市公务员惩戒委员会惩戒；少将以上的军官归“军事委员会军事长官惩戒委员会”惩戒；上校以下的军官则归军政部

① 国民政府民国二十六年十二月十七日公布；二十七年八月二十七日修正公布。

或海军部惩戒。计自二十年监察院正式成立起至三十年底，被弹劾者共有1,937人，[①]惩戒机关议有结果者则有1,291件，约占弹劾案三分之二，余则尚在积压中。所以积压的缘故，半因惩戒机关的组织并不健全，半因有些案件在政治上碍难进行惩戒。依《弹劾法》，监察院对于延压的案件固有质询之权，但实际上其效力亦甚微小。

从过去的实际情形而言，监察院的弹劾权，似尚未发生广大效力。盖数年以来，政局常呈极端不安的状态，监察人员如遇事直言，其影响往往不只及于一二人的进退，而可牵动整个政局。所以监察院院长常不得不力持镇静态度；惩戒机关对于重大弹劾案，亦因是而常不会成立。而且弹劾权范围的广大，亦实使弹劾权不易为有效的行使。监察委员最多不过49人，全国文武百官则何止十万，以人而言弹劾本不能周。且对于所谓失职行为，各人见解尤难一致。在议会政府制的国家，失职与政策的错误，本不可分，议员对于官吏的失职，只用投不信任票的方式，而不用弹劾的方式，且受不信任投票制度支配者每限于少数阁员，今监察委员的检举，则可以遍及于百官，尽职之难，固意中事。所以我们即撇开一般政治情势不论，欲求弹劾制度的成功，弹劾权的范围，实有重行厘定的必要。

三　审计权

审计权在各国均属独立。中国旧日有审计院之设，今则由审计部独立行使审计权。审计部在各地方得设置审计处（已在十二省中设置），略当于上述的监察使署；在各财务繁重的特种机关则

---

① 县长、财务行政人员及司法人员，在半数以上。

得设审计办事处，藉收就地审计之效。

审计权①包括（一）监督预算的执行，（二）核定收支命令，（三）审核计算决算②，及（四）稽察财政上不法或不忠于职务的行为。在行使职权时，审计人员具有充分的调查权力。审计权不只行于事后，并且行于事前。按《审计法》第二章的规定，财政机关所发各项经费的支付书及各机关的收支凭证均须经审计人员根据预算规定加以核签，未经核签者不得支付。此种事前监督，本为英美各国审计制度的精神所在；必严格执行，预算乃能成为有效的文书，财政机关及经理款项的人员乃无从违反预算而动用国币。审计部所享的审计权，虽因事实上的困难，尚未能推及于一切军政机关，更未能及于"建设专款"，但其实施范围似岁有扩张。十余年来各机关财政秩序之渐有进步，审计机关实与有力。

第四节　国民参政会

第一目　训政时期人民代表机关设立问题

依照《国民政府建国大纲》第十四条，训政时期应有国民代表会之设，由已达完全自治之县各举代表一人。《建国大纲》固未明言，此国民代表会究应仅为省的或国的机关，抑国省均有的机关，孙中山先生的"五权宪法"中既应有国民大会及省民大会，则似以

① 见民国二十七年五月三日《审计法》。

② 见民国二十七年八月九日《决算法》。

国省均有国民代表会为正当的解释。《太原宪法草案》规定在训政时期有全国国民代表会及省国民代表会两种代表机关的设立,当系本此解释。

但《训政时期约法》初无关于人民代表机关的规定,所以主张民治者自始即不满意。"九一八"国难发生后还政于民的要求日趋热烈,中国国民党第四次全国代表大会鉴于上述情势,乃有设立国难会议,以讨论救亡大计的决定。二十年十二月的《国民政府组织法》更规定立法委员及监察委员的半数由人民选举。国难会议于二十一年四月开会于洛阳,会员固均由国民政府聘任,不能代表人民,但国难会议也有请政府设立民意机关,定名为国民代表会,限二十一年十月十日以前成立的决议。[①] 除此而外,各方面无论党内党外,要求速设人民代表机关的呼声亦复不绝于耳。二十一年十二月十九日中国国民党中央执行委员会第四届第三次全体会议乃议决于民国二十四年三月开国民大会,并先于二十二年内召集国民参政会,以树民治的始基。中央执行委员会常务委员会且于二十二年初先后议决《国民参政会组织法》二十三条及《国民参政会会员选举法》原则九项,[②]因为有了召集国民参政会的决议,所以二十年十二月《国民政府组织法》关于民选立法及监察委员的条文,全体会议决议删去,并恢复从前的办法,全数由立法及监察两院院长分别提请国民政府主席任命。

---

① 参看《国难会议纪录》(行政院印行,民国二十一年),76页。

② 分见《中央党务月刊》第五十五期、第五十六期。《组织法》及《选举法》原则俱曾由政治会议送立法院议决,前者已完成立法手续,后者立法院亦已制成草案。两者与民国二十七年四月十二日的《国民参政会组织条例》在大体上颇多相同之点。

但召集国民参政会的决议虽经通过，而召集的筹备则从未开始。二十二年三月三十日，中央执行委员会常务会议以国难严重，地方自治难望于二十四年以前完成，拟索性将国民大会提前召集，以应人民参政的要求；因决议于二十二年七月一日召开中国国民党临时全国代表大会，以议决国民大会应否提前召集，如果提前召集，则国民参政会是否仍须如期召集。惟全国代表大会的召集，因事一再延期，至二十四年十一月始获举行。国民参政会的召集，则因全国代表大会已有于二十五年召集国民大会的决议，遂被搁置。

二十六年夏战事突发，国民大会的召集延期，于是先行成立民意机关问题复活。中央政治委员会旋即决议设立国防参议会，并由国防最高会议制定《组织纲要》八条。[①]按该《纲要》，国防最高会议为"集中意见，团结御侮"，设立国防参议会并赋以听取政府关于军事、外交、财政等的报告及制成意见书、建议政府之权。复根据该纲要，国防最高会议先后延聘各在野党派的领袖及若干有独立的政治主张的人物共 24 人为会员，藉使中国国民党以外的意见有所代表；并以国防最高会议主席、副主席为参议会的主席、副主席，[②]藉使参议会得与政府的最高指导机关保有密切的联系。该参议会对于党派的团结颇多尽力，对于国是亦多所献替。但从政治制度立场而言，国防参议[*]的存在，并未丝毫变更中国国民党党治体制，固甚显然。故党以外主张战时政权公开者及党以内主张训

① 民国二十六年八月十日国防参政会组织纲要，此项文件并未经过公布，亦不见于任何已经印行的官文书。

② 国防最高会议并制定有国防参议会会议规程。

* 此处漏排"会"字，应作"国防参议会"。——编者注

政期间应有民意机关者仍继续为设立国民参政会的要求。[①] 二十七年三月三十一日中国国民党临时全国代表大会乃决议设立一个国民参政机关,且以之为《抗战建国纲领》的一要项。中央执行委员会第五届第四次全体会议则于四月七日通过《国民参政会组织条例》,并由是而进行参政员的遴选。第一届国民参政会乃于二十七年七月二日在汉口召集开会。

第二目　国民参政会的组织[②]

国民参政会自二十七年夏开始成立,迄三十一年夏已两度改组。第一次改组为三十年春间,第二次改组为三十一年夏间。[③] 在此两度改组之时,其组织条例,仅对于参政员名额或参政员产生方法有若干修改;至于参政会职权,在大体上极少变更。就参政员名额言,则由最初之 150 人增至 240 人。就参政员产生方法言,初则各参政员均出自推荐与遴选,但自若干省市成立临时参议会后,各

① 民国二十六年十二月三十一日国防最高会议第三十九次常务会议曾决议扩大国防参议会的组织,增会员名额至 75 人,以原有的会员,各省市政府及党部合推的代表 32 人,蒙、藏、华侨代表 6 人,五院秘书长 5 人,及另行指定者 8 人合组之。根据这个决议大多数省市已推出候选人,候国防最高会议圈定,五院秘书长亦已报到。但成立国民参政会之议继起在即,故扩大的计划未获实现。

② 参看(甲)民国二十七年四月十二日《国民参政会组织条例》,民国二十七年六月二十一日、二十八年四月二十八日及二十九年四月十六日各一次修正;(乙)民国二十九年九月二十六日《修正国民参政会组织条例》,及同年十二月二十三日的修正。(丙)民国三十一年三月十六日《修正国民参政会组织条例》,按《条例》第一条"国民政府在抗战期间为集思广益、团结全国力量起见,特设国民参政会"的规定,国民参政会本为一暂设机关。将来实际演变如何,殊难预计。现在本节中我们将国民参政会与其他国民政府机关作同样郑重的讨论。

③ 在本书本版付印时,第三次改组尚未完成。

该省市应出之参政员遂改由各该参议会选举。此外参政会之议长制至第二届参政会则修改为主席团制；参议会驻会委员会最初仅有听取政府报告之权，第二届参政会成立后，则关于建议调查等事，驻会委员会所享有的职权与大会约略相同。此为参政会成立以来组织上变迁的概要。

一 参政员

按二十七年四月十二日《国民参政会组织条例》，参政员名额原为150人，按现行《组织条例》（三十一年三月十六日公布），则为240人。其中，180人代表地域，60人代表文化界、经济界及从事政治活动者。①

参政员的产生，系依其所代表的地域或职业而分别规定。代表各省市者由各省市临时参议会选举。未成立临时参议会的省市则由省市政府及党部会同提出双倍的候选人，代表蒙、藏及海外华侨者分别由蒙藏委员会及侨务委员会提出双倍的候选人；代表文化界、经济界及政治活动者，则径由国防最高委员会提出候选人（不加倍）；以上三项人员均经由国防最高委员会提请中国国民党中央执行委员会作最后的选定。换言之，除省市临时参议会所选举的参政员外，其余参政员俱由中国国民党选定。②

参政员的任期，《组织条例》规定为1年，但国民政府得加以延

① 《组织条例》中所称“努力国事久著信望之人员”实即包含各党各派缺乏文化或经济团体服务经验的活动分子。

② 第一届参政员的选定与现制略有不同：一、当时各省市均尚无临时参议会之设；代表各省市之参政员其选定程序系由省市政府及党部会同提出双倍候选人，此外国防最高会议亦加提双倍候选人。二、当时代表文化界、经济界及政治活动者亦由国防最高会议提出双倍候选人。

长，故实无一定期限。

依《组织条例》，现任官吏不得当选为参政员。此种限制的用意在使此一机关能充分网罗在野人员，并藉以扶植其独立地位。惟中国国民党重要人员，大都在政府中负有重要职务，在法律上，俱为官吏。因此之故，均丧失充任参政员之资格。此一事实，似不免减轻参政会的实际权威。

参政员享有一部分的所谓议员特权。参政员在会场内有言论的自由，[①]不受普通法律对于诽谤等等所设的限制，但关于身体自由参政员并无若干国家所给予议会议员的特权。

二　主席

国民参政会在第一届时系采用议长制。议长与参政员同由中央执行委员会选定，实际上则尝先后由国防最高会议副主席及国防最高委员会委员长充任，藉使参政会与政府的最高指导机关间维持着密切的联系。议长外，参政会先时并设置副议长 1 人。第二届时，议长制取销，改用主席团制，设主席 5 人，均由参政会选举，非参政员亦得当选（依照三十一年三月十六日之修正，主席团为五人至七人）。

三　驻会委员会

国民参政会在休会期内设置驻会委员会。依现行《组织条例》所规定，委员 25 人，由主席团及参政员互选；主席团主席当然出席驻会委员会会议。驻会委员会为大会休会期间的常设机关，按现行《组织条例》，在不违反大会决议案的范围内，亦得行使建议调查等权，与大会同。

① 民国二十七年七月一日《国民参政会议事规则》，第八条。

四　委员会

国民参政会的委员会有两种：一为调查委员会；又一为审查委员会。前者调查政府委托考察事项，与一般议会所设得以自动调查行政或立法事项的调查委员会性质似乎有异。后者审查议案，又可分为三种：一为普遍的，二为特种的，三为全体的。普通的每次大会常设五个，以分别审查关于（一）军事及国防，（二）外交及国际事项，（三）内政，（四）财政经济，及（五）教育文化的议案。[①] 特种的用以"草拟或审查特种事项之议案"。[②] 全体的则用以审查最关重要的事件。[③] 每次大会必设普通审查委员会；但特种审查委员会及全体审查委员会则依大会或主席的决定而设立。全体审查委员会，自参政会成立以来，尚只开过一次。

第三目　国民参政会的权力及地位

国民参政会为国民参政机关。依《抗战建国纲领》所言，组织国民参政会的目的，为"团结全国力量，集中全国之思虑及识见，以利国策之决定与实行"。

依现行的《组织条例》，国民参政会之权有四：第一，政府的重要施政方针，于实施前，应提交国民参政会议决；第二，国民参政会

---

① 见民国二十九年十二月二十四日《国民参政会议事规则》第十一条。

② 见同上，第十二条。特种委员会时有于大会闭会后仍进行工作者；民国二十八年九月第四次大会所产生的宪政期成会为最著的一例。有时一个委员会虽号称特种委员会，却无审查议案的任务。民国二十九年四月第四次大会所设立以调处中国共产党与政府间争执的那个特种委员会即为一例。

③ 民国二十七年十月三十日国民参政会大会所通过的《国民参政会全体审查委员会规则》，见《国民参政会第二次大会纪录》，7页。

得提出建议案于政府；第三，调查权；第四，国民参政会有听取政府施政报告，并向政府提出询问案之权。

以上四项权力之中，依常理言，第一项自最重要。但对于此项职权，《组织条例》设有两大限制：第一，参政会之决议，须经国防最高委员会通过，始能生效。第二，遇有紧急特殊情形，国防最高委员会得依《国防最高会议组织条例》，以命令为便宜之措施，不受参政会此项职权之限制。

且在过去数年中，政府所提交参政会的施政方针，往往为极抽象的政策，不是具体的方案或法案；因之参政会的决议，亦尝是极抽象的决议，纵经国防最高委员会通过，在实际上仍然缺乏真正有效的拘束力。至在抗战时期政府措施在在容易解释为紧急性措施，更不待言。

第二项的建议权为三年余来国民参政会行使最频繁之权。建议的范围，除不得违反《三民主义》外，初无任何其他限制。参政会每次集会，其所通过的建议案往往达百余案。建议案自亦须得着国防最高委员会的同意，始能成立。按之实际，参政会通过的建议案经国防最高委员会完全通过或部分采纳者，占极大多数。此种建议案不尽为抽象性质，往往对于具体事件的措置，发生相当的影响。

依现行《组织条例》，参政会尚享有调查权。但《组织条例》明定参政会的调查权限于“政府委托考察事项”。

第四项听取施政报告权及询问权，在形式上虽似不甚重要，实则大会的舆论，往往可于政府报告后，种种询问中有力地表现出来。此一制度，如能善为运用，造成良好传习，对于吾国未来民意机关（如国民大会之类），或有重大贡献。因国民大会等机关，人数众多,事实上,自不易成为立法性的议会;听取报告与提出询问,势必成为此种民意机关会议时的重要程序。

由上以观,可知参政会的性质,不同于一般国家的议会,亦非行政咨议机关,而实介乎议会与咨议机关之间。《组织条例》的规定,不能使人满意之处固尚不少。但在过去数年中,参政会的产生与其继续存立,已显示吾国政治的动向。此一事实的重要性,不容否认。其次,历届参政员的人选,在大体上可谓符人望。各省市临时参议会执行选举,亦从无一般选举制度下行贿、受贿等事实发生。此种情形,无形中应亦可消除吾国许多人对于民政制度与选举制度的过分疑虑。故无论国民参政会将来是否继续存在,其在抗战时期所留下的经验,于吾国民治制度前途,决不会漫无影响。

附　　录

自光绪三十四年清廷颁发《宪法大纲》起，至民国二十五年底，中国各种宪法文件及与宪法有关的文件，于本书第六编中已一一有所说明。为谋读者参考上的便利起见，今择其最重要者11种附录于后*。

一　《宪法大纲》（光绪三十四年八月初一日颁发）

君上大权

一　大清皇帝统治大清帝国，万世一系，永永尊戴。

一　君上神圣尊严，不可侵犯。

一　钦定颁行法律及发交议案之权。凡法律虽经议院议决而未奉诏令批准颁布者，不能见诸施行。

一　召集、开闭、停展及解散议院之权。解散之时，即令国民重行选举

---

* 附录中各法律文件为著者所辑，其内容与政府公布法律文件略有出入，编者依现有资料对此稍加整理。——编者注

新议员，其被解散之旧议员即与齐民无异；倘有抗违，量其情节以相当之法律处治。

一　设官制禄及黜陟百司之权。用人之权操之君上，而大臣辅弼之，议院不得干预。

一　统率陆海军及编定军制之权。君上调遣全国军队，制定常备兵额，得以全权执行；凡一切军事，皆非议院所得干预。

一　宣战、讲和、订立条约及派遣使臣与认受使臣之权。国交之事由君上亲裁，不付议院议决。

一　宣告戒严之权。当紧急时，得以诏令限制臣民之自由。

一　爵赏及恩赦之权。恩出自上，非臣下所得擅专。

一　总揽司法权。委任审判衙门，遵钦定法律行之，不以诏令随时更改。司法之权操诸君上，审判官本由君上委任，代行司法；不以诏令随时更改者，案件关系至重，故必以已经钦定法律为准，免涉分歧。

一　发命令及使发命令之权。惟已定之法律，非交议院协赞，奏经钦定时，不以命令更改废止。法律为君上实行司法权之用，命令为君上实行行政权之用，两权分立，故不以命令改废法律。

一　在议院闭会时，遇有紧急之事，得发代法律之诏令，并得以诏令筹措必需之财用；惟至次年会期，须交议会协议。

一　皇室经费应由君上制定常额，自国库提支，议院不得置议。

一　皇室大典，应由君上督率皇族及特派大臣议定，议院不得干涉。

附臣民权利义务

其细目当于宪法起草时酌定

一　臣民中有合于法律命令所定资格者，得为文武官吏及议员。

一　臣民于法律范围以内,所有言论、著作、出版及集会、结社等事,均准其自由。

一　臣民非按照法律所定,不加以逮捕、监禁、处罚。

一　臣民可以请法官审判其呈诉之案件。

一　臣民应专受法律所定审判衙门之审判。

一　臣民之财产及居住,无故不加侵扰。

一　臣民按照法律所定,有纳税、当兵之义务。

一　臣民现完之赋税,非经新定法律更改,悉仍照旧输纳。

一　臣民有遵守国家法律之义务。

二　《十九信条》
（宣统三年九月十三日公布）

第一条　大清帝国之皇统万世不易。

第二条　皇帝神圣不可侵犯。

第三条　皇帝之权,以宪法规定者为限。

第四条　皇帝继承之顺序,于宪法规定之。

第五条　宪法由资政院起草、议决,皇帝颁行之。

第六条　宪法改正提案之权,属于国会。

第七条　上院议员,由国民于法定特别资格中公选之。

第八条　总理大臣由国会公选,皇帝任命之;其他国务大臣由总理大臣推举,皇帝任命之。皇族不得为总理大臣及其他国务大臣并各省行政长官。

第九条　总理大臣受国会之弹劾时,非解散国会,即内阁总理辞职。但一次内阁不得为两次国会之解散。

第十条　皇帝直接统率海陆军。但对内使用时,须依国会议决之特别条件。

第十一条　不得以命令代法律;除紧急命令,以执行法律及法律所委任者为限。

第十二条　国际条约,非经国会之议决,不得缔结。但宣战、媾和,不在国会开会期内,由国会追认之。

第十三条　官制官规,以法律定之。

第十四条　本年度之预算,未经国会议决,不得照前年度预算开支。又预算案内,不得有既定之岁出;预算案外,不得为非常财政之处分。

第十五条　皇室经费之制定及增减,由国会之议决。

第十六条　皇室大典不得与宪法相抵触。

第十七条　国务裁判机关,由两院组织之。

第十八条　国会之议决事项,由皇帝颁布之。

第十九条　第八、第九、第十、第十二、第十三、第十四、第十五、第十八各条,国会未开以前,资政院适用之。

三　《中华民国临时政府组织大纲》
(辛亥十月十三日公布　民国元年一月二日修正)

第一章　临时大总统

第一条　临时大总统、副总统由各省都督府代表选举之,以得票满投票总数三分之二以上者为当选。代表投票权,每省以一票为限(此为修正文,原案无“副总统”三字)。

第二条　临时大总统有统治全国之权。

第三条　临时大总统有统率海陆军之权。

第四条　临时大总统得参议院之同意,有宣战、媾和及缔结条约之权。

第五条　临时大总统制定官制官规,兼任免文武官员。但制定官制官规,及任命国务员及外交专使,须得参议院之同意(此为修正文,原案为“临时大总统得参议院之同意,有任命各部部长及派遣外交专使之权”)。

第六条　临时大总统得参议院之同意,有设立临时中央审判所之权。

第七条　临时副总统于大总统因故去职时升任之。但于大总统有故障不能视事时,得受大总统之委任,代行其职权(此条修正时加入,原案无)。

第二章　参议院

第八条　参议院以各省都督府所派之参议员组织之。(原案第七条)

第九条　参议员每省以三人为限,其派遣方法,由各省都督府自定之。(原案第八条)

第十条　参议院会议时,每参议员有一表决权。(原案第

九条）

第十一条　参议院之职权如下：

一　议决第四条及第六条事件；

二　承诺第五条事件；

三　议决临时政府之预算；

四　调查临时政府之出纳；

五　议决全国统一之税法、币制及发行公债事件；

六　议决暂行法律；

七　议决临时大总统交议事件；

八　答复临时大总统咨询事件。（原案第十条）

第十二条　参议院会议时，以到会参议员过半数之议决为准。但关于第四条事件，非有到会参议员三分二之同意，不得决议。（原案第十一条）

第十三条　参议院议决事件，由议长具报，经临时大总统盖印，发交行政各部执行之。（原案第十二条）

第十四条　临时大总统对于参议院议决事件，如不以为然，得于具报后十日内，声明理由，交令复议。参议院对于复议事件，如有到会参议员三分二以上之同意，仍执前议时，应仍照前条办理。（原案第十三条）

第十五条　参议院议长，由参议员用记名投票法互选之，以得票满投票总数之半者为当选。（原案第十四条）

第十六条　参议院办事规则，由参议院议订之。（原案第十五条）

第十七条　参议院未成立以前，暂由各省都督府代表会代行其职权。但表决权每省以一票为限。（原案第十六条）

第三章　行政各部

第十八条　行政各部设部长一人为国务员，辅佐临时大总统办理各部事务。（此为修正文，原案第十七条为：

行政各部如下：

一　外交部；

二　内务部；

三　财务部；

四　军务部；

五　交通部。

又原案第十八条为："各部设部长一人，总理本部事务。"）

第十九条　各部所属职员之编制及其权限，由部长规定，经临时大总统批准施行。

第四章　附则

第二十条　临时政府成立后，六个月以内，由临时大总统召集国民议会。其召集方法，由参议院议决之。

第二十一条　临时政府组织大纲施行期限，以中华民国宪法成立之日为止。

四　《中华民国临时约法》（民国元年三月十一日公布）

第一章　总纲

第一条　中华民国由中华人民组织之。

第二条　中华民国之主权，属于国民全体。

第三条　中华民国领土为二十二行省、内外蒙古、西藏、青海。

第四条　中华民国以参议院、临时大总统、国务员、法院行使其统治权。

第二章　人民

第五条　中华民国人民一律平等，无种族、阶级、宗教之区别。

第六条　人民得享有下列各项之自由权：

一　人民之身体，非依法律，不得逮捕、拘禁、审问、处罚；

二　人民之家宅，非依法律，不得侵入或搜索；

三　人民有保有财产及营业之自由；

四　人民有言论、著作、刊行及集会、结社之自由；

五　人民有书信秘密之自由；

六　人民有居住迁徙之自由；

七　人民有信教之自由。

第七条　人民有请愿于议会之权。

第八条　人民有陈诉于行政官署之权。

第九条　人民有诉讼于法院受其审判之权。

第十条　人民对于官吏违法损害权利之行为,有陈诉于平政院之权。

第十一条　人民有应任官考试之权。

第十二条　人民有选举及被选举之权。

第十三条　人民依法律有纳税之义务。

第十四条　人民依法律有服兵役之义务。

第十五条　本章所载人民之权利,有认为增进公益、维持治安或非常紧急必要时,得以法律限制之。

第三章　参议院

第十六条　中华民国之立法权,以参议院行之。

第十七条　参议院以第十八条所定各地方所选派之参议员组织之。

第十八条　参议员,每行省、内蒙古、外蒙古、西藏各选派五人,青海选派一人;其选派方法,由各地方自定之。

参议院会议时,每参议员有一表决权。

第十九条　参议院之职权如下:

一　议决一切法律案;

二　议决临时政府之预算,决算;

三　议决全国之税法、币制及度量衡之准则;

四　议决公债之募集及国库有负担之契约;

五　承诺第三十四条、三十五条、四十条事件;

六　答复临时政府咨询事件；

七　受理人民之请愿；

八　得以关于法律及其他事件之意见建议于政府；

九　得提出质问书于国务员，并要求其出席答复；

十　得咨请临时政府查办官吏纳贿违法事件；

十一　参议院对于临时大总统认为有谋叛行为时，得以总员五分四以上之出席，出席员四分三以上之可决，弹劾之；

十二　参议院对于国务员认为失职或违法时，得以总员四分三以上之出席，出席员三分二以上之可决，弹劾之。

第二十条　参议院得自行集会、开会、闭会。

第二十一条　参议院之会议，须公开之。但有国务员之要求或出席参议员过半数之可决者，得秘密之。

第二十二条　参议院议决事件，咨由临时大总统公布施行。

第二十三条　临时大总统对于参议院议决事件，如否认时，得于咨达后十日内，声明理由，咨院复议。但参议院对于复议事件，如有到会参议员三分二以上仍执前议时，仍照第二十二条办理。

第二十四条　参议院议长由参议员用记名投票法互选之，以得票满投票总数之半者为当选。

第二十五条　参议院参议员于院内之言论及表决，对于院外不负责任。

第二十六条　参议院参议员，除现行犯及关于内乱外患之犯罪外，会期中非得本院许可，不得逮捕。

第二十七条　参议院法，由参议院自定之。

第二十八条　参议院以国会成立之日解散，其职权由国会行之。

第四章　临时大总统、副总统

第二十九条　临时大总统、副总统，由参议院选举之，以总员四分三以上出席，得票满投票总数三分之二以上者，为当选。

第三十条　临时大总统代表临时政府，总揽政务，公布法律。

第三十一条　临时大总统，为执行法律或基于法律之委任，得发布命令，并得使发布之。

第三十二条　临时大总统统率全国海陆军队。

第三十三条　临时大总统得制定官制官规。但须提交参议院议决。

第三十四条　临时大总统任免文武职员。但任命国务员及外交大使、公使，须得参议院之同意。

第三十五条　临时大总统经参议院之同意，得宣战、媾和及缔结条约。

第三十六条　临时大总统得依法律宣告戒严。

第三十七条　临时大总统代表全国，接受外国之大使、公使。

第三十八条　临时大总统得提出法律案于参议院。

第三十九条　临时大总统得颁给勋章并其他荣典。

第四十条　临时大总统得宣告大赦、特赦、减刑、复权。但大赦须经参议院之同意。

第四十一条　临时大总统受参议院弹劾后，由最高法院全院审判官互选九人，组织特别法庭审判之。

第四十二条　临时副总统于临时大总统因故去职或不能视事时，得代行其职权。

第五章　国务员

第四十三条　国务总理及各部总长均称为国务员。

第四十四条　国务员辅佐临时大总统负其责任。

第四十五条　国务员于临时大总统提出法律案、公布法律及发布命令时，须副署之。

第四十六条　国务员及其委员得于参议院出席及发言。

第四十七条　国务员受参议院弹劾后，临时大总统应免其职。但得交参议院复议一次。

第六章　法院

第四十八条　法院以临时大总统及司法总长分别任命之法官组织之。

法院之编制及法官之资格，以法律定之。

第四十九条　法院依法律审判民事诉讼及刑事诉讼。但关于行政诉讼及其他特别诉讼，别以法律定之。

第五十条　法院之审判，须公开之。但有认为妨害安宁秩序者，得秘密之。

第五十一条　法官独立审判，不受上级官厅之干涉。

第五十二条　法官在任中不得减俸或转职；非依法律受

刑罚宣告或应免职之惩戒处分，不得解职。惩戒条规，以法律定之。

第七章　附则

第五十三条　本约法施行后，限十个月内由临时大总统召集国会。其国会之组织及选举法，由参议院定之。

第五十四条　中华民国之宪法，由国会制定；宪法未施行以前，本约法之效力与宪法等。

第五十五条　本约法由参议院参议员三分二以上或临时大总统之提议，经参议员五分四以上之出席，出席员四分三之可决，得增修之。

第五十六条　本约法自公布之日施行。

《临时政府组织大纲》，于本约法施行之日废止。

五　《中华民国约法》
（民国三年五月一日公布）

第一章　国家

第一条　中华民国，由中华人民组织之。

第二条　中华民国之主权，本于国民之全体。

第三条　中华民国之领土，依从前帝国所有之疆域。

第二章　人民

第四条　中华民国人民，无种族、阶级、宗教之区别，法律上均为平等。

第五条　人民享有下列各款之自由权：

一　人民之身体，非依法律，不得逮捕、拘禁、审问、处罚；

二　人民之家宅，非依法律，不得侵入或搜索；

三　人民于法律范围内，有保有财产及营业之自由；

四　人民于法律范围内，有言论、著作、刊行及集会、结社之自由；

五　人民于法律范围内，有书信秘密之自由；

六　人民于法律范围内，有居住迁徙之自由；

七　人民于法律范围内，有信教之自由。

第六条　人民依法律所定，有请愿于立法院之权。

第七条　人民依法律所定，有诉讼于法院之权。

第八条　人民依法律所定，有请愿于行政官署及陈诉于平政院之权。

第九条　人民依法令所定，有应任官考试及从事公务之权。

第十条　人民依法律所定，有选举及被选举之权。

第十一条　人民依法律所定，有纳税之义务。

第十二条　人民依法律所定，有服兵役之义务。

第十三条　本章之规定，与陆海军法令及纪律不相抵触者，军人适用之。

第三章　大总统

第十四条　大总统为国之元首,总揽统治权。

第十五条　大总统代表中华民国。

第十六条　大总统对于国民之全体负责任。

第十七条　大总统召集立法院,宣告开会、停会、闭会。

大总统经参政院之同意,解散立法院。但须自解散之日起六个月以内,选举新议员,并召集之。

第十八条　大总统提出法律案及预算案于立法院。

第十九条　大总统为增进公益,或执行法律,或基于法律之委任,发布命令,并得使发布之。但不得以命令变更法律。

第二十条　大总统为维持公安或防御非常灾害,事机紧急,不能召集立法院时,经参政院之同意,得发布与法律有同等效力之教令。但须于次期立法院开会之始,请求追认。

前项教令,立法院否认时,嗣后即失其效力。

第二十一条　大总统制定官制官规。

大总统任免文武职官。

第二十二条　大总统宣告开战、媾和。

第二十三条　大总统为海陆军大元帅,统率全国海陆军。

大总统定海陆军之编制及兵额。

第二十四条　大总统接受外国大使、公使。

第二十五条　大总统缔结条约。但变更领土或增加人民负担之条款,须经立法院之同意。

第二十六条　大总统依法律宣告戒严。

第二十七条　大总统颁给爵位、勋章并其他荣典。

第二十八条　大总统宣告大赦、特赦、减刑、复权。但大赦须经立法院之同意。

第二十九条　大总统因故去职或不能视事时，副总统代行其职权。

第四章　立法

第三十条　立法以人民选举之议员，组织立法院行之。

立法院之组织及议员选举方法，由约法会议议决之。

第三十一条　立法院之职权如下：

一　议决法律；

二　议决预算；

三　议决或承诺关于公债募集及国库负担之条件；

四　答复大总统咨询事件；

五　收受人民请愿事件；

六　提出法律案；

七　提出关于法律及其他事件之意见，建议于大总统；

八　提出关于政治上疑义，要求大总统答复。但大总统认为须秘密者，得不答复之；

九　对于大总统有谋叛行为时，以总议员五分四以上之出席，出席议员四分三以上之可决，提起弹劾之，诉讼于大理院。

前项第一款至第八款，及第二十条、第二十五条、第二十八条、第五十五条、第五十七条事件，其表决以出席议员过半数之同意行之。

第三十二条　立法院每年召集之会期，以四个月为限。但大总统认为必要时，得延长其会期，并得于闭会期内召集临时会。

第三十三条　立法院之会议，须公开之。但经大总统之要求或出席议员过半数之可决时，得秘密之。

第三十四条　立法院议决之法律案，由大总统公布施行。

立法院议决之法律案，大总统否认时，得声明理由，交院复议；如立法院出席议员三分二以上仍执前议，而大总统认为于内治外交有重大危害，或执行有重大障碍时，经参政院之同意，得不公布之。

第三十五条　立法院议长、副议长，由议员互选之，以得票过投票总数之半者为当选。

第三十六条　立法院议员于院内之言论及表决，对于院外不负责任。

第三十七条　立法院议员，除现行犯及关于内乱外患之犯罪外，会期中非经立法院许可，不得逮捕。

第三十八条　立法院法，由立法院自定之。

第五章　行政

第三十九条　行政以大总统为首长，置国务卿一人赞襄之。

第四十条　行政事务置外交、内务、财政、陆军、海军、司法、教育、农商、交通，各部分掌之。

第四十一条　各部总长依法律、命令，执行主管行政事务。

第四十二条　国务卿、各部总长及特派员，代表大总统出席立法院发言。

第四十三条　国务卿、各部总长，有违法行为时，受肃政厅之纠弹及平政院之审理。

第六章　司法

第四十四条　司法以大总统任命之，法官组织法院行之。

法院编制及法官之资格，以法律定之。

第四十五条　法院依法律独立审判民事诉讼、刑事诉讼。但关于行政诉讼及其他特别诉讼，各依其本法之规定行之。

第四十六条　大理院对于第三十一条第九款之弹劾事件，其审判程序，别以法律定之。

第四十七条　法院之审判，须公开之。但认为有妨害安宁秩序或善良风俗者，得秘密之。

第四十八条　法官在任中不得减俸或转职；非依法律受刑罚之宣告或应免职之惩戒处分，不得解职。

惩戒条规，以法律定之。

第七章　参政院

第四十九条　参政院应大总统之咨询，审议重要政务。

参政院组织，由约法会议议决之。

第八章　会计

第五十条　新课租税及变更税率，以法律定之。

现行租税，未经法律变更者，仍旧征收。

第五十一条　国家岁出岁入，每年度依立法院所议决之预算行之。

第五十二条　因特别事件，得于预算内预定年限，设继续费。

第五十三条　为备预算不足或于预算以外之支出，须于预算内设预备费。

第五十四条　下列各项支出，非经大总统之同意，不得废除或裁减之：

一　法律上属于国家之义务者；

二　法律上之规定所必需者；

三　履行条约所必需者；

四　陆海军编制所必需者。

第五十五条　为国际战争或勘定内乱及其他非常事变，不能召集立法院时，大总统经参政院之同意，得为财政紧急处分。但须于次期立法院开会之始，请求追认。

第五十六条　预算不成立时，执行前年度预算；会计年度既开始，预算未议定时亦同。

第五十七条　国家岁出岁入之决算，每年经审计院审定后，由大总统提出报告书于立法院，请求承诺。

第五十八条　审计院之编制，由约法会议议决之。

第九章　制定宪法程序

第五十九条　中华民国宪法案，由宪法起草委员会起草。

宪法起草委员会，以参政院所推举之委员组织之；其人数以十名为限。

第六十条 中华民国宪法案,由参政院审定之。

第六十一条 中华民国宪法案,经参政院审定后,由大总统提出于国民会议决定之。

国民会议之组织,由约法会议议决之。

第六十二条 国民会议,由大总统召集并解散之。

第六十三条 中华民国宪法,由大总统公布之。

第十章 附则

第六十四条 中华民国宪法未施行以前,本约法之效力与宪法等。

约法施行前之现行法令,与本约法不相抵触者,保有其效力。

第六十五条 中华民国元年二月十二日所宣布之大清皇帝辞位后优待条件、清皇族待遇条件、满蒙回藏各族待遇条件,永不变更其效力。

其与待遇条件有关系之蒙古待遇条件,仍继续保有其效力;非依法律,不得变更之。

第六十六条 本约法由立法院议员三分二以上或大总统提议增修,经立法院议员五分四以上之出席,出席议员四分三以上之可决时,由大总统召集约法会议增修之。

第六十七条 立法院未成立以前,以参政院代行其职权。

第六十八条 本约法自公布之日施行;民国元年三月十一日公布之临时约法,于本约法施行之日废止。

六　《中华民国宪法》
（民国十二年十月十日公布）

中华民国宪法会议，为发扬国光，巩固国圉，增进社会福利，拥护人道尊严，制兹宪法，宣布全国，永矢咸遵，垂之无极。

第一章　国体

第一条　中华民国永远为统一民主国。

第二章　主权

第二条　中华民国主权，属于国民全体。

第三章　国土

第三条　中华民国国土，依其固有之疆域。

国土及其区划，非以法律，不得变更之。

第四章　国民

第四条　凡依法律所定，属中华民国国籍者，为中华民国人民。

第五条　中华民国人民，于法律上无种族、阶级、宗教之别，均为平等。

第六条　中华民国人民，非依法律，不受逮捕、监禁、审问或处罚。

人民被羁押时，得依法律，以保护状请求法院提至法庭审查其理由。

第七条　中华民国人民之住居，非依法律，不受侵入或搜索。

第八条　中华民国人民通信之秘密，非依法律，不受侵犯。

第九条　中华民国人民有选择住居及职业之自由，非依法律，不受制限。

第十条　中华民国人民有集会、结社之自由，非依法律，不受制限。

第十一条　中华民国人民有言论、著作及刊行之自由，非依法律，不受制限。

第十二条　中华民国人民有尊崇孔子及信仰宗教之自由，非依法律，不受制限。

第十三条　中华民国人民之财产所有权，不受侵犯。但公益上必要之处分，依法律之所定。

第十四条　中华民国人民之自由权，除本章规定外，凡无背于宪政原则者，皆承认之。

第十五条　中华民国人民依法律有诉讼于法院之权。

第十六条　中华民国人民依法律有请愿及陈诉之权。

第十七条　中华民国人民依法律有选举权及被选举权。

第十八条　中华民国人民依法律有从事公职之权。

第十九条　中华民国人民依法律有纳租税之义务。

第二十条　中华民国人民依法律有服兵役之义务。

第二十一条　中华民国人民依法律有受初等教育之义务。

第五章　国权

第二十二条　中华民国之国权，属于国家事项，依本宪法之规定行使之；属于地方事项，依本宪法及各省自治法之规定行使之。

第二十三条　下列事项，由国家立法并执行之：

一　外交；

二　国防；

三　国籍法；

四　刑事、民事及商事之法律；

五　监狱制度；

六　度量衡；

七　币制及国立银行；

八　关税、盐税、印花税、烟酒税、其他消费税及全国税率，应行划一之租税；

九　邮政、电报及航空；

十　国有铁道及国道；

十一　国有财产；

十二　国债；

十三　专卖及特许；

十四　国家文武官吏之铨试、任用、纠察及保障；

十五　其他依本宪法所定属于国家之事项。

第二十四条　下列事项，由国家立法并执行，或令地方执行之：

一　农、工、矿业及森林；

二　学制；

三　银行及交易所制度；

四　航政及沿海渔业；

五　两省以上之水利及河道；

六　市制通则；

七　公用征收；

八　全国户口调查及统计；

九　移民及垦殖；

十　警察制度；

十一　公共卫生；

十二　救恤及游民管理；

十三　有关文化之古籍、古物及古迹之保存。

上列各款，省于不抵触国家法律范围内，得制定单行法。

本条所列第一、第四、第十、第十一、第十二、第十三各款，在国家未立法以前，省得行使其立法权。

第二十五条　下列事项，由省立法并执行，或令县执行之：

一　省教育、实业及交通；

二　省财产之经营处分；

三　省市政；

四　省水利及工程；

五　田赋、契税及其他省税；

六　省债；

七　省银行；

八　省警察及保安事项；

九　省慈善及公益事项；

十　下级自治；

十一　其他依国家法律赋予事项。

前项所定之款，有涉及二省以上者，除法律别有规定外，得共同办理。其经费不足时，经国会议决，由国库补助之。

第二十六条　除第二十三条、第二十四条、第二十五条列举事项外，如有未列举事项发生时，其性质关系国家者，属之国家，关系各省者，属之各省；遇有争议，由最高法院裁决之。

第二十七条　国家对于各省课税之种类及其征收方法，为免下列诸弊，或因维持公共利益之必要时，得以法律限制之：

一　妨害国家收入或通商；

二　二重课税；

三　对于公共道路或其他交通设施之利用，课以过重或妨碍交通之规费；

四　各省及各地方间，因保护其产物，对于输入商品，为不利益之课税；

五　各省及各地方间，物品通过之课税。

第二十八条　省法律与国家法律抵触者无效。

省法律与国家法律发生抵触之疑义时，由最高法院解释之。

前项解释之规定，于省自治法抵触国家法律时，得适用之。

第二十九条　国家预算不敷，或因财政紧急处分，经国会议决，得比较各省岁收额数，用累进法分配其负担。

第三十条　财力不足或遇非常事变之地方，经国会议决，得由国库补助之。

第三十一条　省与省争议事件，由参议院裁决之。

第三十二条　国军之组织，以义务民兵制为基础。

各省除执行兵役法所规定之事项外，平时不负其他军事上之义务。义务民兵依全国征募区，分期召集训练之。但常备军之驻在地，以国防地带为限。

国家军备费，不得逾岁出四分一。但对外战争时，不在此限。

国军之额数，由国会议定之。

第三十三条　省不得缔结有关政治之盟约。

省不得有妨害他省或其他地方利益之行为。

第三十四条　省不得自置常备军，并不得设立军官学校及军械制造厂。

第三十五条　省因不履行国法上之义务，经政府告诫，仍不服从者，得以国家权力强制之。

前项之处置，经国会否认时，应中止之。

第三十六条　省有以武力相侵犯者，政府得依前条之规定制止之。

第三十七条　国体发生变动或宪法上根本组织被破坏时，省应联合维持宪法上规定之组织，至原状回复为止。

第三十八条　本章关于省之规定，未设省已设县之地方，均适用之。

第六章　国会

第三十九条　中华民国之立法权，由国会行之。

第四十条　国会以参议院，众议院构成之。

第四十一条　参议院以法定最高级地方议会及其他选举团体选出之议员组织之。

第四十二条　众议院以各选举区比例人口选出之选员组织之。

第四十三条　两院议员之选举，以法律定之。

第四十四条　无论何人，不得同时为两院议员。

第四十五条　两院议员不得兼任文武官吏。

第四十六条　两院议员之资格，各院得自行审定之。

第四十七条　参议院议员任期六年，每二年改选三分之一。

第四十八条　众议院议员任期三年。

第四十九条　第四十七条、第四十八条议员之职务，应俟次届选举完成，依法开会之前一日解除之。

第五十条　两院各设议长、副议长一人，由两院议员互选之。

第五十一条　国会自行集会、开会、闭会。但临时会于有下列情事之一时行之：

一　两院议员各有三分一以上之联名通告；

二　大总统之牒集。

第五十二条　国会常会于每年八月一日开会。

第五十三条　国会常会，会期为四个月；得延长之。但不得逾常会会期。

第五十四条　国会之开会、闭会，两院同时行之。

一院停会时，他院同时休会。

众议院解散时，参议院同时休会。

第五十五条　国会之议事，两院各别行之。

同一议案，不得同时提出于两院。

第五十六条　两院非各有议员总数过半数之列席，不得开议。

第五十七条　两院之议事，以列席议员过半数之同意决之；可否同数，取决于议长。

第五十八条　国会之议定，以两院之一致成之。

第五十九条　两院之议事，公开之。但得依政府之请求或院议，秘密之。

第六十条　众议院认大总统、副总统有谋叛行为时，得以议员总数三分二以上之列席，列席员三分二以上之同意弹劾之。

第六十一条　众议院认国务员有违法行为时，得以列席员三分二以上之同意弹劾之。

第六十二条　众议院对于国务员得为不信任之决议。

第六十三条　参议院审判被弹劾之大总统、副总统及国务员。

前项审判，非以列席员三分二以上之同意，不得判决为有罪或违法。

判决大总统、副总统有罪时，应黜其职；其罪之处刑，由最高法院定之。

判决国务员违法时，应黜其职，并得夺其公权；如有余罪，付法院审判之。

第六十四条　两院对于官吏违法或失职行为，各得咨请政府查办之。

第六十五条　两院各得建议于政府。

第六十六条　两院各得受理国民之请愿。

第六十七条　两院议员得提出质问书于国务员，或请求其到院质问之。

第六十八条　两院议员于院内之言论及表决，对于院外不负责任。

第六十九条　两院议员在会期中,除现行犯外,非得各本院许可,不得逮捕或监视。

两院议员因现行犯被逮捕时,政府应即将理由报告于各本院。但各本院得以院议,要求于会期内暂行停止诉讼之进行,将被捕议员交回各本院。

第七十条　两院议员之岁费及其他公费,以法律定之。

第七章　大总统

第七十一条　中华民国之行政权,由大总统以国务员之赞襄行之。

第七十二条　中华民国人民,完全享有公权,年满四十岁以上,并居住国内满十年以上者,得被选举为大总统。

第七十三条　大总统由国会议员组织总统选举会选举之。

前项选举,以选举人总数三分二以上之列席,用无记名投票行之。得票满投票人数四分三者为当选。但两次投票无人当选时,就第二次得票较多者二名决选之,以得票过投票人数之半者为当选。

第七十四条　大总统任期五年。如再被选,得连任一次。

大总统任满前三个月,国会议员须自行集会,组织总统选举会,举行次任大总统之选举。

第七十五条　大总统就职时,须为下列之宣誓:

余誓以至诚遵守宪法,执行大总统之职务。谨誓。

第七十六条　大总统缺位时,由副总统继任,至本任大总统期满之日止。

大总统因故不能执行职务时，以副总统代理之。

副总统同时缺位，由国务院摄行其职务。同时，国会议员于三个月内自行集会，组织总统选举会，行次任大总统之选举。

第七十七条　大总统应于任满之日解职。如届期次任大总统尚未选出，或选出后尚未就职，次任副总统亦不能代理时，由国务院摄行其职务。

第七十八条　副总统之选举，依选举大总统之规定，与大总统之选举同时行之。但副总统缺位时，应补选之。

第七十九条　大总统公布法律，并监督确保其执行。

第八十条　大总统为执行法律或依法律之委任，得发布命令。

第八十一条　大总统任免文武官吏。但宪法及法律有特别规定者，依其规定。

第八十二条　大总统为民国陆海军大元帅，统帅陆海军。陆海军之编制，以法律定之。

第八十三条　大总统对于外国为民国之代表。

第八十四条　大总统经国会之同意，得宣战。但防御外国攻击时，得于宣战后请求国会追认。

第八十五条　大总统缔结条约。但媾和及关系立法事项之条约，非经国会同意，不生效力。

第八十六条　大总统依法律得宣告戒严。但国会认为无戒严之必要时，应即为解严之宣告。

第八十七条　大总统经最高法院之同意，得宣告免刑、减刑及复权。但对于弹劾事件之判决，非经参议院同意，不得为复权之宣告。

第八十八条　大总统得停止众议院或参议院之会议。但每一会期,停会不得逾二次;每次期间,不得逾十日。

第八十九条　大总统于国务员受不信任之决议时,非免国务员之职,即解散众议院。但解散众议院,须经参议院之同意。

原国务员在职中或同一会期,不得为第二次之解散。

大总统解散众议院时,应即令行选举,于五个月内定期继续开会。

第九十条　大总统除叛逆罪外,非解职后,不受刑事上之诉究。

第九十一条　大总统、副总统之岁俸,以法律定之。

第八章　国务院

第九十二条　国务院以国务员组织之。

第九十三条　国务总理及各部总长均为国务员。

第九十四条　国务总理之任命,须经众议院之同意。

国务总理于国会闭会期内出缺时,大总统得为署理之任命。但继任之国务总理,须于次期国会开会后七日内,提出众议院同意。

第九十五条　国务员赞襄大总统,对于众议院负责任。

大总统所发命令及其他关系国务之文书,非经国务员之副署,不生效力。但任免国务总理,不在此限。

第九十六条　国务员得于两院列席及发言。但为说明政府提案时，得以委员代理。

第九章　法院

第九十七条　中华民国之司法权，由法院行之。

第九十八条　法院之编制及法官之资格，以法律定之。

最高法院院长之任命，须经参议院之同意。

第九十九条　法院依法律受理民事、刑事、行政及其他一切诉讼。但宪法及法律有特别规定者，不在此限。

第一百条　法院之审判，公开之。但认为妨害公安或有关风化者，得秘密之。

第一百零一条　法官独立审判，无论何人，不得干涉之。

第一百零二条　法官在任中，非依法律，不得减俸、停职或转职。

法官在任中，非受刑法宣告或惩戒处分，不得免职。但改定法院编制及法官资格时，不在此限。

法官之惩戒处分，以法律定之。

第十章　法律

第一百零三条　两院议员及政府，各得提出法律案。但经一院否决者，于同一会期，不得再行提出。

第一百零四条　国会议定之法律案，大总统须于送达后十五日内公布之。

第一百零五条　国会议定之法律案,大总统如有异议时,得于公布期内,声明理由,请求国会复议。如两院仍执前议时,应即公布之。

未经请求复议之法律案,逾公布期限,即成为法律。但公布期满在国会闭会或众议院解散后者,不在此限。

第一百零六条　法律非以法律,不得变更或废止之。

第一百零七条　国会议定之决议案交复议时,适用法律案之规定。

第一百零八条　法律与宪法抵触者无效。

第十一章　会计

第一百零九条　新课租税及变更税率,以法律定之。

第一百十条　募集国债及缔结增加国库负担之契约,须经国会议定。

第一百十一条　凡直接有关国民负担之财政案,众议院有先议权。

第一百十二条　国家岁出岁入,每年由政府编成预算案,于国会开会后十五日内,先提出于众议院。

参议院对于众议院议决之预算案,修正或否决时,须求众议院之同意。如不得同意,原议决案即成为预算。

第一百十三条　政府因特别事业,得于预算案内预定年限,设继续费。

第一百十四条　政府为备预算不足或预算所未及,得于预算案内设预备费。预备费之支出,须于次会期请求众议院追认。

第一百十五条　下列各款支出，非经政府同意，国会不得废除或削减之：

一　法律上属于国家之义务者；

二　履行条约所必需者；

三　法律之规定所必需者；

四　继续费。

第一百十六条　国会对于预算案，不得为岁出之增加。

第一百十七条　会计年度开始，预算未成立时，政府每月依前年度预算十二分之一施行。

第一百十八条　为对外防御战争或戡定内乱，救济非常灾变，时机紧急，不能牒集国会时，政府得为财政紧急处分。但须于次期国会开会后七日内，请求众议院追认。

第一百十九条　国家岁出之支付命令，须先经审计院之核准。

第一百二十条　国家岁出岁入之决算案，每年经审计院审定，由政府报告于国会。众议院对于决算案或追认案否认时国务员应负其责。

第一百二十一条　审计院之组织及审计员之资格，以法律定之。

审计员在任中，非依法律，不得减俸、停职或转职。

审计员之惩戒处分，以法律定之。

第一百二十二条　审计院之院长，由参议院选举之。

审计院院长关于决算报告，得于两院列席及发言。

第一百二十三条　国会议定之预算及追认案，大总统应于送达后公布之。

第十二章　地方制度

第一百二十四条　地方划分为省、县两级。

第一百二十五条　省依本宪法第五章第二十二条之规定，得自制定省自治法。但不得与本宪法及国家法律相抵触。

第一百二十六条　省自治法，由省议会、县议会及全省各法定之职业团体选出之代表，组织省自治法会议制定之。

前项代表，除由县议会各选出一人外，由省议会选出者，不得逾由县议会所选出代表总额之半数；其由各法定职业团体选出者亦同。但由省议会、县议会选出之代表，不以各该议会之议员为限。

其选举法由省法律定之。

第一百二十七条　下列各规定，各省俱适用之：

一　省设省议会，为单一制之代议机关；其议员依直接选举方法选出之。

二　省设省务院，执行省自治行政，以省民直接选举之省务员五人至九人组织之；任期四年。在未能直接选举以前，得适用前条之规定，组织选举会选举之。但现役军人，非解职一年后，不得被选。

三　省务院设院长一人，由省务员互选之。

四　住居省内一年以上之中华民国人民，于省之法律上一律平等，完全享有公民权利。

第一百二十八条　下列各规定，各县俱适用之：

一　县设县议会，于县以内之自治事项，有立法权。

二　县设县长，由县民直接选举之；依县参事会之赞襄，执行县自治行政。但司法尚未独立及下级自治尚未完成以前，不适用之。

三　县于负担省税总额内有保留权。但不得逾总额十分之四。

四　县有财产及自治经费，省政府不得处分之。

五　县因天灾事变或自治经费不足时，得请求省务院，经省议会议决，由省库补助之。

六　县有奉行国家法令及省法令之义务。

第一百二十九条　省税与县税之划分，由省议会议决之。

第一百三十条　省不得对于一县或数县施行特别法律。但关系一省共同利害者，不在此限。

第一百三十一条　县之自治事项，有完全执行权；除省法律规定惩戒处分外，省不得干涉之。

第一百三十二条　省及县以内之国家行政，除由国家分置官吏执行外，得委任省县自治行政机关执行之。

第一百三十三条　省县自治行政机关，执行国家行政有违背法令时，国家得依法律之规定惩戒之。

第一百三十四条　未设省已设县之地方，适用本章之规定。

第一百三十五条　内外蒙古、西藏、青海，因地方人民之公意，得划分为省、县两级，适用本章各规定。但未设省、县以前，其行政制度，以法律定之。

第十三章　宪法之修正、解释及其效力

第一百三十六条　国会得为修正宪法之发议。

前项发议，非两院各有列席员三分二以上之同意，不得成立。

两院议员，非有各本院议员总额四分一以上之连署，不得为修正宪法之提议。

第一百三十七条　宪法之修正，由宪法会议行之。

第一百三十八条　国体不得为修正之议题。

第一百三十九条　宪法有疑义时，由宪法会议解释之。

第一百四十条　宪法会议，由国会议员组织之。

前项会议，非总员三分二以上之列席，不得开议，非列席员四分三以上之同意，不得议决。但关于疑义之解释，得以列席员三分二以上之同意决之。

第一百四十一条　宪法非依本章所规定之修正程序，无论经何种事变，永不失其效力。

七　《中华民国国民政府组织法》（民国十四年七月一日公布）

第一条　国民政府受中国国民党之指导及监督，掌理全国政务。

第二条　国民政府以委员若干人组织之，并于委员中推定一人为主席。

第三条　国民政府设置常务委员五人处理日常政务;常务委员于委员中推定之。

第四条　公布法令及其他关于国务之文书由主席及主管部部长署名;其不属于各部者,由常务委员多数署名,以国民政府名义行之。

第五条　国务由委员会议执行之。委员会议出席委员不足半数时,由常务委员行之。国民政府委员会议于国民政府所在地行之。

第六条　国民政府设置军事、外交、财政各部。各部设部长一人,以委员兼任之。有添部之必要时,经委员会议议决行之。

第七条　各部长依其职权得发部令。

第八条　国民政府所属各机关官制另定之。

第九条　国民政府设秘书处,受常务委员之指挥;其规制另定之。

第十条　本法自公布日施行。

八　《中华民国国民政府组织法》
(民国十七年十月八日公布)

中国国民党本革命之三民主义、五权宪法,建设中华民国,既用兵力扫除障碍,由军政时期入于训政时期,允宜建立五权之规模,训练人民行使政权之能力,以期促进宪政,奉政权于国民。兹谨本历史上所授予本党指导监督政府之职责,制定国民政府组织法,颁布之如下:

第一章　国民政府

第一条　国民政府总揽中华民国之治权。

第二条　国民政府统率陆海空军。

第三条　国民政府行使宣战、媾和及缔结条约之权。

第四条　国民政府行大赦、特赦及减刑、复权。

第五条　国民政府以行政院、立法院、司法院、考试院、监察院五院组织之。

第六条　国民政府设主席委员一人,委员十二人至十六人。

第七条　国民政府五院院长、副院长由国民政府委员任之。

第八条　国民政府主席,代表国民政府接见外使,并举行或参与国际典礼。

第九条　国民政府主席兼中华民国陆海空军总司令。

第十条　国民政府主席因事故不能执行职务时,由行政院院长代理之。

第十一条　国民政府以国务会议处理国务。

国务会议由国民政府委员组织之,国民政府主席为国务会议之主席。

第十二条　院与院间不能解决之事项,由国务会议议决之。

第十三条　公布法律,发布命令,经国务会议议决,由国民政府主席及五院院长署名行之。

第十四条　各院得依据法律发布命令。

第二章　行政院

第十五条　行政院为国民政府最高行政机关。

第十六条　行政院设院长、副院长各一人。

院长因事故不能执行职务时，由副院长代理之。

第十七条　行政院设各部，分掌行政之职权。

关于特定之行政事宜，得设委员会掌理之。

第十八条　行政院各部设部长一人，政务次长、常任次长各一人，各委员会设委员长、副委员长各一人，均由行政院院长提请国民政府分别任免之。

第十九条　行政院各部部长、各委员会委员长，于必要时，得列席国务会议及立法院会议。

第二十条　行政院关于主管事项，得提出议案于立法院。

第二十一条　行政院会议，由行政院院长、副院长及各部部长、各委员会委员长组织之，以行政院院长为主席。

第二十二条　下列事项应经行政院会议议决：

一　提出于立法院之法律案；

二　提出于立法院之预算案；

三　提出于立法院之大赦案；

四　提出于立法院之宣战案、媾和案、条约案及其他重要国际事项；

五　荐任以上行政官吏之任免；

六　行政院各部及各委员会间不能解决之事项；

七　其他依法律或行政院院长认为应付行政院会议议决

事项。

第二十三条　行政院各部及各委员会,得依据法律发布命令。

第二十四条　行政院及各部各委员会之组织,以法律定之。

第三章　立法院

第二十五条　立法院为国民政府最高立法机关。

立法院有议决法律案、预算案、大赦案、宣战案、媾和案、条约案及其他重要国际事项之职权。

第二十六条　立法院设院长、副院长各一人。

院长因事故不能执行职务时,由副院长代理之。

第二十七条　立法院设委员四十九人至九十九人,由立法院院长提请国民政府任命之。

第二十八条　立法院委员任期二年。

第二十九条　立法院委员不得兼任中央政府地方政府各机关之事务官。

第三十条　立法院会议以院长为主席。

第三十一条　立法院之决议由国务会议议决公布之。

第三十二条　立法院之组织以法律定之。

第四章　司法院

第三十三条　司法院为国民政府最高司法机关,掌理司法审判、司法行政、官吏惩戒及行政审判之职权。关于特赦、减刑及复权事项,由司法院院长提请国民政府核准施行。

第三十四条　司法院设院长、副院长各一人。

院长因事故不能执行职务时，由副院长代理之。

第三十五条　司法院关于主管事项，得提出议案于立法院。

第三十六条　司法院之组织以法律定之。

第五章　考试院

第三十七条　考试院为国民政府最高考试机关，掌理考选、铨叙事宜；所有公务员均须依法律经考试院考选、铨叙，方得任用。

第三十八条　考试院设院长、副院长各一人。

院长因事故不能执行职务时，由副院长代理之。

第三十九条　考试院关于主管事项，得提出议案于立法院。

第四十条　考试院之组织以法律定之。

第六章　监察院

第四十一条　监察院为国民政府最高监察机关，依法律行使下列职权：

一　弹劾；

二　审计。

第四十二条　监察院设院长、副院长各一人。

院长因事故不能执行职务时，由副院长代理之。

第四十三条　监察院设监察委员十九人至二十九人，由监察院院长提请国民政府任命之。

监察院监察委员之保障以法律定之。

第四十四条　监察院会议以监察委员组织之,监察院院长为监察院会议之主席。

第四十五条　监察院监察委员不得兼任中央政府及地方政府各机关之职务。

第四十六条　监察院关于主管事项,得提出议案于立法院。

第四十七条　监察院之组织,以法律定之。

第七章　附则

第四十八条　本法自公布日施行。

九　《中华民国训政时期约法》（民国二十年六月一日公布）

国民政府本革命之三民主义,五权宪法,以建设中华民国。既由军政时期入于训政时期,允宜公布约法,共同遵守,以期促成宪政,授政于民选之政府。兹谨遵创立中华民国之中国国民党总理遗嘱,召集国民会议于首都,由国民会议制定中华民国训政时期约法如下:

第一章　总纲

第一条　中华民国领土为各省及蒙古、西藏。

第二条　中华民国之主权属于国民全体。

凡依法律享有中华民国国籍者，为中华民国国民。

第三条　中华民国永为统一共和国。

第四条　中华民国国旗定为红地、左角上青天白日。

第五条　中华民国国都定于南京。

第二章　人民之权利义务

第六条　中华民国国民，无男女、种族、宗教、阶级之区别，在法律上一律平等。

第七条　中华民国国民，依建国大纲第八条之规定，在完全自治之县，享有建国大纲第九条所定选举、罢免、创制、复决之权。

第八条　人民非依法律不得逮捕、拘禁、审问、处罚。

人民因犯罪嫌疑被逮捕、拘禁者，其执行逮捕或拘禁之机关，至迟应于二十四小时内，移送审判机关审问；本人或他人并得依法请求于二十四小时内提审。

第九条　人民除现役军人外，非依法律不受军事审判。

第十条　人民之住所，非依法律不得侵入、搜索或封锢。

第十一条　人民有信仰宗教之自由。

第十二条　人民有迁徙之自由，非依法律不得停止或限制之。

第十三条　人民有通信、通电秘密之自由，非依法律不得停止或限制之。

第十四条　人民有结社、集会之自由，非依法律不得停止或限制之。

第十五条　人民有发表言论及刊行著作之自由，非依法律不得停止或限制之。

第十六条　人民之财产非依法律不得查封或没收。

第十七条　人民财产所有权之行使，在不妨害公共利益之范围内，受法律之保障。

第十八条　人民财产因公共利益之必要，得依法律征用或征收之。

第十九条　人民依法律，得享有财产继承权。

第二十条　人民有请愿之权。

第二十一条　人民依法律有诉讼于法院之权。

第二十二条　人民依法律有提起诉愿及行政诉讼之权。

第二十三条　人民依法律有应考试之权。

第二十四条　人民依法律有服公务之权。

第二十五条　人民依法律有纳税之义务。

第二十六条　人民依法律有服兵役及工役之义务。

第二十七条　人民对于公署依法执行职权之行为，有服从之义务。

第三章　训政纲领

第二十八条　训政时期之政治纲领及其设施，依建国大纲之规定。

第二十九条　地方自治，依建国大纲及地方自治开始实行法之规定推行之。

第三十条　训政时期由中国国民党全国代表大会代表国民大会行使中央统治权。

第三十一条　选举、罢免、创制、复决四种政权之行使由国民政府训导之。

第三十二条　行政、立法、司法、考试、监察五种治权由国民政府行使之。

第四章　国民生计

第三十三条　为发展国民生计，国家对于人民生产事业，应予以奖励及保护。

第三十四条　为发展农村经济，改善农民生活，增进佃农福利，国家应积极实施下列事项：

一　垦殖全国荒地，开发农田水利；

二　设立农业金融机关，奖励农村合作事业；

三　实施仓储制度，预防灾荒，充裕民食；

四　发展农业教育，注重科学实验，厉行农业推广，增加农业生产；

五　奖励地方兴筑农村道路，便利物产运输。

第三十五条　国家应兴办油、煤、金、铁矿业，并对于民营矿业予以奖励及保护。

第三十六条　国家应创办国营航业，并对于民营航业予以奖励及保护。

第三十七条　人民得自由选择职业及营业。但有妨害公共利益者，国家得以法律限制或禁止之。

第三十八条　人民有缔结契约之自由，在不妨害公共利益及善良风化范围内，受法律之保障。

第三十九条　人民为改良经济生活及促进劳资互助，得依法组织职业团体。

第四十条　劳资双方应本协调互利原则发展生产事业。

第四十一条　为改良劳工生活状况，国家应实施保护劳工法规。

妇女、儿童从事劳动者，应按其年龄及身体状态，施以特别之保护。

第四十二条　为预防及救济因伤、病、废、老而不能劳动之农民、工人等，国家应施行劳动保险制度。

第四十三条　为谋国民经济之发展，国家应提倡各种合作事业。

第四十四条　人民生活必需品之产销及价格，国家应调整或限制之。

第四十五条　借贷之重利及不动产使用之重租，应以法律禁止之。

第四十六条　现役军人因服务而致残废者，国家应施以相当之救济。

第五章　国民教育

第四十七条　三民主义为中华民国教育之根本原则。

第四十八条　男女教育之机会一律平等。

第四十九条　全国公私立之教育机关一律受国家之监督，并负推行国家所定教育政策之义务。

第五十条　已达学龄之儿童应一律受义务教育，其详以法律定之。

第五十一条　未受义务教育之人民，应一律受成年补习教育，其详以法律定之。

第五十二条　中央及地方应宽筹教育上必需之经费，其依法独立之经费并予以保障。

第五十三条　私立学校成绩优良者，国家应予以奖励或补助。

第五十四条　华侨教育国家应予以奖励及补助。

第五十五条　学校教职员成绩优良久于其职者，国家应予以奖励及保障。

第五十六条　全国公私立学校应设置免费及奖金学额，以奖进品学俱优无力升学之学生。

第五十七条　学术及技术之研究与发明，国家应予以奖励及保护。

第五十八条　有关历史文化及艺术之古迹古物，国家应予以保护或保存。

第六章　中央与地方之权限

第五十九条　中央与地方之权限，依建国大纲第十七条之规定，采均权制度。

第六十条　各地方于其事权范围内，得制定地方法规。但与中央法规抵触者无效。

第六十一条　中央与地方课税之划分，以法律定之。

第六十二条　中央对于各地方课税，为免除下列各款之弊害，以法律限制之：

一　妨害社会公共利益；

二　妨害中央收入之来源；

三　复税；

四　妨害交通；

五　为一地方之利益对于他地方货物之输入为不公平之课税；

六　各地方之物品通过税。

第六十三条　工商业之专利、专卖特许权属于中央。

第六十四条　凡一省达到宪政开始时期，中央及地方权限应依建国大纲以法律详细定之。

第七章　政府之组织

第一节　中央制度

第六十五条　国民政府总揽中华民国之治权。

第六十六条　国民政府统率陆海空军。

第六十七条　国民政府行使宣战、媾和及缔结条约之权。

第六十八条　国民政府行使大赦、特赦及减刑、复权。

第六十九条　国民政府授与荣典。

第七十条　国家之岁入岁出，由国民政府编定预算，决算公布之。

第七十一条　国民政府设行政院、立法院、司法院、考试院、监察院及各部会。

第七十二条　国民政府设主席一人，委员若干人，由中国国民党中央执行委员会选任，委员名额以法律定之。

第七十三条　国民政府主席对内对外代表国民政府。

第七十四条　各院院长及各部会长以国民政府主席之提请，

由国民政府依法任免之。

第七十五条　公布法律，发布命令，由国民政府主席依法署名行之。

第七十六条　各院部会得依法发布命令。

第七十七条　国民政府及各院部会之组织，以法律定之。

第二节　地方制度

第七十八条　省置省政府，受中央之指挥，综理全省政务；其组织以法律定之。

第七十九条　凡一省依建国大纲第十六条之规定达到宪政开始时期，国民代表会得选举省长。

第八十条　蒙古、西藏之地方制度，得就地方情形，另以法律定之。

第八十一条　县置县政府，受省政府之指挥，综理全县政务；其组织以法律定之。

第八十二条　各县组织自治筹备会，执行建国大纲第八条所规定之筹备事项。

县自治筹备会之组织，以法律定之。

第八十三条　工商繁盛、人口集中或有其他特殊情形之地方，得设各种市区；其组织以法律定之。

第八章　附则

第八十四条　凡法律与本约法抵触者无效。

第八十五条　本约法之解释权，由中国国民党中央执行委员会行使之。

第八十六条　宪法草案当本于建国大纲及训政与宪政两时期之成绩，由立法院议订，随时宣传于民众，以备到时采择施行。

第八十七条　全国有过半数省份达到宪政开始时期，即全省之地方自治完全成立时期，国民政府应即开国民大会，决定宪法而颁布之。

第八十八条　本约法由国民会议制定，交由国民政府公布之。

第八十九条　本约法自公布之日施行。

十　《中华民国国民政府组织法》
（民国二十年十二月三十日公布）

第一章　总则

第一条　国民政府依据中华民国训政时期约法第七十七条之规定，制定中华民国国民政府组织法。

第二章　国民政府

第二条　国民政府总揽中华民国之治权。

第三条　国民政府统率陆海空军。

第四条　国民政府行使宣战、媾和及缔结条约之权。

第五条　国民政府公布法律，发布命令。

第六条　国民政府行使大赦、特赦及减刑、复权。

第七条　国民政府授与荣典。

第八条　国民政府以下列五院独立行使行政、立法、司法、考试、监察五种治权：

一　行政院；

二　立法院；

三　司法院；

四　考试院；

五　监察院。

前项各院得依据法律发布命令。

第九条　国民政府于必要时，得设置各直属机关，直隶于国民政府；其组织以法律定之。

第十条　国民政府设主席一人，委员二十四人至三十六人。各院设院长、副院长各一人，由中国国民党中央执行委员会选任之。

第十一条　国民政府主席为中华民国元首，对内对外代表国民政府。但不负实际政治责任。

第十二条　国民政府主席不得兼其他官职。

第十三条　国民政府主席任期二年，得连任一次。但于宪法颁布时，应依法改选之。

第十四条　国民政府所有命令、处分以及关于军事动员之命令，由国民政府主席署名行之。但须经关系院院长、部长副署，始生效力。

第十五条　宪法未颁布以前，行政、立法、司法、考试监察各院各自对中国国民党中央执行委员会负责。

第三章　国民政府委员会

第十六条　国民政府委员会以国民政府主席及委员组织之。

第十七条　院与院间不能解决之事项由国民政府委员会议决之。

第十八条　国民政府委员会会议规程另订之。

第四章　行政院

第十九条　行政院为国民政府最高行政机关。

第二十条　行政院设各部,分掌行政之职权。关于特定之行政事宜,得设委员会掌理之。

第二十一条　行政院各部设部长一人,政务次长、常务次长各一人。各委员会设委员长、副委员长各一人,委员若干人。

行政院各部长、委员长之人选,由行政院院长提请国民政府主席,依法任免之。

各部之政务次长、常务次长及各委员会之副委员长、委员由行政院院长提请国民政府主席,依法任免之。

第二十二条　行政院院长因事故不能执行职务时,由副院长代理之。

第二十三条　行政院会议由行政院院长、副院长、各部部长、各委员会委员长组织之。

会议时,以行政院院长为主席。

第二十四条　下列事项应经行政院会议议定：

一　提出于立法院之法律案；

二　提出于立法院之预算案；

三　提出于立法院之大赦案；

四　提出于立法院之宣战、媾和案；

五　荐任以上行政司法官吏之任免；

六　行政院各部及各委员会间不能解决之事项；

七　其他依法律或行政院院长认为应付行政院会议议决事项。

第二十五条　行政院所有命令及处分，其关于一般行政者，须经全体部长之副署；其关于局部行政者，须经各关系部部长之副署，始生效力。

第二十六条　行政院之组织，以法律定之。

第五章　立法院

第二十七条　立法院为国民政府最高立法机关。

立法院有议决法律案、预算案、大赦案、宣战案、媾和案及其他重要国际事项之职权。

第二十八条　立法院院长因事故不能执行职务时，由副院长代理之。

第二十九条　立法院会议时，各院院长及各部会长得列席说明。

第三十条　立法院设立法委员五十人至一百人，由立法院院长提请国民政府主席，依法任命之。

前项委员之半数由法定人民团体选举;其选举法另定之。

第三十一条 立法院委员任期二年。但得连任。

第三十二条 立法院委员不得兼其他官职。

第三十三条 立法院会议以立法院院长为主席。

第三十四条 立法院之组织,以法律定之。

第六章 司法院

第三十五条 司法院为国民政府最高审判机关。

关于特赦、减刑及复权事项,由司法院院长依法提请国民政府主席署名行之。

第三十六条 司法院设最高法院、行政法院及公务员惩戒委员会。

第三十七条 司法院院长兼任最高法院院长;司法院副院长兼任公务员惩戒委员会委员长。

第三十八条 司法院院长对于行政法院及公务员惩戒委员会之审判认为有必要时,得出庭审理之。

第三十九条 司法院院长因事故不能执行职务时,由副院长代理之。

第四十条 司法院关于主管事项得提出议案于立法院。

第四十一条 司法院之组织,以法律定之。

第七章 考试院

第四十二条 考试院为国民政府最高考试机关,依法行使考试、铨叙之职权。

第四十三条　考试院院长因事故不能执行职务时，由副院长代理之。

第四十四条　考试院关于主管事项，得提出议案于立法院。

第四十五条　考试院之组织，以法律定之。

第八章　监察院

第四十六条　监察院为国民政府最高监察机关，依法行使弹劾、审计之职权。

第四十七条　监察院院长因事故不能执行职务时，由副院长代理之。

第四十八条　监察院设监察委员三十人至五十人，由监察院院长提请国民政府主席，依法任命之。

第四十九条　监察委员之保障以法律定之。

第五十条　监察院会议以监察委员组织之。监察院院长为监察院会议之主席。

第五十一条　监察委员不能兼任其他公职。

第五十二条　监察院关于主管事项，得提出议案于立法院。

第五十三条　监察院之组织以法律定之。

第九章　附则

第五十四条　本法自公布日施行。

十一　《中华民国宪法草案》
（民国二十五年五月五日宣布
民国二十六年四月二十二日修正）

中华民国国民大会，受全体国民付托，遵照创立中华民国之孙先生之遗教，制兹宪法，颁行全国，永矢咸遵。

第一章　总纲

第一条　中华民国为三民主义共和国。

第二条　中华民国之主权属于国民全体。

第三条　具有中华民国之国籍者为中华民国国民。

第四条　中华民国领土为江苏、浙江、安徽、江西、湖北、湖南、四川、西康、河北、山东、山西、河南、陕西、甘肃、青海、福建、广东、广西、云南、贵州、辽宁、吉林、黑龙江、热河、察哈尔、绥远、宁夏、新疆、蒙古、西藏等固有之疆域。

中华民国领土非经国民大会议决，不得变更。

第五条　中华民国各民族均为中华国族之构成分子，一律平等。

第六条　中华民国国旗定为红地，左上角青天白日。

第七条　中华民国国都定于南京。

第二章　人民之权利义务

第八条　中华民国人民在法律上一律平等。

第九条　人民有身体之自由，非依法律，不得逮捕、拘禁、审问或处罚。

人民因犯罪嫌疑被逮捕拘禁者，其执行机关应即将逮捕拘禁原因，告知本人及其亲属，并至迟于二十四小时内移送于该管法院审问；本人或他人亦得声请该管法院于二十四小时内向执行机关提审。

法院对于前项声请，不得拒绝；执行机关对于法院之提审，亦不得拒绝。

第十条　人民除现役军人外，不受军事裁判。

第十一条　人民有居住之自由，其居住处所，非依法律，不得侵入、搜索或封锢。

第十二条　人民有迁徙之自由，非依法律，不得限制之。

第十三条　人民有言论、著作及出版之自由，非依法律，不得限制之。

第十四条　人民有秘密通讯之自由，非依法律，不得限制之。

第十五条　人民有信仰宗教之自由，非依法律不得限制之。

第十六条　人民有集会、结社之自由，非依法律不得限制之。

第十七条　人民之财产，非依法律，不得征用、征收、查封或没收。

第十八条　人民有依法律请愿、诉愿及诉讼之权。

第十九条　人民有依法律选举、罢免、创制、复决之权。

第二十条　人民有依法律应考试之权。

第二十一条　人民有依法律纳税之义务。

第二十二条　人民有依法律服兵役及工役之义务。

第二十三条　人民有依法律服公务之义务。

第二十四条　凡人民之其他自由及权利不妨害社会秩序、公共利益者，均受宪法之保障，非依法律，不得限制之。

第二十五条　凡限制人民自由或权利之法律，以保障国家安全、避免紧急危难、维持社会秩序或增进公共利益所必要者为限。

第二十六条　凡公务员违法侵害人民之自由或权利者，除依法律惩戒外，应负刑事及民事责任；被害人民，就其所受损害，并得依法律向国家请求赔偿。

第三章　国民大会

第二十七条　国民大会以下列国民代表组织之：

一　每县市及其同等区域各选出代表一人，但其人口逾三十万者，每增加五十万人，增选代表一人；县市同等区域以法律定之；

二　蒙古、西藏选出代表，其名额以法律定之；

三　侨居国外之国民选出代表，其名额以法律定之。

第二十八条　国民代表之选举，以普通、平等、直接、无记名投票之方法行之。

第二十九条　中华民国国民年满二十岁者，有依法律选举代表权；年满二十五岁者，有依法律被选举代表权。

第三十条　国民代表任期六年。

国民代表违法或失职时，原选举区依法律罢免之。

第三十一条　国民大会每三年由总统召集一次，会期一月，必要时得延长一月。

国民大会经五分二以上代表同意，得自行召集临时国民大会。

总统得召集临时国民大会。

国民大会之开会地点在中央政府所在地。

第三十二条　国民大会之职权如下：

一　选举总统、副总统，立法院院长、副院长，监察院院长、副院长，立法委员，监察委员；

二　罢免总统、副总统，立法、司法、考试、监察各院院长、副院长，立法委员，监察委员；

三　创制法律；

四　复决法律；

五　修改宪法；

六　宪法赋予之其他职权。

第三十三条　国民代表在会议时所为之言论及表决，对外不负责任。

第三十四条　国民代表，除现行犯外，在会期中，非经国民大会许可，不得逮捕或拘禁。

第三十五条　国民大会之组织，国民代表之选举、罢免及国民大会行使职权之程序，以法律定之。

第四章　中央政府

第一节　总统

第三十六条　总统为国家元首，对外代表中华民国。

第三十七条　总统统率全国陆海空军。

第三十八条　总统依法公布法律，发布命令，并须经关系院院长之副署。

第三十九条　总统依法行使宣战、媾和及缔结条约之权。

第四十条　总统依法宣布戒严、解严。

第四十一条　总统依法行使大赦、特赦、减刑、复权之权。

第四十二条　总统依法任免文武官员。

第四十三条　总统依法授与荣典。

第四十四条　国家遇有紧急事变，或国家经济上有重大变故，须为急速处分时，总统得经行政会议之议决，发布紧急命令，为必要之处置。但应于发布命令后三个月内，提交立法院追认。

第四十五条　总统得召集五院院长，会商关于二院以上事项及总统咨询事项。

第四十六条　总统对国民大会负其责任。

第四十七条　中华民国国民年满四十岁者，得被选为总统、副总统。

第四十八条　总统、副总统之选举以法律定之 。

第四十九条　总统、副总统之任期均为六年，连选得连任一次。

第五十条　总统应于就职日宣誓，誓词如下：

“余正心诚意，向国民宣誓：余必遵守宪法，尽忠职务，增进人民福利，保卫国家，无负国民付托；如违誓言，愿受国法严厉之制裁。谨誓。”

第五十一条　总统缺位时，由副总统继其任。

总统因故不能视事时，由副总统代行其职权；总统、副总统均不能视事时，由行政院院长代行其职权。

第五十二条　总统于任满之日解职；如届期次任总统尚未选出，或选出后总统、副总统均未就职时，由行政院院长代行总统职权。

第五十三条　行政院院长代行总统职权时，其期限不得逾六个月。

第五十四条　总统除犯内乱或外患罪外，非经罢免或解职，不受刑事上之诉究。

第二节　行政院

第五十五条　行政院为中央政府行使行政权之最高机关。

第五十六条　行政院设院长、副院长各一人，政务委员若干人，由总统任免之。

前项政务委员不管部会者，其人数不得超过第五十八条第一项所定管部会者之半数。

第五十七条　行政院设各部各委员会，分掌行政职权。

第五十八条　行政院各部部长各委员会委员长，由总统于政务委员中任命之。

行政院院长、副院长得兼任前项部长或委员长。

第五十九条　行政院院长、副院长，政务委员，各部部长，各委员会委员长，各对总统负其责任。

第六十条　行政院设行政会议，由行政院院长、副院长及政务委员组织之，以行政院院长为主席。

第六十一条　下列事项应经行政会议议决：

一　提出于立法院之法律案、预算案；

二　提出于立法院之戒严案、大赦案；

三　提出于立法院之宣战案、媾和案、条约案及其他关于重要国际事项之议案；

四　各部各委员会间共同关系之事项；

五　总统或行政院院长交议之事项；

六　行政院副院长、各政务委员、各部、各委员会提议之事项。

第六十二条　行政院之组织，以法律定之。

第三节　立法院

第六十三条　立法院为中央政府行使立法权之最高机关，对国民大会负其责任。

第六十四条　立法院有议决法律案、预算案、戒严案、大赦案、宣战案、媾和案、条约案及其他关于重要国际事项之权。

第六十五条　关于立法事项，立法院得向各院、各部、各委员会提出质询。

第六十六条　立法院设院长、副院长各一人，任期三年，连选得连任。

第六十七条　立法委员由各省、蒙古、西藏及侨居国外国民所选出之国民代表举行预选，依下列名额，各提出候选人名单于国民大会选举之，其人选不以国民代表为限：

一　各省人口未满五百万者，每省四人；五百万以上，未满一千万者，每省六人；一千万以上，未满一千五百万者，每省八人；一千五百万以上，未满二千万者，每省十人；二千万以上，未满二千五百万者，每省十二人；二千五百万以上，未满三千万者，每省十四人；三千万以上者，每省十六人；

二　蒙古、西藏各八人；

三　侨居国外国民八人。

第六十八条　立法委员任期三年，连选得连任。

第六十九条　行政、司法、考试、监察各院，关于其主管事项，得向立法院提出议案。

第七十条　总统对于立法院之议案，得于公布或执行前，提交复议。

立法院对于前项提交复议之案，经出席委员三分二以上之决议，维持原案时，总统应即公布或执行之。但对于法律案、条约案，得提请国民大会复决之。

第七十一条　立法院送请公布之议决案，总统应于该案到达后三十日内公布之。

第七十二条　立法委员于院内之言论及表决，对外不负责任。

第七十三条　立法委员，除现行犯外，非经立法院许可，不得逮捕或拘禁。

第七十四条　立法委员不得兼任其他公职或执行业务。

第七十五条　立法委员之选举及立法院之组织，以法律定之。

第四节　司法院

第七十六条　司法院为中央政府行使司法权之最高机关，掌理民事、刑事、行政诉讼之审判及司法行政。

第七十七条　司法院设院长、副院长各一人，任期三年，由总统任命之。

司法院院长对国民大会负其责任。

第七十八条　关于特赦、减刑、复权事项，由司法院院长依法律提请总统行之。

第七十九条　司法院有统一解释法律命令之权。

第八十条　法官依法律独立审判。

第八十一条　法官非受刑罚或惩戒处分，或禁治产之宣告，不得免职；非依法律，不得停职、转任或减俸。

第八十二条　司法院之组织及各级法院之组织，以法律定之。

第五节　考试院

第八十三条　考试院为中央政府行使考试权之最高机关，掌理考选、铨叙。

第八十四条　考试院设院长、副院长各一人，任期三年，由总统任命之。

考试院院长对国民大会负其责任。

第八十五条　下列资格应经考试院依法考选、铨定之：

一　公务人员任用资格；

二　公职候选人资格；

三　专门职业及技术人员执业资格。

第八十六条　考试院之组织，以法律定之。

第六节　监察院

第八十七条　监察院为中央政府行使监察权之最高机关，掌理弹劾、惩戒、审计，对国民大会负其责任。

第八十八条　监察院为行使监察权，得依法向各院、各部、各委员会提出质询。

第八十九条　监察院设院长、副院长各一人，任期三年，连选得连任。

第九十条　监察委员由各省、蒙古、西藏及侨居国外国民所选出之国民代表各预选二人，提请国民大会选举之，其人选不以国民代表为限。

第九十一条　监察委员任期三年，连选得连任。

第九十二条　监察院对于中央及地方公务员违法或失职时，经监察委员一人以上之提议、五人以上之审查，决定提出弹劾案。但对于总统、副总统及行政、立法、司法、考试、监察各院院长、副院长之弹劾案，须有监察委员十人以上之提议，全体监察委员二分一以上之审查决定，始得提出。

第九十三条　对于总统、副总统，立法、司法、考试、监察各院院长、副院长之弹劾案，依前条规定成立后，应向国民大会提出之；在国民大会闭会期间，应请国民代表依法召集临时国民大会，为罢免与否之决议。

第九十四条　监察委员于院内之言论及表决，对外不负责任。

第九十五条　监察委员，除现行犯外，非经监察院许可，不得逮捕或拘禁。

第九十六条　监察委员不得兼任其他公职或执行业务。

第九十七条　监察委员之选举及监察院之组织，以法律定之。

第五章　地方制度

第一节　省

第九十八条　省设省政府，执行中央法令及监督地方自治。

第九十九条　省政府设省长一人，任期三年，由中央政府任免之。

第一百条　省设省参议会；参议员名额，每县市一人，由各县市议会选举之，任期三年，连选得连任。

第一百零一条　省政府之组织，省参议会之组织、职权及省参议员之选举、罢免，以法律定之。

第一百零二条　未经设省之区域,其政治制度以法律定之。

第二节　县

第一百零三条　县为地方自治单位。

第一百零四条　凡事务有因地制宜之性质者,划为地方自治事项。

地方自治事项,以法律定之。

第一百零五条　县民关于县自治事项,依法律行使创制复决之权,对于县长及其他县自治人员,依法律行使选举罢免之权。

第一百零六条　县设县议会;议员由县民大会选举之,任期三年,连选得连任。

第一百零七条　县单行规章与中央法律或省规章抵触者,无效。

第一百零八条　县设县政府;置县长一人,由县民大会选举之,任期三年,连选得连任。

县长候选人以经中央考试或铨定合格者为限。

第一百零九条　县长办理县自治,并受省长之指挥,执行中央及省委办事项。

第一百十条　县议会之组织、职权,县议员之选举、罢免,县政府之组织,及县长之选举、罢免,以法律定之。

第三节　市

第一百十一条　市之自治,除本节规定外,准用关于县之规定。

第一百十二条　市设市议会;议员由市民大会选举之,每年改选三分一。

第一百十三条　市设市政府;置市长一人,由市民大会选举之，任期三年，连选得连任。

市长候选人以经中央考试或铨定合格者为限。

第一百十四条　市长办理市自治，并受监督机关之指挥，执行中央或省委办事项。

第一百十五条　市议会之组织、职权，市议员之选举、罢免，市政府之组织，及市长之选举、罢免，以法律定之。

第六章　国民经济

第一百十六条　中华民国之经济制度，应以民生主义为基础，以谋国民生计之均足。

第一百十七条　中华民国领域内之土地，属于国民全体；其经人民依法律取得所有权者，其所有权受法律之保障及限制。

国家对于人民取得所有权之土地，得按照土地所有权人申报或政府估定之地价，依法律征税或征收之。

土地所有权人，对于其所有土地负充分使用之义务。

第一百十八条　附着于土地之矿及经济上可供公众利用之天然力属于国家所有，不因人民取得土地所有权而受影响。

第一百十九条　土地价值非因施以劳力资本而增加者，应以征收土地增值税方法，收归人民公共享受。

第一百二十条　国家对于土地之分配整理，以扶植自耕农及自行使用土地人为原则。

第一百二十一条　国家对于私人之财富及私营事业，认为有妨害国民生计之均衡发展时，得依法律节制之。

第一百二十二条　国家对于国民生产事业及对外贸易，应奖励、指导及保护之。

第一百二十三条　公用事业及其他有独占性之企业，以国家公营为原则。但因必要，得特许国民私营之。

国家对于前项特许之私营事业，因国防上之紧急需要，得临时管理之，并得依法律收归公营。但应予以适当之补偿。

第一百二十四条　国家为改良劳工生活、增进其生产技能及救济劳工失业，应实施保护劳工政策。

妇女、儿童从事劳动者，应按其年龄及身体状态，施以特别之保护。

第一百二十五条　劳资双方应本协调互助原则，发展生产事业。

第一百二十六条　国家为谋农业之发展及农民之福利，应充裕农村经济，改善农村生活，并以科学方法，提高农民耕作效能。

国家对于农产品之种类、数量及分配，得调节之。

第一百二十七条　人民因服兵役、工役或公务，而致残废或死亡者，国家应予以适当之救济或抚恤。

第一百二十八条　老弱残废无力生活者，国家应予以适当之救济。

第一百二十九条　下列各款事项，在中央应经立法院之议决，其依法律得以省区或县市单行规章为之者，应经各该法定机关之议决：

一　税赋、捐费、罚金、罚锾或其他有强制性收入之设定，及其征收率之变更；

二　募集公债、处分公有财产或缔结增加公库负担之契约；

三　公营、专卖、独占或其他有营利性事业之设定或取销；

四　专卖、独占或其他特权之授予或取销。

省区及县市政府，非经法律特许，不得募集外债或直接利用外资。

第一百三十条　中华民国领域内，一切货物应许自由流通，非依法律，不得禁阻。

关税为中央税收，应于货物出入国境时征收之，以一次为限。

各级政府不得于国内征收货物通过税。

对于货物之一切税捐，其征收权属于中央政府，非依法律，不得为之。

第七章　教育

第一百三十一条　中华民国之教育宗旨，在发扬民族精神，培养国民道德，训练自治能力，增进生活知能，以造成健全国民。

第一百三十二条　中华民国人民受教育之机会，一律平等。

第一百三十三条　全国公私立之教育机关，一律受国家之监督，并负推行国家所定教育政策之义务。

第一百三十四条　六岁至十二岁之学龄儿童，一律受基本教育，免纳学费。

第一百三十五条　已逾学龄未受基本教育之人民，一律受补习教育，免纳学费。

第一百三十六条　国立大学及国立专科学校之设立，应注重地区之需要，以维持各地区人民享受高等教育之机会均等，而促进全国文化之平衡发展。

第一百三十七条　教育经济之最低限度，在中央为其预算总额百分之十五,在省区及县市为其预算总额百分之三十,其依法律独立之教育基金,并予以保障。

贫瘠省区之教育经费,由国库补助之。

第一百三十八条　国家对于下列事业及人民,予以奖励或补助:

一　国内私人经营之教育事业成绩优良者;

二　侨居国外国民之教育事业;

三　于学术技术有发明者;

四　从事教育,成绩优良,久于其职者;

五　学生学行俱优,无力升学者。

第八章　宪法之施行及修正

第一百三十九条　宪法所称之法律,谓经立法院通过,总统公布之法律。

第一百四十条　法律与宪法抵触者无效。

法律与宪法有无抵触,由监察院于该法律施行后六个月内,提请司法院解释;其详以法律定之。

第一百四十一条　命令与宪法或法律抵触者无效。

第一百四十二条　宪法之解释由司法院为之。

第一百四十三条　在全国完成地方自治之省区未达半数以上时,立法委员及监察委员,依下列规定选举任命之:

一　立法委员由各省、蒙古、西藏及侨居国外国民所选出之国民代表,依照第六十七条所定名额,各预选半数,提请国民大会选举之;其余半数由立法院院长提请总统任命之。

二　监察委员由各省、蒙古、西藏及侨居国外国民所选出之国民代表，依照第九十条所定名额，各预选半数，提请国民大会选举之；其余半数由监察院院长提请总统任命之。

第一百四十四条　在地方自治未完成之县，其县长由中央政府任免之。

前项规定，于自治未完成之市，准用之。

第一百四十五条　促成地方自治之程序，以法律定之。

第一百四十六条　第一届国民大会之职权，由制定宪法的国民大会行使之。

第一百四十七条　宪法非由国民大会全体代表四分一以上之提议，四分三以上之出席，及出席代表三分二以上之决议，不得修改之。

修改宪法之提议，应由提议人于国民大会开会前一年，公告之。

第一百四十八条　宪法规定事项，有另定实施程序必要者，以法律定之。

参 考 书 目

关于比较宪法的参考书，在西文中至为繁多，一般读者常感抉择不易。今就各国宪法书中之（甲）含有比较性质者，（乙）专涉一国者，及（丙）汇载宪法正文者，各取若干种，分项记载于后。中文中关于宪法的著作，固甚贫乏，但可供读者参考之用者，亦分别摘记于各项之内。至于讨论宪法上特种问题的专著，本书于讨论各该问题的章节中，大都已经征列，今不赘述。

书前有*为标识者，为内容较富，标准较高，但仍不太艰深之书；对于比较宪法有志求深造的学生，宜逐一购置。书前有†为标识者，为卷帙较小，内容浅显，新近出版的英文或中文书，较合于普通读者的披览能力。

甲 含有比较性质者

*Bryce, James, *Modern Democracies*, 2 vols., London, 1921. 梅祖芬等译，《现代民治政体》，商务印书馆，民十二。

Burgess, J. W., *Political Science and Comparative Constitutional Law*, 2 vols., New York, 1913. 朱学曾等译，《政治学及比较宪法论》，商务印书馆，丁未。

† Dean, Vera, et el., *New Governments in Europe: The Trends toward Dictatorship*, New York, 1934.

* Esmein, A., *Éléments de droit constitutionnel français et comparé*, 8ᵉ éd., 2 vols., Paris, 1927-1928.

* Finer, Herman, *The Theory and Practice of Modern Government*, 2 vols., London, 1932.

Jellinek, Georg, *Allgemeine Staatslehre*, 3 Aufl., Berlin, 1922.

Munro, W. B., *Governments of Europe*, New Rev. ed., New York, 1931.

Ogg, F. A., *European Governments and Politics*, New York, 1935. 张庆泰译,《欧洲政府》,商务印书馆,民二十四。

美浓部达吉:《日本宪法》(第一卷,宪法学の基础概念),何作霖、欧宗佑译,《宪法学原理》,商务印书馆,民二十二。

乙 专涉一国者

一 英国

Adams, G. B., *Constitutional History of England*, 2nd ed., New York, 1934.

* Anson, Sir William, *Law and Custom of the Constitution*, 5th and 4th ed., 2 vols., London, 1922-1935.

Bagehot, Walter, *English Constitution*, New ed., London, 1913.

* Dicey, A. V., *Introduction to the Study of the Law of the Constitution*, 8th ed., London, 1915. 雷宾南译,《英宪精义》,商务印书馆,民二十三。

† Emden, C. S., *Principles of British Constitutional Law*, London, 1932.

Low, Sir Sidney, *The Governance of England*, New Rev. ed., London, 1914.

*Lowell, A. L., *The Government of England*, Rev. ed., 2 vols., London, 1912.

†Ogg, F. A., *English Government and Politics*, 2nd ed., New York, 1936. 张云伏译,《英国政府及政治》,神州国光社,民二十三。

二　法国

*Barthélemy et Duez, *Traité de droit constitutionnel*, Nouv. éd., Paris, 1933.

*Duguit, Léon, *Traité de droit constitutionnel*, 3e et. 2e éd., 5 vols., Paris, 1927, 1928, 1923, 1924, 1925.

Duguit et Monnier, *Les constitutions et les principales lois politiques de la France depuis* 1789, 5e éd., Paris, 1932.

Hauriou, Maurice, *Précis de droit constitutionnel*, Paris, 1933.

†Sait, Edward, *Government and Politics of France*, New York, 1920.

† 钱端升:《法国的政府》,商务印书馆,民二十三。

三　美国

†Beard, Charles, *American Government and Politics*, 7th ed., New York, 1935. 鄢远猷译,《美国政府与政治》,商务印书馆,民二十四。

*Bryce, James, *The American Commonwealth*, New ed., 2 vols., New York, 1922-1923. 孟森译,《平民政治》,中国图书公司,辛亥。

Holcombe, A. N., *State Government in the United States*, 3rd ed., New York, 1931.

MacDonald, Williams, *Select Charters, Statutes, and other Documents Illustrative of American History*, 3 vols., New York, 1898-1903.

Story, Joseph, *Commentaries on the Constitution of the United States*, 5th ed., 2 vols., New York, 1891.

Willoughby, W. W., *Constitutional Law of the United States*, 2nd ed., 3 vols., New York, 1929.

四　瑞士

Bonjour, Félix, *La démocratie suisse*, Lausanne, 1919. 许同华译,《瑞士民主政治》,商务印书馆,民七。

† Brooks, R. C., *Government and Politics of Switzerland*, New York, 1921. 赵蕴琦译,《瑞士的政府和政治》,《商务印书馆》,民二十二。

Burckhardt, Walther, *Kommentar der Schweizerischen Bundesverfassung*, 3, Aufl., Bern, 1931.

* Fleiner, Fritz, *Schweizerisches Bundesstaatsrecht*, Tübingen, 1928.

五　不列颠自治领地

* Keith, A. B., *Responsible Government in the Dominions*, 2nd ed., 2 vols., London, 1928.

* Keith, A. B., *Constitutional Law of the British Dominions*, London, 1933.

† Keith, A. B., *The Governments of the British Empire*, London, 1935.

Kennedy, W. P. M., *The Constitution of Canada*, London, 1931.

Kennedy, W. P. M., *Law and Custom of the South African Constitution*, London, 1935.

Kerr, D., *The Law of the Australian Constitution*, Sidney, 1925.

MacNeill, Swift, *Studies in the Constitution of the Irish Free State*, Dubin, 1925.

六 德国

Anschütz, Gerhard, *Die Verfassung des Deutschen Reiches*, vom 11, August 1919, 14, Aufl., Berlin, 1933.

* Anschütz und Thoma, *Handbuch des Deutschen Staatsrecht*, 2 Bde, Berlin, 1930-1932.

Blachly and Oatman, *The Government and Administration of Germany*, Baltimore, 1928.

Brunet, René, *La constitution allemande du 11 aôut 1919*, Paris, 1921. 何作霖、欧宗佑译,《德国新宪法》,商务印书馆,民二十三。

Hatschek, Julius, *Deutsches und Preussisches Staatsrecht*, 2, Aufl., 2 Bde, Berlin, 1930.

Hue de Grais, Graf, *Handbuch der Verfassung und Verwaltung in Preussen und dem Deutschen Reiche*, 25, Aufl., Berlin, 1930.

Marx, F. M., *Government in the Third Reich*, New York, 1936.

Mattern, Johannes, *Principles of the Constitutional Jurisprudence of the National German Republic*, Baltimore, 1928.

Meissner und Kaisenberg, *Staats-und Verwaltungsrecht im Dritte Reiche*, Berlin, 1935.

† 钱端升:《德国的政府》,商务印书馆,民二十三。

七 意国

Finer, Herman, *Mussolini's Italy*, London, 1935.

Pitigliani, F., *Italian Corporative State*, New York, 1934.

† Spencer, H. R., *Government and Politics of Italy*, New York, 1932.

Trentin, S., *Les transformations récentes du droit public italien*, Paris, 1929.

八 苏联

† Brailsford, H. N., *How the Soviet Works*, New York, 1927. 胡庆育译,《苏俄政治之现况》,太平洋书店,民二十二。

Maxwell, B. W., *Soviet State, a Study of Bolshevik Rule*, Topeka, 1934.

Rothstein, Andrew., *Soviet Constitution*, London, 1923.

* Webb, S. and B. Soviet, *Communism: A New Civilisation?*, 2 vols., New York, 1935.

Yaneef, S., *La Constitution de l'Union des Républiques Socialistes Soviétiques*, Lyon, 1926.

九 日本

伊藤博文:《帝国宪法皇室典范义解》(日文),商务印书馆译,《日本帝国宪法义解》,丁未。

美浓部达吉:《宪法撮要》(日文)。

清水澄:《帝国宪法大意》(日文)。

† 金长佑:《日本政府》,商务印书馆,民二十六。

† Quigley, H. S., *Japanese Government and Politics*, New York, 1932.

十 中国

† 陈茹玄:《中国宪法史》,世界书局,民二十二。

吴宗慈:《中华民国宪法史》,二册,民十三。

立法院编:《中华民国法规汇编》,三辑,十七册,中华书局,民二十二、二十三、二十四。

《中华民国法规大全》,商务印书馆,民二十五。

丙 汇载各国宪法正文者

* Dareste, F. R. et P., *Les constitutions modernes*, 4ᵉ éd., 6 vols., Paris, 1928-1934.

Dodd, W. F., *Modern Constitutions*, 2 vols., New York, 1909.

Langhans-Ratzeburg, *Die Verfassungen des Erdballs*, Gotha, 1927.

McBain and Rogers, *The New Constitutions of Europe*, New York, 1923.

Mirkine-Guetzevitch, *Les constitutions de l'Europe moderne*, Paris, 1928.

立法院编译处编:《世界各国宪法汇编》(正、续编),二册,民二十二、二十三。

新旧译名表*

B

Babeuf	巴贝尔夫	巴勃夫	148
Benoist	伯努瓦	柏诺槐	179
Bluntschli	布伦奇里	柏伦知理	364
Bodin	博旦	鲍丹	40
Bryce	布赖斯	蒲徕斯	18,242,250
Burgess	伯吉斯	柏哲斯	37

C

Carré de Malberg	马克贝格	马尔伯格	45,236,258
Cole	科勒	柯尔	53
Connecticut	康涅狄克特	康内的各特	27—30

G

Glaucon	格劳康	甘路康	63
Graham Wallas	华莱斯	华拉斯	176,178
Grotius	格老秀斯	格老休斯	40

* 此译名表由王兰萍辑录。主要参考新华通讯社译名室编:《英语姓名译名手册》(第四版),商务印书馆 2009 年版。

王世杰先生学术年表*

1891 年(光绪十七年)

3 月 10 日,出生于湖北崇阳。

1911 年(宣统三年)

肄业于北洋大学采矿冶金科。

1913 年

入伦敦大学经济学院求学。

1917 年

获伦敦大学政治经济学士学位。

转赴法国,就读于巴黎大学。

1920 年

获巴黎大学法学博士学位,博士学位论文题为 *La Répartition des Pouvoirs dans les Constitutions Fédérales*(《联邦宪法的分权问题》)。

是年,受蔡元培之邀,任北京大学法学教授。

1921 年

专著《女子参政之研究》由北京大学新知书社出版。

1922 年

与李大钊等人组织发起民权大同盟。

---

* 本年表由林来梵撰写。

1923 年

发起组织《现代评论》社。

1925 年

专著《中国奴婢制度》由北京大学出版部出版。《代议政治》(与昔尘合著)由商务印书馆出版。

1927 年

独著《比较宪法》初版由商务印书馆刊行。

6 月 17 日,出任国民政府法制局长,至次年 10 月 31 日,其间主持制定众多法规。

1929 年

2 月,出任国立武汉大学校长,至 1933 年 4 月。

1931 年

《刑法详解》(与王宠惠合编)由南京法制局印行。

1933 年

《移民问题》(与张檪任合著)由商务印书馆出版。

4 月 21 日,出任国民政府教育部长,至 1938 年 4 月 1 日。

1936 年

《比较宪法》(增订三版,与钱端升合著)由商务印书馆出版。

1937 年

出任国防最高会议成员。

1942 年

《比较宪法》(增订四版,与钱端升合著)由商务印书馆出版。

1945 年

接任国民政府外交部长,签署《中苏友好同盟条约》、《中美通商航海条约》。

是年,受蒋介石委派,赴西安与中国共产党进行和谈。

1948 年

5 月 31 日至 12 月 22 日,担任行政院政务委员。

12 月 22 日,辞去外交部长及行政院政务委员之职。

1949 年

移居台湾。

1958 年

7 月 14 日,出任"行政院"政务委员,至 1962 年 5 月 19 日。

1959 年

其总纂《故宫名画三百种》(共六册)由日本大冢公司承印。

1962 年

4 月 28 日,出任"中央研究院"第四任院长,至 1970 年 4 月 15 日。

1967—1970 年

其所主编《艺苑遗珍》(共七册)由香港开发股份有限公司出版。

1977 年

《中国不平等条约之废除》(与胡庆育合编)由"中央文物供应社"出版。

1980 年

《王世杰先生论著选集》(武汉大学旅台校友会编)由裕台公司中华印刷厂发行。

1981 年

4 月 21 日,逝世于台北荣民总医院,享年九十岁。

钱端升先生学术年表*

1900 年(光绪二十六年)

2 月 25 日,出生于江苏松江府(今属上海)。

1917 年

考入北京清华学校。

1919 年

获官费赴美留学,入北达科他州立大学攻读政治学。

1920 年

夏,获北达科他州立大学文学学士学位。

是年,先后赴密执安大学、哈佛大学求学,学习历史、政治和经济三系合成科目,偶尔旁听哈佛法学院一些课目。

1922 年

获哈佛大学哲学硕士学位。

在哈佛大学继续攻读哲学博士学位。

1924 年

获哈佛大学哲学博士学位,博士学位论文题为 *Parliamentary Committees: A Study in Comparative Government*(《议会委员会:比较政府研究》)。

---

* 本年表由林来梵撰写。

归国，任教于清华大学，于历史系担任讲师，讲授“西洋百年史”。

1925 年

被聘为清华大学政治系教授，讲授“世界史”和“比较政治”。

1926 年

在《清华周刊》发表“政治学”一文。

1927 年

春，兼任北京大学教授，于政治系、法律系讲授宪法课程。

夏，兼任国民党中宣部驻沪办事处国际组编纂。

秋，任职于“中华民国大学院”，并被聘为南京中央大学政治系副教授。

1928 年

于南京出席第一次全国教育会议，提出“提高学术文艺案”。

1929 年

秋，着手翻译屈勒味林所著《英国史》。

1930 年

回清华大学任教，并于北京大学兼课，开始撰写《德国的政府》一书。

著书《法国的政治组织》由商务印书馆出版。

1932 年

任《清华学报》编委。当选为中国政治学会干事。

1933 年

译著《英国史》由商务印书馆出版。

1934 年

1—9 月，任天津《益世报》主笔。

秋，再次受聘于南京中央大学。

著书《法国的政府》、《德国的政府》由商务印书馆出版。

1936 年

《比较宪法》（增订三版，与王世杰合著）由商务印书馆出版。

1937 年

赴北京大学任教。

1938 年

应邀赴西南联合大学任教。

1939 年

主编的《今日评论》正式创刊发行。

两卷本《民国政制史》（合著）由商务印书馆出版。

据蒋介石指定，任国民参政会宪政期成会委员。

1940 年

参加“五五宪草”修改工作，与另外八名参政员共同向宪政期成会提出《五五宪草修正案》。

1942 年

《比较宪法》（增订四版，与王世杰合著）由商务印书馆出版。

著书《建国途径》由国民图书馆出版社出版。

是年，出席中国政治学会第三届年会，以第一组召集人身份主持讨论重建世界和平问题。

1944 年

《战后世界之改造》由商务印书馆出版。

1946 年

作为会外专家参加在重庆召开的政治协商会议。

西南联合大学解散后，回北京大学任教。

是年，分别为施养成所著《中国省行政制度》、萨师炯所著《清代内阁制度》撰序。

1947 年

10 月，被哈佛大学聘为国际研究所客座教授，讲授“中国的政府与政治”。其讲义经整理修订后，由哈佛大学出版社于 1950 年出版成书。

1948 年

被选为中央研究院第一届院士。

11 月归国，不久后被推举为北京大学法学院院长。

1949 年

以社会科学界代表身份参加全国政治协商会议。

根据北平市军事管制委员会之决定，任北京大学校务委员会常务委员、法学院院长。

1950 年

被聘为《世界知识》编辑委员。

1951 年

任中国人民外交学会副会长。

参加中国政治法律学会筹备工作。

1952 年

任《中国建设》英文双月刊编辑委员。

受命组建北京政法学院，并任首任院长。

1954 年

参加宪法草案初稿讨论会。

任第一届全国人民代表大会宪法起草委员会法律顾问。

1956 年

《资产阶级宪法的反动本质》(与楼邦彦合著)由湖北人民出版社出版。

1957 年

被划为“右派”分子,免去除全国政协委员之外的全部行政职务;

5 月 29 日,在北京政法学院教授座谈会上发言,后被收录进《政法界“右派”分子谬论汇集》中,题为《批评“三害”》;

8 月 6 日,在《人民日报》发表文章“我的罪行”,被迫彻底否定自己的过往经历。

1961 年

被摘去“右派”帽子。

1962 年

开始主持编译《当代西方政治思想选读》教材,但一百多万字译稿在“文化大革命”中被查没遗失。

1966 年

“文化大革命”开始后,被下放到京郊延庆县。

1972 年

受周恩来推荐,到外交部工作。

1980 年

中国政治学会成立(重建)大会上,当选为名誉会长。

1984 年

当选为中国国际法学会顾问。

接受南开大学法学研究所名誉研究员和中国大百科全书政治学编辑委员会顾问聘书。

1985 年

当选为中国法学会名誉会长。

1988 年

被中国政法大学聘为名誉教授。

1990 年

1 月 21 日病逝,享年九十岁。

翌年,此前编选的《钱端升学术论著自选集》于北京师范学院出版社出版。

眺望宪政的远景

——读王世杰、钱端升的《比较宪法》

林来梵

本书可视为民国时期我国宪法学领域的扛鼎之作，也是我国百年间法学书丛中难得的佳品。① 它曾与冯友兰先生的《中国哲学史》、金岳霖先生的《逻辑》等传世之作一道，被列入民国时期商务印书馆《大学丛书》系列之中，②成为诸多法政学堂的必读教材，如今仍是许多高校法科专业公法学科的重要参考书之一；它在民国时期就曾多次改版重印，可谓历久不衰，后虽曾被一度湮没，甚至还在政治运动中屡遭批判，③但却于20世纪90年代之后再度获得当今学界的广泛重视，甚至被奉为当下我国公法学人难以逾越的

① 我国法理学家、比较法学家沈宗灵先生也曾经对本书做出过中肯的评价。参见沈宗灵："再看《比较宪法》一书——为纪念钱端升先生百岁冥诞而作"，载《中外法学》1995年第5期。

② 参见汪子嵩："政治学家的天真"，载《读书》1994年第6期。

③ 1958年，为了批判时任院长的钱端升教授，北京政法学院（中国政法大学的前身）曾专门编写了一部《批判王世杰、钱端升著〈比较宪法〉》。

一座学术高峰。①

一、历史背景："预备立宪主义"

20世纪中国的宪政史，可谓波谲云诡。自1908年清政府颁布《钦定宪法大纲》始，几乎穷极这个世纪的上半叶，作为东方专制"老大国"的中国，一直未能走出这样的一种历史怪圈，即：一方面被称之为"宪法"或具有"宪法"性质的纸面文书层出不穷，花样翻新，另一方面，国人却犹如涸辙之鲋一般，沉重地苟活于清季那场所谓"预备立宪"运动的历史惯性之中——也就是说，尽管那次"预备立宪"业已伴随清帝国的崩摧而告终结，但在实际上，清末开启的"预备立宪"，无论是作为一种政治社会的普遍心理，还是作为一种实际政治的运作程序，都像中了魔咒似的，反复不断地被持续了下去。质言之，从那个时期开始，中国就一直长久地处于一种不断持续的、堪称"预备立宪主义"的历史情境之中。而20世纪20年

① 分别作为当今我国宪法学者和法制史学者的杜刚建和范忠信两位教授，曾在20世纪90年代末为本书的再版撰写评论时，高度评价了这部著作，进而指出："由于各种原因，1949年以后中国大陆的宪法学界在比较宪法研究领域至今在总体上还未能达到三四十年代的研究水平。"参见杜刚建、范忠信："基本权利理论与学术批判态度——王世杰、钱端升与《比较宪法》"，载王世杰、钱端升：《比较宪法》，中国政法大学出版社1997年版，第1页。无独有偶，我国法理学者许章润教授也曾在一篇专门研究钱端升的文章中论及此书，并意犹未尽地指出："证诸钱氏的一生论著……堪称行家的大手笔。不客气地说，1949年后中国大陆同业中出其右者，迄今尚未之见。"许章润："所戒者何——钱端升的宪政研究与人生历程"，收于许章润：《法学家的智慧》，清华大学出版社2004年版，第132页。

代被绘制出来的所谓"军政、训政、宪政"的三阶段路线图,[①]更索性明确地将这种历史情境变成了政治纲领。

本书正是这个时代的所产。毋庸多言,这是一个根本难以成就"法教义学"意义上的宪法学的时代。[②] 宪法性文本的变换更迭,恰恰使得这种学问陷于不毛的境地。但与此不同,介绍外国宪政经验的著作则四处开花,几乎令人眼花缭乱。据20世纪90年代北京图书馆编《民国时期总目录·法律(1911—1949)》一书的资料显示,除了"各国宪法论"和"外国宪法论"两部分之外,该时期各种有关"比较宪法学"类别的著作(含少量的译著)即有29种之多,其中与本书书名完全相同或高度近似的便多达16种,其中包括:王黻炜编《比较宪法学》(1912年),郑毓秀著《中华比较宪法论》(1927年),程树德述、胡长清疏《比较宪法》(1927年),程树德著《比较宪法》(1931年),程树德著《宪法历史比较研究》(1933年),丁元普著《比较宪法》(1930年),黄公觉著《比较宪法》(1931年),王馥炎编《比较宪法》(1931年),章友江编著《比较宪法》(1933年),吕复著《比较宪法》(1933年),周逸云编著《比较宪法》(1933年),费巩编著《比较宪法》(1934年),阮毅成著《比较宪法》

① 这个路线图是1923年1月孙中山在《申报》50周年纪念专刊上所发表的"中国革命史"一文中首次提出来的。文中称:"从事革命者,于破坏敌人势力之外,不能不兼注意于国民建设能力之养成,此革命方略之所以必要也。余之革命方略,规定革命进行之时期为三:第一为军政时期,第二为训政时期,第三为宪政时期。"

② "法教义学"主要指的是以某个特定的(一般是本国的)实在法体系(或曰实在法秩序)"为基础及界限,藉以探求法律问题答案的学问",也是诸种法学学科中最为传统、最为核心的门类,为此几乎也成为"法学"的别称。有关这一点,可参见〔德〕拉伦茨:《法学方法论》,陈爱娥译,(台湾)五南图书出版有限公司1996年版,第1页、第87页、第95页以及第128页以下。国内学者对此较为清晰的研究概括,可参见白斌:"论法教义学:源流、特征及其功能",载《环球法律评论》2010年第3期。

(1934 年),刘作霖编《比较宪法》,马质编《比较宪法》,周还编《比较宪法讲义》。[①]

作为这个时期产生的一本同样题为《比较宪法》的讲义性著作,本书与上述众多类似的著作一样,也带有某种“过屠门而大嚼”的意味,尽情“摭述列国宪法或法律上诸种不同的规定”,爬梳西方学者诸种不同的学理见解,说透了,其实也就是在自己的祖国尚未迎来宪政的历史时期,怀着立宪主义必然到来的愿景,眺望各个法治先行国家宪政的远景而已。只是彼时的中国法学,早已沐浴在一片“欧风美雨”之中,以致其总体状况后来就曾被蔡枢衡先生痛斥为是一幅“次殖民地风景图”[②],但值得一提的是,像本书这样作为比较法研究成果的著述,则可冠冕堂皇地幸免受到这种指摘。

然而,这也是一个思想开花的时代。可以说,在迄今为止的中国学术思想史上,但凡英才辈出、群星璀璨的历史时期,几乎都是在中央政权失去了强大控制力的乱世时期。而在该书问世的年代,恰巧是中国迎来了这种“国家不幸诗家幸”的时代,一大批学人在列强环伺、国运衰微的危难之世,击楫中流,奋发图强,抱持“为天地立心、为生民立命、为往圣继绝学、为万世开太平”的传统士子

① 书名后括号内的年限为初版年限,其中后三部的出版年限不详。有关资料可参见北京图书馆编:《民国时期总书目 · 法律(1911—1949)》,书目文献出版社 1990 年版,第 76—79 页。

② 具体而言,蔡枢衡先生说的是:“今日中国法学之总体,直为一幅次殖民地风景图:在法哲学方面,留美学成回国者,例有一套 Pound 学说之转播;出身法国者,必对 Duguit 之学说服膺拳拳;德国回来者,则于新康德派之 Stammler 法哲学五体投地。”见蔡枢衡:“中国法学及法学教育”(1947 年),重载于《清华法学》第四辑,清华大学出版社 2004 年版,第 14 页。

精神,呕心沥血,苦苦求索,揭开了近代中国学术史上绚烂的一页。

本书正是在这种历史背景之下,在法学领域中所产生的一部具有独特的标志性意义的佳作。

二、 本书的方法:“道是无晴却有晴”

在“初版序”中,著者王世杰先生就曾指出:“本书的态度,是陈述的,不是批评的。”他同时还指出,“就方法说,西籍中关于比较宪法之著作,通常俱系择取若干国家,分别说明各该国宪法的内容。这自然也是一种比较方法”,而“本书内容的分类”,则“不以国别为标准,而以现代一般宪法上所规定之问题为标准”。

这种交代应属非常清晰,但从今日比较法学的有关理论而言,著者所言的“态度”,其实乃属比较法学中的方法问题,而其所说的“方法”,则也可以说是与比较法的方法问题密切相关的体例问题。

关于为何要采用“陈述”而非“批评”的立场,著者本身也做了说明:那是因为“本书之所陈述,诚然不以列国宪文的意义或列国政制的内容为限,而往往涉及诸种政制的理论”,在“标举理论之时,大率兼举赞成和反对两方的见解。而且往往仅于陈述两方见解而止”,除此之外“极少附以评断或己见”。这是因为“政治制度大都含有时间性与地域性,抽象的评断,不流于褊狭,即不免失之肤浅;非但无益,且有朦蔽他人思想之虞”。

无须赘言,这里所言的“批评”,乃相当于现代比较法学中的所谓“评价”。而不做评价,实际上就意味着是采取客观中立的立场,排除价值判断的方法，其最主要的理论基础或依据，应是来自于法律实证主义有关“价值无涉性”的学术主张。在近代德国，耶利内克（G. Jellinek）、凯尔森（H. Kelsen）等公法学家，秉持新康德主义的“方法二元论”，主张将事实与当为（价值）截然分开，并基于价值相对主义立场，排斥在法学中探讨有关价值的问题。而本书问世之时，法律实证主义恰好在西方许多国家方滋未艾，在宪法领域更是处于强盛时期，作为年轻时留洋的学人，本书的著者自然难免受到这些思潮的直接或间接的影响。再说，最初确定这种方法的王世杰先生，其性格本来就颇为平稳中和，按照中国旧时读书人“为人为学相为通”的道理，采取这种方法作为他的“态度”，似乎也在情理之中。

进言之，这种方法，迄今还仍为许多法学者在进行比较研究中所遵循，其中，一些宪法学者亦然。比如，当代日本著名宪法学家阿部照哉教授，就曾在论及“比较（宪法学）的方法”时指出，在为宪法的制定、修改或解释等实践性目的而展开比较宪法的研究时，舍弃评价是无法达到这种目的的，但是，“评价与利用只是属于比较宪法的效用”，而对于比较宪法学而言，“只要将它力图作为科学，则或许应该满足于宪法现象的分析、各自异同的认识以及异同之生成的原因与背景的探究，而止步于评价之前”。[①]

然而，毋庸讳言的是，现代许多专门从事一般比较法学研究的权威学者，则不太认同这种见解。德国著名比较法学家 K. 茨威格特（Konrad Zweigert）和 H. 克茨（Hein Kotz）就曾在讨论“比

① 〔日〕阿部照哉编：《比较宪法入门》，有斐阁 1994 年版，第 13 页（阿部照哉执笔）。

较法的方法”时明确指出:“对通过比较获得的结果进行批判性的评价,这是比较法工作的一个必要的组成部分”,而且也是比较法学者“最有资格”做的一项工作。[①] 日本当代的比较法学家大木雅夫教授也赞同这一点,并认为,评价不属于科学的主张,仅仅限于特殊的情形才是妥当的,比如对根本涉及不同人类文化或不同政治意识形态等问题的评价等,[②]而前述的王世杰先生所言的“政治制度大都含有时间性与地域性”,似乎尚不构成不能评价的理由。

反观本书所采用的方法,情形则颇为复杂,但也饶有趣味。

首先,按理说,在当时中国“预备立宪主义”的历史情境之下,正式的宪法一直尚付阙如,这意味着,宪法的制定迟早总要提到日程上来,为此,作为宪法学人,在进行比较宪法研究时,为此“实践性目的”,似乎不应舍弃在对诸国宪法的专项问题进行比较之后加以一定的评价,况且,本书所采用的那种“以现代一般宪法上所规定之问题为标准”的体例,也较为适合做这种比较性的评价,但著者却恰恰声明要放弃这项作业。

其次,更为有趣的是,著者虽然开宗明义地交代本书的方法“是陈述的,不是批评的”,但在随后还是给自己留下一些余地,表明“陈述而外,极少附以评断或己见”,也就是说,其实并非完全排斥评价,只将其作为例外而已。然而,值得留意的是,如果细读此书,读者便不难发现,在本书各个章节之中,批判性的评价绝非鲜

① 〔德〕K.茨威格特、H.克茨:《比较法总论》,潘汉典等译,贵州人民出版社1992年版,第83—84页。

② 参见〔日〕大木雅夫:《比较法》,范愉译,法律出版社1999年版,第100页以下。

见,其中既有春秋笔法的表述,也有淋漓尽致的痛陈。[①] 如果说,增订版中所追加的第六编“中国制宪史略及现行政制”颇为典型地反映了这一点,那还不足为怪,[②]而实际上,翻检王世杰先生原来的独著版,同样也是随处可见评价的笔触,甚至包括否定性的评价。譬如就在绪论第一章第一节中论及宪法修改问题时,即直截指出,“在18世纪期内,欧洲大陆学者间对于宪法修改问题,颇有几种不甚切中事理的主张”(本书第12页,以下同),接着便列举了两种观点,然后又再次评断到:“然就实际而言,以上二说的弱点,固甚鲜明”(第13页)。由此我们也可看到,本书所采用的比较法的方法,固然力图接近于价值中立的立场,更不带感情色彩,但其实在评价方面上,则似乎是欲语还休,却又欲罢不能,诚可谓“道是无晴却有晴”了。质言之,欲论“本书的态度”究竟为何,则可以说:其态度并非不事评价,而是对评价本身的矛盾。

然而,本书在评价对象上还是有所分别的。我们知道,一般而言,法学的研究对象在逻辑结构上主要包含了法条、判例、学说和相关现实(包括制度性事实)这四项要素,而以“法教义学”为代表的传统意义上的法学,一般均尽量回避或克制对规范(主要包括法条或已确立的主导性判例)本身进行否定性的评价,而相对不忌讳对学说和现实的批判。综观本书中的各处评价,其对象的选择也

---

① 关于这一点,沈宗灵先生也曾指出,“颇使我感到意外的是,《比较宪法》一书中不少地方仍是有陈述也有评断”,并做了一些列举。参见沈宗灵:“再看《比较宪法》一书——为纪念钱端升先生百岁冥诞而作”,载《中外法学》1999年第5期。

② 前引的杜刚建、范忠信一文,甚至认为本书于此之处,体现了“可贵的现实批判态度”。参见杜刚建、范忠信:“基本权利理论与学术批判态度——王世杰、钱端升与《比较宪法》”,载王世杰、钱端升:《比较宪法》,中国政法大学出版社1997年版,第12页以下。

有同样的倾向，即主要针对的是西方各种理论学说以及中国现实而作分析点评。

总之，如果将评价视为现代“比较法的固有活动”[①]，那么可以说，本书在方法论上对评价所抱持的矛盾态度以及最终选择的实际手法，一方面恪守了传统法学的品格，另一方面也反而切合了现代比较法的主流方法。

至于本书的体例亦值得钦瞩。综观迄今为止各国比较宪法学之发展，其主要的体例模型，不过三类而已。其中，最为基础性的模型就是本书“初版序”中所说的“按国别为标准”和“以现代一般宪法上所规定之问题为标准”这两类，第三类便是由这二者的综合而产生出的各种“复合型体例”。[②] 从今日的角度来看，复合型体例的开拓具有极为广阔的理论空间，其在许多国家的发展亦达到令人称羡的程度，[③]但在本书问世与刊行的时代，正如著者所言，西籍中有关比较宪法的著作，不少均采用“以国别为标准”的体例，而相较之下较为先进、同时也对著者多语种要求极为严苛的体例，应算是以专项问题为标准而构筑的体例结构了。本书所采用的正是后者。

---

① 〔日〕大木雅夫：《比较法》，范愉译，法律出版社 1999 年版，第 102 页。

② 我国当代法理学者、比较法学者沈宗灵教授所著的《比较宪法——对八国宪法的比较研究》，就可视为是倾向于采用了这种复合型体例。

③ 比如当代日本宪法学家樋口阳一教授在功能主义比较方法的基础上，采取了一种新的历史主义方法，确立了所谓的“宪法现象的历史类型学”，藉此理出了由纵横两轴构成的比较坐标，其中，横轴是现代宪法现象的历史类型学分析，纵轴是发达社会中资本主义宪法发展的三阶段分析，并基于这种方法与坐标，构筑了一种值得重视的复合型体例。参见〔日〕樋口阳一：《比较宪法》（全订第三版），青林书院 1992 年版。

但同样有趣的是,由于增订版加设了全书最后的第六编"中国制宪史略及现行政制",为此也在一定程度上打破了这个体例。但所幸的是,从内容来看,由于作为主体的前面五编,依次由"绪论"、"个人的基本权利及义务"、"公民团体"、"国家机关及其职权"和"宪法的修改"构成,为此,其作为比较宪法的整个体例,可谓业已完备,所增设的第六编仅属于一种补充,而就当时中国宪法的问题意识而言,这种补充亦殊有必要,至少并非蛇足——倾其全书之卷帙,"眺望宪政的远景"之实践性目的,最终亦存乎其间矣!

三、 本书的当今价值

阅读的本质,无非是读者与作者之间就某种真理问题而在书面言语世界里的一种对话过程。尽管本书是一部问世于 20 世纪上半叶的旧著,但如果将其纳入现代读者的阅读范围,尤其是现代法科学人的"深读目录",则人们可能不难发现,本书在它自身立足的专业领域里面,依然在有力地传达着某种具有当今价值的学术内涵。举其荦荦大端者,至少有以下三个方面:

第一,多语种、多国别第一手权威文献的援用。

如果本书确实像部分学者所说的那样,是当下我国同行学人仍难以逾越的一座学术高峰,那么,其真正难以逾越之处究竟何在呢? 笔者认为,对于当今中国的宪法学人,甚至整个法学界各个学科的同行来说,其可能正在于:作为仅由两位学者合作的一份研究成果,却能同时援引英、法、德等多语种、多国别的第一手研究文献资料，而且还是基于著者亲身游学海外的学术经历，而对同时代西方各主流法治国家中诸多有代表性学者乃至学术巨匠的权威著述所进行的如此广泛的、有甄别的征引。翻检全书，我们可以看到，其所援引的对象除了博丹、霍布斯、洛克、孟德斯鸠、卢梭、西哀士、麦迪逊等这些在人类宪政史上震烁古今的思想家之外，作为著者同时代或相近时代的各国公法巨擘或相近领域的名家，英国的戴雪（A. V. Dicey）、布赖斯（J. Bryce）、科勒（G. D. H. Cole）、拉斯基（H. J. Laski）；法国的狄骥（L. Diguit）、埃斯曼（A. Esmein）、马克贝格（D. Malberg）；美国的伯吉斯（J. W. Burgess）、古德诺（F. J. Goodnow）；德国的拉班德（P. Laband）、耶利内克（G. Jellinek）、奥托·迈耶（O. Mayer）均被纳入视野，就连在魏玛时期刚刚崭露头角的施米特（C. Schmitt），也因其新著《复决与创制》一书，而在援引之列。由上不难推知，援用于本书的学术文献，即使在历经了大半个世纪之后的今天，都仍然具有学说史意义的价值，甚至具有并未灭失的当今价值。

第二，建立在扎实的文献综述基础上的见解。

今日法学界许多学人立说，鲜有深厚的文献综述作为基础，甚至不知其为何物。但本书在此方面，实已提供了典范。比如，在第一编第二章第四节“国家的起源及根据”之中，著者就广泛梳理了神意说、契约说和强力说、有机体说、群性说、心理说等各种理论。其中在契约说之下，又分别梳理了霍布斯、洛克和卢梭三人不同的学说以及各国学界对契约说的批评理论。不得不承认，这类功力深厚的文献综述，本身就已具有独立的学术价值，更可贵的是，在许多重要的、关键的问题上，还可以每每见到作者在此基础上做出要言不烦的评价，提出自己的见解。若细加甄别分析，其各种见解基本上可分属以下四类：

第一类见解：由于时代的递嬗，如今确实已经过时，但由于本来就不是无根之游谈，而是结实于学术史脉络之下的结论，因此迄今仍有学说史意义上的价值。比如，就选举权的性质而言，今日各国主流见解一般均认为属于一种基本权利，而几乎无可争辩，但在本书面世的那个时代以及此前的年代，世界各国有关选举权之性质的学说状况，则非如此简单，而是曾经过长期的争论，产生了多种不同的学说。本书就曾梳理了“选举权为国民的固有权利说”、“选举权为社会职务说”和“选举权兼具权利与职务两性说”这三种学说，最后提出“以上三说之中，以第三种较为合理”的见解（参见第165页），并对此做了进一步的分析（第三编第一章第一节）。从今日的视角来看，著者的这个主张尽管已经不再占据主流地位，但它仍可以使我们不仅看到了这两位作为民国时期我国宪法学界重要学者在选举权性质问题上所抱持的具有代表性的观点，而且还可以清晰看到其观点背后有关选举权性质理论的理论背景与学说源流。

第二类见解：尽管历经沧海桑田、物换星移的时代变迁，但由于著者当时就已经站在那个时代的学术前沿，并做出敏锐的分析或深刻的洞见，为此迄今仍未算过时。比如，在第一编第二章第三节第三目“主权之所在”中，著者对卢梭学说之危险性的分析与反思，便已站在那个时代世界范围的思想前沿之上，即使在今日的中国学界，都可以说是难得的真知灼见；又如，著者将基本权利分为“消极的基本权利（个人自由）”、“积极的基本权利（受益权）”和“参政权”三种大类，并将“消极的基本权利”置于最为重要的地位之上，这在那个时代同样也属于最具合理性的分类了，与德国的耶利内克在19世纪末所著《主观性公权的体系》一书中所确立的“三分法”几乎可谓殊途同归，甚至还有所超越；①时至现代，日本著名宪法学家芦部信喜教授还在采用类似的三分法。②

第三类见解：难说是否已届过时，但因其文献基础深厚，而且论证缜密，持论允当，为此迄今仍具有一定的学术价值，甚至还闪耀着某种理论光芒。此类见解亦不胜枚举，比如就“国家的起源及根据”这个问题，如前所述，著者曾做了极为扎实的文献综述，在此基础上，著者表明了倾向于采用强力说来理解国家的起源，但又特别强调，应将“国家的起源”与“国家的根据”严格区别开来，认为“即使强力为国家产生的主要因素，国家仍不能凭强力以为根据”，申言之，“国家如欲强制人民的服从，自须于强力而外另觅伦理的根据”，此亦即国家的三项目的（参见第71页）。时至今日，这种见

① 耶利内克认为，国民针对国家分别存在四种不同的地位（资格），由此相应派生出一种义务和三种不同的权利。此四种地位（资格）具体为：第一种是被动地位，派生出国民的义务；第二种是消极地位，派生出消极权利，即个人的自由权；第三种是积极地位，派生出积极权利，主要是受益权，如裁判请求权、请愿权；第四种则是能动地位，派生出参政权。参见〔日〕山下健次：《概说宪法》，有斐阁1984年版，第36—37页。值得一提的是，这一学说曾在部分大陆法国家影响甚巨，但从本书所确定的“积极的基本权利”的具体内容（主要是社会性权利）来看，似乎并未直接受到此说影响。而且如下所述，本书对耶利内克的学说和地位，甚至可能并未给予足够重视。此外，耶利内克的这种三分法，迄今仍在德国公法学界被奉为经典学说，但受到时代的局限，社会性权利的确没有被纳入其分类体系。在这一点上，王世杰、钱端升的《比较宪法》一书中的三分法已然有所超越，只是如下文所述，后者也有重大缺漏。

② 芦部信喜教授所采用的这种三分法，是将基本权利分为“免于国家干涉的自由”（freedom from state）、“参与国家活动的自由”（freedom to state）和“有赖国家援助的自由”（freedom by state），恰好分别类似于本书著者所说的消极的基本权利、参政权和积极的基本权利。参见〔日〕芦部信喜：《宪法判例精解》，岩波书店1987年版，第53—59页。

解仍可谓掷地有声，振聋发聩。

第四类见解：本身就可能属于有争议的见解，但从中国的特殊国情和本土的问题意识来看，迄今仍然具有一定的启迪意义。在此方面，最典型的就是本书所秉持的有关基本权利保障依据学说。著者认可同时代英国政治理论家拉斯基（H. J. Laski）在20世纪20年代提出的有关理论，认为国家之所以必须承认并保障个人的自由，并非因为这些个人自由像洛克等自然权论者所说的那样属于个人与生俱来的权利，即所谓的“人权”，而是“纯因这些自由为个人发展人格时所必需”，而另一方面，这种个人的人格发展，乃是“促进社会分工现象发展时所必需”，而作为国家的目的，促进社会全体之进化则又“有赖于人类分工现象的发展”（参见第84页）。换言之，保障个人自由，实际上将会达到国家与个人两方“双赢”的盛况，其因果关系的回路系统是：国家保障个人自由→个人人格发展→促进社会分工→促进社会进化→实现国家目的。

当代美国学者内森（J. Nathan）在“中国权利思想的源流”一文中曾经指出，中国人缺少对自我本位性质的个人主义的尊崇，如果让中国宪法文本的起草者重视基本权利，并确实将其全面写入宪法，那么，其目的也不会在于针对国家而保护个人的权利，而是在于藉此如何让个人为国家之强大发挥有效的作用。[①] 这一指摘应该说颇为剀切，直至当今中国各种的人权保障理论，均被击中了要害。但值得注意的是，早在大半个世纪之前，本书所认同的上述有关基本权利的保障学说，则已经具有更为丰富、也更为具有“切实”

① See Randle Edwards, Louis Henkin, and Andrew J. Nathan, *Human Rights in Contemporary China*, New York: Columbia University Press, 1986, p. 148.

的理论内涵，迄今仍值得吾侪重视。

第三，宽容的学术精神、公允的学术立场。

自王世杰的独著版开始，本书不仅能够在某些问题上，公允地引述有关社会主义倾向的宪法观点，而且也能明确地认同其中一些这样的观点。应该说，这些观点一方面在当时的学术上大多属于前沿性质的学术观点，但另一方面在政治上则毕竟较为敏感，而著者能如此对待，确实体现了某种宽容的学术精神和公允的学术立场，迄今仍颇堪钦瞩。

以下试举三个典型的例子。

其一，如前所述，在关于国家的起源与依据方面，著者倾向于采用强力说来理解国家的起源，并指出："国家这种社会生活的特性，在有一个统治阶级，以其武力为其意志或法律的制裁。"（第70页）这在某种意义上，几乎接近于马克思主义的国家理论，只是著者特别强调，应将"国家的起源"与"国家的根据"严格区别开来，鲜明地主张"国家如欲强制人民的服从，自须于强力而外另觅伦理的根据"。这不得不说是相当允当的见解。

其二，在关于平等理论方面，著者在介绍了传统的法律平等原理的内涵及理论依据之后，专门引述了"今之主张社会主义者"对传统法律平等说的批评，最后指出："近今倾向社会主义的宪法或法律，一面宣示平等主义，一面复对于劳工、妇女、儿童等弱者阶级，设立各种特别的保护，在理论上确甚合逻辑，不是矛盾，也不仅是调和。"（第90页）

其三，如前所述，本书将基本权利分为"消极的基本权利（个人自由）"、"积极的基本权利（受益权）"和"参政权"三大类，其中对"积极的基本权利"的论述虽然篇幅不大，但毕竟专辟一节（第二编

第一章第四节），也算是在基本权利的理论框架中肯定了这种“与社会主义相联系”的基本权利的独立地位；而且其“三分法”本身，也在一定程度上有利于突出该权利的地位。

总之，本书在以上所列三点上，迄今仍然具有重要的价值，颇值得我们含英咀华，沉潜吟味。

四、为了超越

当然，作为一部在大半世纪之前问世的旧著，本书存在一些“微瑕”也在所难免。而如何透析出“白璧”中的“微瑕”，也是我们在阅读中应所重视的功夫，同时，还是当今我国法学同仁是否可以超越本书学术成就所须完成的关键课业之一。

但借助本书的用语来说，这项功夫，恰恰不是“陈述的”，而是“批评的”，为此也难免见仁见智，人言人殊。以下只能略举数例，俾备读者一考。

本书在第一章中谈到“自欧洲宗教革命至美法革命时代”的宪法观念时，曾指出：“当时所谓根本法者，即指人民与国家或政府间的一种契约，即卢梭等所谓‘民约’（Contrat Social）。”（第26页）但从严格的意义而言，这种契约实际上乃属于“统治契约”，与卢梭本人所主张的“民约”（即“社会契约”）不同。正如著者在第二章梳理各种民约论时也承认的那样：卢梭所主张的“民约系成立于人民与人民之间，并非如洛克所说，成立于人民与政府之间”（第65页）。

在基本权利的分类方面，本书也存在一些问题。首先是关于个人自由的种类，著者认为它可进一步分为“关系个人物质的利益的自由”和“关系个人精神的利益的自由”两类，二者彼此又分别各包含四种：前者为人身自由、居住自由、工作自由与财产自由；后者为信教自由、意见自由、集会自由和结社自由（参见第86页）。这种分类体系看似匀称严整，其实也有不尽周延之处，比如其中就明显缺漏了当时各国宪法已广泛承认的通讯秘密和自由。[①] 如果从今日的视角来看，其缺漏就可能更多，其中就包括对著者的有关基本权利理论具有核心意义的人格的自由和发展的权利。其次，本书虽然将“积极的基本权利”定位为受益权，但却将其仅限于各种第二代人权，而缺漏了作为第一代人权中更具有代表性的受益权，如作为国务请求权的裁判请求权。

关于选举权的性质，如前所述，本书已颇为广泛地梳理了“固有权利说”、“社会职务说”和“兼具权利与职务两性说”这三种学说，但实际上，学说史上仍有另外一种具有代表性的重要学说，没有引起著者的注意，从而未能纳入其文献综述的范围，此即耶利内克的“权限说”。[②]

此外，本书第一编第二章的“国家的概念”，高度地概括了关涉

---

① 有趣的是，在完成了这种分类之后，本书又在随后的论述中，专设了“通讯秘密自由”一目（第二编第一章第一节第八目），加以阐释。

② 此说以国家法人说为理论基础，认为国民在选举中实际上乃成为一种国家机关（如本书第三编中所谓的“公民团体”这一概念，即源于此种学说），故拥有的不可能是“权利”，而只可能是一种“权限”；但从个人的角度而言，个人既然是参与了作为国家机关而行使的“选举”这种活动，在法律上则拥有获得相关“资格的承认”（如选民资格的确认）这种利益，就此而言，这种权限又伴随着特定的个人请求权。有关这一点，20世纪50年代日本学者林田和博教授在其所出版的学术著作中有过颇为全面的梳理和介绍，值得参考。参见〔日〕黑田觉、林田和博：《国会法 · 选举法》，有斐阁1958年版，林田和博所著《选举法》部分，第36—41页。

宪法学之基础的国家理论,可能是本书中写得最为精彩的部分。但在笔者看来,本书最为重要的缺憾,恰恰同样可能存在于本章,主要表现在:在这一章之中,有关国家的多种政治理论均已纷纷出场,惟独有关国家的法理论——即类似于近代开始就在各大陆法国家得以发展的所谓"国(家)法学"理论——的评介却极为贫弱。[①] 其实,在民国时期,国法学理论的译介在国内已有所冒现,[②] 而此书也曾在本章第三节第三目"主权之所在"中论及了国家法人说,但不仅极为粗略,且仅此而已,可见全书对国法学中源远流长的规范原理并未深入把握。通观此后我国宪法学,国家法学观方面一向处于先天营养不足、后天发育不良的状况,故而时常为政治学或社会学等种种国家观的思维所左右,乃至迄今,规范主义国家观仍然没有扎下坚实的根基。此种理论状况的后果,虽不能完全归责于本书,但也已然可以从这部民国时期极具影响力的宪法学

① 国法学主要发轫于以近代德国为代表的一般国家学,对大陆法系国家的公法学影响甚巨。然而,本书虽然也援引了多位德国公法学家的著述,但对在国法学领域中具有极为重要地位的几位巨擘仍然重视不够。比如,对于耶利内克作为近代德国国法学集大成者的地位就可能不甚了解,全书虽然有四处援引了他的观点,而且其中两次还是来自其皇皇巨著《一般国家学》的,但均属于不太重要的见解,另有一处只是将耶氏的一个观点作为附属资料,而且还未注明出处。再者,本书问世的年代,恰逢德国的魏玛宪法时期,但在魏玛宪法时期最有代表性的德国公法学家(如所谓的"四架马车")——凯尔森、斯门德(Rudolf Smend)、黑勒(Hermann Heller)和施米特之中,全书除了引用了施米特的著述之外,对其他学者的著述几乎均没有援引,其中甚至包括像对凯尔森这样在国法学领域具有重要成就,而且在同时代的德奥公法学界中均具有重要地位的学者。

② 清末及民国时期,我国曾出版的有关国法学的书籍至少有:〔日〕笕克彦讲述、陈时夏编译:《国法学》,上海商务印书馆 1907 年初版,1913 年第 5 版;熊元翰编:《国法学》(上下册),北京安徽法学社 1911 年版;上海会文堂书局编:《(考试利器)国法学问答》,上海会文堂书局 1914 年版;上海法学编译社编:《国法学问答》,上海法学编译社 1931 年版。

著作中窥到了端倪。

以上诸点,不一而足,难免让人掩卷抱憾。

据说,晚年的王世杰先生常在园子里吟诵苏东坡的一些经典词作,并为其中的《定风波》而潸然动情——

> 莫听穿林打叶声,何妨吟啸且徐行。
> 竹杖芒鞋轻胜马,谁怕,一蓑烟雨任平生。
> 料峭春风吹酒醒,微冷,山头斜照却相迎。
> 回首向来萧瑟处,归去,也无风雨也无晴。

以宏阔的视角回望中国百年立宪史中的凄风苦雨,同样令人击节长叹。而其中最大的悲哀,莫过于为此所累积储备的诸种社会历史条件,反复被各次的历史事件所无情摧折;莫过于历史的车轮一遍遍碾过立宪主义的哀怨,却又一遍遍重新倒车;莫过于"预备立宪"明明已告终结,却又无法消停……但尽管如此,今日的我们,确实已有必要带着旷达的情怀,走出历史的怨艾,达致"也无风雨也无晴"的境界。而在其间,也不妨怀着薪火相传的信念,捧读古意苍茫的此书,回溯弦歌不辍的学脉,体味前人"眺望宪政的远景"的苦心。或许惟有如此,我辈才有可能彻底超越"预备立宪主义"的历史命运。